Regulierung des Blockhandels an den organisierten Aktienmärkten der Vereinigten Staaten, Großbritanniens und Deutschlands

Frankfurter wirtschaftsrechtliche Studien

Herausgegeben von
Theodor Baums, Friedrich Kübler, Hans-Joachim Mertens,
Eckard Rehbinder, Gunther Teubner

Band 46

PETER LANG
Frankfurt am Main · Berlin · Bern · Bruxelles · New York · Oxford · Wien

Jan Liersch

Regulierung des Blockhandels an den organisierten Aktienmärkten der Vereinigten Staaten, Großbritanniens und Deutschlands

PETER LANG
Europäischer Verlag der Wissenschaften

Die Deutsche Bibliothek - CIP-Einheitsaufnahme

Liersch, Jan:

Regulierung des Blockhandels an den organisierten Aktienmärkten der Vereinigten Staaten, Großbritanniens und Deutschlands / Jan Liersch. - Frankfurt am Main ; Berlin ; Bern ; Bruxelles ; New York ; Oxford ; Wien : Lang, 2002
(Frankfurter wirtschaftsrechliche Studien ; Bd. 46)
Zugl.: Frankfurt (Main), Univ., Diss., 2001
ISBN 3-631-39506-X

D 30
ISSN 0723-0427
ISBN 3-631-39506-X

www.peterlang.de

für Julia

"... a major asset of our nation (is) the integrity of our financial system. Trust is a principle of central importance to all effective financial systems. Our system is strong and vibrant in large part because we demand that financial institutions participating in our markets operate with integrity... When confidence in the integrity of a financial institution is shaken, or its commitment to the honest conduct of business is in doubt, public trust erodes and the entire system is weakened."

Alan Greenspan

Vorwort

Das Kapitalmarktrecht hat in Deutschland in den letzten Jahren stark an Bedeutung gewonnen. Aktuelle Reformen wie das Wertpapiererwerbs- und Übernahmegesetz oder das Vierte Finanzmarktförderungsgesetz lassen erkennen, dass der Gesetzgeber den enormen Anpassungsbedarf erkannt hat. Diese Arbeit zeigt auf, in welchen Bereichen weitere Maßnahmen zur Stärkung der Wettbewerbsfähigkeit unseres Finanzplatzes möglich und auch erforderlich sind. Sie versucht durch die internationalen Vergleiche Anhaltspunkte hierfür zu liefern. Auf die strenge Neutralität einer Rechtsvergleichung wurde daher bewußt verzichtet.

Von den vielen Menschen, die mich bei diesem Projekt begleitet und unterstützt haben, möchte ich an dieser Stelle folgenden ganz besonders danken:

Meinem Doktorvater Herrn Professor Dr. Dr. h. c. Theodor Baums für die Anregung zu dieser Arbeit und seine Unterstützung bei ihrer Erstellung.

Herrn Professor Dr. Manfred Wolf für die rasche Erstellung des Zweitgutachtens.

Herrn Dr. Maximilian Schiessl für die Großzügigkeit, der Dissertation stets Vorrang gegenüber den Aufgaben in der Kanzlei eingeräumt und meine Arbeit daran "logistisch" unterstützt zu haben.

Meinen Eltern, Geschwistern und Freunden für Aufmunterung und angenehme Ablenkung während dieser Arbeit.

Meinem Freund Andreas Hacke für die zahllosen Gespräche und konstruktiven Vorschläge bei der Durchsicht des Entwurfs.

Düsseldorf, im Februar 2002

Jan Liersch

Inhaltsübersicht

Inhaltsverzeichnis

Einleitung

Teil 1: Mikroökonomik der Blocktransaktionen und allgemeine Marktregulierung

Teil 2: Marktmissbrauch

Ergebnis

Einleitung

A. Gründe der zunehmenden Aufmerksamkeit für die Börse und das Kapitalmarktrecht

Der Bereich des Kapitalmarktrechts[1] ist in Deutschland erst im Laufe des letzten Jahrzehnts etwas mehr in das Blickfeld der "juristischen Öffentlichkeit" gerückt und etabliert sich langsam als ein anerkanntes Rechtsgebiet, das es vor allem in den USA unter der Bezeichnung „Securities Regulation“ seit langem ist.[2] Es ist sicherlich kein Zufall, dass diese Entwicklung zeitlich mit einer Zunahme des Interesses breiter Bevölkerungskreise am Börsengeschehen im allgemeinen koinzidiert. Ob es der Zusammenbruch des traditionsreichen Londoner Bankhauses Baring, der Börsengang der Deutsche Telekom AG im Jahre 1996, die Einrichtung des Frankfurter Hightech-Segments „Neuer Markt“ als Handelsplattform des Freiverkehrs[3] samt zahlreicher spektakulärer Neuemissionen oder das zunehmende Bedürfnis nach einer kapitalgedeckten privaten Altersvorsorge waren, die das Börsengeschehen zum Tagesgespräch weiter Teile der Bevölkerung machten, kann nur vermutet werden. Die Tatsache jedoch, dass seit einiger Zeit die Meldungen über die Kursbewegungen in Frankfurt und New York zum festen Bestandteil der allgemeinen Nachrichtensendungen geworden sind, verdeutlicht eindrücklich, wie sehr das Börsengeschehen an Aufmerksamkeit und Bedeutung hinzu gewonnen hat. Hatten bis zum ersten Börsengang der Deutsche Telekom AG etwa sechs Prozent der erwachsenen Bundesbürger (direkt oder indirekt[4]) Aktien in ihrem Portefeuille, waren es im Jahre 2001 bereits 21 Prozent aller Deutschen im Alter von über 14 Jahren.[5]

---

1 Im wesentlichen ist dieses Rechtsgebiet durch die Materie des Börsen- und Wertpapierhandelsrechts bestimmt. Es weist Berührungspunkte zum Bank- wie zum Aktienrecht auf.

2 Kümpel, Bank- und Kapitalmarktrecht, Rz. 8.1.

3 Kümpel, Bank- und Kapitalmarktrecht, Vorwort, Seite VIII.

4 Als indirekter Aktienbesitz gelten Anteile an Aktienfonds. Dieser für die Blocktransaktionen besonders wichtige Bereich (vgl. Seite 30 f.) der Investmentfonds verzeichnete seit 1997 einen Zuwachs von 341 %, Pressemitteilung des Deutschen Aktieninstituts e.V. vom 07.08.2001, im Internet abrufbar unter: www.dai.de/internet/dai/dai-2-0.nsf/dai_statistiken.htm (Stand: 21.12.2001).

5 Thieme, Jetzt Aktien statt Bananen, Frankfurter Allgemeine Zeitung vom 11.09.2000; Döring, Aktien statt Sparbuch, Börsen-Zeitung vom 28.10.2000, Seite 1; DAI-Factbook, Stand: Oktober 2001, www.dai.de/internet/dai/dai-2-0.nsf/dai_statistiken.htm (Stand: 21.12.2001).

1. Veränderte Finanzierungspraxis der Unternehmen

Entscheidend für die wachsende Bedeutung des Rechtsgebietes Kapitalmarktrecht ist natürlich auch – als Spiegelbild der Zunahme des Interesses der immer zahlreicheren Kleinaktionäre – die sich ändernde Finanzierungspraxis der hiesigen Wirtschaftsunternehmen.[6] Die Abkehr von der Finanzierung durch Bankkredite zugunsten der Emission von Eigen- und Fremdkapitalbeteiligungen ist gleichermaßen Ursache und Wirkung der in dieser Größenordnung und Häufigkeit bis vor kurzem nicht gesehenen Unternehmensakquisitionen und -fusionen. Gleich ob man im Rahmen eines Tauschangebots die eigenen Aktien als so genannte Akquisitionswährung ('in Papier') verwendet[7], oder im Wege von Anleihenemissionen, Kapitalerhöhungen oder (Teil-)Verkäufen einzelner Unternehmenssparten[8] über die Börse[9] zunächst die 'Kriegskasse' füllt, um damit anschließend die Übernahme des Zielunternehmens per Barangebot betreiben zu können, die Funktionsfähigkeit und internationale Wettbewerbsfähigkeit des heimischen Kapitalmarktes ist zum Standortfaktor für die einheimischen Unternehmen geworden.[10]

2. Bedeutung des Sekundärmarktes für die Kapitalkosten der Emittenten

Ein funktionierender Sekundärmarkt[11] ist anerkanntermaßen die Voraussetzung für 'kostengünstige' Emissionen im Bereich des Primärmarkts.[12] Unter einer kostengünstigen Aufnahme von (Fremd- oder Eigen-)Kapital ist zu verstehen, dass entweder hohe Erlöse im Verhältnis zur gewährten Eigenkapitalbeteiligung erzielt oder mit moderaten Zinsversprechen ausgestattete Schuldverschreibungen

---

6 Statt Aufnahme von Bankkrediten nunmehr Wertpapieremission, Kümpel, Bank- und Kapitalmarktrecht, Rz. 8.3. Von der wertpapiermäßigen Refinanzierung der Kreditgeschäfte durch die Banken ganz zu schweigen (Securitization, Asset Backed Securities).

7 Zum Beispiel die Übernahme der US-Telekommunikationsfirmen Voicestream und Powertel durch die Deutsche Telekom AG im Jahre 2000.

8 Einige jüngere Beispiele hierfür sind der Börsengang von der Tochtergesellschaft der Deutsche Telekom AG T-online, der Siemens-Tochter Infineon oder der Commerzbank Tochter comdirect bank AG.

9 Im Jargon der Investment Banking Branche: Initial Public Offering („IPO“)

10 Kümpel, Bank- und Kapitalmarktrecht, Rz. 8.180.

11 Etwa zu definieren als Transaktionen zwischen Investoren, im Gegensatz zur Emission, vergleiche Kümpel, Bank- und Kapitalmarktrecht, Rz. 8.60, 8.69 ff.; Jennings/Marsh/-Coffee, Securities Regulation, 7th Edition, Seiten 6, 60.

12 Definiert als Transaktionen zwischen Emittent und Investor, bei dem der Emittent Kapital aufnimmt. Vergleiche Kümpel, Bank- und Kapitalmarktrecht, Rz. 8.60 ff.; Jennings/Marsh/Coffee, Securities Regulation, 7th Edition, Seiten 5, 60.

plaziert werden können. Ein Anleger lässt sich für die mangelnde Fungibilität eines Papiers durch höhere Renditeansprüche oder -erwartungen entschädigen.[13] Daher kann die Bedeutung eines funktionierenden Kapitalmarktes für die einheimische Wirtschaft (in ihrer Eigenschaft als Emittent der Wertpapiere) kaum überschätzt werden. Nur beim Bestehen eines funktionierenden Sekundärmarktes kann sie ihre Kapitalkosten auf einem konkurrenzfähig niedrigen Niveau halten. Wie bereits angedeutet, 'bezahlt' das Unternehmen für das ihm zur Verfügung gestellte Kapital zum einen durch das Ausmaß der dafür dem Anleger gewährten Beteiligung, zum anderen durch die Höhe der erwarteten oder zu versprechenden Rendite. Hier sind vor allem periodisch zu zahlende Zinsen beziehungsweise auszuschüttende Dividenden zu nennen. Häufig erfüllt das Unternehmen die Renditeerwartungen der Anleger allerdings auch durch Kurssteigerungen des Papiers, was den Vorteil hat, dass dies keine Mittelabflüsse erfordert.

Der Schutz der Funktionsfähigkeit des Kapitalmarkts stellt wohl das Hauptregelungsziel des Kapitalmarktrechts dar.[14] Auch die Schutzvorschriften zugunsten des Anlegerpublikums wie die Aufklärungs- und Warnpflichten, die man auch im weiteren Sinne als 'Verbraucherschutz'[15] verstehen könnte, dienen mittelbar der Funktionsfähigkeit des Marktes, da so das Vertrauen der Anlegerschaft – als Trägerin des gesamten Angebots- und Nachfragepotentials – ge-

---

13 Bender & Co. (Hrsg.), Federal Securities Exchange Act of 1934 – Kommentar, Vorbemerkungen zu § 2.01; Jennings/Marsh/Coffee, Securities Regulation, 7th Edition, Seite 60; Amihud/Mendelson, A New Approach to the Regulation of Trading Across Securities Markets, 71 N.Y.U. L. Rev., S. 1411 ff., die sogar vorschlagen, der Emittent sollte das Recht haben, zu bestimmen, an welchen Märkten die Papiere gehandelt werden dürfen, weil dieser aufgrund der drohenden Fragmentierung des Handels und der Beeinträchtigung der Fungibilität des Wertes mit höheren Kapitalkosten rechnen müsse; Wagner, Broker to Floor, in: Wagner (Hrsg.), The Complete Guide to Securities Transactions, S. 79 (79). Diesen Zusammenhang betont auch die einleitende Begründung zu der EG-Insiderrichtlinie 89/592/EWG (Abl.EG Nr. L 334/30).

14 Kümpel, Bank- und Kapitalmarktrecht, Rz. 8.174; Hopt in FS Heinsius, Insiderwissen und Interessenkonflikte im europäischen und deutschen Bankrecht, S. 289 (303), Kaiser, Sanktionierung von Insiderverstößen und Problem der Kursmanipulation, WM 1997, S. 1557 (1559).

15 Vergleiche etwa: 31. und 40. Erwägungsgrund der WpDRiL, Stellungnahme zu dem Vorschlag für eine Richtlinie des Rates über Wertpapierdienstleistungen, ABl. EG Nr. C 298/6 vom 27.11.1989, S. 7; Koller, in: Assmann/Schneider, WpHG Kommentar, vor § 31 Rn. 13; Reich, Informations-, Aufklärungs- und Warnpflichten beim Anlagengeschäft unter besonderer Berücksichtigung des "execution-only-business" (EOB), WM 1997, S. 1601 (1601, 1603).

schützt werden soll.[16] Sicherlich auch durch die große Bedeutung des Kapitalmarkts für die gesamte Volkswirtschaft lässt sich erklären, warum der Käufer einer Aktie besser vor Übervorteilung geschützt wird, als etwa der Käufer eines gebrauchten PKW.[17]

Das Vertrauen der Anlegerschaft in das Funktionieren des Kapitalmarktes ist gewissermaßen Voraussetzung seines Funktionierens.[18] Bereits in dieser Formulierung deutet sich der Teufelskreis an, der zu entstehen droht, wenn das Vertrauen der Anlegerschaft erschüttert wird. Als Kollektivphänomen funktioniert hier, wie auch sonst häufig an der Börse, die sich selbst erfüllende Prophezeiung. In den Jahren kontinuierlich steigender Kurse und der dadurch bedingten Illusion endloser Gewinne schien die Bedeutung der Förderung des öffentlichen Vertrauens in die Fairness und Effektivität der Kapitalmärkte nicht besonders groß.[19] Gleichwohl wird, da der unabwendbare Abschwung gekommen ist, dieser Faktor der wichtigste bei der Wiederbelebung der Wertpapiermärkte sein.[20]

---

16 Vergleiche etwa Ledermann, in: Schäfer (Hrsg.), Kommentar WpHG/BörsG/VerkProspG, § 88 BörsG Rn. 1; Hopt in FS Heinsius, Insiderwissen und Interessenkonflikte im europäischen und deutschen Bankrecht, S. 289 (304); Kaiser, Sanktionierung von Insiderverstößen und Problem der Kursmanipulation, WM 1997, S. 1557 (1559, 1563); Begr. des RegE des 2. Finanzmarktförderungsgesetzes, BT-Drucks. 12/6679, S. 33; Finanzausschuss, BT-Drucks. 12/7918; Bericht des Haushaltsauschusses BT-Drucks. 12/7919.

17 Finanzausschuss des Deutschen Bundestages, BT-Drucksache 12/7918, S. 97; Kümpel, Bank- und Kapitalmarktrecht, Rz. 8.174; Kübler, Gesellschaftsrecht, 5. Auflage, 1998, S. 390; Koller, in: Assmann/Schneider, WpHG Kommentar, vor § 31 Rn. 8.

18 *"The overriding end of all securities regulation is to promote the public trust in, and resulting firm commitment to, financial markets. The consequence of achieving that goal is that these markets can then grow and prosper as a fundamental pillar of our democratic capitalist society.*", Bear/Maldonado-Bear, The Impact of the Rule of Law on the Structure and Function of Securities Markets, Working Paper, New York University Stern School of Business, Nr. FIN-99-039, Seite 1, im Internet abrufbar unter: www.stern.nyu.edu/fin/workpapers/ papers99/wpa99039.pdf, Stand: 9.4.2001.

19 Der Abschwung der Kurse seit März 2000 hat gezeigt, dass bei fallenden Kursen schnell die rechtlichen Handhaben gegen beispielsweise zu optimistische Zukunftsprognosen von Vorständen und Analysten gesucht werden. Vergleiche in diesem Zusammenhang auch den Entwurf der §§ 37b, 37c WpHG im Rahmen des Vierten Finanzmarktförderungsgesetzes (Regierungsentwurf vom 14.11.2001; BT-Drucks. 14/8017; unten Fußnote 73), die Schadensersatzansprüche gegen den Emittenten wegen unterlassener oder fehlerhafter Veröffentlichnung kursbeeinflussender Tatsachen vorsehen.

20 Bear/Maldonado-Bear, The Impact of the Rule of Law on the Structure and Function of Securities Markets, Working Paper, New York University Stern School of Business, No. FIN-99-039, Seite 2, im Internet abrufbar unter: www.stern.nyu.edu/fin/workpapers/ papers99/ wpa99039.pdf, Stand: 9.4.2001.

Es ist kein Zufall, dass die bisher wohl umfassendste Regelung dieses Rechtsgebietes in den USA unmittelbar nach dem Börsencrash Ende der zwanziger Jahre erfolgte, mit dem Securities Act und dem Securities Exchange Act in den Jahren 1933 und 1934.

B. Besonderheiten des Blockhandels

Der Fokus der hier vorgenommenen Vergleichsstudie liegt auf der Regulierung des Blockhandels. Diese Transaktionen, bei denen große Aktien-„Blöcke" den Besitzer wechseln, haben in den letzten 20 Jahren kontinuierlich an Umfang und Häufigkeit hinzugewonnen[21] und machen verschiedenen Studien zufolge inzwischen etwa die Hälfte des Transaktionsvolumens aus.[22] Die Analyse der für dieses praktische Phänomen relevanten Regeln hat neben denjenigen Vorschriften, die tatbestandlich speziell derartige Transaktionen zum Gegenstand haben, auch und vor allem allgemeine Vorschriften im Blick, die sich im Zusammenhang mit Blocktransaktionen in besonderer Weise auswirken.

Nicht näher erörtert werden sollen hier Vorschriften, die Großaktionären besondere Pflichten auferlegen. Zum einen liegen die dort vorgesehenen Beteiligungsgrenzwerte regelmäßig oberhalb dessen, was institutionelle Investoren typischerweise an Positionen aufbauen, zum anderen ergeben sich für die Block Trades selbst keine Besonderheiten bei der Anwendung dieser Normen.[23]

---

21 *"In a sample of six US managers who trade at least $ 8 billion per quarter, the proportion of orders over 250,000 shares on the New York Stock Exchange (NYSE) quadrupled from less than 20 % of dollars traded to 76 % over the last five years."*, Ruyter, The Great Screen Test, Global Custodian, Frühjahr 1999, (www.assetpub.com/gcspring99/-cover_right.html, Stand: 12. März 2001).

22 An der NYSE entfiel im Jahre 1996 etwa 56 % des Handelsvolumens auf Transaktionen von 10.000 Aktien und mehr, der dortigen Definition eines Block Trades. Vergleiche: Moulton, The Dynamics of Quoted Liquidity around large trades on the NYSE, The Journal of Financial Research, 1998, Seite 355 (356).

23 Zu nennen ist etwa: S.E.A. Section 13(d) – Innerhalb von zehn Tagen nach dem Überschreiten der Schwelle von 5 % einer Aktiengattung eines Unternehmens muss der Inhaber (mittelbar oder unmittelbar – „beneficial owner") die bei der Securities and Exchange Commission (vgl. Seite 44 unten) melden. Für institutionelle Investoren gilt allerdings nach SEC Rule 13d-1(b) ein vereinfachtes Verfahren, da nicht davon ausgegangen wird, dass diese Anhäufung mit dem Fernziel eines Kontrollerwerbs stattfindet, Hazen, Treatise on the Law of Securities Regulation, 3. Auflage, Band 2, § 11.11, S. 274. In Deutschland ergibt sich eine ähnliche Meldepflicht aus § 21 Abs. 1 WpHG. Weiter zu nennen ist Section 16 S.E.A., die "officers, directors and 10% owners" besondere Pflichten (darunter sogar die Abführung kurzfristig realisierter Kursgewinne an die Gesellschaft wegen des Verdachts der Nutzung von Insiderinformationen) auferlegt.

1. Begriff des Blockhandels

Der Begriff des Blockhandels bezieht sich auf den Kauf oder Verkauf einer großen Menge von Wertpapieren *eines* Emittenten. Inhaltlich ist eine Abgrenzung gegenüber dem Pakethandel auf der einen und dem sogenannten „Package-, Program- oder Basket Trade“ auf der anderen Seite vorzunehmen.[24]

a) Abgrenzung vom Pakethandel

Auch der Begriff des Pakethandels bezieht sich auf Transaktionen in Wertpapieren nur eines Emittenten. Die Unterscheidung gegenüber dem Block Trade besteht im strategischen Charakter von Beteiligung und Transaktion. So wird beim Pakethandel regelmäßig eine solche Anzahl von Aktien Gegenstand der Transaktion sein, die für den Erwerb einer mehrheitlichen oder minderheitlichen Kontrolle – im Sinne einer Sperrminorität[25] – relevant ist.[26] Entsprechend stehen bei den Investitions- bzw. Desinvestitionsentscheidungen die Positionen auf bestimmten Produktmärkten oder etwa zu erzielende Synergieeffekte im Vordergrund, so dass der aktuelle Börsenkurs für den Kaufpreis meist nur von untergeordneter Bedeutung ist. Es wird daher vom Erwerber oft ein nicht unerheblicher Paketaufschlag gezahlt, der sich an der besonderen strategischen Bedeutung der Beteiligung für diesen (oder seine Wettbewerber) orientiert.[27] Es liegt wirtschaftlich gesehen kein Wertpapierkauf, sondern eher ein Unternehmenskauf vor.

Beim Block Trade hingegen sind die Beteiligten in der Regel Finanzinvestoren[28] wie Investment- oder Pensionsfonds, Versicherungen oder derglei-

---

24 Vergleiche auch: Gerke/Rasch, Ausgestaltung des Blockhandels an der Börse, Die Bank, 1992, Seite 193 ff.; von Heusinger, Modell Blockhandel auf Xetra hat Zukunft, Börsen-Zeitung vom 1. März 2001, Seite 3.

25 Hiervon ist ab einer Beteiligung von 5 % der außenstehenden Aktien auszugehen.

26 So auch Büschgen, Das Kleine Börsenlexikon, zu: „Aktienpaket“, Seite 21. Anders in der Wahl der Begrifflichkeiten allerdings: Wastl, Der Handel mit größeren Aktienpaketen börsennotierter Unternehmen, NZG 2000, S. 505 (506). Dort werden die Begriffe Block- und Pakethandel eher synonym verwandt. Es erscheint aber wegen der unterschiedlichen Fragestellungen und Risiken sinnvoll, diese Differenzierung vorzunehmen.

27 So wurde beispielsweise spekuliert, dass die von einer (unter den Namen Rebon bzw. Cobra bekannten) Investorengruppe zu vermutlich diesem Zwecke aufgebaute Beteiligung von zunächst 9,9 %, später knapp 20 % des stimmberechtigten Kapitals an der Commerzbank AG bei einer Veräußerung an eine expandierende ausländische Geschäftsbank – also ein Paradefall einer Akquisition aus unternehmensstrategischen Gründen – einen Paketaufschlag von mindestens 20 % auf den Börsenkurs hätte erzielen können.

28 Im Gegensatz zu den strategischen Investoren.

chen[29], die nicht-kontrollrelevante Beteiligungen an einem Unternehmen handeln. Hier stehen folglich die erwarteten Kursentwicklungen und Dividenden im Vordergrund der Kauf- oder Verkaufsentscheidung. Entsprechend spielt der Börsenkurs sowohl bei der Frage der Handelsentscheidung als solcher (besteht kurz- oder mittelfristig positives Entwicklungspotential?) als auch bei der Frage der Kaufpreisermittlung eine große Rolle.[30] Die oben angesprochene Zunahme des Anteils der Blocktransaktion am Wertpapierhandel hängt dementsprechend mit der drastisch zunehmenden Institutionalisierung des Wertpapierbesitzes zusammen[31]. Insbesondere die Anlage kleinerer Vermögen findet häufig über diese Institutionen wie Kapitallebensversicherungen oder Investmentfonds statt, weil nur so eine ausreichende, risikominimierende Streuung möglich ist. Folglich handelt es sich bei den Block-Traders zwar um besonders finanzstarke Marktteilnehmer, aber in der Regel eben nicht um Multimillionäre oder Unternehmen, sondern die dem Fremdnutz verpflichteten Treuhänder des Vermögens zahlloser Kleinanleger.

b) Abgrenzung vom Package-, Program- oder Basket Trade

Wie beim Block Trade handelt es sich bei den Akteuren der sogenannten Package-, Program- oder Basket Trades in der Regel um institutionelle Investoren[32] oder Investment Banken, die hier jedoch nicht nur Wertpapiere eines Emittenten, sondern vielmehr innerhalb eines einzigen Geschäfts einen ganzen „Strauß" oder „Korb" von Papieren verschiedener Emittenten handeln.[33] Zum Teil reflektieren diese „Baskets" die Zusammensetzung von Indizes, die transferiert werden, um

29 Diese Anleger sollen im Folgenden unter dem Oberbegriff der "institutionellen Investoren" zusammengefasst werden.

30 So sieht das Gesetz über Kapitalanlagegesellschaften (KAGG) in § 12a Abs. 5 Satz 1 sogar vor, dass der Erwerb der Wertpapiere höchstens zum Tageskurs, die Veräußerung mindestens zum Tageskurs zu erfolgen hat.

31 Dieser für die Blocktransaktionen besonders wichtige Bereich der Investmentfonds verzeichnete seit 1997 im Hinblick auf die Anzahl der Fondsbesitzer einen Zuwachs von 341 % (von 3,6 auf 15,8 Mio.) während die Zahl der direkten Aktionäre lediglich um 52 % (von 3,9 auf 6 Mio.) anstieg, DAI-Factbook, Stand: Oktober 2001, im Internet abrufbar unter: www.dai.de/internet/dai/dai-2-0.nsf/dai_statistiken.htm, (Stand: 21.12.2001).

32 Zu dieser Bezeichnung siehe oben Seite 31.

33 Ein kurzer Überblick zum Package Trading: Dunn, Package Trading, in: Wagner (Hrsg.), The Complete Guide to Securities Transactions, S. 171 ff.; vergleiche etwa auch: Avgouleas, Financial Market Regulation and the New Market Landscape: In Search of a New Regulatory Framework for Market Abuse, International and Comparative Corporate Law Journal, 2000, Seite 89 (110).

beispielsweise im Wege einer sogenannten „Arbitrage"[34] Kursdifferenzen zwischen einem Index-Future[35] (etwa auf den Standard & Poor's 100 oder 500) und der Kurse der Bestandteile des Indexes, der Underlyings[36], zu einem risikolosen Gewinn zu nutzen.

Ein anderer Anlass für einen Basket Trade kann etwa sein, dass ein Investmentfonds Ausschüttungen vornehmen und dazu Wertpapiere „versilbern" muss. Möchte der zuständige Portfolio-Manager aber nicht die Zusammensetzung des Portfolios verändern, so verkauft er anteilig die Bestandteile des Fonds. Der Einfachheit und Schnelligkeit halber werden diese Baskets häufig „en bloc" gehandelt. Oft werden dem Käufer dabei vom Verkäufer nicht einmal die konkreten Bestandteile des Baskets mitgeteilt. Statt dessen bekommt der Käufer in den Verhandlungen vorab nur deren Charakteristika – wie etwa die relative Volatilität zu einem bestimmten Referenzwert[37] – mitgeteilt. Gerade bei der Index-Arbitrage ist der mit dem Basket Trade verbundene Zeitvorteil von großer Bedeutung, weil der Handel nur dann risikolos stattfinden kann, wenn die Transaktionen auf beiden Ebenen – die Bestandteile („Underlyings") und die Option – zeitgleich ausgeführt werden können, solange die Kursdisparität fortbesteht.

---

34 Unter Arbitrage ist im entsprechenden Jargon kein Schiedsverfahren zu verstehen, sondern eine „Vermittlung" von Preisunterschieden zwischen zwei Märkten für ein und dasselbe Gut durch gleichzeitigen Kauf eines Gutes in dem einen Markt und Verkauf des Gutes in dem anderen Markt. Im Fall der Arbitrage zwischen Index-Futures und den zugrundeliegenden Bestandteilen geht es nicht um ein und dasselbe Gut, sondern um Substitute (etwa Rechte zum Erwerb des Guts oder Erstattung der Differenz zwischen Tageskurs und einem festgelegten Wert), vergleiche etwa Kommentar von Wagner, RE: File No. SR-NYSE-99-48 Proposed Rescission of Rule 390 / Concept Release on Market Fragmentation, (im Internet nachzulesen unter: www.sec.gov/rules/sro/ny9948/-wagner1.htm, Stand: 12. März 2001); Avgouleas, Financial Market Regulation and the New Market Landscape: In Search of a New Regulatory Framework for Market Abuse, International and Comparative Corporate Law Journal, 2000, Seite 89 (109).

35 Mit Hilfe von Aktienindexterminkontrakten kann man auf die künftige Kursentwicklung der durch die Zugehörigkeit zu einem Index festgelegten Aktien spekulieren oder eine bestehende Position dagegen absichern (Hedging, siehe auch Fußnote 812); vergleiche Büschgen, Das kleine Börsenlexikon, zu: „Aktienindexhandel", Seite 19 f.

36 Avgouleas, Financial Market Regulation and the New Market Landscape: In Search of a New Regulatory Framework for Market Abuse, International and Comparative Corporate Law Journal, 2000, Seite 89 (109)

37 Schwankungsmaß der Aktien, dessen Berechnung vielfach durch die Standardabweichung erfolgt; Kovarianz eines Finanztitels bezogen auf die Varianz zu einem Marktportfolio, Büschgen, Das kleine Börsenlexikon, zu: „Volatilität", Seite 744.

2. Gang der Untersuchung

Das praktische Phänomen des Blockhandels und die damit im Zusammenhang stehenden Herausforderungen für die Marktregulierung bilden den Gegenstand dieser Arbeit. Am Anfang dieser Arbeit soll eine Darstellung der Besonderheiten einer Blocktransaktion sowie eine kurze Zusammenfassung der verschiedenen Regulierungs- und Marktstrukturen stehen. Die einzelnen in den Teilen eins und zwei untersuchten Topoi, die mit den Begriffen Transaktionskosten und Transparenz (Teil 1), sowie Kursmanipulation und Ausnutzung der Auswirkungen der Blocktransaktion durch Dritte (Insiderhandel/Frontrunning) umschrieben werden können (Teil 2), sind durch die besonderen Auswirkungen der Blockorder auf den Markt inhaltlich miteinander verknüpft.

Die Untersuchung lässt sich wie folgt in die zwei Bereiche untergliedern: Zunächst die Frage der allgemeinen Marktregulierung, und wie sich diese auf die besondere Mikroökonomik der Blocktransaktion auswirkt. Hier sollen die vorgefundenen Marktsituationen im Hinblick auf zulässige Maßnahmen zur Minimierung der Transaktionskosten analysiert werden (Teil 1: Mikroökonomik der Blocktransaktionen und allgemeine Marktregulierung). Die Fragestellung wird lauten: Welche Risiken – vor allem im Bereich der Transaktionskosten – bestehen für die am Blockhandel Beteiligten, und welche Handelsstrategien kommen zu deren Vermeidung oder Minimierung in Betracht? Hierzu werden die Zusammenhänge zwischen der Blockorder, ihrer Auswirkung auf den Markt und auf die Handelsstrategien der anderen Marktteilnehmer – vor allem aus mikroökonomischer Sicht – darzustellen sein. In diesem Kontext wird sich im weiteren Verlauf der Arbeit die Problematik der börslichen Handelstransparenz als besonders wichtig erweisen. Anschließend sollen typische Marktmissbrauchsrisiken im Kontext der Blocktransaktionen dargestellt und im Hinblick darauf untersucht werden, ob sie von den derzeitigen Regulierungstatbeständen hinreichend erfasst werden (Teil 2: Marktmissbrauch).

Im Folgenden sollen zunächst die untersuchten Börsen bzw. Märkte festgelegt (C. 1.) sowie die Regulierungs- und Aufsichtsstrukturen in den drei Ländern skizziert werden (C. 2.). Aufgrund der unterschiedlichen Organisationsformen der untersuchten Handelssysteme wird sodann auf die Unterschiede zwischen zentralisierten Auktionsbörsen und Market Maker-Systemen und die daraus resultierenden Implikationen für den Blockhandel einzugehen sein (D./E.).

Danach wird die eigentliche Untersuchung mit der Analyse der Auswirkungen einer „normalen" Ausführung einer Blockorder über die Börse begonnen (Teil 1 A.). Anschließend wird die Möglichkeit einer direkten Suche der Gegenseite erörtert (Teil 1 B.). Findet der Blockhändler auf diesem Wege eine Gegenseite für das Geschäft, stellt sich die Frage, ob und, wenn ja, wie dieses Geschäft über die Börse ausgeführt werden kann. Hierbei werden einerseits die Vor- und

Nachteile der Varianten für die Beteiligten sowie anderseits für „den Markt" zu erörtern sein. Wesentliche Kriterien werden dabei Liquidität und Transparenz sein.

Nachdem so die verschiedenen Formen eines Blockgeschäfts dargestellt sind, wird sich der zweite Teil der Untersuchung den „Missbrauchsrisiken" zuwenden, die etwa dadurch entstehen, dass es bei direkter Suche der Gegenseite für das Blockgeschäft der Verhandlungen über den zu zahlenden Preis bedarf. Weil dabei als natürlicher Anhaltspunkt der Börsenkurs in Betracht kommt, entsteht die Gefahr, dass dieser Referenzwert durch eine der Parteien manipuliert wird. Als besonders unauffällige Variante besteht die ansonsten kaum profitable Möglichkeit der Beeinflussung des Börsenkurses durch reale, effektive Geschäfte[38]. Es wird daher zu untersuchen sein, ob derartige Verhaltensweisen an den jeweiligen Börsen verboten sind, und welcher Regulierungstechniken man sich bedienen kann, um dieses objektiv „normale" und sozial-adäquate Verhalten zu unterbinden (Teil 2 A.).

Aufgrund der – im Teil 1 dieser Arbeit zu erörternden – von der Blockorder ausgehenden Kursveränderungen wird als weiteres „Missbrauchsrisiko" die Frage zu klären sein, ob derjenige, der in Kenntnis von der bevorstehenden Ausführung einer Blockorder eigene Geschäfte tätigt, um von der deshalb zu erwartenden Kursreaktion zu profitieren, gegen das Insiderhandelsverbot verstößt (Teil 2 B.). Hierbei wird es auch wesentlich auf die im ersten Teil untersuchten Ursachen für die Kursveränderung ankommen. Schließlich wird der ebenfalls mit der blockorder-bedingten Kursreaktion zusammenhängende Topos des so genannten „Frontrunnings" zu untersuchen sein (Teil 2 C.). Hierunter ist das Verhalten von Intermediären zu verstehen, die eigene Geschäfte vor der Ausführung der Kundenorder tätigen, um so von der durch letztere ausgelösten Kursveränderung zu profitieren.[39]

Den Abschluss dieser Arbeit wird ein Resümee diejenigen Gesichtspunkte bilden, die beim Vergleich der hiesigen mit den ausländischen Regelungen aufgefallen sind, und die deshalb mögliche Ausgangspunkte für Überlegungen zur Verbesserung der derzeitigen Regulierungssituation in Deutschland sind.[40]

---

38 Dies vor allem in Agrenzung zu fiktiven oder zirkulären Geschäften. Vergleiche unten S. 161 ff.

39 Ob und inwieweit sich in den verschiedenen Jurisdiktionen das Frontrunning vom Insiderhandel unterscheidet, wird ebenfalls Gegenstand dieser Arbeit sein.

40 Die Verbesserungen durch das geplante Vierte Finanzmarktförderungsgesetz (Regierungsentwurf vom 14.11.2001, Bundestagsdrucksache 14/8017; im Internet unter: http://dip.bundestag.de/btd/14/080/1408017.pdf; Stand: 18.02.2002) werden nicht ausreichen, um alle im Laufe dieser Arbeit erörterten Schwachpunkte des hiesigen Kapital-

3. Überblick über die Fragestellungen

Dadurch, dass sich der Blockhandel von der „normalen" Wertpapiertransaktion nur durch die große Menge der gehandelten Papiere unterscheidet, liegt es natürlich nahe, dass die relevanten Regulierungsfragen direkt oder indirekt mit dieser Eigenschaft zusammenhängen. Zum einen gibt es – allerdings vor allem in den USA und Großbritannien – Normen, die für derartige Großtransaktionen Sonderregelungen oder Ausnahmen von allgemeinen Vorschriften vorsehen; zum anderen gibt es selbstverständlich allgemein anwendbare Vorschriften, die sich für Transaktionen dieser Größenordnung als besonders „neuralgisch" erweisen und deshalb in diesem Zusammenhang zu thematisieren sind. Diese werden aus zwei Richtungen beleuchtet werden: Zum einen aus der Warte der unmittelbar an der Transaktion beteiligten Akteure und zum anderen im Hinblick auf "das öffentlichen Interesses an einem funktionieren Wertpapiermarkt".

a) Kursrisiken und Transaktionskosten

Die besondere Größe einer Transaktion macht sie für die jeweiligen Beteiligten, insbesondere für deren Initiator, sehr riskant, da schon minimale ungünstige Kursveränderungen aufgrund des Multiplikatoreffektes besonders ins Gewicht fallen. Da sich die Wahrscheinlichkeit von extern verursachten Kursveränderungen proportional zur Zeitspanne, die für die Ausführung des Blockgeschäfts benötigt wird, verhält, besteht ein Interesse der Beteiligten, das Blockgeschäft möglichst schnell zu bewerkstelligen.[41]

Neben der allgemein bestehenden Gefahr von extern bedingten Kursveränderungen wird zunächst herzuleiten sein, warum sich der Block-Trader allein bedingt durch die Ausführung seiner Order negativen Kursveränderungen ausgesetzt sehen kann. Bei diesen adversen Preiseffekten und den dadurch verursachten erhöhten Transaktionskosten handelt es sich um das zentrale Problem der Block-Traders und ihrer Regulierung. Hierum ranken sich zahlreiche weitere Fragen. Die erste, zu erörternde Frage lautet daher: Woraus resultieren diese Kursveränderungen und was kann der Block-Trader zu ihrer Vermeidung tun? Durch welche speziellen Handelsstrategien kann der Block-Trader versuchen, die Risiken ungünstiger Kursveränderungen zu minimieren?[42]

---

marktrechts zu beseitigen. Von der Verordnungsermächtigung des § 20a Abs. 2 WpHG-E ist jedoch eine deutliche Verbesserung der Regulierungssituation im Hinblick auf die hier untersuchten Bereiche der Kursmanipulation zu erwarten.

41 Auf die Frage, warum der Inhaber eines Blocks abseits der Ausführung des Blockgeschäfts nicht unter den Marktschwankungen „leidet", wird unten näher zu erläutern sein, vergleiche Seite 54.

42 Siehe zu Handelsstrategien und Interaktion der Effekte unten Seite 65 ff.

Da die adversen Kursveränderungen – wie zu zeigen sein wird – zum Teil auch mit der Wahrnehmung der Blockorder durch andere Marktteilnehmer zusammenhängen, wird häufig ein Interesse des Blockhändlers bestehen, der Transparenz der Börse, das heißt zunächst der börslichen Suche nach einem Vertragsabschluss, soweit wie möglich zu entgehen. Hierdurch drohen der Börse wichtige Informationen, die im Block Trade verkörpert sind, und Liquidität verlorenzugehen.[43] Ob und inwieweit dies jeweils der Fall ist, wird Gegenstand näherer Untersuchungen sein. Diese könnten überschrieben werden mit der zweiten Frage: Welche Risiken für die Allgemeinheit birgt eine Abwanderung in den Direkthandel?

Bevor aber auf die besonderen Risiken und mögliche regulatorische Antworten einzugehen sein wird, soll zunächst das „freie", „unregulierte", an der Maxime der individuellen ökonomischen Nützlichkeit orientierte Verhalten der Beteiligten skizziert werden. Nur wenn dieses freie Spiel der Marktkräfte, das heißt das jeweils ökonomisch sinnvolle Verhalten der einzelnen Marktteilnehmer, dazu führt, dass gesamtvolkswirtschaftliche Ziele – hier vor allem die Funktionsfähigkeit und Effizienz des Marktes – gefährdet oder beeinträchtigt werden, ist ein regulatorischer Eingriff in die Privatautonomie der Anleger, Emittenten und Intermediäre gerechtfertigt.

Es wird also zunächst zu untersuchen sein, welche Handelsstrategien für die Block-Trader ökonomisch sinnvoll sind und ob aus diesen negative Konsequenzen für die Allgemeinheit resultieren. Ist dies der Fall, dann stellt sich aus Sicht des Regulierers die Frage, durch welche Regeln man den Anreiz für dieses Verhalten verringern kann, oder ob (und gegebenenfalls wie) man die Verhaltensweisen verbieten kann und sollte. Die Frage, ob man ein Verhalten verbieten kann, ist dabei so zu verstehen, dass jeweils zu bedenken ist, ob erstens eine Durchsetzung des Verbots möglich ist und zweitens nicht kontraproduktive Reaktionen der Marktteilnehmern zu befürchten sind. So droht im Bereich des Kapitalmarktes grundsätzlich die Gefahr der sogenannten „Regulatory Arbitrage". Hierunter ist ein Verhalten der Marktteilnehmer zu verstehen, als zu einschneidend empfundene Vorschriften dadurch zu umgehen, dass das Geschäft außerhalb des räumlichen Anwendungsbereichs der Vorschrift verlagert wird.[44] Diese

43 Vergleiche zur Situation in Deutschland, aus ökonomischer Sicht: Hielscher/Stenzel, Umfang und Ursachen des außerbörslichen Aktienhandels, DBW 1996, Seite 523 ff.

44 In diesem Zusammenhang wird regelmäßig das Beispiel der Paris Bourse angeführt, für die Regelungen eingeführt wurden, die den Block-Tradern nicht behagten (darunter ein Börsenzwang), was dazu führte, dass diese ihre davon am meisten betroffenen Aktivitäten umgehend nach London verlagerten. Erst nachdem die Regelungen wieder aufgehoben wurden, gewann Paris seine Rolle als Hauptmarkt für französische Titel zurück. Vergleiche etwa Kommentar von Wayne Wagner RE: File No. SR-NYSE-99-48 Propo-

Gefahr ergibt sich im Zeitalter der weitgehend freien Kapitalströme über nationale Grenzen hinweg vor allem aus den niedrigen mit der Verlagerung verbundenen Kosten. Da das primäre Regelungsziel der Funktionsfähigkeit des Kapitalmarktes aber entscheidend von dem Vorhandensein von Liquidität abhängig ist, diese aber unter anderem wegen der Garantie der Eigentumsrechte der Beteiligten (in ihrer Eigenschaft als Aktionäre) natürlich nicht erzwungen werden kann, wirkt sich ein durch den Regulierungseingriff verursachter „Fluchtgrund" kontraproduktiv hinsichtlich des damit verfolgten Ziels aus.[45]

b) Gefahren für die Marktintegrität

Demgegenüber kann ein Markt aber auch durch strenge Regeln an Attraktivität und mithin Liquidität hinzugewinnen, wenn diese den Investor vor unsicheren Kursen und Übervorteilung schützen. Wer befürchten muss, dass die Kurse nicht den aktuellen, fairen Marktwert des Papiers widerspiegeln – etwa weil die letzte veröffentlichte Transaktion bereits einige Zeit zurückliegt und inzwischen schon zu ganz anderen, aber noch unveröffentlichten und damit dem Anleger unbekannten Kursen gehandelt worden ist–, oder dass er von einem Insider übervorteilt wird, dürfte nicht bereit sein, dort sein Kapital einzusetzen, wenn ihm woanders ein sicherer, fairerer Markt zur Verfügung steht.

Wird die Blockorder nicht Teil des normalen Orderstromes an der Börse, sondern wird auf direktem Wege eine Vertragspartei gesucht, so entsteht das Problem des zu verhandelnden Preises. Hierbei wird man sich typischerweise am Börsenkurs orientieren. Dabei besteht dann die Gefahr, dass eine der Parteien auf den Referenzwert Einfluss nimmt. Hier kommt als wohl unauffälligstes Mittel die Vornahme (im Verhältnis zum Block Trade) kleinerer börslicher Geschäfte in Betracht. Es wird zu untersuchen sein, ob ein derartiges Verhalten als verbotene Kursmanipulation einzustufen ist. Hierzu werden die unterschiedlichen Regelungen an den betreffenden Börsen untersucht.

Dürfen Marktteilnehmer, die Kenntnis von der bevorstehenden Blockausführung über die Börse erlangen, und deshalb die so verursachten Kursveränderungen erahnen können, dies zu eigenen Geschäften nutzen? Auf die vom Blockgeschäft ausgehenden Kursbewegungen wurde bereits oben hingewiesen. Ob und in welchem Ausmaße diese eintreten, hängt nur bedingt mit den Ausfüh-

---

sed Rescission of Rule 390 / Concept Release on Market Fragmentation (nachzulesen im Internet unter: www.sec.gov/rules/sro/ny9948/wagner1.htm, Stand: 12. März 2001).

45 Zur Drohung institutioneller Investoren abzuwandern, sollte ein Missstand nicht beseitigt werden, vergleiche Kuckelkorn, Die Dezimalkurse bereiten der NYSE Sorgen, Börsen-Zeitung vom 1. März 2001 Seite 5.

rungsmodalitäten zusammen.[46] Daher wird zu untersuchen sein, ob derjenige, der in Kenntnis der bevorstehenden Ausführung einer Blockorder und des zu erwartenden Kursausschlags selbst Geschäfte tätigt, um den Ausschlag zu Gewinnen zu nutzen, gegen das Insiderhandelsverbot verstößt. Eng verknüpft ist dies mit dem Phänomen des Frontrunning.[47]

C. Die untersuchten Regulierungsregime

Bevor nun in die Untersuchung der einzelnen Blockhandelsprobleme einzusteigen ist, soll zunächst eine nähere Eingrenzung auf die untersuchten Märkte und eine etwas allgemeinere Darstellung der dort vorgefundenen Regulierungsstrukturen vorgenommen werden. Ausgehend vom Titel dieser Arbeit ist zu erläutern, was hier unter einem organisierten Aktienmarkt zu verstehen sein wird. Der Begriff des Aktienhandels bedarf an sich keiner Erläuterung. Während etwa das WpHG zunächst nur zwischen Wertpapieren, Geldmarkinstrumenten und Derivaten unterscheidet[48], erscheint es sinnvoll, hier den Handel mit Aktien isoliert zu betrachten, da der Begriff des Wertpapiers auch Schuldverschreibungen, zu denen auch Staatsanleihen zählen, mitumfasst, die ohnehin fast gänzlich ‘over the counter’[49], also außerhalb organisierter Märkte, gehandelt werden.[50] Der Handel mit ihnen ist durch völlig andere Risiken und Strategien gekennzeichnet, so dass ein Vergleich – ähnlich wie mit dem Derivathandel – dem von Äpfeln mit Birnen gleichkäme.

Hinsichtlich der Organisiertheit des Aktienmarktes liegt es nahe, sich am Begriff des organisierten Marktes im Sinne des § 2 Abs. 5 WpHG zu orientieren. Dieser ist seinerseits angelehnt[51] an die Marktdefinition des Art. 1 Nr. 2d der EG-Insiderrichtlinie[52] und entspricht[53] dem in Deutschland durch die Bezeich-

---

46 Die Frage, ob die Kursveränderungen eintreten ist klar von der Frage zu differenzieren, ob die am Blockgeschäft beteiligten hierunter leiden.

47 Zu diesem Begriff vergleiche unten den Abschnitt „Frontrunning", Seite 283 ff.

48 § 2 Abs. 1, 1a, 2 WpHG.

49 In der Regel abgekürzt: „OTC".

50 Wells, Managing market proliferation, in: Financial Regulation Report, Februar 2000, Seite 1 (1).

51 Begr. RegE, 2. Finanzmarktförderungsgesetz, BT-Drucksache 12/6679, S. 76; Kümpel, Bank- und Kapitalmarktrecht, Rz. 8.104.

52 EG-Insiderrichtlinie, 89/592/EWG, ABl. EG Nr. 334/20, vom 13. November 1989.

53 Begr. RegE zum Gesetz zur Umsetzung von EG-Richtlinien zur Harmonisierung bank- und wertpapieraufsichtsrechtlicher Vorschriften vom 22.10.1997 – Richtlinien Umsetzungsgesetz – BGBl I 1997, S. 2519 ff. – BT-Drucksache 13/7142, S. 103.

nung des zweiten öffentlich-rechtlichen Marktsegmentes[54] anderweitig besetzten Begriff des „geregelten Marktes" der EU-Wertpapierdienstleistungsrichtlinie, Artikel 1 Nr.13.[55] Danach kommt es darauf an, dass der Markt von einer staatlich anerkannten Stelle geregelt und überwacht wird, regelmäßig stattfindet und für das Publikum mittelbar oder unmittelbar zugänglich ist. Wesentliches Merkmal ist die Reglementierung durch eine staatlich anerkannte Stelle.

1. Die Märkte im Einzelnen

Nach dem Titel dieser Arbeit soll die Regulierung des Blockhandels[56] an den organisierten Aktienmärkten in den drei genannten Ländern untersucht werden. Unter die Definition des organisierten Marktes fallen in Deutschland zum einen der Handel mit amtlicher Notierung (§§ 36 ff. BörsG[57]), der geregelte Markt (§§ 71 ff. BörsG[58]) und der Neue Markt[59] an den staatlich genehmigten und re-

---

54 §§ 71 ff. BörsG.

55 EG-Wertpapierdienstleistungsrichtlinie 93/22/EWG, ABl. EG Nr. L 141/27, vom 10. Mai 1993 „ein Markt für Finanzinstrumente im Sinne des Abschnitts B des Anhangs, – der in das Verzeichnis gemäß Artikel 16 eingetragen ist, das von dem Mitgliedstaat erstellt wird, welcher Herkunftsmitgliedstaat im Sinne von Artikel 1 Nummer 6 Buchstabe c) ist: – der regelmäßig funktioniert, der dadurch gekennzeichnet ist, dass die Funktionsbedingungen des Marktes, die Bedingungen für den Zugang sowie, wenn die Richtlinie 79/279/EWG Anwendung findet, die in dieser Richtung festgelegten Bedingungen für die Zulassung zur Notierung und, wenn die genannte Richtlinie keine Anwendung findet, die Bedingungen, die diese Finanzinstrumente erfüllen müssen, um tatsächlich auf diesem Markt gehandelt werden zu können, durch Bestimmungen festgelegt sind, die von den zuständigen Behörden erlassen oder genehmigt wurden, – auf dem alle Melde- und Transportvorschriften, welche nach den Artikeln 20 und 21 gelten, eingehalten werden müssen."

56 Zum Begriff des Blockhandels vergleiche oben Seite 30.

57 Nach dem 4. FMFG "amtlicher Markt", vgl. §§ 29 ff. BörsG-E.

58 Vgl. §§ 48 ff. BörsG-E.

59 Obwohl der Neue Markt rechtlich in den Freiverkehr eingegliedert ist, wird er als geregelter Markt im Sinne der EU-Wertpapierdienstleistungsrichtlinie eingestuft. Dies geschieht über den Umweg, dass die in ihm zu handelnden Werte zunächst zum geregelten Markt zugelassen werden, dann aber statt in diesen nur in den Freiverkehr eingeführt werden. Eingehend zu dieserr Frage: Plückelmann, Der Neue Markt der Deutschen Börse AG, Diss. Osnabrück, 2000, Seite 203 ff.; ferner siehe Potthoff/Stuhlfauth, Der Neue Markt: Ein Handelssegment für innovative und wachstumsorientierte Unternehmen – kapitalmarktrechtliche Überlegungen und Darstellung des Regelwerkes, WM-Sonderbeilage Nr. 3 / 1997, S. 1 (7); Kersting, Der Neue Markt der Deutschen Börse AG, AG 1997, S. 222 (223). Das neue elektronische Handelssystem Xetra der Frankfurter Wertpapierbörse ist nur eine bestimmte Handelsplattform, kein neues Marktsegment.

gulierten Börsen wie der *Frankfurter Wertpapierbörse* („FWB"), nicht aber der Handel im Freiverkehr. Ferner ist hier zu untersuchen der Handel an der*London Stock Exchange plc.* („LSE") und der *New York Stock Exchange, Inc.* („NYSE").

Vor allem in den USA und Deutschland gibt es zwar noch weitere, zumeist regionale Börsen. Diese unterscheiden sich hinsichtlich der anwendbaren Vorschriften aber nicht wesentlich von den Hauptbörsen und sind vor allem aufgrund des insgesamt eher geringen Marktanteils nicht von großer Bedeutung.[60] Wie bereits eingangs im Zusammenhang mit der Frage der Effizienz eines Kapitalmarktes angedeutet wurde, stellt der Marktanteil aufgrund der damit verbundenen Liquidität ein echtes Qualitätsmerkmal dar.[61] In allen drei untersuchten Ländern besteht eine Kombination aus staatlicher Regulierung und staatlich überwachter Selbstregulierung. Daher gelten für die Regionalbörsen zum einen natürlich dieselben Gesetze und Verordnungen wie für die genannten Hauptbörsen. Zum anderen folgt die Selbstregulierung häufig recht engen staatlichen Vorgaben, so dass sich die Börsenordnungen innerhalb eines Landes stark ähneln. Folglich erscheint es sachgerecht, sich hier im Sinne größerer Übersichtlichkeit auf die genannten Hauptbörsen zu beschränken.

Neben den genannten Börsen NYSE, LSE und FWB ist jedoch auch die*National Association of Securities Dealers Automated Quotation* ("Nasdaq" oder "Nasdaq Stock Market") als organisierter Wertpapiermarkt anzusehen und in die Analyse einzubeziehen. Zwar ist dieses dezentrale Computersystem in den USA bisher nicht als Börse, sondern als „Securities Information Processor"[62] anerkannt und registriert, dennoch erfüllt die Nasdaq die oben beschriebenen Tatbestandsmerkmale eines organisierten Marktes. Die nationale Wertpapierhändlerorganisation NASD, Inc.[63] (als Muttergesellschaft von Nasdaq) und die NASD

Die bisherige Koppelung von der Zulassung von Wertpapieren und deren Preisermittlung soll durch das 4. FMFG aufgegeben werden. Vgl. § 24 BörsG-E sowie die Begründung zum Regierungsentwurf vom 14.11.2001; Bundestagsdrucksache 14/8017; im Internet unter: http://dip.bundestag.de/btd/14/080/1408017.pdf; Stand: 18.02.2002).

60 Es gibt inzwischen auch in Großbritannien mit der Tradepoint Financial Networks plc. eine zweite Börse neben der LSE.

61 Vergleiche Köndgen/Mues, Zwangslizenz für Xetra?, WM 1998, S. 53 (54); H. Schmidt, Kredit und Kapital 1992, S. 110 (116).

62 Ein „Securities Information Processor", das heißt jedes Unternehmen, dass sich mit Daten bzw. Informationsverarbeitung und Verbreitung im Hinblick auf Wertpapiergeschäfte befasst, bedarf, nach Section 11A(b) des Securities Exchange Acts; vergleiche hierzu etwa vergleiche SEC Concept Release, Regulation of Market Information Fees and Revenues, No. 34-42208, File No. S7-28-99, Federal Register/ Vol. 64, No. 242 vom 17.12.1999, Seite 70613 (70616).

63 National Association of Securities Dealers Inc., mit Sitz in Washington D.C.

Regulation, Inc. überwachen den Handel anhand von Regeln, die durch die staatliche Aufsichtsbehörde, die Securities and Exchange Commission ("SEC") genehmigt und zum Teil auch hinsichtlich der Regelungsziele vorgegeben sind.[64]

Überdies wird ein Antrag der Nasdaq auf Registrierung als „Exchange" bei der SEC nach Sec. 12(g) des S.E.A.[65] erwartet. Bisher entging die Nasdaq dem Verbot als nicht registrierte Exchange nur deshalb, weil das Computersystem zwar die Quotierungen der Market Maker[66], die bis zu der angegebenen Größe als bindendes Angebot gelten, übermittelt, der Vertragsschluss aber jeweils per Telefon und damit außerhalb des Computersystems stattfindet.[67] Der Handel über Nasdaq gehört daher strenggenommen zum außerbörslichen, zum so genannten 'over-the-counter'-Handel. Allerdings stellt die Nasdaq wie eine Börse Kriterien für die Aufnahme der Wertpapiere in den Handel (das Listing) auf.[68] Diese betreffen Fragen der Unternehmensführung („Corporate Governance") und des Unternehmenswertes des Emittenten („net worth") sowie des Volumens der in Umlauf befindlichen Papiere („public float").[69] Da die Nasdaq nicht als Börse registriert ist, sind die vorgehend angeführten Argumente hinsichtlich der weitgehenden Vergleichbarkeit der Regulierung der Haupt- und Regionalbörsen nicht ohne weiteres zu übertragen. Die Anforderung seitens des Gesetzes wie auch der SEC sind bezüglich eines Securities Information Processors[70] selbst-

---

64 Auf die Ausgliederung der Aufsicht auf die Tochtergesellschaft NASD Regulation, Inc. – also eine Schwestergesellschaft der Nasdaq – kommt es in diesem Zusammenhang nicht an.

65 Loss/Seligman, Securities Regulation, Chapter 7, Regulation of the Securities Markets, 7A3a, Seite 2580.

66 Dies sind Banken oder Wertpapierhäuser, welche die Verpflichtung übernehmen, für einzelne oder auch mehrere Handelsobjekte jederzeit für bestimmte Mindestmengen verbindliche An- und Verkaufskurse zu stellen und damit einen Markt in diesen Titeln zu unterhalten, ohne dass sie wissen, ob der Handelspartner kaufen oder verkaufen möchte; vergleiche Büschgen, Das kleine Börsen-Lexikon, zu: „Market Maker", Seite 464.

67 Hazen, Treatise on the Law of Securities Regulation, 2. Auflage, § 10.3; Seite 529.

68 So namhafte Firmen wie Dell Computer Corporation; Microsoft Corporation; Cisco Systems, Inc.; Intel Corporation; Oracle Corporation; Sun Microsystems, Inc.; MCI Worldcom, Inc.; Yahoo! Inc. und Amazon.com, Inc. wählen Nasdaq für ihre primäre Notierung.

69 Securities Exchange Act Release No. 29,638 (30. August 1991); Jennings/Marsh/Coffee, Securities Regulation, 7th Edition, Seite 64; NASD Manual Schedule D, Teil II § 1; Loss/Seligman, Securities Regulation, Chapter 7, Regulation of the Securities Markets, 7A3a, Seite 2580.

70 Zu diesem Terminus siehe oben Fußnote 62.

verständlich nicht die gleichen wie für eine Börse. Gleiches gilt für die Geschäfte und die Tätigkeit der Broker Dealer[71]. Die Umsatzzahlen dieser Handelsplattform sind inzwischen, wenn auch noch nicht im Wert, so aber in der Menge der gehandelten Papiere auf dem Niveau der NYSE angelangt. Nicht zuletzt wegen der angekündigten Expansion der Nasdaq nach Europa[72] erscheint es sinnvoll, die dort geltenden Regeln in die hier vorzunehmende Betrachtung mit einzubeziehen.

2. Überblick über die jeweiligen Regulierungs- und Aufsichtsstrukturen

Um später bei der Analyse der einzelnen Regeln deren Rechtsnatur und Verortung in der Normen- und Aufsichtshierarchie voraussetzen zu können, soll hier kurz ein Überblick über die verschiedenen nationalen Strukturen gegeben werden.

a) Deutschland

In Deutschland sind die gesetzlichen Vorschriften hinsichtlich des Aktienhandels – soweit sie vorliegend relevant werden – im Börsengesetz und im Wertpapierhandelsgesetz zu finden. Das geplante Vierte Finanzmarktförderungsgesetz wird aller Voraussicht nach ein vollständig neu gefaßtes Börsengesetz schaffen und auch substantielle Änderungen im Wertpapierhandelsgesetz mit sich bringen.[73] So sich aus diesem Gesetzgebungsvorhaben inhaltliche Änderungen für die hier untersuchten Fragen ergeben werden, ist dies im Text selbst erwähnt. Soweit es sich durch die Neufassung des Börsengesetzes lediglich um die Neuverortung inhaltsgleicher Regelungen handelt, wird dies ebenfalls – gegebenenfalls durch Fußnoten – kenntlich gemacht.[74]

Die Vorschriften des WpHG gelten – auch weiterhin – ganz allgemein für den Wertpapierhandel, gleich ob selbiger börslich oder außerbörslich erfolgt. Vorschriften, die die Börsenorganisation oder speziell den börslichen Handel regeln, sind im Börsengesetz enthalten, wobei diese Unterscheidung nicht stringent ein-

---

71 Die Bezeichnung Broker Dealer sei als Oberbegriff der makelnden (engl. to broker) oder Eigengeschäfte tätigenden (engl. to deal) Handelsintermediäre zu verstehen.

72 Die Kooperation der Nasdaq mit den geplanten iX zur Bildung einer Nasdaq Europe ist durch das Scheitern der iX natürlich zunächst vom Tisch.

73 Diese Prognose beruht auf dem Stand des Regierungsentwurfs vom 14.11.2001, Bundestagsdrucksache 14/8017; im Internet unter: http://dip.bundestag.de/btd/14/080/1408017.pdf (Stand: 18.02.2002).

74 Diejenigen Normen des WpHG, die nach dem Entwurf durch die Reform nicht verändert werden sollen, sind dementsprechend auch nicht durch einen Zusatz gekennzeichnet.

gehalten ist. Das liegt vor allem daran, dass das Börsengesetz bis vor einigen Jahren das einzige Gesetz in diesem Bereich war und deshalb Vorschriften enthält, die genauso gut dem Wertpapierhandel im allgemeinen zuzuordnen wären. So regelt etwa § 10 BörsG[75], wie ein Kundenauftrag in Ermangelung konkreter Weisungen auszuführen ist. Zwar stellt diese Norm einen so genannten "relativen" Börsenzwang auf, führt also bei Fehlen konkreter Weisungen des Investors zu einer Pflicht des beauftragten Wertpapierdienstleisters, den Handel über die Börse auszuführen, betrifft aber der Sache nach ganz allgemein die Frage, wie vom Kunden erteilte Aufträge zum Kauf oder Verkauf von Wertpapieren auszuführen sind, so dass die Norm systematisch ebenso gut im WpHG unterzubringen wäre. Unterhalb der Stufe der Gesetze gibt es Verordnungen[76] und Richtlinien[77] und – weiterhin normenhierarchisch betrachtet – darunter die Ebene der Selbstregulierung. Hier sind in erster Linie die Börsenordnungen zu nennen, die als Satzungen erlassen werden, § 4 Abs. 1 Satz 1 BörsG[78], und der Genehmigung durch die Börsenaufsichtsbehörde bedürfen, § 4 Abs. 4 Satz 1 BörsG[79].

Parallel zu dem Neben- und Untereinander der Rechtsquellen ist auch die Struktur der Institutionen und Organe ausgerichtet, die deren Einhaltung überwachen. Während das Bundesaufsichtsamt für Wertpapierhandel ("BAWe"[80]) für die Einhaltung des WpHG zuständig ist, § 4 Abs. 1 Satz 1 WpHG, überwachen die Börsenaufsichtsbehörden der Länder die Beachtung der Vorschriften des Börsengesetzes, § 1 Abs. 2 Satz 1 BörsG[81]. Für die Frankfurter Wertpapierbörse ist dies die Börsenaufsicht beim Wirtschaftsministerium des Landes Hes-

---

75 § 10 Abs. 1 BörsG entspricht (bis auf einen verbraucherschützenden Zusatz) § 22 Abs. 1 BörsG-E; zur Quelle vgl. Fußnote 73.

76 Gemeint sind etwa die Börsenzulassungsverordnung, die sich aber wie das Verkaufsprospektgesetz auf den Primärmarkt bezieht, oder die Wertpapiermeldeverordnung. Nachdem Regierungsentwurf zum 4. FMFG (vgl. Fußnote 73) wird ferner durch § 20a Abs. 2 WpHG-E eine weitere Verordnungsermächtigung geschaffen, die für den im Folgenden näher zu untersuchenden Bereich der Kursmanipulation große Bedeutung erlangen wird.

77 So die "Richtlinie gemäß jetzt § 35 Abs. 6 des WpHG zur Konkretisierung der §§ 31 und 32 WpHG für das Kommissionsgeschäft, den Eigenhandel für andere und das Vermittlungsgeschäft der Wertpapierdienstleistungsunternehmen vom 9. Mai 2000", im allgemeinen als Wohlverhaltensrichtlinie bezeichnet.

78 Entspricht § 13 Abs. 1 BörsG-E; zur Quelle vgl. Fußnote 73.

79 Entspricht § 13 Abs. 5 Satz 1 BörsG-E.

80 Zukünftig: Bundesanstalt für Finanzdienstleistungsaufsicht, vgl. die Überschrift zum Abschnitt 2 des WpHG-E.

81 § 1 Abs. 3 Satz 1 BörsG-E.

sen.[82] Das für den Bereich der Handelsregulierung zuständige Börsenorgan, die Handelsüberwachungsstelle, führt auf Ebene der Selbstregulierung die Aufsicht über die Einhaltung der Vorschriften, § 1 b BörsG[83]. Diese Überwachung erstreckt sich auf den gesamten Regelungskörper dieses Sachgebietes einschließlich der gesetzlichen Regelungen des BörsG und WpHG, so dass die Handelsüberwachungsstelle vor Ort sachnahe Kontrolle über den gesamten Regulierungskanon ausübt, § 1b Abs. 5 BörsG[84]. Die Handelsüberwachungsstelle ist gegenüber der Börsenaufsichtsbehörde weisungsgebunden, wobei letztere zudem eine Art Selbsteintrittsrecht besitzt, § 1b Abs. 1 Satz 3 BörsG[85].

b) Vereinigte Staaten

Ähnlich wie in Deutschland besteht auch in den Vereinigten Staaten der Bereich des Wertpapierhandels- und Börsenrechts, der „Securities and Exchange Regulation", aus einer Kombination staatlicher Regelung und Aufsicht auf der einen und Selbstregulierung und -überwachung der Börsen und Händlerorganisationen auf der anderen Seite. Der Securities Exchange Act von 1934 („S.E.A." oder „Exchange Act") sah bereits in seiner ursprünglichen Form vor, dass die Börsen gegenüber ihren Mitgliedern für die Einhaltung und Durchsetzung der staatlichen Regeln verantwortlich sind, während diese wiederum der Aufsicht der staatlichen Regulierungs- und Überwachungsbehörde, der bereits erwähnten Securities and Exchange Commission ("SEC"), unterstehen. Die SEC wurde durch den Securities Exchange Act eingerichtet.[86] Section 6 des Exchange Act sieht vor, dass alle Börsen der Registrierung bei der SEC bedürfen.[87] Da sich der Wertpapierhandel – zumindest der Bereich des Sekundärmarktes – heutzutage aufgrund des Einsatzes der Kommunikationsmedien wie des Telefons und der Computernetze mehr oder weniger zwangsläufig und deshalb ausnahmslos der „mails or other means of interstate commerce'[88] bedient, ergibt sich insoweit

82 Zur Zeit präziser: Ministerium für Wirtschaft, Verkehr und Landesentwicklung.

83 § 4 BörsG-E.

84 § 4 Abs. 5 BörsG-E.

85 § 4 Abs. 1 Satz 3 BörsG-E.

86 Section 15 U.S.C. 78a-78ll.

87 Deren gibt es zur Zeit zehn: Neben NYSE und AMEX die Pacific-, Boston-, Midwest-, Philadelphia-, Cincinnati-, InterMountain- and Spokane Exchange sowie die Chicago Board Options Exchange.

88 Diese Formulierung aus der US-amerikanischen Verfassung, die in fast jeder der untersuchten Normen auftaucht, begründet einerseits die Gesetzgebungs- und -verwaltungskompetenz des Bundes und beschränkt im gleichen Atemzug den Anwendungsbereich der Norm. Dies als Hinweis auf eine extraterritoriale Anwendbarkeit zu verstehen ist deshalb verfehlt.

eine Zuständigkeit des Bundes. Dementsprechend spielt die grundsätzlich daneben bestehende Regelungs- und Verwaltungskompetenz der einzelnen Bundesstaaten zumindest im Sekundärmarkt keine Rolle.

Seither ist die oben skizzierte Struktur der „durch die SEC überwachten Selbstverwaltung und -regulierung“ durch Section 15A auch auf Händler- und Brokerorganisationen ausgedehnt worden, deren einziges Beispiel bisher die National Association of Securities Dealers, Inc. ("NASD") ist[89]. Die Aufsicht erfolgt nunmehr einheitlich über „Self-Regulatory Organizations“ ("SROs") als Oberbegriff der Börsen und Händlerorganisationen[90]. Zu einem großen Teil erfolgt die Regulierung und Überwachung daher nicht unmittelbar durch die SEC, sondern mittelbar über die SROs, die sicherstellen, dass ihre Mitglieder sich im Einklang mit den eigenen und den staatlichen Regeln verhalten[91]. Die „eigenen“ Regelwerke der SROs folgen in weiten Teilen den Vorgaben der SEC und sind in ihrer Wirksamkeit von einer Genehmigung durch diese abhängig[92].

Eine Mitgliedschaft in einer dieser SROs war für eine Tätigkeit im Wertpapierhandel bis 1983 nicht erforderlich. Nach Section 15 (b)(8) S.E.A. besteht aber nunmehr die Pflicht eines Broker Dealers, Mitglied einer Exchange oder einer sonstigen SRO zu sein. Vorher mussten sich die außerbörslich tätigen Broker Dealer nicht zwangsläufig der NASD anschließen und wurden, wenn sie nicht Mitglied waren, direkt von der SEC überwacht[93]. Wie aber bereits erwähnt, besteht nunmehr nach Section 15(b)(8) S.E.A. die Pflicht eines Broker Dealers, Mitglied einer Exchange oder einer sonstigen SRO zu sein.[94]. Die

---

89 Deren Tochtergesellschaft unter anderem die Nasdaq, Inc. ist, die dezentrale Computerbörse für Wachstums- und Technologiewerte, auf deren bisherige (Nicht-)Eigenschaft als Börse bereits näher eingegangen wurde.

90 Bender & Co. (Hrsg.), Federal Securities Exchange Act of 1934 – Kommentar, Vorbemerkungen zu § 2.01

91 Hazen, Treatise on the Law of Securities Regulation, 2. Auflage, § 10.2, Seite 494.

92 Section 19(b)(1) S.E.A.; Hazen, Treatise on the Law of Securities Regulation, 2. Auflage, § 10.2; Seite 500.

93 Genannt: SECO (kurz für: „SEC only“). Da sich die SEC ganz offenbar die mit der direkten Zuständigkeit verbundenen Mühen ersparen wollte, sorgte sie zunächst dafür, die „Unabhängigkeit“ für die Broker Dealer nicht besonders vorteilhaft erscheinen zu lassen. So übernahm sie de facto fast sämtliche Vorschriften der NASD und ließ es überdies zu, dass die (marktbeherrschende) NASD und ihre Mitglieder bei Geschäften mit Nicht-Mitgliedern letztere im Verhältnis zu Mitgliedern benachteiligten. Dementsprechend war die direkte Überwachung der „freien“, nicht organisierten Broker Dealer die absolute Ausnahme.

94 Daneben hat die SEC nach Section 15 S.E.A. weiterhin die direkte Aufsicht über die Broker Dealer, die (Zwangs-)Mitglied der NASD sind. Das „Tagesgeschäft“ ist aller-

größten Investmentbanken – wie die im Jargon so genannten „MGMs" in Anlehnung an Merrill Lynch, Goldman Sachs und Morgan Stanley Dean Witter – sind Mitglied mehrerer SROs, da sie neben ihrer Mitgliedschaft in der NASD auch Mitglied mehrerer Börsen sind. Sie unterfallen daher auch gleichzeitig mehreren SRO-Regelungsregimen, die sie kumulativ zu beachten haben[95]. Eine Aufspaltung etwa entlang der Aufgabengebiete gibt es nicht.

Anders ist das im übrigen auf internationaler Ebene: Viele der großen Broker Dealers sind als „Global Players" Börsenmitglieder in den verschiedensten Ländern. Hier gilt – schon weil sich daraus widersprüchliche Verhaltenspflichten ergeben könnten – nach dem Grundsatz des Handlungsortes nur das Recht desjenigen Landes und derjenigen Börse, an dem die Firma gerade tätig ist.

c) Großbritannien

Wie auch in den Vereinigten Staaten spielte in Großbritannien die Selbstregulierung des Wertpapierhandels eine weitaus größere Rolle als in Deutschland. Nach dem Financial Services Act 1986 („F.S.A. 1986") – der bereits den gesamten Sektor der Kapitalanlagen abdeckte[96] und als Vorbild für viele europäischen Regelungen diente[97] – war die Finanz- und Wertpapieraufsicht unter dem Dach des Securities and Investment Board („SIB")[98] diversen Selbstüberwachungsorganisationen (self-regulating organisations, „SROs") sowie Professional Bodies, Investment Exchanges und Clearing Houses überlassen.[99] Sämtliche dieser Organisationen, zusammenfassend häufig als „Recognised Bodies" bezeichnet, bedurften der „Anerkennung" durch das SIB[100]. Die SROs wurden mit ihrer Anerkennung ermächtigt, ihren Mitgliedern die Tätigkeit im Investmentgeschäft

---

dings der NASD überlassen. Vergleiche Hazen, Treatise on the Law of Securities Regulation, 2. Auflage, § 10.2, Seite 499.

95 Wobei mehrere Regionalbörsen die Überwachung mangels eigener Kapazitäten der NASD übertragen haben, vergleiche Section 17(d) S.E.A.; Hazen, Treatise on the Law of Securities Regulation, 2. Auflage, § 10.2; Seite 500.

96 Ellger/Kalss, Börsen- und Kapitalmarktrecht des Vereinigten Königreichs, in: Hopt/Rudolph/Baum (Hrsg.), Börsenreform, Eine ökonomische, rechtsvergleichende und rechtspolitische Untersuchung, 2.A.I.1.

97 Vergleiche Lange, Financial Services and Markets Act 2000 ersetzt Financial Services Act 1986, AG Report, 2000, Seiten R316, R318.

98 Bis zum 28. Oktober 1997 – später dann bereits unter der heutigen Bezeichnung Financial Services Authority („FSA"), vergleiche Financial Services Reporter, CCH New Law, FSA/SIB Guidance Releases, Page 196.601.

99 Die drei bisherigen SROs hießen IMRO, PIA und SFA. In welcher der drei man Mitglied wurde, richtete sich nach dem Schwerpunkt der Tätigkeit, wobei die inhaltliche Abgrenzung freilich nicht ohne Überschneidungen auskam.

100 Bzw. der FSA, vergleiche oben Fußnote 98.

zu gestatten, Section 7 (1) F.S.A. 1986. Entsprechend hatten sie ihre Mitglieder hinsichtlich der fachlichen Qualifikation, des Verhaltens und der Bonität zu überwachen. Bei Regelverletzungen konnten sie die Mitglieder bestrafen („censuring or fining“[101]), was bis zum Ausschluss aus der SRO reichen konnte. Leitete das Mitglied seine Berechtigung zur Tätigkeit im Investmentgeschäft von der betreffenden SRO ab, so bedeutete der Verlust der Mitgliedschaft gleichzeitig das Verbot, die betreffende Tätigkeit weiterhin auszuüben. Im Rahmen einer Reihe von Dienstleistungsverträgen ließen SROs einen großen Teil ihrer Überwachungsaufgaben nach dem F.S.A. 1986 allerdings wiederum durch SIB/FSA wahrnehmen.[102]

Nach Einschätzung von Kommentatoren wurde dem F.S.A. 1986 die auf mehrere Organe übertragene Aufsicht und das hohe Maß der Selbstregulierung zum Verhängnis.[103] Kürzlich[104] wurde er durch den Financial Services and Markets Act 2000 („F.S.M.A.“) ersetzt. Durch den F.S.M.A. wurde eine zentrale Aufsichtsbehörde über den gesamten Bereich der Finanzdienstleistungen inklusive der Bereiche des Bausparkassen-, Versicherung- und Bankenwesens eingerichtet: Diese Behörde trägt weiterhin die Bezeichnung Financial Services Authority („FSA“). Die unter dem bisherigen System von den SROs wahrgenommenen Funktionen sollen nach dem neuen Regime auf die FSA übertragen werden.[105] Die hierfür erforderlichen Überleitungsmaßnahmen sind allerdings noch nicht eingeleitet worden. Zur Zeit befinden sich die verschiedenen Teile des zukünftigen FSA Handbooks in unterschiedlichen Entwurfsstadien. Für viele Bereiche enthält der F.S.M.A. keine inhaltlichen Regelungen, sondern nur Ermächtigungen, bestimmte Regelungsziele durch untergesetzliche Vorschriften zu verfolgen. Für den Übergangszeitraum behalten die Rulebooks der drei SROs ihre Gültigkeit. Da aber für den hier relevanten Bereich das FSA Handbook bereits vorliegt, konzentriert sich die vorliegende Analyse auf die neuen Regelungen und bezieht sich nur zum Vergleich auf die bisherigen Regelungen. Weiterhin

---

101 Vergleiche "Regulatory Structure under F.S.A. 1986", (http://sib.co.uk/frontreg.htm, dort recherchiert am 8.2.2000)

102 Regulatory Structure under F.S.A. 1986, (http://sib.co.uk/frontreg.htm dort recherchiert am 8.2.2000)

103 Vergleiche Lange, Financial Services and Markets Act 2000 ersetzt Financial Services Act 1986, AG Report, 2000, Seiten R316, R318.

104 Der Entwurf des Financial Services and Markets Act 2000 erhielt am 14.06.2000 durch das Royal Assent Gesetzeskraft. Da das Gesetz zu seiner Umsetzung einer Reihe weiterer parlamentarischer „Sekundärakte“ bedarf, wird eine vollständige Umsetzung nicht vor Mitte des Jahres 2001 erwartet. Lange, Financial Services and Markets Act 2000 ersetzt Financial Secvices Act 1986, AG Report, 2000, Seiten R316, R318.

105 Financial Services And Markets Act 2000, Explanatory Notes No. 862.

bestehen bleibt die Ebene der Selbstregulierung für die Recognised Investment Exchanges („RIE"), wozu selbstverständlich auch die London Stock Exchange zählt, sowie Recognised Clearing Houses und Professional Bodies. Nach dem F.S.A. 1986 war die London Stock Exchange zuständig für die Zulassung von Wertpapieren zum Börsenhandel (umgangssprachlich „the UK Listing Authority"[106]). Diese Funktion wird ebenfalls nunmehr von der FSA wahrgenommen.

Neben dem Code of Market Conduct[107], der Bestandteil des FSA Handbooks werden wird, ist die Börsenordnung der LSE für die Frage der Sekundärmarktregulierung von großer Bedeutung. Alle Mitglieder sind an die detaillierten Regelungen der LSE, die „Rules of the London Stock Exchange" gebunden, die die Marktorganisation, Pflichten der Marktteilnehmer, Handelsvorschriften sowie Berichts- und Veröffentlichungspflichten bezüglich der einzelnen Transaktionen umfassen.[108]

Wie in den Vereinigten Staaten ist die Regelungsbefugnis, Überwachung und Durchsetzung im Rahmen der zivilrechtlichen Zusammenschlüsse wie SROs und Börsen gewissermaßen „rechtsförmlich" ausgestaltet: So besteht ein zunächst interner „Rechtsweg" gegen verhängte Sanktionen, der nahtlos in die staatliche Gerichtsbarkeit mündet. Entsprechend werden die Satzungen von den Mitgliedern als „Recht" angesehen[109]. Auch die FSA ist nicht als Behörde ausgestaltet. Sie ist vielmehr eine privatrechtliche „limited company", deren Haftung allerdings nicht auf ein Stammkapital beschränkt ist, sondern durch staatliche Garantie im Sinne einer Bürgschaft.

---

106 United Kingdom's „competent authority" to decide on the admission of securities to the Official List, (http://londonstockexchange.com/markets/markets_09.htm, Stand: 8. Februar 2000)

107 Der Code of Market Conduct der FSA ist unter der Internetadresse www.fsa.gov.uk/-handbook/mar.pdf herunterzuladen (Stand: 27.1.2002).

108 http://londonstockexchange.com/markets/markets_09.htm, Stand: 8. Februar 2000.

109 Ellger/Kalss, Börsen- und Kapitalmarktrecht des Vereinigten Königreichs, in: Hopt/Rudolph/-Baum (Hrsg.), Börsenreform, Eine ökonomische, rechtsvergleichende und rechtspolitische Untersuchung, 3.A.I.

D. Die verschiedenen Markttypen

Im Folgenden ist auf die unterschiedlichen, an den untersuchten Börsen vorgefundenen Markttypen einzugehen. Dies ist insofern erforderlich, als im Anschluss die Vor- und Nachteile der Nutzung bzw. Umgehung dieser Märkte im Hinblick auf mögliche Strategien zur Minimierung dieser (impliziten) Transaktionskosten zu erörtern sein werden. Hierfür ist es natürlich sinnvoll, dass vorher die Marktstrukturen geklärt worden sind.

Im Grundsatz gibt es zwei Arten, wie eine Börse oder Handelsplattform organisiert sein kann. Zum einen gibt die sogenannten Market Maker-Systeme („quote driven"), zum anderen die Auktions- oder Maklerbörsen („order driven"). Diese beiden Begriffe bezeichnen die Markttypen an den jeweiligen Endpunkten des Kontinuums, so dass beliebige Mischformen und Kombinationen möglich und in der Praxis auch gängig sind. Beim erstgenannten System stellen für jeden Wert mehrere[110] Market Maker jeweils Geld- und Briefkurse, zu denen Investoren handeln können[111]. Dabei kontrahieren die Investoren nicht direkt miteinander, sondern jeweils mit dem Zwischenhändler (eben dem Market Maker), während im zweiten Fall, dem der Maklerbörsen, eine direkte Interaktion der Investoren beider Marktseiten stattfindet.[112] Bei der Auktion ist der Börsenmakler (primär[113]) Vermittler zwischen den Angeboten der Investoren beider Marktseiten, die direkt – teils bilateral, teils multilateral – miteinander kontrahieren[114].

a) Market Maker Börsen

Es ist die Aufgabe der Market Maker, ständig An- und Verkaufskurse (Quotierungen, engl. quotes) zu stellen, zu diesen Kursen mit den Anlegern zu handeln und so als Zwischenhändler zu fungieren. Die beiden Marktseiten kommen auf

---

110 An der Nasdaq sind dies bis zu 60 Market Maker pro Wert. Der Durchschnitt liegt mit 10 allerdings deutlich unter diesen Spitzenwerten, vergleiche Nasdaq-AMEX Backgrounder, Seite 11.

111 Kempf, Umsatz und Geld-Brief-Spanne, ZBB 1998, S. 100 (100).

112 Mit direkter Interaktion ist vorliegend nicht gemeint, dass die Investoren selbst, also ohne Zugangsintermediäre kontrahieren würden, sondern, dass von einem Investor nur dann und zu dem Preis gekauft werden kann, wie gleichzeitig Verkaufsbereitschaft der Marktgegenseite gegeben ist. Hierzu im Folgenden detaillierter.

113 In der Praxis ist der Börsenmakler in der Regel auch gehalten, soweit erforderlich, den Handel durch Vornahme von Eigengeschäften zu unterstützen, vergleiche für den Kursmakler an der FWB oder den sogenannten „Specialist" an der NYSE unten Seite 51.

114 Auf die Frage, ob es eine sogenannte zentrale Gegenpartei gibt, kommt es dabei nicht an, da es dabei ausschließlich um das Erfüllungsrisiko geht, das von dieser übernommen wird.

diese Weise nicht unmittelbar in Kontakt, sondern handeln jeweils mit dem Market Maker. Dieser stellt jederzeit Liquidität[115] zur Verfügung, die dann besonders wertvoll ist, wenn die Orders der beiden Seiten des Marktes nicht zeit-, preis- und volumengleich zusammentreffen. Allerdings verteuert diese Intervention des Market Makers den Handel durch seine Spanne[116] zwischen An- und Verkaufskurs, wenn dieser Dienst eigentlich nicht vonnöten, ein direkter Ausgleich mit der Marktgegenseite nämlich aufgrund ausreichender Liquidität im maßgeblichen Augenblick auch möglich wäre.

Der Market Maker erbringt nicht nur die Vermittlungsleistung eines Maklers, sondern trägt während der Überbrückung der Unterschiede der beiden Marktseiten das Kursrisiko einer negativen Kursveränderung im Verhältnis zu seiner – kurzen oder langen – Position. Dies lässt er sich durch eine am jeweiligen Risiko orientierte Spanne zwischen seinen An- und Verkaufskursen, dem „Spread", vergüten. Überdies hat er die Inventarkosten seines Buches zu decken. Das zur Bereitstellung dieser „Manövriermasse" nötige Kapital will im üblichen Rahmen verzinst sein. Die Spanne ist der Preis für den vom Market Maker erbrachten Sofortigkeitsservice[117].

b) Auktionsbörsen

Die Makler- oder Auktionsbörsen bestehen in der Regel aus einer oder mehreren täglichen Kollektiv-Auktionen – bei denen die Aufträge zu vorher bestimmten Zeiten „gesammelt" und vom Makler nach Ermittlung eines markträumenden Gesamtkurses[118] ausgeglichen werden. Daneben gibt es einen „fortlaufenden" Handel der einzelnen Orders, der nur jeweils unterbrochen wird, um die Kollektiv- Auktionen durchzuführen. Jedes Papier ist einem Makler zugeteilt, der die Limit- und Marktorders der Teilnehmer in einem zentralen Orderbuch sammelt. Vereinfachend lässt sich sagen, dass Marktorders sofort gegen die günstigste, in dem betreffenden Augenblick vorhandene Limitorder ausgeführt werden, wäh-

---

115 Zum Teil wird darauf hingewiesen, der Market Maker stelle nicht Liquidität für den Gesamtmarkt, sondern nur Sofortigkeit („Mikroliquidität") zur Verfügung, weil nach dem Kauf einer „ungewünschten Position" durch den Market Maker selbige immer noch zum Verkauf steht. So etwa Peake in seinem Kommentar betreffend SEC File No. SR-NYSE-99-48 (nachzulesen im Internet unter: http://www.sec.gov/rules/sro/ny99-48/peake1.htm, Stand: 12. März 2001).

116 Englisch: spread

117 Kempf, Umsatz und Geld-Brief-Spanne, ZBB 1998, S. 100 (100).

118 Meistausführungsprinzip, der Kurs wird so berechnet, dass bei den vorliegenden Kauf- und Verkaufsangeboten der größtmögliche Umsatz erzielt wird. Vergleiche Ellger/-Kalss, Börsen- und Kapitalmarktrecht des Vereinigten Königreichs, in: Hopt/Rudolph/-Baum (Hrsg.), Börsenreform, Eine ökonomische, rechtsvergleichende und rechtspolitische Untersuchung, 5.A.I.

rend preislimitierte Orders nach Preis und Zeitpunkt des Eingangs sortiert werden und der Ausführung gegen eine Markt- oder eine passende Limitorder der Gegenseite harren. Der Anleger kann so zwischen Transaktionsgeschwindigkeit und Preissicherheit wählen.

c) Einordnung der untersuchten Märkte

Nasdaq ist ein Paradefall einer Market Maker-Handelsplattform. Wie oben bereits erläutert, stellen die an das Computernetz angeschlossenen Market Maker sogenannte "Quotes" oder "Quotations", die von Investoren (bzw. deren Intermediären) an den Terminals eingesehen werden können. Will der Investor ein so gemachtes Kauf- oder Verkaufsangebot annehmen, kontaktiert er den betreffenden Market Maker per Telefon und kontrahiert auf diesem Wege unmittelbar mit ihm. Eine direkte Interaktion und Kommunikation zwischen Anlegern – in diesem Zusammenhang häufig auch als „natürliche Gegenseite“ bezeichnet – ist diesem System an sich fremd. Zwar hat die SEC sogenannte „Order Handling Rules“ erlassen und dadurch die Market Maker dazu verpflichtet, limitierte Aufträge ihrer Kunden über das Computersystem anzuzeigen, wenn es sich dabei um günstigere Limitierungen handelt als die derzeit angezeigten besten Quotes der Market Maker.[119]

Während die NYSE und die FWB als Auktions- oder Maklerbörsen organisiert sind, ist eine generelle Einordnung des Handels an der LSE nicht möglich. Traditionell war die LSE immer ein Market Maker-System, aber durch die (stufenweise) Einführung des Computerauktionssystems SETS („Stock Exchange Electronic Transaction Service“) im Jahre 1997 für die meistgehandelten Standardwerte ist insofern eine Zweiteilung erfolgt[120]. Die weniger liquiden britischen und die zahlreichen in London gehandelten ausländischen Werte werden weiterhin über das Market Maker System SEAQ („Stock Exchange Automation Quotation System“) gehandelt, während die britischen Blue Chips[121] nunmehr über SETS gehandelt werden.

Eine Kombination zwischen den Rollen eines Maklers und Market Makers stellen die „Specialists“ der NYSE und die Kursmakler im amtlichen Handel an der FWB dar. Sie vermitteln[122] zwar grundsätzlich nur zwischen den einkommenden Kundenaufträgen, sind aber darüber hinaus verpflichtet, in Liquiditäts-

---

119 SEC Rule 11Ac1-4, 17 C.F.R. § 240-11Ac1-4.

120 London School of Economics, Financial Markets Group, Annual Report 1998, Microstructure of the UK Stock Market, (http://fmg.lse.ac.uk/research/index.html, Stand: 12. März 2001)

121 Dies sind im wesentlichen die Werte, aus denen sich der FTSE 100 Index zusammensetzt.

122 Makeln, Englisch: „to broker“.

engpässen Eigengeschäfte zu tätigen, und selbst mit den Kundenorders zu kontrahieren. Folglich treten hier die mit der Eigengeschäfts-Intermediation verbundenen Kosten nur dann auf, wenn sie aufgrund der momentanen Marktsituation – hierbei geht es häufig nur um einige zehn Sekunden – erforderlich beziehungsweise nützlich erscheint. Ähnlich verhält es sich mit dem Handel im 1997 eingeführten elektronischen Handelssystem Xetra[123], das eigentlich ein „Order Matching“ im Sinne einer direkten Interaktion der Kundenaufträge durchführt.[124] Da das System einen automatischen Ausgleich der Aufträge durchführt, ist kein Kursmakler erforderlich. Da dennoch ein Bedürfnis für jederzeitige Liquidität besteht, wird Xetra durch sogenannte Designated Sponsors ergänzt, die dadurch zusätzliche Liquidität zur Verfügung stellen, dass sie in den ihnen zugeordneten Werten auf Anfrage Transaktionsangebote zur Verfügung stellen müssen.[125]

d) Relevanz des Markttyps für das Blockgeschäft

Wegen des Grundsatzes der Privatautonomie können Wertpapiere grundsätzlich frei, das heißt auf jedem denkbaren Weg gehandelt werden. Der Eigentümer eines Wertpapiers kann vollkommen frei entscheiden, wann, wie und wo immer er über sein Recht verfügen will.[126] Grundsätzlich liegt es allerdings für den Anleger nahe, wegen der ansonsten eher schwierigen[127] Suche nach einer Gegenpartei und Ermittlung des zu zahlenden Preises, börsennotierte Wertpapiere über eine der in Betracht kommenden Börsen zu kaufen oder zu verkaufen. Dementsprechend kann man eine Blockorder theoretisch wie jeden anderen Auftrag und gemäß dem normalen Procedere an der Börse handeln und die Order – je nach Markttypus – dem Makler übergeben oder versuchen, mit einem der Market Maker ins Geschäft zu kommen. Dieses Verfahren soll hier der Übersichtlichkeit halber als „normale Marktbenutzung“ bezeichnet werden. Aus Gründen, die im

---

123 Dies steht für „eXchange Electronic **TRA**ding“

124 Beck, Das neue elektronische Handelssystem Xetra der Frankfurter Wertpapierbörse, WM 1998, S. 417 (427).

125 Kümpel, Bank- und Kapitalmarktrecht, Rz. 17.82; Braue/Hille, Xetra – Elektronisches Handels-system am Finanzplatz Deutschland, Die Bank 1997, S. 140 (145).

126 Zu einer Einschränkung dieser Freiheit *de lege ferenda*: Amihud/Mendelson, A New Approach to the Regulation of Trading Across Securities Markets, 71 N.Y.U. L. Rev., S. 1411 ff., die vorschlagen, der Emittent sollte das Recht haben, zu bestimmen, an welchen Märkten die Papiere gehandelt werden dürfen, weil dieser aufgrund der drohenden Fragmentierung des Handels und der daraus resultierenden Beeinträchtigung der Fungibilität des Wertes mit höheren Kapitalkosten rechnen müsse.

127 Auf die für den Privatmann ebenfalls komplizierte Erfüllung (Settlement) der Transaktion wird der Einfachheit halber hier nicht eingegangen.

Folgenden noch näher zu erörtern sein werden[128], kann dies aber zu besonders ungünstigen Ausführungskursen und daher hohen Transaktionskosten führen. Deshalb mag der Blockhändler[129] nach günstigeren Alternativen suchen.

E. Händler und „Natürliche Gegenseiten“

Ohne hier bereits auf die Details möglicher, alternativer Handelsstrategien für das Blockgeschäft einzugehen, soll kurz dargetan werden, dass sich dabei zwei verschiedene Möglichkeiten des Direkthandels bieten, die strukturell den beiden Markttypen entsprechen: Zum einen kann der institutionelle Investor, der einen Block kaufen beziehungsweise verkaufen will, einen hierauf spezialisierten Intermediär beauftragen, durch direkte Ansprache geeigneter Marktteilnehmer einen (oder mehrere) Vertragspartner der Marktgegenseite zu finden, die bereit sind, die betreffende Position zu übernehmen bzw. zu verkaufen. Alternativ kann er den Intermediär auch ersuchen, sich selbst als Gegenseite zur Verfügung zu stellen und die besagten Papiere zu kaufen oder leerzuverkaufen („kurz zu gehen“)[130]. Ersteres korrespondiert dabei eher mit der Auktionsbörse („order driven market“) – die Anleger kontrahieren als „natürliche Vertragspartner“[131] direkt miteinander. Letzteres entspricht eher dem Market Maker-System – der Intermediär stellt als Händler („Dealer“) Liquidität bzw. Sofortigkeit zur Verfügung und nimmt die Position vorübergehend in sein Buch, um es dann umgehend auf eigene Rechnung im Handel mit den Investoren der anderen Marktseite abzubauen.[132]

---

128 Siehe unten Seite 57 ff.

129 Die Bezeichnungen Blockhändler oder Block-Trader sollen hier lediglich einen Handelsteilnehmer bezeichnen, der eine Blocktransaktion auszuführen sucht, nicht – wie etwa in den USA üblich – einen auf die Bewerkstelligung solcher Geschäfte spezialisierten Investmentbanker.

130 Englisch „to go short“, leerverkaufen; Da es äußerst unwahrscheinlich ist, dass der Broker Dealer eine entsprechend große Position in seinem Buch hat, wird er dem Investor die Position verkaufen, obwohl er sie noch nicht hat („Short Selling“). Zur Erfüllung bedient er sich der Möglichkeit der kurzfristigen Wertpapierleihe (präziser wäre, von einem Darlehen zu sprechen), liefert damit dem Investor und macht sich unverzüglich daran, die entsprechenden Werte zuzukaufen, um zur Rückgabe der „geliehenen“ Papiere in der Lage zu sein.

131 Sie sind „natürliche Vertragspartner/Gegenseiten“ (engl. natural counterparties), da sie im Gegensatz zum Market Maker oder Händler die Position nicht sofort wieder glattstellen und in den Markt weitergeben müssen bzw. wollen.

132 Ähnlich wie bei den Marktsystemen kommt auch hier eine Mischform in Betracht: Der Intermediär sucht Gegenparteien und ist bereit, sofern erforderlich, eine Resttranche selbst zu übernehmen.

1. Varianten des Direkthandels unabhängig vom Markttypus

Hat sich der Anleger gegen die „normale Marktbenutzung" entschieden, dann spielt bei der Frage, welche der beiden alternativen Vorgehensweisen er wählt, das Vorhandensein des korrespondierenden Marktsystems eine nur nachrangige Rolle. Selbst wenn der Markt „order-driven" ist, so kann ein Anleger gleichwohl – unabhängig vom noch zu erörternden technischen Procedere, das dabei zu beachten wäre[133] – einen Intermediär beauftragen, eigenes Kapital zur Verfügung zu stellen und so die Position zu übernehmen. Dieser behält die Position natürlich nicht in seinem Buch, sondern versucht, sie so schnell wie möglich „glattzustellen".[134] Handelt es sich bei dem in Rede stehenden Wert hingegen um eine Aktie, die hauptsächlich an einer als Market Maker-System organisierten Börse gehandelt wird, so kann der Investor ebenso seinen Intermediär mit der direkten Vermakelung an einen anderen Investor beauftragen.

2. Besondere Bedeutung des Kursrisikos beim Blockgeschäft

Der Investor hat – nachdem er etwa die Entscheidung über den Verkauf eines Blocks der Aktie XYZ getroffen hat – das Ziel, den Block schnell und zu einem guten Kurs bei der Marktgegenseite „unterzubringen". Dies ohne die Verursachung großer Transaktionskosten zu tun, die vor allem mit ungünstigen Kursbewegungen zusammenhängen, ist aber – wie sogleich zu erörtern sein wird – äußerst schwierig[135]. An diesem Grundproblem ändert sich dadurch natürlich noch nichts, dass der vom Investor eingeschaltete Intermediär in seiner Eigenschaft als Händler („Dealer") die Position übernimmt, denn auch dieser will sie ja nicht behalten, sondern möglichst schnell abbauen. Problemstellung und Kursrisiko werden nur auf den Händler verlagert und durch die dafür anfallende entsprechende Vergütung noch potenziert.

Man kann deshalb vereinfachend sagen, dass eine Blocktransaktion im Hinblick auf das Kursrisiko beginnt, wenn etwa der Portfolio Manager entscheidet, einen bestimmten Aktienblock zu verkaufen (oder zu kaufen[136]), und nicht eher endet, als bis die Papiere im Bestand eines oder mehrerer anderer Investoren –

---

133 Etwa dadurch, dass der Dealer in Form eines „Cross" eine entsprechende, gleich limitierte Order auf der Gegenseite in Orderbuch stellt

134 Will der Anleger den Block kaufen, so hat der Intermediär in der Regel keine entsprechende „Long Position". Er verkauft dann „short" (leer) und stellt die „Short Position" durch anschließenden Zukauf glatt.

135 Schwartz/Whitcomb, Transaction Costs and Institutional Investor Strategies, 1988, Seite 29 ff.

136 Möchte der Initiator der Blockorder kaufen, so überbrücken vorübergehende Leerverkäufe („short sales") den Zeitraum, bis ausreichend verkaufswillige Anleger gefunden sind.

im Gegensatz zum Handelsbestand von Intermediären – angekommen sind. In dieser Zwischenzeit stellt der Block eine Position dar, mit der keine Anlagestrategien verfolgt werden, so dass für sie kurzfristige Kursschwankungen als Risiko anzusehen sind. Während für den Anleger nämlich aufgrund der mittelfristigen Perspektive derartige Schwankungen ohne Bedeutung sind, stellen sie für den Händler ein Risiko dar. Es lässt sich also sagen, dass der Fondsmanager im Zeitpunkt der Entscheidung zu kaufen oder zu verkaufen im Hinblick auf diese Position zum Händler wird.

Hält man eine Position als Anlage, also mit einer Strategie, dann setzt man sich der Marktbewegung mit genau diesem Ziel aus (im Jargon "Exposure" genannt); hält man sie hingegen als Händlerposition, dann ist man selbiger „unfreiwillig“ ausgesetzt und versucht diesen Zustand möglichst bald und ohne (großen) Verlust zu beenden.[137]

137 Diese Betrachtung orientiert sich daran, dass beispielsweise bei Transaktionskostenanalysen die nicht-getätigten, weil fehlgeschlagenen Geschäfte ("missed trades") als Transaktionskosten gewertet werden. Vergleiche die Studie der Plexus Group "The Official Iceberg of Transaction Costs", Financial Analyst Journal, 1993.

Teil 1: Mikroökonomik der Blocktransaktionen und allgemeine Marktregulierung

Wie bereits verschiedentlich angesprochen, ist das zentrale Ausgangsproblem[138] der Blocktransaktionen die Minimierung der Transaktionskosten.[139] Größter Risikoposten – wegen des Multiplikatoreffektes – sind dabei mögliche Kursveränderungen. Diese werden zum Teil durch die Blockorder selbst verursacht, zum Teil treten sie aufgrund externer Faktoren während einer zeitlich gestreckten Ausführung der Order ein.

Da die jeweiligen Risikokomponenten bei unterschiedlichen Ausführungsmodi unterschiedlich stark ins Gewicht fallen, sollen nun zunächst die in Betracht kommenden Handelsstrategien untersucht werden.

A. Szenario 1 – „Normale Marktbenutzung"

Unter normaler Marktbenutzung soll hier die Eingabe von Aufträgen – wie bei Kleinstorders üblich – in das jeweilige Handelssystem verstanden werden. Dies führt zu einer multilateralen Suche nach der Gegenseite[140]. Bevor nämlich alternative Strategien und deren regulatorische Implikationen näher erörtert werden, ist zunächst zu untersuchen, wie sich die besondere Größe der Blockorder im „normalen Handel" auswirkt und welche Risiken deshalb für die Beteiligten damit verbunden sind.

Logischerweise wirkt sich die Systemstruktur des jeweiligen Marktplatzes dann am stärksten aus, wenn man sich dieses Systems durch „normale" Nutzung des bereitgestellten Marktplatzes bedient. Folglich ist innerhalb des Szenarios der „normalen Marktbenutzung" zwischen dem Market Maker- und dem Auktionssystem zu differenzieren. Der Übersichtlichkeit halber soll aber zunächst

---

138 Die im zweiten Teil untersuchten Missbrauchsgefahren knüpfen an diese Problemstellung an: Frontrunning und Insiderhandel hängen direkt mit der durch die von der Blockorder ausgelösten Kursreaktion zusammen. Die Gefahr der Kursmanipulation ergibt sich mittelbar daraus, dass der Blockhandel zur Vermeidung der Kursreaktionen in den bilateral verhandelten Direkthandel ausweicht und sich die nahezu unvermeidliche Referenzbeziehung zum aktuellen Börsenkurs den Anreiz zur gezielten Beeinflussung schafft.

139 Schwartz/Whitcomb, Transaction Costs and Institutional Investor Strategies, 1988, Seite 29 ff.

140 Unter multilateraler Suche soll hier die massenhafte Verbreitung des Handelsgesuchs über die Börse durch Eingabe einer Order zu verstehen sein. Zum Gegensatz, der bilateralen Suche siehe unten "Szenario 2 – Bilaterale Suche für den Handel 'en bloc'" Seite 118 ff.

vom Auktionssystem ausgegangen werden und im Anschluss die Unterschiede und Gemeinsamkeiten im Verhältnis zum Market Maker-System dargestellt werden (5.).

1. Unmittelbare Einwirkung auf die Marktsituation („Market Impact")

Bei der Ausführung einer Blockorder ergibt sich aus der besonderen Größe der Order selbst (etwa der Verkauf eines Blocks von 2 % der außenstehenden Aktien des Unternehmens XYZ) das Risiko einer ungünstigen Änderung des Kurses.[141] Warum dies der Fall ist, wird im Folgenden näher zu begründen sein. Diese Kursveränderung tritt in der Regel ein, bevor die betreffende Order zur vollständigen Ausführung gelangt ist. Das heißt, die Bewegung macht sich bei den Preisen[142], zu denen die Order ausgeführt wird, bereits nachteilig bemerkbar. Der Grund hierfür ist zunächst nur das temporäre Ungleichgewicht zwischen Angebot und Nachfrage. Da es sich hierbei um ein Problem der relativen Größe der Order im Verhältnis zum normalen täglichen Umsatz im betreffenden Wert handelt[143], gibt es auch trotz ständig steigender Umsatzvolumina der Wertpapiermärkte immer Aufträge, die so groß sind, dass sie den Preis dergestalt beeinflussen[144].

---

141 Schwartz/Whitcomb, Transaction Costs and Institutional Investor Trading Strategies, 1988, S. 31; Kraus/Stoll, Price Impacts of Blocktrading on the New York Stock Exchange, Journal of Finance 27 (1972), Seite 569 ff.; Holthausen/Leftwich/Mayers, The Effect of Large Block Transactions on Security Prices, Journal of Financial Economics 19 (1987) Seite 237 (237). Auf die Frage, welcher Anteil der Preisänderung temporär und welcher permanent ist, kommt es vorliegend genauso wenig an, wie die insoweit bestehenden Unterschiede zwischen vom Käufer oder Verkäufer initiierten Blockgeschäften (hierzu siehe Holthausen/Leftwich/Mayers, The effect of large block transactions in security prices, Journal of Financial Economics 19 (1987), Seite 237 (238).

142 Bei der Ausführung einer nicht-limitierten Order in einzelnen Tranchen kann es selbstverständlich zu variierenden Kursen kommen.

143 Vergleiche Holthausen/Leftwich/Mayers, The Effect of Large Block Transactions on Security Prices, Journal of Financial Economics 19 (1987), Seite 237 (238). Kraus/Stoll, Price Impacts of Blocktrading on the New York Stock Exchange, Journal of Finance 27 (1972), Seite 569, definieren Block Trades als „a transaction involving a larger number of shares than can readily be handled in the normal course of the auction market". Daran ändern natürlich die verschieden (!) absoluten Schwellenwerte für Blöcke in den Regelungswerken von NASD und NYSE nichts (Art. III Sec. 1 der NASD Rules of Fair Practice; NASD Manual Conduct Rule 2110-3; NASD Manual Rule 5264; NYSE Rule 15A; NYSE Rule 127.

144 Englisch: market impact

Beispiel:
Liegen die Limitorders im Orderbuch bei 70 zu 70,25, ist also das derzeit höchste Kaufgebot ("Bid") bei 70, das günstigste Verkaufsangebot ("Offer" oder "Ask") bei 70,25, so würde eine Blockkauforder zunächst gegen die auf 70,25 limitierten Angebote „gefüllt". Sind diese alle zur Ausführung gelangt, liegt die nunmehr günstigste Offer bei 70,30. Da die Blockorder bei weitem noch nicht vollständig „gefüllt" ist, werden nun die auf 70,30 lautenden Aufträge gegen die Blockorder zur Ausführung gebracht. Anschließend folgt die Ausführung gegen die auf 70,35 limitierten Aufträge usw. Die Blockorder „frißt" sich bis zur vollständigen Ausführung im Orderbuch „nach oben" und treibt damit den Kurs in die Höhe. Nachdem zunächst sämtliche marktnahen Orders[145] der Marktgegenseite gegen die Blockorder „gefüllt" worden sind, gelangen auch die ungünstiger limitierten Aufträge zur Ausführung[146]. Der Kurs, zu dem die Bestandteile des Blocks gekauft werden (und damit der Börsenkurs), steigt entsprechend.[147]

Dies ist die „normale" Konsequenz aus dem temporären Überhang auf der Marktseite der Blockorder. Entsprechend führt eine große Verkaufsorder zwangsläufig zu einem kurzfristig massiv erhöhten Angebotsüberhang, der aktuelle Gleichgewichtspreis fällt. Dabei handelt es sich letztlich um ein Beispiel der ökonomischen Grundregel, dass, wenn – wie durch eine Blockverkaufsorder – das Angebot (und sei es auch nur vorübergehend) steigt und die Nachfrage konstant bleibt, der Preis sinkt.

a) Märkte nicht perfekt effizient

Wäre die Börse ein perfekt effizienter Markt, so würden sich die Kurse der Wertpapiere nur aus zwei möglichen Gründen ändern: Entweder in Reaktion auf neue Informationen, die sich auf die zu erwartende Rendite auswirken, oder aufgrund einer breiten Änderung der bevorzugten Risiko/Rendite-Kombination der

---

145 Diejenigen Orders, die am oder in der Nähe des günstigsten Kaufs- oder Verkaufskurses limitiert sind.

146 Die näheren Gründe, warum man im Zweifel davon absehen wird, zur Durchführung einer Blocktransaktion eine Limitorder in das Orderbuch zu stellen, werden unten näher erläutert (free trading option). Es wird deshalb hier zunächst von einer Marktorder ausgegangen.

147 Vergleiche Moulton, The Dynamics of Quoted Liquidity around Large Trades on the NYSE, The Journal of Financial Research 21 (1998), Seite 355 ff.

Anleger.[148] Unterstellt man, dass sich aus der Blocktransaktion für die Anleger keine neuen Informationen ergäben[149] und – wovon im allgemeinen tatsächlich auszugehen ist – in ihr auch keine verbreitete Änderung der bevorzugten Risiko/Rendite-Kombination der Anleger zum Ausdruck käme, so ergibt sich aus der zu beobachtenden Kursänderung, dass der börsliche Markt nicht perfekt effizient ist. So ist jede Börse (schon) aufgrund der zeitlichen Komponente als nicht-perfekt effizienter Markt zu bezeichnen.[150] Dies ist grundsätzlich unabhängig davon, ob die Order über einen Market Maker-Markt[151], im Rahmen einer Auktion oder im fortlaufenden Maklerhandel ausgeführt wird.

Die unerwünschten („adversen") Preisbeeinflussungen durch die Großorder treten unabhängig von der Marktorganisation auf. Aufgrund dessen lässt sich sagen, dass die Blockorder in einem nicht perfekt-effizienten Markt zu einem (temporären) Ungleichgewicht von Angebot und Nachfrage führt und so einen Market Impact auslöst. Dieser äußert sich für den Blockhändler in Form von Transaktionskosten. Anderen Marktteilnehmern bietet er bei entsprechender Kenntnis die Gelegenheit zu profitablen Geschäften.[152]

b) Unsichtbare oder latente Liquidität

Während Börsen wegen großer Transparenz und geringer Transaktionskosten häufig als nahezu perfekt effiziente Märkte gesehen werden, lassen sich die Ineffizienzen vor allem durch den Zeitfaktor erklären. Beim zu beobachtenden Market Impact handelt es sich gewissermaßen um die Reaktionszeit des Marktes. Das Orderbuch ist nicht die einzige Quelle der zur Verfügung stehenden Liqui-

---

148 Kraus/Stoll, Price Impacts of Blocktrading on the New York Stock Exchange, Journal of Finance 27 (1972), Seite 569 (569).

149 Zu der Tatsache, dass dem häufig nicht so ist, und den Gründen hierfür, vergleiche unten das Kapitel zum „Informationseffekt", Seite 62 ff.

150 Kraus/Stoll, Price Impacts of Blocktrading on the New York Stock Exchange, Journal of Finance 27 (1972), Seite 569 (570).

151 Beim Handel eines Blocks im Market Maker Markt kommt grundsätzlich zum einen das Handeln mit verschieden Market Makern in Tranchen üblicher Größen oder zum anderen die Gesamttransaktion mit einem Market Maker in Betracht. In letzter Variante errechnet der Market Maker den Preis für die Übernahme des Risikos; in ersterer werden die verschiedenen Market Maker ihre Quotes nach und nach anpassen, um keine zu großen Positionen aufzubauen (beispielsweise durch Zukauf) und gleichzeitig den Abbau (Kaufinteressenten anzulocken) zu forcieren. Holthausen/Leftwich/Mayers, The Effect of Large Block Transactions on Security Prices, Journal of Financial Economics 19 (1987), Seite 237 (240).
Vergleiche zu den Details unten Seite 69 ff.

152 Vergleiche hierzu die Ausführungen in den Abschnitten unten über Insiderhandel und Frontrunning, Seiten 227 ff. bzw. 283 ff.

dität[153], da sich nicht sämtliche Handelsbereitschaft durch Einstellung von Aufträgen in das zentrale Orderbuch äußert. So halten etwa die Broker auf dem Parkett oder an den Terminals für den dezentralen Zugang zu Computerhandelssystemen häufig Orders besonderer Auftragstypen, die sie jedoch entsprechend der Weisung des Auftraggebers erst beim Eintreffen entsprechender Orders der Marktgegenseite aufdecken[154]. Ferner ist in diesem Zusammenhang derjenige Teil von Angebot und Nachfrage zu unterscheiden, der durch entsprechende Orders früher oder später im Marktgeschehen offen zu Tage tritt, und der Teil, der im Markt zwar „latent" vorhanden ist, sich aber „gar nicht in die Handelsarena begibt". Steht etwa der Kurs eines Papiers bei 70, dann gibt es grundsätzlich eine unbegrenzt große (potentielle) Handelsbereitschaft, zu 60 zu kaufen oder zu 80 zu verkaufen. Wird ein derartiger Stand des Kurses aber nicht erwartet, besteht für die Anleger keine Veranlassung, die eigene Handelsbereitschaft durch Eingabe von entsprechend limitierten Orders dem Markt zu signalisieren, da eine Ausführung nicht zu erwarten ist. Außerdem ist zu beachten, dass die Bereitschaft eines Investors, zu den genannten Kursen zu handeln, auf dem derzeitigen Informationsstand beruht. Spiegeln sich diese Informationen im Kurs von 70 wieder, sind diese „eingepreist", so stellt die Differenz von 10 ein „Geschenk", eine äußerst günstige Gelegenheit zum Abschluss dar.[155] Treffen allerdings neue Informationen ein, die zu einer derartigen Kursveränderung führen, dürfte sich auch die Strategie und Handelsbereitschaft des Anlegers ändern. Die Gelegenheit ist nicht mehr besonders günstig, sondern nur noch marktüblich. Entsprechend möchte der Investor sinnvoller Weise keine Orders „offen" im Markt haben, die noch auf dem alten Informationsstand beruhen und nun möglicher-

---

153 Vergleiche zu diesem Thema etwa Schwartz/Whitcomb, Transaction Costs and Institutional Trading Strategies, 1988, S. 29 ff.

154 Sogenannte „not held" oder „market not held" Orders bzw. zu deutsch „interessewahrende Aufträge", vergleiche Schwarze, Die Orderlage im Skontro eines Börsenmaklers als Insidertatsache, WM 1997, S. 1564 (1565); die englischen Begriffe definiert von: Abel/Noser, Trader to Broker, in: Wagner (Hrsg.), The Complete Guide to Securities Transactions, S. 63 ff. als *„Broker will not be held to sales on the tape; it is O.K. to 'work' the order"*. Im Gegensatz zu Held Order: *„Order that must be executed as trades take place"* Der Floor Broker soll nach eigener Erfahrung und Einschätzung der Marktsituation die Order nach und nach zu einem günstigen Preis ausführen. Wagner, Broker to Floor, in: Wagner (Hrsg.), The Complete Guide to Securities Transactions, Seite 79 (84).

155 "Since expectations of the firm's prospects are unchanged, purchasers at a lower price have higher expected returns in all future periods. A similar argument leads to a premium for large block purchases if the excess demand curve is upward sloping." Holthausen/Leftwich/Mayers, The Effect of Large Block Transactions on Security Prices, Journal of Financial Economics 19 (1987), Seite 237 (240).

weise zur Ausführung gelangen würden, bevor er reagieren und die Order stornieren kann. Folglich gibt es für ihn keinen Grund, eine Order auszugeben, wenn er nur zu ungewöhnlich günstigen Konditionen zu handeln bereit ist. Daher nimmt mit zunehmendem Abstand vom aktuellen Kurs der unsichtbare Anteil der Liquidität zu.[156]

Allein bedingt durch die im Markt befindliche Blockorder wird der Preis – aus Sicht ihres Initiators – ungünstig beeinflusst. Handelt es sich aber nur um seine individuelle Handelsentscheidung und hat sich nichts Grundlegendes an dem Verhältnis von Angebot und Nachfrage geändert, ist die Fundamentalbewertung des Papiers, das heißt der der Unternehmensbeteiligung innewohnende Wert, also konstant und haben sich auch die Rendite/Risiko-Präferenzen der Anleger nicht verändert, dann stellt der – aufgrund der Blockverkaufsorder – gefallene Kurs eine günstige Kaufmöglichkeit für die anderen Marktteilnehmer dar. Dies führt dazu, dass sich die latent vorhandene Nachfrage nach dem Papier in einer (vorübergehend) steigenden Nachfrage im Markt äußert. Entsprechend wird der Kurs *ceteris paribus* wieder bis auf das Ausgangsniveau steigen. Dieser Kursnachteil, den der Block-Trader dabei erleidet, wird als Liquiditätskosten bezeichnet[157]. Diese erklären sich daraus, dass man – je nachdem ob man kaufen oder verkaufen möchte – durch die für die Gegenseite positive Kursbewegung bisher nur „latent" vorhandene Kauf- oder Verkaufsbereitschaft zur Teilnahme am Handel bewegen muss. Das bisher noch „passive" Liquiditätspotential muss durch einen Kursanreiz aktiviert werden.

2. Informationseffekt

Das durch die Blockorder verursachte, kurzfristige Angebot-Nachfrage-Ungleichgewicht hat allerdings noch eine zweite Ursache, die kumulativ mit der ersten zusammentrifft, so dass sich die Auswirkungen verstärken.[158] Die anderen Marktteilnehmer vermuten beispielsweise hinter einer großen Kauforder[159] oder dem zu beobachtenden, aus ihr resultierenden[160] Kursanstieg die Existenz

156 Vergleiche hierzu das Diagramm bei Schwartz/Whitcomb, Transaction Costs and Institutional Trading Strategies, 1988, S. 30.

157 Kraus/Stoll, Price Impacts of Block Trading on the New York Stock Exchange, Journal of Finance 1972, Seite 569 (587).

158 Kraus/Stoll, Price Impacts of Block Trading on the New York Stock Exchange, Journal of Finance 1972, Seite 569 (587); Schwartz/ Whitcomb, Transaction Costs and Institutional Trading Strategies, 1988, S. 32.

159 Soweit diese aus dem Orderbuch ersichtlich ist.

160 Siehe oben das Beispiel auf Seite 59.

ihnen bisher unbekannter, guter Nachrichten im Zusammenhang mit dem Wertpapier[161] und rechnen daher mit einem allgemeinen Aufwärtstrend des Kurses.

So wie sich Wertpapierkurse nach Angebot und Nachfrage richten, richten sich Angebot und Nachfrage nach den Erwartungen der Anleger an die künftige Kursentwicklung.[162] Schon das öffentliche Bekanntwerden der Kursbewegung, hinter der gute Nachrichten vermutet werden, dürfte zu weiteren (kurzfristigen) Kurssteigerungen führen. Die bisherige Handelsbereitschaft eines Anlegers, der etwa eine Verkaufsorder zu 70,40 erteilt hatte, beruhte auf der Bewertung des bisherigen Informationsstandes. Diese Bewertung ist nunmehr wegen des mutmaßlichen Vorliegens neuer Informationen in Frage gestellt und muss – ebenso mutmaßend – angepasst werden. Folglich wird der Investor das gegebene Verkaufsangebot zurückziehen, höher limitieren oder gar durch eigene Zukauforders ersetzen[163]. Das durch den von der Blockorder bereits begonnenen Aufkauf dezimierte Angebot verringert sich weiter und möglicherweise steigt sogar die Nachfrage. Dadurch verstärkt sich das (temporäre) Ungleichgewicht und der Kurs steigt weiter. Stellt sich später heraus, dass es gar keine Neuigkeiten gab, die den Kursanstieg rechtfertigen könnten, ist das Papier als überbewertet[164] zu betrachten und ein Verkauf zum aktuell vorherrschenden Kurs eine gute Verkaufsmöglichkeit. Entsprechend steigt das Angebot und der Kurs wird sich*ceteris paribus* wieder auf das Ausgangsniveau herab begeben. Liegt also keine geänderte Fundamentalbewertung der Kurschancen des Papiers vor, so muss sich das ursprüngliche Angebot-Nachfrage-Verhältnis und der entsprechende Kurs wieder einstellen. Dies nützt allerdings dem Block-Trader nichts mehr, da die Blocktransaktion längst vollzogen sein wird, bis sich die Klarheit ergeben hat.

Verfügt der Initiator des Block Trade hingegen tatsächlich über „überlegenes Wissen" in Bezug auf die Aktie, dann wird keine „Entwarnung" folgen, und es wird sich ein neuer Gleichgewichtspreis oberhalb des alten bilden. Der neue Kurs spiegelt dann die neuen Informationen wider. Diese sind „eingepreist",

---

161 Gewöhnlich eine positive Abweichung der Geschäftsentwicklung von den Erwartungen.

162 Vergleiche Weber, Kursmanipulation am Wertpapiermarkt, NZG 2000, S. 113 (113).

163 Report of the Presidential Task Force on Market Mechanisms (auch genannt "Brady Report", nach ihrem Vorsitzende Nicolas F. Brady) VI-10 bis VI-11, 1988; sowie SEC, Div. of Mkt. Reg., The October 1987 Break, 4-23 bis 4-24, 1988, abgedruckt in: Loss/-Seligman, Securities Regulation, Chapter 7, Regulation of the Securities Markets, 7A2h, Seite 2575, dort Fußnote 265; Lee, What is an Exchange?, Chapter 10, Seite 219; Schwartz/Whitcomb, Transaction Costs and Institutional Trading Strategies, 1988, S. 32.

164 Prämisse ist, dass der ursprüngliche Kurs den „wahren" Wert zuverlässig widerspiegelte.

vom Markt bei Angebot und Nachfrage berücksichtigt. Lag der Ausführungskurs der Blockorder noch unterhalb des neuen Kurses, hat der Block-Trader einen Kursgewinn in Höhe der Differenz erzielt. Da aber an der Börse keine Gewinne gemacht werden können, ohne dass andere Marktteilnehmer zumindest entsprechende Gelegenheiten verlieren, stehen diesen Gewinnen entsprechende, verpasste Gelegenheiten der Verkäuferseite gegenüber, die „zu früh und zu billig" verkauft haben.

3. Zusammenfassung des Transaktionskostenproblems

Unabhängig davon, ob derjenige, der die große Order plaziert, nun tatsächlich überlegenes Wissen hat oder nicht, erleidet er gleich doppelt negative Preisbewegungen. Die mögliche „Entwarnung" kommt ihm nicht mehr zu Gute. Nicht nur die Interaktion seiner Order mit den im Orderbuch befindlichen Aufträgen führt zur ungünstigen Preisbeeinflussung, sondern auch die Reaktion der anderen Handelsteilnehmer auf seine Großorder[165] oder die von ihr ausgelöste Preisbewegung. Folglich stellt sich für den Block-Trader die Frage, wie die gerade beschriebenen negativen Preisbeeinflussungen nach Möglichkeit zu verhindern beziehungsweise zu minimieren sind.

Das inzwischen recht ausgeprägte Transaktionskostenbewusstsein der Portfolio Manager rührt zum Teil daher, dass diese maßgeblich erfolgsabhängig vergütet werden. Die Wertentwicklung der verwalteten Portfolios wird mit der entsprechender Indizes verglichen.[166] Erzielen die Bestandteile des Indexes zusammen eine Wertsteigerung von x %, so müssen die Wertentwicklungen der – durch die Verwaltung ja gerade variierenden – Bestandteile des Portfolios x % schon um den Betrag der angefallenen Transaktionskosten übertreffen, um im Ergebnis auch nur ebenso gut abzuschneiden wie der Index. So wurde etwa festgestellt, dass die durchschnittlichen Kosten derartiger Transaktionen selbst bei liquiden Werten etwa 1 % betragen.[167] Wird das Vermögen innerhalb des Portfolios umgeschichtet, das heißt anschließend in einen oder mehrere Werte reinvestiert, dann betragen die Kosten bereits 2 %.[168]

---

165 Beziehungsweise den von ihr verursachten Überhang auf einer der beiden Marktseiten.

166 Im Fachjargon „benchmarking" genannt.

167 Vergleiche die Studie der Plexus Group "The Official Icebergs of Transaction Costs" bei der Kommissionszahlungen, Market Impact, Preisbewegungen während Verzögerungen und fehlgeschlagene Aufträge, die wegen der Marktbewegungen während der Verzögerung aufgegeben wurden, berücksichtigt wurden. (im Internet abrufbar unter: www.plexusgroup.com, Stand: 12. März 2001).

168 Bei Werten mit einer Marktkapitalisierung von weniger als US $ 1 Mrd. betragen die Kosten gar 4,5 bzw. 9 %, vergleiche Fußnote 167.

4. Handelsstrategien und Interaktion der Effekte

Hinsichtlich der Strategien, die der Minimierung des ungünstigen Preiseffekts dienen, ist zwischen den beiden genannten Ursachen zu differenzieren.

a) Liquiditäts- oder Suchkosten

Liquiditäts- oder Suchkosten sind das logische Korrelat zum Market Impact.[169] Sie sind zu verstehen als diejenigen Kosten, die dadurch entstehen, dass man Nachfrager von dritter Seite zur Verfügung gestellter Liquidität[170] ist und/oder die Gegenseite für das Geschäft sucht. Man kann sie dem Grunde nach nur vermeiden, wenn man sich für die Ausführung der Order auf die ohnehin vorhandene Liquidität beschränkt und darauf verzichtet, durch entsprechende „Maßnahmen“ und Kurssignale zusätzliche Liquidität zu aktivieren. Typischerweise ist eine Blockorder aber so groß, dass die im jeweiligen Moment vorhandene Liquidität – im Sinne des Volumens der Orders der Marktgegenseite in der Nähe des derzeitigen Kurses – nicht zu ihrer sofortigen Ausführung genügt. Folglich muss der Block-Trader entweder die Ausführung der Order über einen längeren Zeitraum strecken und auf die währenddessen eintreffenden Orders warten oder aber die Liquiditätskosten tragen. Die Kosten sind auch als Suchkosten zu bezeichnen, wobei die Suche nach zusätzlicher Liquidität entweder durch die Aussendung der erörterten Preissignale oder im Wege einer direkten Ansprache potentieller Kontrahenten durch den damit beauftragten Broker erfolgen kann. Letzteres ist allerdings bereits Teil einer abweichenden, im Folgenden[171] zu erörternden Handelsstrategie, bei der der Block-Trader nicht einfach „über den Markt“ handelt.

Aufgrund des oben dargelegten Umstands, dass die Blockorder bis zu ihrer Ausführung wie eine Händlerposition anzusehen und dem deshalb unerwünschten Risiko der Marktbewegung („Exposure“) ausgesetzt ist, wird der Investor häufig bereit sein, den Preis für zusätzliche Liquidität (Sofortigkeit) zu zahlen, und so den Zeitraum der Exposure und damit das Kursrisiko verringern.[172]

---

169 Schwartz/Whitcomb, Transaction Costs and Institutional Investor Strategies, 1988, Seite 31 f.

170 So werden etwa auch Limitorders als Zurverfügungstellen von Liquidität und Marktorders als Nachfragen derselben verstanden.

171 Vergleiche hierzu unten Seite 118.

172 Hinzu kommt das Risiko, dass die Aufträge "fehlschlagen", weil die zwischenzeitlichen Marktbewegungen die Handelsentscheidung "überholen" und damit hinfällig machen. Vergleiche Fußnote 175.

b) Bedeutung der Informationen

Auf der anderen Seite kann der Block-Trader versuchen, den Informationseffekt zu minimieren, indem er verhindert, dass die Blockorder vor ihrer vollständigen Ausführung von anderen Marktteilnehmern wahrgenommen wird. Dieses Geheimhaltungsziel spricht dafür, die der Ausführung der Order möglichst schnell durchzuführen[173], allerdings sollte auf eine allzu offene Suche wie etwa durch offensichtliche Kurssignale verzichtet werden. Hier wird bereits deutlich, dass zwischen beiden Kostenfaktoren und den Strategien zu deren Vermeidung Zusammenhänge und zum Teil Zielkonflikte auftreten. Je schneller man handelt, desto weniger ist man dem Informationseffekt ausgesetzt. Auf der anderen Seite ist es schwer, nach der dafür notwendigen, zusätzlichen Liquidität zu suchen, ohne unerwünschte Informationssignale auszusenden.[174]

Beschränkt man sich auf die Nutzung der im Orderbuch vorhandenen und der im Laufe der Ausführung ohnehin noch „eintreffenden" Liquidität, so sind die Liquiditätskosten logischerweise gering. Wird der Block ohne „Aktivieren" zusätzlicher Liquidität gehandelt, tendieren die Liquiditätskosten theoretisch zwar gegen Null. Der Investor müsste allerdings „unendlich" viel Geduld hinsichtlich der Umsetzung des Handelsentschlusses haben. Da aber dieser Entschluss häufig auf Basis des aktuellen Kurses getroffen wird[175], besteht ein Interesse, eine Umsetzung zu erreichen, bevor sich der Kurs – aus anderen Gründen, die nicht durch den Block Trade bedingt sind – ungünstig verändert hat. Hiermit ist aber die Frage des drohenden Informationseffekts noch nicht beantwortet. Aufgrund der Größe der Blockorder muss das „Liquiditätsaufkommen" eines größeren Zeitraumes genutzt werden, so dass der Markt entsprechend viel Zeit und Gelegenheit hat, vor der vollständigen Ausführung des Blocks Kenntnis davon zu erlangen, Mutmaßungen und Phantasien hinsichtlich des Motivs für die Blockorder zu entwickeln, entsprechende (neue) Kurserwartungen zu bilden und das Handelsverhalten wie oben beschrieben zu ändern. Folglich stellt sich die Frage, wie zu verhindern ist, dass der Markt die Informationssignale erlangt, die

---

173 Unter dem Gesichtspunkt der Geheimhaltung erhöht die zeitliche Komponente nach allgemeiner Erfahrung die Wahrscheinlichkeit einer "Entdeckung".

174 Aus diesem Grunde ergibt sich das Bedürfnis nach Spezialisten, die über gute Marktkenntnis und vertrauensvolle Kontakte verfügen und daher in der Lage sind, schnell und leise durch direkte (telefonische) Ansprache eine Gegenseite zu finden. Vergleiche hierzu unten "Szenario 2 – Bilaterale Suche für den Handel ‘en bloc’", Seite 118 ff.

175 Häufig spielen die aktuellen Kurse alternativer Investitionsmöglichkeiten eine nicht unerhebliche Rolle bei derartigen Entschlüssen. Auch diese unterliegen natürlich dem Risiko der Kursänderung. Gehegte Erwartungen realisieren sich, bevor man die geplante Exposure-Veränderung vorgenommen hat.

ihn zu dem entsprechenden trendverstärkenden, „pro-zyklischen“ Verhalten veranlassen. Hierbei ist zu unterscheiden, anhand welcher Signale die anderen Marktteilnehmer Kenntnis von der Großorder erlangen können.

(1) Offenes Orderbuch

Handelt es sich bei dem Orderbuch um ein sogenanntes „offenes“, so ist die Großorder für die anderen Marktteilnehmer mittelbar oder unmittelbar aus selbigem ersichtlich. Sind in dem Orderbuch sämtliche Aufträge einzeln aufgelistet, ist die Blockorder selbstverständlich auch als solche für den Markt sichtbar. Werden hingegen die Aufträge der jeweiligen Limitierungen nur aggregiert dargestellt, können die Marktteilnehmer nur das aufgrund der Blockorder auffällig große Volumen der einen Marktseite feststellen. Sind die einzelnen Aufträge aus dem Orderbuch ersichtlich, mag der Block-Trader gut beraten sein, den Auftrag stückchenweise, nach und nach „einzufüttern“. Wie bei der aggregierten Darstellung ist zwar das Ungleichgewicht ersichtlich, nicht aber die Tatsache, dass dies von einem einzelnen Teilnehmer verursacht wird. Will man als Block-Trader auch verhindern, dass das Ungleichgewicht aus dem Orderbuch ersichtlich ist, bleibt nur die Möglichkeit, das „Einfüttern“ der Teilorders dergestalt zeitlich zu strecken, dass die jeweils nächste Teilorder erst dann eingegeben wird, wenn die vorangehende zur Ausführung gelangt ist. Dadurch gewährt man allerdings im Ergebnis allen während des Zeitraums der Ausführung eintreffenden gleichgerichteten Orders Dritter zeitliche Priorität. Die Ausführung verzögert sich weiter.[176]

Aus regulatorischer Sicht sind diese Verhaltensweisen unbedenklich, da niemand zur Preisgabe zukünftig zu erteilender Aufträge angehalten oder gar gezwungen werden kann. Es ist hier bereits darauf hinzuweisen, dass – obwohl die schrittweise Vorgehensweise gerade deshalb geschieht, um größere Kursbewegungen zu vermeiden – keine Kursmanipulation vorliegt. Obwohl objektiv ein Verhalten vorliegt, dass gezielt auf die (Nicht-)Beeinflussung des Kurses gerichtet ist, wird dieses Verhalten nicht als Manipulation eingestuft.[177] Es besteht

---

176 Vergleiche etwa die neuerdings bei Xetra mögliche Eingabe sogenannte Iceberg-Orders, die das manuelle Stückeln überflüssig machen. Vergleiche hierzu auch unten Fußnote 243.

177 Es liegt folglich kein Kursbetrug im Sinne von § 88 BörsG vor. Vergleiche etwa Groß, Kapitalmarktrecht, Kommentar, § 88 BörsG Rn. 6; Schwark, Börsengesetz, Kommentar, 2. Auflage, 1994, § 88 Rn. 8; Ledermann, in Schäfer (Hrsg.), Kommentar WpHG/-BörsG/VerkProspG, § 88 BörsG Rn. 12; Weber, Kursmanipulation am Wertpapiermarkt, NZG 2000, S. 113 (116). Zu diesem Themenkomplex ausführlich unten den Abschnitt "Kursmanipulation", Seite 154 ff.

keine Pflicht, die Absicht zu offenbaren, noch weitere derartige Transaktionen zu tätigen.[178]

(2) Geschlossenes Orderbuch

Ein geschlossenes Orderbuch ist dadurch charakterisiert, dass nur die jeweils besten Kauf oder Verkaufskurse anzeigt werden. Der Überhang auf der Marktseite der – gleichgültig ob ganz oder gestückelt eingegebenen – Blockorder macht sich jedoch auch bei geschlossenem Orderbuch zwangsläufig bemerkbar. Da ein Block Trade gerade dadurch charakterisiert wird, dass er im Verhältnis zum normalen täglichen Handelsvolumen relativ groß ist, ist eine Absorption durch den Markt gänzlich ohne Einbeziehung der (gemessen am Ausgangskurs) marktferneren Limitorders nicht – bzw. nur bei gegen unendlich tendierender Ausführungsdauer – denkbar. Kommen nämlich die ungünstiger limitierten Aufträge zur Ausführung, so bewegen sich sowohl der Kurs, das heißt die erzielten Preise tatsächlich getätigter Transaktionen[179], als auch die verbleibenden Angebotslimitierungen – also die Handelsmöglichkeiten – nach oben. Diese beiden „Signale" sind auch bei geschlossenem Orderbuch wahrzunehmen. Da die Transaktion schon wegen der verschiedensten Gegenseiten logischerweise nicht 'en bloc' ausgeführt wird, sind diese Signale sichtbar, bevor die anderen Teilorders zur Ausführung gelangen. Folglich kann sich auch aus diesen beiden Signalen ein Informationseffekt ergeben, der sich ungünstig auf die noch ausstehenden Teile der Order auswirkt.

c) Faktische unentgeltliche Option („free trading option")

Schließlich sei noch auf folgendes Problem hingewiesen: Unabhängig von Suchkosten und Informationseffekten besteht für den Blockhändler folgendes Problem: Aus Gründen einer so genannten faktischen unentgeltlichen Option wird der Block-Trader davon absehen müssen, den Block mittels *einer* großen Limitorder zu handeln.[180] Zu dieser „free trading option"[181] kommt es aus folgen-

---

178 Auf die Mitteilungspflichten über kontrollrelevante Beteiligungen wie etwa des § 21 WpHG war oben bereits hingewiesen worden, vergleiche Fußnote 23.

179 Die Frage, ob und wann der Markt hierüber informiert wird, wird unten unter der Überschrift der „Post Trade-Transparenz der Börsengeschäfte" untersucht (vergleiche Seite 96 ff.).

180 Vergleiche hierzu etwa Vergleiche Kuckelkorn, Die Dezimalkurse bereiten der NYSE Sorgen, Börsen-Zeitung vom 1. März 2001, Seite 5. Die Umstellung des Aktienhandels an der NYSE von Bruchteilen eines Dollars auf den einzelnen Cent (am 29. Januar 2001) hat dazu geführt, dass große Orders relativ kostengünstig und risikoarm unter- bzw. überboten werden. Siehe in diesem Kontext auch das Problem des Frontrunnings, unten Seite 283

dem Grund: Aus Sicht der Handelsteilnehmer auf der Marktgegenseite stellt die Order – bzw. mangels individueller Wahrnehmbarkeit das große Volumen der betreffenden Limitierung – eine unentgeltliche Option dar. Diese stellt für den Zeitraum bis zu ihrer vollständigen Erfüllung ein Handelsangebot dar, das die Teilnehmer jederzeit annehmen können. Ferner verhindert die Order für diesen Zeitraum, dass der Börsenkurs sich aus Sicht der Marktgegenseite ungünstiger als die Limitierung der Blockorder entwickelt. Ist die Blockorder ein Kaufgebot, so wird der Kurs in diesem Zeitraum logischerweise nicht unter das betreffende Limit absinken. Folglich ist eine Preisentwicklung in die andere Richtung zu erwarten, was Raum für kurzfristige Spekulation bietet, die den Preis zu Lasten des Block-Traders beeinflussen würden. Ist nämlich gesichert, dass man für eine gewisse Zeit zum Preis X verkaufen kann, so mag man darauf spekulieren, dass andere, zeitlich nachfolgende Kaufinteressenten, die aufgrund der Zeitpriorität der Blockorder auf ebenso absehbare Zeit nur zu höheren Kursen kaufen können, da sie sich ansonsten bis zur vollständigen Ausführung des Blocks gedulden müssten, Ersteres auch tun werden. Folglich kann man sein Verkaufsangebot risikolos im Preis anheben. Verhalten sich Verkaufsinteressenten dergestalt, bewegt sich dadurch der Markt „von der Blockorder weg“.

Aus diesem Grunde wird der Blockhändler nie die gesamte (limitierte[182]) Order in das Orderbuch stellen. Daher bedeutet die „normale Marktbenutzung“ in der Praxis eine Stückelung des Blocks in viele kleine, leichter für den Markt absorbierbare, Teilorders, die sukzessive abgearbeitet werden.[183] Daher setzt ein Handeln des Blocks „en bloc“ zwar nicht denknotwendig, aber praktisch eine direkte Verhandlung mit potentiellen Vertragspartnern voraus, siehe unten: *Szenario 2 – Bilaterale Suche für den Handel 'en bloc'*[184].

5. Unterschiede beim Market Maker-Handel

Grundsätzlich ergeben sich zum Gesagten kaum Unterschiede, wenn ein Block Trade im Rahmen eines Market Maker-Systems „über den Markt“ ausgeführt wird. Anstelle der atomistischen Zahl der Aufträge im zentralen Orderbuch ste-

---

181 Siehe zu diesem Thema: Gerke/Rasch, Ausgestaltung des Blockhandels an der Börse, Die Bank, 1992, S. 193 (194).

182 Eine unlimitierte, also eine Market Order in das Orderbuch zu stellen würde, wenn nicht ausreichend marktnahe Liquidität zur Verfügung steht, zu zum Teil exorbitanten Ausführungskursen führen. Die Blockorder würde sich „ungebremst“ im Orderbuch nach oben „fressen“, vergleiche oben das Beispiel auf Seite 59 f.

183 Dass dies heute zum Teil nicht mehr unbedingt manuell zu erfolgen hat, liegt an der Einführung sogenannter Eisberg-Order für den Xetra-Handel, siehe unten die Fußnoten 201 und 243.

184 Siehe Seite 118 ff.

hen dem Block-Trader eine Reihe von Market Makern als potentielle Kontrahenten zur Verfügung. Unter „normaler Marktbenutzung“ ist hier zu verstehen, dass der Trader die Ausführung seiner Order durch eine Vielzahl von Transaktionen gegen die von den Market Makern ausgegebenen Quotes zu bewerkstelligen sucht[185]. Er führt dabei keine Verhandlungen über Volumen und Kurs, sondern nimmt, wie bei Kleinaufträgen, die Quotierungen der Market Maker wahr. Diese stellen bis zu gewissen Maximalgrößen[186] bindende Angebote dar, die das Handelspublikum annehmen kann. Die von den Quotierungen umfassten Volumina sind aber im Verhältnis zur Blockorder relativ gering, so dass dieses Verfahren sehr häufig wiederholt werden müsste, um eine vollständige Ausführung des Blocks zu erreichen.

Will man größere Volumina mit dem Market Maker handeln, so gelten die angegebenen Quotes nicht mehr. Da sich das für den Market Maker mit der Transaktion verbundene Risiko vergrößert, wird er den Preis entsprechend zuungunsten des Block-Traders anpassen. Es besteht selbstverständlich die Möglichkeit, mit dem Market Maker über den Preis für den gesamten Block zu verhandeln; dies soll hier jedoch nicht unter der Überschrift der „normalen Ausführung über den Markt“ näher vertieft, sondern unten als direkte Suche nach dem Kontrahenten analysiert werden.[187]

a) Market Impact

Nimmt der Block-Trader also zahlreiche der Market Maker Angebote an, hat er in sehr vergleichbarer Weise mit Market Impact und Informationseffekt zu rechnen. Da die Market Maker keine großen Positionen – gleich ob lange („long“) oder kurze („short“) – aufbauen möchten, führt der Überhang auf der Marktseite der Blockorder recht bald zur Anpassung der Quotierungen. Der Market Maker muss ja ständig zweiseitige Kurse dem Markt anbieten und ist zum Abschluss entsprechender Transaktionen verpflichtet. Er kann deshalb nur durch die Anpassung seiner Quotes verhindern, dass er dabei besonders riskante, weil große Positionen aufbaut. Kauft er – dadurch, dass seine Quotierungen angenommen werden – etwa mehr von einem Wertpapier, als ihm lieb ist, so wird er durch eine Quote-Anpassung nach unten zum einen die Liquidität der anderen Marktseite anzuziehen suchen – hier Kaufwillige – und zum anderen verlangt er dadurch von weiteren Verkäufern eine implizite Risikoprämie. Die Verkäufe an ihn macht er dadurch bewusst unattraktiv. Er selbst ist „kaufunwillig“ und lässt

---

185 Beachte allerdings die Treuepflicht gegenüber dem Market Maker – LSE Rule 4.25/-3.48, unten Seite 87.

186 Wiederum in der Regel den Market Makern durch Mindestgrößen in den Börsenordnungen vorgeschrieben.

187 Hierzu siehe unten "Szenario 2 – Bilaterale Suche für den Handel ‘en bloc’", S. 118 ff.

sich die Transaktionen auf diesem Wege von den dennoch Handelswilligen „versüßen". Durch die Quote-Anpassung aktiviert er also zum einen Liquidität der anderen Marktseite und stellt gleichzeitig „teure" Mikroliquidität dem Block-Trader zur Verfügung, indem er „widerwillig" seine Position weiter aufbaut.[188] Auch hier sind also Market Impact und Liquiditätskosten zu beobachten.

b) Informationseffekt

Hinsichtlich des Informationseffekts ergeben sich ebenfalls keine großen Abweichungen: Da der Market Maker definitionsgemäß keine Anlagestrategien verfolgt, sondern nur fremdinitiiert handelt und mit Hilfe der Anpassung seiner Quotierungen versucht, ein risikoneutrales Buch zu haben, kann man seine Reaktion nicht als Informationseffekt bezeichnen. Soweit aber der Handel[189] und die Anpassung der Quotes[190] von den anderen Handelsteilnehmern wahrgenommen werden, können diese ihre Strategien – wie für die Auktionsbörsen oben beschrieben – ändern und dadurch zusätzlichen Anpassungsdruck auf die Kurse der Market Maker ausüben. In Erinnerung zu rufen ist in diesem Zusammenhang, dass die Spanne zwischen den Quotierungen des Market Makers den Preis widerspiegelt, der für die von ihm bereitgestellte Liquidität und Sofortigkeit zu entrichten ist.[191] Neben den Kapitalkosten für den Bestand seines Buches und der vermittlungsähnlichen Leistung kommt in dem Spread auch das mit der Transaktion verbundene Risiko zum Ausdruck.[192] Wie groß letzteres ist, kann der Market Maker trotz aller Erfahrung und Marktkenntnis nur vermuten. Er sucht zu verhindern, dass eine – im Hinblick auf seine lange oder kurze Position – ungünstige Kursveränderung eintritt. Diese Kursveränderungen treten allerdings typischerweise dann ein, wenn er zuvor mit Anlegern kontrahiert hat, die über überlegenes Wissen in Bezug auf den betreffenden Wert verfügten. Der Market Maker versucht deshalb, seine Quotierungen so zu stellen, dass er die

---

188 Die Aussage eines Market Makers „Wenn ich abends eine größere Position in einem Wert noch nicht glattgestellt habe, geht der Kurs am nächsten Morgen todsicher in die für mich ungünstige Richtung" hat natürlich nicht damit zu tun, dass der Betreffende immer Pech hat, sondern mit der Tatsache, dass eine große Market Maker Position im Zweifel immer dadurch bedingt ist, dass dieser und seine Kollegen Marktentwicklungen noch nicht in ausreichendem Maße bei der Stellung der Quotes berücksichtigt, „eingepreist" haben. Diese Kursanpassung folgt dann häufig am nächsten Morgen.

189 Post Trade-Transparenz, das heißt Information über die jeweils letzte Transaktion.

190 Pre Trade-Transparenz, das heißt Information über die jeweils nächste Transaktionsgelegenheit.

191 Kempf, Umsatz und Geld-Brief-Spanne, ZBB 1998, S. 100 (100); genau genommen ist es allerdings die Hälfte des Spreads, da diese dem Abstand zum „Mittelwert" entspricht, zu dem eine hypothetische direkte Transaktion zwischen Anlegern erfolgen würde.

192 Kempf, Umsatz und Geld-Brief-Spanne, ZBB 1998, S. 100 (101).

Position ohne Verlust ausgleichen kann. Je größer die Unsicherheit über bevorstehende Kursbewegungen, desto größer ist das Risiko und desto weiter muss die Spanne sein, um sich gegen das Risiko abzusichern. Ist die Spanne beispielsweise 0,25 €, dann kann der Market Maker Kursschwankungen in eben dieser Höhe bis zur Glattstellung der Position verkraften, ohne Verluste zu machen.

Bei Blocktransaktionen ist das Risiko eines Verlustgeschäfts aus drei Gründen besonders groß. Zum einen besteht die Vermutung, dass derjenige, der eine besonders große Transaktion tätigt, auch gute Gründe hierfür haben wird, das heißt möglicherweise nichtöffentliche Informationen zur Grundlage dieser Entscheidung gemacht hat, die bei ihrem Bekanntwerden zu einer für den Market Maker ungünstigen Kursbewegung führen würden.[193] Zum anderen ist oben bereits ausgeführt worden, dass die Blockorder selbst schon wegen des von ihr ausgehenden Market Impacts und Informationseffekts das Potential zur Kursveränderung besitzt. Der Market Impact ist auch bei der Übernahme des Blocks durch den Market Maker gegeben. Dieser muss seine Position ja abbauen und erzeugt so das Ungleichgewicht im Markt bzw. gibt es in diesen weiter. Drittens ist zu berücksichtigen, dass das Abbauen des übernommenen Blocks eine gewisse Zeit dauern kann, in der der Market Maker den Veränderungen des Marktes ausgesetzt ist. Je länger der Zeitraum, desto größer die Gefahr, dass allgemeine oder unternehmensspezifische Informationen eintreffen – also auch solche, die nicht Entscheidungsgrundlage des Block Trades waren – und zu ungünstigen Kursbewegungen führen. Wie oben bereits erläutert, ist diese Ungewissheit für den Händler ein Risiko und für den Anleger eine Chance.

Wie gezeigt, bestehen zwischen den beiden Markttypen keine grundlegenden Unterschiede hinsichtlich der Schwierigkeit, einen Block ohne Zahlung einer besonderen impliziten Prämie zu handeln. Da es hinsichtlich des Informationseffekts maßgeblich auf die Möglichkeiten der anderen Marktteilnehmer ankommt, die Quotes, Orders und Kurse wahrzunehmen, sind hier nun die verschiedenen Transparenzregelungen der jeweiligen Märkte darzustellen:

---

193 Dies ist bei Käufen stärker der Fall als bei Verkäufen. Dies verdeutlicht folgende eher banale Überlegung: Verkaufen kann man nur die Werte, die man in seinem Bestand hat. Will man aber Wertpapiere kaufen, stehen nahezu endlos viele zur Auswahl. Das die Entscheidung auf das Papier XYZ gefallen ist, lässt erahnen, dass man besonders gute Informationen über diesem Wert hat. (zum empirischen Beweis siehe: Holthausen/Leftwich/Mayers, The effect of large block transactions in security prices, Journal of Financial Economics, 19 (1987), S. 237 (238).

6. Unterschiedliche Transparenz der Börsen

a) Allgemeines

Da der drohende Information Effect schon begrifflich davon abhängt, wie umfassend der Markt über mögliche und stattfindende Transaktionen informiert wird, ist die Transparenz der Börsen zu untersuchen. Die Transparenz eines Marktes im allgemeinen bestimmt, in welchem Umfang das Marktgeschehen für die Marktteilnehmer sichtbar ist. Die Frage der Pre Trade-Transparenz betrifft dabei die Situation im Vorfeld einer beliebigen Transaktion, nämlich die Frage, in wie weit die aktuellen Handelsmöglichkeiten für Interessenten ersichtlich sind. Die Quotierungen der Market Maker und Limit Orders im Buch des Computersystems, Kursmaklers oder Specialists stellen aufgrund ihres Angebotscharakters derartige Handelsgelegenheiten dar. Die aktuellen Brief- und Geldangebote geben Auskunft darüber, „wo der Markt steht“, zu welchem Kurs man ein bestimmtes Papier kaufen oder verkaufen kann. So kann man beispielsweise abschätzen, zu welchem Kurs eine Marktorder ausgeführt würde oder wie wahrscheinlich es ist, dass eine auf den Kurs X limitierte Order zur Ausführung gelangen wird. Wie oben bereits angedeutet, bestehen Unterschiede, wie umfänglich der Markt über die Handelsmöglichkeiten informiert wird. Erfahren die Interessenten – wie mit dem Terminus des geschlossenen Orderbuchs umschrieben – nur die beiden jeweils günstigsten Abschlussmöglichkeiten, liegt minimale Pre Trade-Transparenz vor. Darüber hinaus können auch die aggregierten Volumina sämtlicher Aufträge mit marktnahen Limitierungen[194] angezeigt werden, so dass auch Marktbreite und -tiefe ersichtlich ist. Maximale Pre Trade-Transparenz liegt vor, wenn alle einzelnen Orders ersichtlich sind. Auf der anderen Seite des Pre Trade-Transparenz-Spektrums liegt ein abgeschottetes Marktsegment, das nicht der allgemeinen Marktöffentlichkeit zugänglich ist, sondern nur besonders privilegierten Akteuren.[195]

Die Frage der Post Trade-Transparenz bezieht sich hingegen auf die Situation nach der jeweiligen Transaktion und somit auf die Kurse und Umsätze der tatsächlich zustande gekommenen Transaktionen. Hier ist die Frage, ob und wenn ja, wie zeitnah und detailliert der Markt über die Transaktionen informiert wird. Auch diese Informationen sind für die Marktteilnehmer von großer Bedeutung, da die – gewissermaßen in die Zukunft gerichteten – Quotierungen und Angebote zwar „aktueller“ hinsichtlich der Handelsmöglichkeit sind, aber gleichwohl ein Defizit hinsichtlich der Aussagekraft aufweisen: Es bleibt nämlich zwangsläufig unklar, ob auch jemand bereit wäre, auf den angebotenen Geld- oder Briefkurs einzugehen. Nur wer wirklich zum Kurs X abschließt, gibt glaubhaft

194 Häufig etwa die jeweils fünf nächstbesten Limitierungen in beide Richtungen.

195 So etwa das Netz der Inter Dealer Broker an der LSE, siehe unten Seite 91.

zu verstehen, dass er den Preis für angemessen und fair hält. Die Börse übernimmt so die für viele volks- und betriebswirtschaftliche Bereiche unverzichtbare Funktion der Preisermittlung.[196] Wer hätte schon – ohne die Kosten und Mühen der Berechnung nach der Ertragswertmethode einzugehen – eine ungefähre Vorstellung davon, was eine Aktie des Unternehmens XYZ wert sein sollte, insbesondere wenn auch die Börsenkurse der Wettbewerber nicht als Referenzwert zur Verfügung stünden?

Während ein gewisses Mindestmaß an Pre Trade-Transparenz für eine Börse unverzichtbar und ihr deshalb auch immanent ist – da ansonsten die Suchkosten exorbitant wären und die Zentralisierung ihren Zweck verlieren würde[197] – lässt sich das für die Post Trade-Transparenz nicht ohne weiteres sagen. So wird etwa vertreten, ein hohes Maß an Pre Trade-Transparenz mache jegliche Post Trade-Transparenz überflüssig. Dem ist aber aus den oben genannten Gründen nicht zuzustimmen.

b) Pre Trade-Transparenz-Regelungen

Für den Block-Trader ist bei der Wahl seiner Handelsstrategie zur Minimierung der ungünstigen Kursbeeinflussung zum einen relevant, ob und in wie weit die von ihm eingegebene Order von anderen Marktteilnehmern wahrgenommen werden kann. Zum anderen ist für ihn von großer Bedeutung, wie leicht er die am Markt derzeit zur Verfügung stehende Liquidität abschätzen kann und ob er hierzu seine eigenen Absichten aufdecken muss. Wichtig in diesem Zusammenhang ist vor allem die Ausgestaltung des „Einblicks" in das Orderbuch durch die Börsenregeln und zum Teil auch staatliche Regulierungen: Wie bereits angesprochen, kann entweder das gesamte „Angebotsspektrum"[198] der Quotes und Limit Orders ersichtlich sein, oder aber nur die beiden jeweils günstigsten[199].

---

196 Für den Bereich des Gesellschaftsrechts vergleiche den viel diskutierten Beschluss des BVerfG in der Sache DAT / Altana, BVerfG NZG, 1999, S. 931 ff.

197 Rudolph/Röhrl, Grundfragen der Börsenorganisation aus ökonomischer Sicht, in: Hopt/-Rudolph/Baum (Hrsg.), Börsenreform, Eine ökonomische, rechtsvergleichende und rechtspolitische Untersuchung, 4.A.III.

198 Unter „Angebotsspektrum" ist zu verstehen, dass der Interessent durch den Blick in das Orderbuch sehen kann, wie groß das Ordervolumen der „in der Nähe der besten Kurse" limitierten Aufträge ist. Selbst wenn nicht die einzelnen Orders als solche wahrnehmbar sind, lässt sich aus den für die betreffenden Limitierungen aggregierten Volumina die Marktbreite und -tiefe ableiten. Unter dem aggregierten (Order-)Volumen ist in diesem Zusammenhang die kombinierte, durch Eingabe eines bindenden Angebots verfestigte Bereitschaft einer Marktseite zu verstehen, das Papier X zum Preis Y zu handeln.

199 Siehe oben Seite 68.

Hinsichtlich der Frage, wie die Pre Trade-Transparenz einer Börse ausgestaltet ist, können die Regularien auch die Möglichkeit einer „zweiten Ebene“ vorsehen, die bestimmten Marktteilnehmern vorbehalten und von den Pre Trade-Transparenz-Regelungen ausgenommen ist. Auf seiner solchen zweiten Ebene können etwa Market Maker unter Ausschluss der sonstigen „Marktöffentlichkeit“ miteinander handeln und riskante Positionen ausgleichen. Andere können weder auf diesem Wege handeln, noch erfahren sie überhaupt von den so angebotenen Preisen. Theoretisch wäre auch denkbar, dass auch die dort durchgeführten Transaktionen und ausgehandelten Preise nicht veröffentlicht werden.[200]

Auch kann das Orderbuch aufgrund besonderer Börsenregeln gewisse „Reservierungsfunktionen“ zulassen, so dass – unter bestimmten Voraussetzungen – nicht sämtliche Informationen über die Order, insbesondere deren Größe, ersichtlich sind[201]. So kann sich eine große Order stückweise bei Eintreffen entsprechender Gegenaufträge „aufdecken“, um gegen diese zum Ausgleich gebracht zu werden. Ferner gibt es die Möglichkeit, dass eine Großorder nur zum Teil sichtbar ist und der nächste Teil immer erst dann aufgedeckt wird, wenn der vorangehende zur Ausführung gelangt ist. Wichtig ist hier bei dann die Frage, ob die neu aufgedeckten Teilaufträge den „Zeitstempel“ ihrer Aufdeckkung tragen[202] oder aber den – einen deutlichen Vorteil der Zeitpriorität gewährenden – Stempel der Einstellung der Gesamtorder. Letzteres stellt selbstverständlich eine große Beeinträchtigung der Pre Trade-Transparenz dar, weil für andere Marktteilnehmer die Orderlage nicht ersichtlich ist. Muss sich der neu aufgedeckte Teil der Großorder gewissermaßen hinten anstellen, ist die Situation einer manuellen sukzessiven der Teilaufträge vergleichbar.

(1) New York Stock Exchange

Die Regelung der Handelstransparenz hat sich in den USA durch die Einführung des so genannten National Market Systems („NMS“) im Jahre 1975 durchgreifend geändert[203]. Hierzu fügte der Kongress die Section 11A in den S.E.A. 1934

---

200 Dies ist allerdings bei den Transaktionen im Inter-Dealer-Broker System der LSE nicht zuletzt wegen der Fiktion der börslichen Geschäfte nach LSE Rule 2.1 der Fall, vergleiche hierzu Seite 144.

201 Hier ist an die sogenannten „interessewahrenden“ Aufträge beim Kursmakler der FWB, die Iceberg-Orders im Xetra-Handel (hierzu siehe unten Fußnote 243) oder „mitlaufende“ Prozent-Orders beim NYSE Specialist zu denken, die sich jeweils beim entsprechenden Handelsaufkommen aktualisieren.

202 So ist dies bei den Iceberg-Orders, auch hierzu siehe unten Fußnote 243.

203 Beachte die neuere Diskussion im Rahmen der SEC Market Fragmentation Release; statt vieler Wagner, RE: File No. SR-NYSE-99-48 Proposed Rescission of Rule 390 / Concept Release on Market Fragmentation (nachzulesen im Internet unter www.sec.-

ein, die die Voraussetzungen für die Verbindung der Märkte – „the linking of all markets"[204] – schaffen sollte und die SEC beauftragte und ermächtigte, durch entsprechende Regeln dieses Ziel zu verwirklichen[205]. Da man aber davor zurückschreckte, das Fernziel der Interaktion der Aufträge der verschiedenen Marktplätze durch staatliche Anordnung vorzuschreiben, entschied man sich dafür, zunächst die Wahrnehmung und Sichtbarkeit des Geschehens an den jeweils anderen Marktplätzen zu erleichtern. So hat die SEC neben äußerst detaillierten Regelungen für eine effektive Interaktion der jeweils günstigsten Orders an den verschiedenen Märkten auch Vorschriften zur marktübergreifenden Pre- und Post Trade-Transparenz erlassen. Hierdurch wurden natürlich auch Mindeststandards für die interne Transparenz der Handelssysteme festgelegt, denn was marktplatzübergreifend veröffentlicht werden muss, wird erst recht den Marktteilnehmern mitgeteilt.

Während die Orders und Transaktionen vorher nur von den Handelsteilnehmern an dem jeweiligen Markt wahrgenommen werden konnten, werden seither die jeweiligen Daten der verschiedenen Börsen und außerbörslichen Handelssysteme konsolidiert veröffentlicht[206]. SEC Rule 11Ac1-1 regelt die Verbreitung der Quotierungen und Limitorders für NMS-Werte. Genaugenommen gibt es vier verschiedene Bestandteile der staatlich mandatierten, konsolidierten Verbreitung der Marktinformationen: Da sich die Konsolidierung auf die einzelnen Werte bezieht, orientiert sich die Untergliederung an deren primären Notierungen.[207] Die genaue Ausgestaltung der Datenzusammenstellung und insbesondere die Frage, wie schnell ein Bericht zu erfolgen hat, ist durch die SEC Rules nicht geregelt. Es ist allerdings so, dass die Pläne sowie sämtliche Änderungen

---

gov/rules/sro/-ny9948/wagner1.htm, Stand: 12. März 2001); Peake Kommentar betreffend SEC File No. SR-NYSE-99-48 (nachzulesen im Internet unter www.sec.gov/rules/-sro/ny9948/peake1.htm, Stand: 12. März 2001).

204 15 U.S.C. 78k-1(a)(1)(D), Section 11A(a)(1)(D) S.E.A. 1934.

205 15 U.S.C. 78k-1(a)(2) und (3) Section 11A(a)(2) und (3) S.E.A. 1934.

206 Loss/Seligman, Securities Regulation, Chapter 7, Regulation of the Securities Markets, 7A2e, Seite 2548.

207 So umfasst Network A alle an der NYSE gelisteten Werte, Network B die an AMEX und den Regionalbörsen gelisteten, Nasdaq System die an der Nasdaq gehandelte Aktien sowie einzelne OTC gehandelten Werte, und schließlich das OPRA System, das die Handelsinformationen für Optionen auf börsennotierte Werte umfasst. Network A und B werden nach Maßgabe des Consolidated Tape Association Plan und des Consolidated Quotation Plan betrieben. Alle SROs beteiligen sich an diesen Plänen. Die Verwaltung des Tagesgeschäfts von Network A führt die NYSE und deren Datenverarbeiter, die Securities Industry Automation Corporation. Vergleiche SEC Concept Release, Regulation of Market Information Fees and Revenues, No. 34-42208, File No. S7-28-99, Federal Register Vol. 64, No. 242, vom 17.12.1999, Seite 70613 (70615).

der Genehmigung durch die SEC bedürfen.[208] Hierdurch ergibt sich entsprechend der Transparenz-Maxime der SEC eine indirekte Verpflichtung der eigens dafür geschaffenen Vereinigungen, in den Plänen – im Rahmen der technischen Möglichkeiten – maximale Transparenz vorzusehen. So gibt es heute für alle börsennotierten Aktien im Bereich der Pre Trade-Transparenz also ein so genanntes „Consolidated Quotation System" („CQS"), das die von den jeweiligen Märkten übermittelten Quotierungen bzw. Limitorders zusammenführt und sofort veröffentlicht. Dafür, dass dem CQS diese wertvollen Informationen zur Verfügung gestellt werden, ist SEC Rule 11Ac1-1(b)(1)[209] verantwortlich. Diese sieht vor, dass während der Börsenstunden jeweils die besten Brief- und Geld-Quotierungen sowie deren aggregierte Volumina dem System zur Veröffentlichung zu übermitteln sind.

> **§ 240.11Ac1-1 – Dissemination of quotations for reported securities.**
>
> **(b) Dissemination requirements for exchanges and associations**
>
> (1) Every exchange and association shall establish and maintain procedures and mechanisms for collecting bids, offers, quotation sizes and aggregate quotation sizes from responsible brokers or dealers who are members of such exchange or association (as the case may be), processing such bids, offers and sizes, and making such bids, offers and sizes available to quotation vendors, as follows:
>
> (i) Every exchange shall, at all times such exchange is open for trading, collect, process and make available to quotation vendors the highest bid and the lowest offer communicated on the floor of that exchange (...) by any responsible broker or dealer (...) for each reported security listed or admitted to unlisted trading privileges on that exchange except during any period when trading in that security has been suspended or halted, or prior to the commencement of trading in that security on any trading day, on that exchange;
>
> (ii) Every association shall, at all times last sale information with respect to reported securities is reported pursuant to an effective transaction reporting plan, collect, process and make available to quotation vendors the highest bid and lowest offer communicated otherwise than on the floor of an exchange by each member of such association acting in the capacity of a third market maker for a reported security and the identity of that member (...),

---

208 SEC Rule 11Aa3-1 (b)
(2) Any transaction reporting plan, or any amendment thereto, filed pursuant to this rule shall be filed with the Commission, and considered for approval (...)
(3) No transaction reporting plan filed pursuant to this rule, or any amendment to an effective transaction reporting plan, shall become effective unless approved by the Commission (...).

209 17 C.F.R. § 240 – 11Ac1-1.

except during any period when over-the-counter trading in that security has been suspended; and

(iii) Every bid and offer made available to quotation vendors by an exchange or association pursuant to this section shall be accompanied by the quotation size or the aggregate size (as the case may be) associated with it.

Aus dem Abschnitt (b) (1) ergibt sich die Pflicht für eine jede Börse und Händlervereinigung[210], ein System zur Sammlung und Verarbeitung der Quotes einzurichten und die so zusammengetragenen Informationen den sogenannten „Information Vendors", den kommerziellen Verbreitern dieser Daten zur Verfügung zu stellen.[211] Der Unterabsatz (i) stellt klar, dass die Börse, die jeweiligen besten Geld-(„Bid") und Briefkurse („Ask") dem Vendor zur Verfügung stellen muss. Absatz (ii) erstreckt diese Pflicht auf die Händlervereinigung. Diese ist verpflichtet, dergleichen für außerbörslich tätige Händler einzurichten, die in mit börslich notierten Werten handeln („third market maker"). Absatz (iii) stellt klar, dass die bereitgestellten Informationen die (gegebenenfalls aggregierten) Volumina der jeweils besten Quotierungen enthalten müssen. Weitere Informationen, wie die Orders in der Nähe des Spreads, werden aber nicht in dieser Form veröffentlicht.

Im übrigen ist herauszustellen, dass eine Sonderregelung für Blockaufträge hinsichtlich ihrer Pre Trade-Transparenz besteht: SEC Rule 11Ac1-4 regelt die Anzeige der limitierten Kundenaufträge. In Abschnitt (b) (1) ist für den Specialist[212], in (b) (2) für den OTC Market Maker vorgesehen, dass sie die Kundenorders und deren Größe anzuzeigen haben, so weit diese ebenso gut oder besser limitiert sind als die eigenen Quotierungen.[213] In Abschnitt (c) ist unter

210 Hiermit ist vor allem die NASD gemeint.

211 Diese Vendors sind Nachrichtenagenturen und Börseninformationsdienste, wie Reuters, Bloomberg oder CNBC, welche die Informationen gewissermaßen als nicht-exklusive Lizenznehmer gegen ein (von der SEC reguliertes, kostenbasiertes) Entgelt beziehen und entgeltlich an ihre Kunden weiterverbreiten; vergleiche SEC Concept Release, Regulation of Market Information Fees and Revenues, No. 34-42208, File No. S7-28-99, Federal Register Vol. 64, No. 242 vom 17.12.1999, Seite 70613.

212 Zu dessen Funktion – ähnlich eines Kursmaklers – an der NYSE siehe oben Seite 51.

213 SEC Rule 11Ac1-4 (b) – *Specialists and OTC Market Makers.*
For all covered Securities:
(1) Each member of an exchange that is registered by that exchange as a specialist (...) shall publish immediately a bid and offer that reflects (i) The price and the full size of each customer limit order held by the specialist that is at a price that would improve the bid or offer of such specialised in such security (...)
(2) Each registered broker or dealer that acts as an OTC market maker shall publish immediately a bid or offer that reflects (i) The price and full size of each customer limit

(4) für Aufträge mit Blockgröße vorgesehen, dass diese nur auf entsprechenden Wunsch des Kunden anzuzeigen sind. Als Block definiert sind dabei Aufträge über 10.000 und mehr Einheiten oder solche mit einem Wert von US$ 200.000 und mehr.[214]

In dem Zusammenhang der Preisgabe bzw. des Zugang zu den an der Börse ermittelten Informationen zu berücksichtigen ist die Interessenkollision zwischen den Börsenmitgliedern auf der einen Seite, die möglichst viele Vorteile aus den Privilegien ihrer teuer erkauften Mitgliedschaft der Börse ziehen wollen, und dem Handelspublikum auf der anderen Seite, das an größtmöglicher Liquidität, geringen Transaktionskosten und möglichst ungehindertem Zugriff auf Informationen interessiert ist.[215]

Das vom Specialist an der NYSE geführte Orderbuch ist nicht ohne weiteres einsehbar. Für detailliertere Informationen muss sich ein Börsenmitglied wie etwa ein Floorbroker zum Stand des Specialists begeben und diesen nach den noch nicht ausgeführten Aufträgen fragen. Dieser gibt dann mündlich Auskunft über den momentanen Stand der Dinge. Ob die Börsenmitglieder selbst einen Blick in das computergestützte Orderbuch werfen dürfen, ist – soweit ersichtlich- nicht geregelt. Dergleichen wird aber von den Specialists in der Regel gewährt. Die Sicht auf den betreffenden Computerschirm wird den Brokern jedenfalls nicht verstellt. In dem elektronischen Orderbuch sind nicht die einzelnen Orders zu sehen, sondern nur das für den jeweiligen Kurs aggregierte Auftragsvolumen. Es ist so also möglich, die in etwa fünf nächstbesten Kurse auf beiden Seiten des Spreads sowie die jeweils zugehörigen aggregierten Volumina zu erfahren. Hieraus lässt sich recht gut die vorhandene Liquidität und ein sich etwa abzeichnendes Ungleichgewicht zwischen den Marktseiten ablesen. Letzteres ist insbesondere bei einer bevorstehenden Kollektivauktion wie zur allmorgendlichen Handelseröffnung von Bedeutung. Von Ferne ist es für die Marktteilnehmer bisher nur möglich, zu sehen, wo der Spread liegt, und wie tief[216] der Markt an ge-

---

order held by the OTC market maker that is at a price that would improve the bid or offer of such OTC market maker in such security (...).
(c) Exceptions.
The requirements in paragraph (b) of this section shall not apply to any customer limit order: ... (4) That is a block size order, unless a customer placing such order requests that the order be displayed.

214 SEC Rule 11Ac1-4 (a)(4)
The term "block size" shall mean any order: (i) Of at least 10,000 shares; or (ii) For a quantity of stock having a market value of at least $ 200,000.

215 Vergleiche Mahoney, Symposium: The Allocation of Government Authority: The Exchange as Regulator, 83 Virginia Law Review 1997, S. 1453 (1455 f.).

216 Die Tiefe des Marktes beschreibt die Frage, wie viele Aufträge zum Kurs X vorliegen.

nau dieser Stelle ist. Will man aber die Breite[217] des Marktes oder - auch sehr wichtig in Bezug auf eine bevorstehende Kursbewegung – einen sich abzeichnenden Überhang auf einer Marktseite abschätzen, so kann man dies nicht direkt vom Schreibtisch des Portfolio Manager tun, sondern muss sich eines Börsenmitgliedes der NYSE bedienen, der physisch beim Stand des Specialists Einsicht nimmt bzw. eine Auskunft von diesem einholt. Derzeit ist eine Ausweitung der Zugriffsmöglichkeiten der Börsenmitglieder auf die im Orderbuch enthaltenen Informationen geplant. Unter der Bezeichnung "Institutional Xpress" soll es den institutionellen Investoren unter den NYSE-Mitgliedern ermöglicht werden, von ihrem Schreibtisch das Orderbuch des Specialists einzusehen.[218]

Für den Block-Trader an der NYSE ergibt sich hieraus, dass seine Order nur dann vom gesamten Markt im Sinne des NMS wahrgenommen werden kann, wenn er dies nach SEC Rule 11Ac1-4 explizit wünscht. Ansonsten ist sie, allerdings nicht isoliert, sondern im Rahmen der Limitierung aggregiert, aus dem elektronischen Orderbuch des Specialists ersichtlich, soweit die Marktteilnehmer dies „vor Ort“ einsehen oder einsehen lassen oder den Specialist um eine Zusammenfassung der Marktsituation ersuchen. Da das Orderbuch nicht einzelne Orders ausweist und bisher auch nicht ohne Aufwand eingesehen werden kann, zieht die Blockorder nicht unbedingt „alle Augen auf sich“, ist aber für diejenigen, die gerade in dem betreffenden Wertpapier handeln, relativ leicht wahrzunehmen. Zwar wird sich die Wahrnehmung nicht auf die konkrete Order beziehen, sondern auf das erhöhte Volumen auf der einen Seite des Marktes, was nach obigen Ausführungen aber ausreichend ist, um den unerwünschten Informationseffekt auszulösen.

(a) Vorteile der ausgeprägten Transparenz

Wie bereits oben angedeutet, ist Transparenz aber auch für den Block-Trader keine Einbahnstraße. Vielmehr ist es für ihn äußerst wichtig, die momentanen Marktaktivitäten und die derzeitig vorhandenen Liquidität beobachten zu können. Nur so kann er realistisch einschätzen, welche der in Betracht kommenden Handelsstrategien am erfolgsversprechendsten erscheint und wie groß jeweils der erforderliche Kursauf- oder -abschlag sein wird. So wählt der Block-Trader den „allgemeinen Markt“ zur Ausführung der Order, wenn er nach sachkundiger Einschätzung der Marktsituation[219] zu der Überzeugung gelangt, dass der Markt

---

217 Mit der Breite des Marktes ist die Liquidität in der Nähe des Spreads gemeint, das heißt: wie viele Aufträge sind in der Nähe des besten Kurses limitiert?

218 NYSE, Special Committee on Market Structure, Governance and Ownership, NYSE Market Strucure Report, April 2000, Seite 34.

219 Hierfür bedarf es neben einem gewissen Maß an Erfahrung auch der genauen Kenntnis des Handels der jüngeren Vergangenheit in diesem Wertpapier sowie der momentanen

innerhalb eines ihm vertretbar erscheinenden Zeitraumes ausreichende Liquidität zur Absorption der Blockorder aufweisen würde, ohne den Preis nennenswert in die Höhe zu treiben. Deshalb ist es für den Block-Trader wichtig, möglichst schnell und unkompliziert einen guten Überblick über die Marktlage zu erhalten. Hierbei stellt sich überdies die wegen des drohenden Informationseffekts für den Block-Trader ungemein wichtige Frage, ob er die Situation auch ohne Preisgabe der eigenen Absichten klären kann.[220] Aus diesen Gründen wird auch die erwähnte Einführung von Institutional Xpress die Situation derBlock-Trader erheblich erleichtern, während er heute einen Floorbroker zum Specialist schicken muss, um sich einen Eindruck zu verschaffen, wobei der physisch zu bewältigende Weg über den Trading Floor zum Stand des Specialists und zurück zum Telefon dazu führt, dass ein gewisses Aktualitätsdefizit besteht. Aus dem Consolidated Quotation System ergeben sich für den Block-Trader nur hinsichtlich des momentanen Kurses und – im Bereich der Post Trade-Transparenz – hinsichtlich des Umsatzvolumens wertvolle Informationen. Wie breit und wie tief der Markt ist[221], lässt sich für ihn aus den Daten des CQS nicht zuverlässig abschätzen.

(b) NYSE Rule 127

An der NYSE kann der Block-Trader also durch Konsultation des Specialists einen recht umfassenden Einblick in die Orderlage erhalten. Diesem müsste er grundsätzlich seine eigenen Pläne nicht offenbaren. In diesem Zusammenhang ist aber NYSE Rule 127 von großer Bedeutung.

> **Rule 127.** (a) A member organization that receives an order or orders for the purchase or sale of a block of stock, which may not readily be absorbed by the market, should explore in depth the market on the Floor. Unless professional judgment dictates otherwise, this should include checking the specialist to ascertain the extent of the specialist's interest in participating at an indicated price or prices. The specialist should maintain the same depth and normal variations between sales as he or she would had he or she not learned of the block. (...)

Zum einen erlegt diese Vorschrift dem Block-Trader die Pflicht auf, sich vor einer eventuellen direkten Suche nach Interessenten für die Plazierung eines substantiellen Blocks („which may not readily be absorbed by the market“) beim Specialist nach der Marktsituation und möglichen eigenen Handelsinteressen zu

---

Handelsmöglichkeiten, das heißt der Limit Orders bzw. Quotes. Für die Wahl der Handelsstrategie ist also eine hohe Pre- und Post Trade-Transparenz durchaus von Vorteil.

220 Siehe hierzu oben Seite 62

221 Zu diesen Kriterien siehe oben Fußnoten 216 und 217.

erkundigen.[222] Zwar gibt es eine Öffnungsklausel („unless professional judgment dictates otherwise"), so dass der Block-Trader im Einzelfall von dem zu befolgenden Procedere abweichen kann. Grundsätzlich wäre die Befolgung dieses Procederes für den Block-Trader äußerst riskant, weil der Specialist – nunmehr in Kenntnis des bevorstehenden Drucks auf die eine Marktseite – auch sein Eigenhandelsverhalten darauf einstellen könnte[223]. Dies käme wirtschaftlich betrachtet einem Frontrunning-Effekt gleich[224]. Die Preisbewegung würde durch das vorzeitige Bekanntwerden der Blockorder gegenüber dem Specialist und dessen „vorbeugendes Handeln" bereits vor dem Beginn ihrer Ausführung ausgelöst. Dies würde den Block Trade weiter verteuern. Diesem Risiko ist allerdings in NYSE Rule 127 bereits vorgebaut. Dort ist im Absatz (a) Satz 3 in diesem Zusammenhang nämlich festgelegt, dass der Specialist aufgrund der ihm so zuteil gewordenen Information sein Handelsverhalten und seine Kurse nicht verändern darf. („The specialist should maintain the same depth and normal variations between sales as he or she would had he or she not learned of the block.") Damit trifft den Specialist eine Neutralitätspflicht hinsichtlich der bevorstehenden Blocktransaktion. Ihm ist es untersagt, die bevorstehende Kursbewegung zu antizipieren und dadurch gewinnbringend zu nutzen.

Zusammenfassend ist zu sagen, dass die Regeln der NYSE es dem Block-Trader zum einen ermöglichen, gefahrlos die Marktsituation zu erforschen, und zum anderen das relativ offene Orderbuch dazu führt, dass die anderen Marktteilnehmer das Einstellen der Blockorder wahrnehmen können, auch wenn es dazu bisher jeweils eines persönlichen Erscheinens beim Stand Specialists bedarf. Aus der konsolidierten Anzeige CQS ist die Order nur ersichtlich, so der Block-Trader dies wünscht. Die Sichtbarkeit der Blockorder ist allerdings nur relevant, wenn der Block-Trader entgegen den hier angestellten Erwägungen eine Limitorder abgibt und so das oben erläuterte Risiko der „free trading option" eingeht.

(2) NASDAQ STOCK MARKET

Die Transparenzregelungen für die an der Nasdaq gehandelten Aktien waren zunächst nicht einheitlich. Da wegen zum Teil zu geringer Handelsvolumina nicht

222 Die Formulierung „in depth" in NYSE Rule 127 bezieht sich nicht auf die Markttiefe, sondern bedeutet, das die Erkundigung umfassend und gründlich einzuholen ist.

223 Wie bereits eingehend erläutert wurde, ist es Aufgabe des Specialists, bei Fehlen passender Orders der Marktgegenseite durch Eigenhandel mit einer der Marktseiten diesen Spread gelegentlich zu überbrücken. Weiß der Specialist um den bevorstehenden Druck auf eine der Marktseiten, so wäre es für ihn sinnvoll, eine entsprechende Gegenposition aufzubauen, die er dann gewinnbringend wieder abbauen könnte.

224 Siehe unten Seite 283 ff.

sämtliche Werte in das NMS einbezogen wurden, ergab sich zunächst folgende Zweiteilung: Diejenige Aktien, die die Kriterien in puncto Eigenkapital, außenstehende Aktionäre beziehungsweise Größe des Streubesitzes, Marktkapitalisierung und Handelsumsatz erfüllten, wurden zu „Nasdaq-NMS“-Werten (heute: Nasdaq National Market) und unterfielen damit den gesetzlichen NMS-Transparenzvorschriften der oben genannten Section 11A des S.E.A. 1934. Seit 1987 ist das „Pferd insoweit von hinten aufgezäumt“, als dass nunmehr alle diejenigen Papiere, die einem „effective transaction reporting plan“ unterliegen, auch zum NMS gehören, SEC Rule 11Aa2-1 in Verbindung mit SEC Rule 11A a3-1. Hierunter fallen heute alle an einer inländische Börse notierten Aktien, sowie die zum Nasdaq National Market Segment gehörigen. Etwa drei Viertel der an Nasdaq gelisteten Werte gehört unter der Bezeichnung Nasdaq National Market zum NMS, während etwa ein Viertel dem Nasdaq SmallCap Market zugeordnet ist. Gleichwohl werden für beide Segmente gleichermaßen über das Nasdaq System die Quotes und getätigten Transaktionen veröffentlicht. Für Nasdaq gilt im Grunde genommen dasselbe Pre Trade Regime wie für die NY-SE. Während für die NYSE in SEC Rule 11Ac1-1(b)(i) die Veröffentlichungder besten Geld- und Briefkurse vorgeschrieben ist, hat die NASD nach SEC Rule 11A c1-1 (b) (ii) dafür zu sorgen, dass die besten Quotes der als OTC[225] Market Maker tätigen Mitglieder veröffentlicht werden.

> **SEC Rule 11Ac1-1**
>
> (b)(ii) Every association shall, at all times last sale information with respect to reported securities is reported pursuant to an effective transaction reporting plan, collect, process and make available to quotation vendors the highest bid and lowest offer communicated otherwise than on the floor of an exchange by each member of such association acting in the capacity of a third market maker for a reported security and the identity of that member (...), except during any period when over-the-counter trading in that security has been suspended; (...)

Die Mitwirkung der Broker Dealer ist dabei durch SEC Rule 11Ac1-1(c) gesichert, die vorsieht, dass die Broker Dealer ihre besten Quotes jeweils der NASD beziehungsweise der betreffenden Börse übermitteln müssen.

> **SEC Rule 11Ac1-1(c) Obligations of responsible brokers and dealers.**
>
> (1) Every responsible broker or dealer shall promptly communicate to his exchange or association (as the case may be), pursuant to procedures established by that exchange or association, his bids, offers and quotation sizes.

Da im Fall der dezentralen Nasdaq-Struktur ohnehin alle Quotes der Market Maker durch die weltweit aufgestellten Terminals verbreitet werden, ist diese von der SEC erlassene Vorschrift insoweit ohne besonderen Belang. Die oben in

225 Over-the-counter, zu deutsch: außerbörslich.

Bezug auf die Situation an der NYSE erwähnte Ausnahme für Blockorders von der Pre Trade-Transparenz erwähnte SEC Rule 11Ac1-4 gilt auch für Nasdaq und deren Market Maker. SEC Rule 11Ac1-4 regelt grundsätzlich die Pflicht der Market Maker, günstiger oder ebenso gut limitierte Kundenaufträge anzuzeigen. Abschnitt (c) sieht unter (4) für Aufträge mit Blockgröße vor, dass diese nur bei entsprechendem Wunsch des Kunden anzuzeigen sind. Als Block definiert sind dabei Aufträge über 10.000 und mehr Einheiten oder solche mit einem Wert von US$ 200.000 und mehr. Allerdings ist zu berücksichtigen, dass derBlock-Trader im Falle eines Nasdaq Wertes im Regelfall eher Nachfrager fremder Quotes als mit eigenen Limitorders aktiv sein wird. Zwar kann er – seit Einführung der neuen Order Handling Rules der SEC im Jahre 1997 – dem Market Maker eine Limitorder erteilen, so dass diese dann für den Markt sichtbar werden kann, wenn sie den günstigsten Brief- oder Geldkurs darstellt. Ansonsten bleibt sie als (zum Teil) unausgeführte Order im Buch des Market Makers, und kann aufgrund der Fragmentierung des Marktes für das betreffende Papier nicht einfach durch Interaktion mit anderen Market Makern und Kundenorders abgebaut werden.

Hierbei ist zu berücksichtigen, dass in einem dezentralen System wie der Nasdaq die Wahrnehmung der Quotes beziehungsweise Kundenorder durch die Interessenten unabdingbare Voraussetzung für deren Ausführung ist. Nur bei einer Zentralisierung der Orderströme durch das zentrale Orderbuch kommt es – definitionsgemäß und daher eher banal – zur Interaktion der Orders ohne vorherige Auswahl der Gegenseite. Folglich erscheint es nicht besonders empfehlenswert für den Blockhändler, dem Nasdaq Market Maker eine Limitorder zu geben. Dementsprechend wird er eher selbst Liquidität nachfragen und mit dem Market Maker handeln. Durch das dezentral aufgebaute System und die Tatsache, dass die Quotes der Market Maker in der Regel nicht annähernd für derartig große Aufträge gelten, ist es für den Block-Trader allerdings relativ schwer, die Marktsituation zu erforschen, um daran dann seine Handelsstrategie auszurichten. Die am Nasdaq Terminal ersichtlichen Quotes der verschieden Market Maker geben nur Aufschluss darüber, zu welchen Kursen in kleineren Einheiten zu handeln ist. Da die angezeigten Quotes für die benötigten Größen aber nicht gelten, muss der Block-Trader oder der von ihm beauftragte Broker die einzelnen Market Maker anrufen, um herauszufinden, ob und wenn ja zu welchem Preis sie bereit wären, die Blockposition ganz oder zum Teil zu kaufen oder zu verkaufen. Dabei ist es natürlich wenig ratsam, sich bei sämtlichen der bis zu 60 Market Makern[226] zu erkundigen, die in dem betreffenden Papier einen Markt machen, da ansonsten aufgrund des Informationseffekts eine erhebliche nachteilige Preisbewegung zu verzeichnen sein dürfte und dies, bereits bevor der Block

226 Nasdaq-AMEX Backgrounder, Seite 11, Durchschnittlich sind 10 Market Maker pro Wert tätig.

auch nur teilweise zur Ausführung gelangt ist. Eine Neutralitätspflicht, wie sie NYSE Rule 127 für den Specialist aufstellt, besteht für die Market Maker nicht.[227] Entsprechend wird sich der Block-Trader – oder der von ihm beauftragte Broker – auf den oder die Marktführer in dem jeweiligen Wert beschränken. Diejenigen Market Maker, die in dem betreffenden Wertpapier den größten Umsatz machen, werden am ehesten in der Lage sein, den Block zügig abzubauen und können ihn deshalb auch zu vertretbaren Konditionen übernehmen. Überdies wird der Block-Trader bei der Erkundigung in der Regel zunächst nicht die volle Größe der geplanten Transaktion offen legen, sondern dies erst nach und nach tun, wenn er den Eindruck gewinnt, man komme tatsächlich ins Geschäft.

Zusammenfassend ist zu sagen, dass die Pre Trade-Transparenz für Block-Trader aufgrund der nur für vergleichsweise geringe Volumina geltenden Quotes eher ungünstig ist. Er kann die Marktsituation kaum ohne zumindest teilweise Preisgabe der eigenen Pläne erforschen. Zwar ist die Möglichkeit der direkten Wahrnehmung der Absichten des Block-Traders durch andere Investoren kaum gegeben, es besteht aber die Gefahr, dass die kontaktierten Market Maker ihre Kenntnis in das Stellen ihrer Quotes einfließen lassen und so die Information in den Markt weitergeben. Eine Neutralitätspflicht, wie es sie nach NYSE Rule 127 für den Specialist gibt, besteht für die Nasdaq Market Maker nicht.

(3) LONDON STOCK EXCHANGE

Hinsichtlich der Transparenzregelungen an der LSE ist zwischen dem Handel (mit weniger liquiden Werten) im Market Maker-System SEAQ und dem Handel (mit den sogenannten Blue Chips) über das elektronische Limitorderbuch SETS zu unterscheiden. Die Einführung von SETS hat den Handel mit britischen Aktien sehr viel transparenter gemacht und an die US-Standards angenähert.[228] Im wesentlichen macht sich diese Unterscheidung allerdings im Bereich der Post Trade-Transparenz bemerkbar. Die Vorschriften des SEAQ-International, über das in London die ausländischen Blue Chips gehandelt werden, ist dem des heimischen SEAQ aus dem naheliegenden Grund, dass es sich in beiden Fällen um ein computergestütztes Market Maker-System handelt, auch in puncto Transparenzregelungen recht ähnlich.

---

227 Auf diesen Punkt wird unten im Zusammenhang mit dem Themenkomplex Insidertrading/Frontrunning noch näher einzugehen sein.

228 Bericht der Plexus Group, Inc., Execution of U.K. Equities: New Market Structure, (nachzulesen im Internet unter www.plexusgroup.com, Stand: 12. März 2001).

(a) SETS

Bei SETS handelt es sich um ein dem Xetra System der Frankfurter Wertpapierbörse nicht unähnliches, computergestütztes Auktions- bzw. Matching-Verfahren, wobei ein Computersystem das zentrale Orderbuch führt und bei passenden Aufträgen der Geld- und Briefseite einen automatischen Ausgleich herbeiführt. Neben dem fortlaufenden Handel gibt es regelmäßige Kollektivauktionen, vor denen das Orderbuch „eingefroren" wird, um eine Akkumulation von Aufträgen herbeizuführen, die ansonsten wegen des Vorhandenseins passender Gegenaufträge direkt zur Ausführung gelangen würden. Die aufgelaufenen Aufträge werden dann durch Berechnung eines markträumenden Kurses ausgeführt. Das Orderbuch ist sowohl für LSE-Mitglieder als auch für sogenannte „SETS participants" einsehbar, Das sind Nicht-Mitglieder, die aber den Zugang zu SETS abonniert haben.

(b) SEAQ und SEAQ-International

Im Rahmen von SEAQ ergeben sich hinsichtlich der Möglichkeiten desBlock-Traders, die Marktsituation für das betreffende Papier zu erkunden, dieselben Schwierigkeiten wie für die Nasdaq-Werte. Zwar ist die Fragmentierung durch die eher geringere Anzahl von Market Makern in dem jeweiligen Wert an der LSE weniger stark[229], das Problem mangelnder Zentralisierung ist jedoch in gleicher Weise gegeben: Der Block-Trader sieht – wie jeder andere Investor – die jeweiligen Quotes der Market Maker. Dadurch, dass die für das betreffende Wertpapier registrierten Market Maker grundsätzlich[230] hinsichtlich der zwei-

---

229 Während es in den Nasdaq Werten durchschnittlich 10 Market Maker sind, gilt diese Zahl an der LSE nur für die liquiden Werte. Spitzenwerte an Nasdaq liegen bei 60 Market Makern, vergleiche Nasdaq-AMEX Backgrounder, Seite 11; Ellger/Kalss, Börsen- und Kapitalmarktrecht des Vereinigten Königreichs, in: Hopt/Rudolph/Baum (Hrsg.), Börsenreform, Eine ökonomische, rechtsvergleichende und rechtspolitische Untersuchung, 5.A.I.

230 Mit Ausnahme des „dealer in front"-Vorbehalts, LSE Rule 4.5 (c):
LSE Rule 4.5 – During the mandatory quote period, a normal size market maker shall: (a) display on SEAQ firm two-way prices in not less than the normal market size in each SEAQ security in which it is registered; and (b) subject to rules 4.6, 4.7, 4.12, 4.14 and 4.15, and save as provided in rule 4.5(c), actively offer to buy from and sell to an enquiring counterparty or member firm, other than an equity inter dealer broker or broker dealer acting as principal as disclosed under rule 4.3, at the price and in up to the size in a security displayed by it on SEAQ. (c) be entitled where it has effected a transaction in a security and received another enquiry to deal in the same security before having had a reasonable time to alter its price, to declare "dealer in front" to the person making the enquiry and alter the price at which it is prepared to deal. (d) If it changes its quotation to create a new best bid or offer within five minutes of the end of the mandatory quote

seitigen Quotes gebunden sind – der Kunde also nur noch das verbindliche Angebot „annehmen" muss – ist die Information über die Handelsmöglichkeiten immer auf dem neuesten Stand. Hinsichtlich der Größe ist den Market Makern eine Mindestgröße für das feste Angebot vorgeschrieben, in der Regel die sogenannte Normal Market Size[231]. Es ist dem Market Maker zwar möglich, beim Stellen seiner Quotes über die Mindestgröße hinauszugehen und größere Mengen anzubieten, diese Mengen werden jedoch im Zweifel auch nicht ausreichend groß sein, um durch deren Annahme die Blocktransaktion durchzuführen. Folglich ist für große Transaktionsvolumina in der Regel eine telefonische Verhandlung erforderlich, so dass den Quotes nur indizielle Bedeutung zukommt. Insofern ist die Pre Trade-Transparenz folglich eher gering. Wer erfahren will, zu welchem Kurs er eine Blocktransaktion durchführen kann, muss einen eigenhändigen Preisvergleich anstellen, da die Information nicht zentral abrufbar ist. Aus LSE Rule 2.24 ergibt sich im übrigen, dass in SEAQ und SEAQ International keine Limitorders des Publikums, sondern nur die Quotes der Market Maker angezeigt werden.[232] Eine entsprechende Verpflichtung der Market Maker zur Anzeige der Kundenorder wie für die Nasdaq Market Maker durch die sogenannten Order Display Rules gibt es an der LSE nicht. Eine – bei einer Blockorder ohnehin nicht besonders empfehlenswerte – Einstellung als Limitorder in das Computersystem ist mithin nicht möglich. Die direkte Wahrnehmung der Order durch andere Marktteilnehmer ist schon aus diesem Grunde ausgeschlossen. Aufgrund der dezentralen Struktur ist die Pre Trade-Transparenz zusätzlich vermindert. Die Verhandlungen etwa mit einem Market Maker sind, weil sie per Telefon geführt werden, für Dritte nicht wahrzunehmen.

(i) Treuepflicht gegenüber dem Market Maker – LSE Rule 4.25/3.48

Da vorliegend in „Szenario 1" zunächst von einer multilateralen Ausführung der Blockorder ausgegangen wird, bedeutet dies in einem Market Maker-System, dass der Block-Trader in einer Vielzahl von Transaktionen mit verschieden Market Makern kontrahiert, ohne über Volumina zu verhandeln, die nur annä-

---

period, it shall either: (i) remain open for at least five minutes after that change; or (ii) if it closes its quotation, it must be prepared to deal at the new price and size upon enquiry if called upon to do so. This obligation subsists either until the normal size market maker has dealt at the new price and size or until five minutes has elapsed since it changed its price, whichever is soonest.

231 NMS berechnet sich nach der folgenden Formel:

$$\text{NMS} = \frac{\text{Umsatz in den letzten 12 Monaten}}{\text{Schlusskurs am letzten Tag des Quartals} \times 10.000}$$

Vergleiche LSE Regulatory Guide, Section 1, Introduction, S. 22.

232 LSE Rule 2.24 – Only a market maker registered in the security in question may display a price for that security on SEAQ, SEAQ International, or SEATS PLUS.

hernd die Größe des Blocks haben. Im Zusammenhang mit dem Maß der Transparenz, der eine Blockorder vor ihrer vollständigen Ausführung ausgesetzt ist, muss die Aufmerksamkeit deshalb hier auf folgende Regelungen gelenkt werden: LSE Rule 4.25 für SEAQ und LSE Rule 3.48 für SEAQ International:

> **LSE Rule 4.25 Obligation to return to a market maker (SEAQ)**
>
> (a) If a market maker has completed a transaction in full for an inquiring broker dealer in a size which is larger than the size displayed by it on SEAQ that broker dealer shall first offer any subsequent business which is in a size which exceeds the normal market size in the same security during the same mandatory quote period, to that market maker, unless:
>
> (i) the market maker has expressly released the broker dealer from its obligation to return;
>
> (ii) the broker dealer is matching the buy and sell orders of two non members at a price more competitive than the best bid price and best offer price for that security in that size;
>
> (iii) the subsequent transaction is a sell order and the market maker is not displaying the best bid price for that security;
>
> (iv) the subsequent transaction is a buy order and the market maker is not displaying the best offer price for that security; or
>
> (v) the broker dealer has completed the transaction via a price display system operated by a member firm.
>
> **LSE Rule 3.48 – Obligation to return to a market maker (SEAQ International)**
>
> (a) If a market maker has completed a transaction for a member firm in a size larger than the normal market size, that member firm shall first attempt to effect any subsequent transaction in the same security in the same mandatory quote period with that market maker unless:
>
> (i) the transaction is one where that member firm, acting as a principal or an agent, matches the buy and sell orders of two non-members at the same price and on the same terms; or
>
> (ii) the member firm is a market maker and effects any subsequent transaction in satisfaction of his obligation to deal on enquiry or effects a put through.
>
> (b) Where a market maker has completed a transaction with an equity inter dealer broker in a size larger than the normal market size that market maker is not obliged to return to that equity inter dealer broker if it has further business to do in the same security during the same mandatory quote period.

Während oben auf die grundsätzliche Möglichkeit desBlock-Traders verwiesen wurde, den Block gestückelt durch vielfach wiederholtes Kontrahieren mit den verschiedenen, in dem Wert tätigen Market Makern – jeweils wie eine Kleinorder – zu handeln, ohne diesen gegenüber deutlich zu machen, dass die jeweilige Transaktion Teil einer größeren Order ist, ist dieses Vorgehen im Rahmen von SEAQ sowie SEAQ-International aufgrund der genannten Rules nur einschränkt möglich. Die Normen besagen, dass man, nachdem man mit einem Market Maker über ein größeres Volumen als die Normal Market Size (SEAQ-International) oder die vom Market Maker angezeigte Quotierung (so die Regel für SEAQ) abgeschlossen hat, dann für weitere Transaktionen in demselben Wert nicht ohne weiteres zum nächsten konkurrierenden Market Maker „weiterziehen" darf, um nun mit diesem zu handeln. Zunächst muss man versuchen, sich über die weitere(n) Transaktion(en) in dem Wert mit dem Market Maker der ersten Transaktion zu einigen. Man muss diesem also die weitere Handelsabsichten (zum Teil) offenbaren und so die Möglichkeit geben, ein entsprechendes Angebot zu machen. Diese Regelung gilt jedoch für SEAQ bereits dann nicht, wenn der Market Maker nicht das günstigste Angebot anzeigt, vgl. (iii) sowie (iv). Daneben gelten weitere Ausnahmen.

Hierdurch wird gleichwohl die Pre Trade-Transparenz zugunsten erhöhter Sicherheit der Market Maker punktuell deutlich gesteigert. Der Market Maker wird durch die zusätzliche Anfrage des Block Traders über den zu erwartenden Druck auf der entsprechenden Marktseite informiert und so davor geschützt, unbewusst größere Risiken einzugehen. Es ist gewissermaßen ein Markenzeichen der LSE und kann beinahe als Philosophie der Londoner City bezeichnet werden, dass hier dem Vertrauen, der Vertraulichkeit und Diskretion in bilateralen Verhandlungen ein großes Gewicht und entsprechend viel Spielraum gegeben wird. Dies wird insbesondere im Zusammenhang mit den unten[233] thematisierten Post Trade-Transparenzvorschriften deutlich. Aber auch die gerade skizzierten Regelungen tragen dazu bei, dass die Handelsteilnehmer ihre Handelsabsichten eher als anderswo „unter vier Augen", also am Telefon gegenüber einem Market Maker, offenbaren und mit diesem eine Übernahme des Blocks aushandeln. Besonderer Schutz wird diesen Transaktionen im Bereich des Trade Reportings, der Post Trade-Transparenz zuteil. Demgegenüber wird das stille und heimliche „Shopping around" weniger attraktiv gemacht. Folglich bietet es sich an, dass der Block-Trader sich entweder auf die Stückelungen in Normal Market Size einlässt und mit vielen einzelnen Ausführungen die Blockorder abbaut oder aber direkt über den gesamten Block mit dem Market Maker verhandelt. Eine Verhandlung über größere Teilmengen macht demgegenüber wegen der genannten Regelung weniger Sinn.

(ii) Stillhalteverpflichtung der Market Maker – LSE Rule 2.33

Wie schon hinsichtlich der Situation bei Nasdaq erörtert, birgt die Offenbarung der Handelsabsichten gegenüber einem Market Maker grundsätzlich die Gefahr, dass, wenn man sich mit diesem nicht über die intendierte Transaktion einigen kann, dieser auf Basis der so erlangten Kenntnis von der Existenz der Block-

233 Vergleiche unten Seite 107.

order sein Handelsverhalten anpasst und so eine vorzeitige Kursanpassung droht. Dem ist jedoch durch LSE Rule 2.33 ein Riegel vorgeschoben, die es dem Market Maker in einem solchen Fall verbietet, durch sein Verhalten die anderweitige Ausführung des Geschäfts zu gefährden.[234]

> **LSE Rule 2.33**
>
> (a) A market maker which does not complete business disclosed to it by an enquiring member firm or counterparty shall not act in such a way as to prejudice the completion of that business elsewhere. In particular, for a period of three minutes or other mutually agreed period, which may be less than three minutes but must not be more than ten minutes, it: (i) shall not attempt to deal with a market maker in that security; (...).
>
> (b) (i) During the restricted period specified in paragraph (a), unless paragraph (b) (ii) applies, a market maker may change its quote, provided that in doing so it does not alter the best bid price or best offer price being displayed in the security, either by it or another market maker; (ii) where paragraph (a) applies in a domestic equity market security or an AIM security, and the market maker is displaying the sole best bid price or best offer price it shall immediately change its displayed price and may not thereafter declare dealer in front.
>
> (c) If the market maker is maintaining its quote during the restricted period specified in paragraph (a) and is challenged by another member firm or counterparty, it may either deal at its displayed price or declare dealer in front and quote a revised price over the telephone.
>
> (d) The market maker is released from the restrictions if, during the restricted period; (i) it has entered into a transaction at a revised price having declared dealer in front, in accordance with paragraph (c); (ii) a competing market maker creates a new best bid price or best offer price for that security including a choice price or a back; (iii) the initiating member firm or counterparty completes the order and notifies the market maker accordingly;

Die generelle Pflicht des Market Makers, eine anderweitige Ausführung des Geschäfts nicht zu gefährden („to prejudice the completion of that business elsewhere") wird durch besondere Handlungsanweisungen konkretisiert: So soll der Market Maker binnen drei Minuten (oder einer kürzeren oder längeren individuell vereinbarten Zeitspanne von bis zu zehn Minuten) nicht versuchen mit einem anderen Market Maker in dem Wert zu handeln. Hierdurch würde vermutlich seine Kenntnis von der Order in den Markt weitergegeben. Gleichfalls ist es ihm nur unter besonderen Voraussetzungen erlaubt, seine Quotierungen anzupassen. Problematisch ist an dieser Regelung, dass das vom Market Maker geforderte Verhalten den anderen Marktteilnehmern ein falsches oder irreführ-

---

234 Zu den genauen Schutzregelungen der LSE Rule 2.33 für solche Anfragen siehe unten Seite 306 zum Thema „Frontrunning".

rendes Bild von der Marktsituation vermittelt. Der Market Maker ist verpflichtet, bestimmte, kursrelevante Informationen bei der Stellung seiner Quotes unberücksichtigt zu lassen. Er behauptet – zumindest konkludent – durch die Stellung der Quotierung, dass diese angemessen seine Kenntnis der aktuellen Situation des betreffenden Marktes widerspiegelt. Dies ist aber tatsächlich nicht der Fall, wenn der Market Maker durch LSE Rule 2.33 gebunden ist.

(iii) Besonderheiten für Equity Inter Dealer Broker

Im Hinblick auf die Problematik der Pre Trade-Transparenz besteht an der LSE folgende Besonderheit: Neben dem Markt der Market Maker für die allgemeine Öffentlichkeit (bei dem die Kurse über SEAQ mittelbar auch öffentlich bekannt gemacht werden) gibt es an der LSE einen separaten zweiten Markt, der ausschließlich dem Handel zwischen den Market Makern vorbehalten ist[235]. Dies ist der Markt der Inter Dealer Broker. Wie der Name schon sagt, vermitteln diese Broker zwischen den Market Makers, die dem Publikum gegenüber ja als Dealer auftreten. So können Market Maker untereinander größere Positionen glattstellen, ohne diese Informationen dem gesamten Markt preiszugeben. Über Bildschirmsysteme, zu dem nur die Market Maker Zugang haben, können anonym Kauf- oder Verkaufsangebote angezeigt werden. Auch eine indirekte „Einsichtnahme“ des Publikums ist nicht möglich, da es den Market Makern verboten ist, entsprechende Informationen aus diesem Netzwerk an Broker oder deren Kunden weiterzugeben[236]. Die Angebote auf den Inter Broker Dealer Bildschirmen dürfen dabei sogar besser sein, als die auf dem allgemein zugänglichen SEAQ angezeigten. Dies ergibt sich aus Rule 4.18 (b).

> **LSE Rule 4.18 – Quotations on systems other than SEAQ**
>
> (a) A member firm shall not input to a price display system, other than such a system operated by an RIE or a regulated trading system operated by an Exchange member firm, prices for a SEAQ security which are more competitive in price, or size, or both, than the prices it concurrently displays for that security on SEAQ.
>
> (b) For the purposes of this rule, a price display system is an information system on which its subscribers' market prices are made available to its customers and does not include equity inter dealer broker screens.

---

235 Ellger/Kalss, Börsen- und Kapitalmarktrecht des Vereinigten Königreichs, in: Hopt/Rudolph/Baum (Hrsg.), Börsenreform, Eine ökonomische, rechtsvergleichende und rechtspolitische Untersuchung, 5.A.II.

236 Vergleiche Fußnote 235.

Dergleichen ist an der Nasdaq verboten. Hier müssen die Market Maker jeweils ihre besten Kurse dem Handelspublikum zugänglich machen.[237] Die mit dieser zweiten Marktebene verbundenen Vorteile für die Market Maker im Zusammenhang mit dem Abbau von großen Positionen kommen selbstverständlich den Block-Tradern zu Gute. Kann der Market Maker „geräuschlos" die vom Block-Trader übernommene Position abbauen, so verringert sich sein Risiko und damit der vom Block-Trader zu zahlende Preis für die zu erbringende Dienstleistung.

(c) Zusammenfassung der Situation an der LSE

Während die Regelungslage für das Aktionssystem SETS keine Besonderheiten aufweist, werden im SEAQ-System die Besonderheiten deutlich, die in der internationalen Finanzwelt zum Markenzeichen der LSE geworden sind: Sowohl die Treupflichten gegenüber dem Market Maker nach den LSE Rules 4.25 bzw. 3.48 als auch deren Stillhalteverpflichtung nach Rule 2.33 oder das abgeschottete System der Inter Dealer Broker verdeutlichen, dass in der Londoner City dem Vertrauen, der Vertraulichkeit und Diskretion in bilateralen Verhandlungen ein großes Gewicht gegeben wird. Diese haben dazu geführt, dass viele Market Maker in diesem Umfeld in der Lage sind, besonders große Positionen zu handeln und das damit verbundene Risiko zu übernehmen. So ist die LSE zur weltweit größten Börse für den Handel mit ausländischen[238] Werten geworden.

(4) Frankfurter Wertpapierbörse

Die Frage der Pre Trade-Transparenz ist in Deutschland gesetzlich nicht im Detail geregelt. § 11 Abs. 2 Satz 6 und Satz 7 BörsG[239] sehen beispielhaft vor, dass die Börsenordnungen eine Pflicht zur Bekanntgabe des jeweils günstigsten Limits statuieren können. Die Pre Trade-Transparenzregelungen der Börsenordnungen dürfen den Handelsteilnehmern im Ergebnis aber nicht die unbegrenzte Einsichtnahme in das Orderbuch ermöglichen. Die Einführung „gläserner Skontren" könnte den Händlern Dispositionsmöglichkeiten eröffnen, die insbesondere zu Lasten der börsenfernen Anleger gingen.[240]

---

237 SEC Rule 11Ac1-4, 17 C.F.R. § 240-11Ac1-4.

238 Aus Sicht des Sitzes des Emittenten bzw. dessen primärer Notierung.

239 § 23 Abs. 2 Sätze 5 und 6 BörsG-E.

240 Begründung der Bundesregierung zum Gesetzesentwurf des Zweiten Finanzmarktförderungsgesetzes, Bundestagsdrucksache 12/6679; Ledermann, in: Schäfer (Hrsg.), Kommentar WpHG/BörsG/VerkProspG, § 11 BörsG Rn. 8.

(a) Bisherige Situation

Die Börsenordnung der Frankfurter Wertpapierbörse differenzierte bisher[241] vor allem hinsichtlich der Handelsplattformen und Handelsphasen. So ist das Auftragsbuch des Xetra Systems – anders als SETS an der LSE – während der Vorhandelsphase geschlossen, so dass die Teilnehmer ihre Aufträge für die Eröffnungsauktion zwar eingeben können, aber keinen Einblick in die Auftragslage erhalten, § 41 Abs. 2 BörsO.[242]

> **§ 41 BörsO – Börsenzeit, Handelsphasen**
>
> (2) Während der Vorhandelsphase können Aufträge in das elektronische Handelssystem eingegeben, geändert oder gelöscht werden; das Auftragsbuch bleibt geschlossen.

Im Falle des fortlaufenden Handels ist das Orderbuch offen, das heißt alle vorliegenden Aufträge werden kumuliert zum jeweiligen Limit angezeigt, § 42a Abs. 2 Satz 3 BörsO.

> § 42 a BörsO – Auktion und fortlaufender Handel
>
> (2) Der fortlaufende Handel beginnt mit einer Eröffnungsauktion, die nach Maßgabe des Absatzes 1 durchgeführt wird. Während des fortlaufenden Handels kommen die Preise durch das Zusammenführen (Matching) von Aufträgen zum jeweils besten im Auftragsbuch angezeigten Geld- oder Brief-Limit, bei gleichem Preis in der Reihenfolge der Eingabe in das System (Preis-Zeit-Priorität), zustande; unlimitierte Aufträge werden vorrangig ausgeführt. Alle vorliegenden Aufträge werden kumuliert zum jeweiligen Limit angezeigt (offenes Auftragsbuch).

Über eine besondere Funktion innerhalb des Computermenüs von Xetra kann sich der Teilnehmer die aggregierten Volumina der jeweils 10 Limitierungen in der Nähe des Spreads anzeigen lassen. Im Oktober 2000 wurde mit der Einführung der Release 5.0 des Computersystems ein neuer Ordertypus eingeführt. Mittels so genannter „Iceberg Orders" soll bei Einstellung von Großorders die Vermeidung der skizzierten Preiseffekte erleichtert werden. Allerdings genießt die Transparenz des Marktes insoweit Vorrang gegenüber dem Interesse der Block-Trader an größtmöglicher Diskretion, als dem gewissermaßen „unter Wasser befindlichen, unsichtbaren Teil des Eisbergs" nicht die Zeitpriorität des

---

241 Zu einer der jüngsten Neuerung siehe unten "Neueinführung von Xetra XXL", Seite 94 ff.; von Heusinger, Modell Blockhandel auf Xetra hat Zukunft, Börsen-Zeitung vom 1. März 2001, Seite 3.

242 Beck, Das neue elektronische Handelssystem Xetra der Frankfurter Wertpapierbörse, WM 1998, S. 417 (426).

sichtbaren Teils zugute kommt.[243] Die in der Börsenordnung verankerte Preis-Zeit-Priorität bleibt auch im Hinblick auf diese besondere Orderform gewahrt. Die Transparenz bleibt insofern unverändert, als die großen Orders bisher – soweit eine börsliche Ausführung erfolgte – im Zweifel per Hand in Tranchen „eingefüttert" wurden. Letzteres wird nun automatisch durchgeführt, so dass man die Einführung der Iceberg-Orders vor allem als Arbeitserleichterung für die Broker Dealer sehen kann.

(b) Neueinführung von Xetra XXL

Anfang 2001 hat die Deutsche Börse unter dem Namen "Xetra XXL" speziell für den elektronischen, börslichen Blockhandel eine neue Handelsform ins Leben gerufen.[244] Dreimal pro Tag[245] werden Aufträge mit Mindestgrößen von – je nach Indexzugehörigkeit und Liquidität – zwischen 0,5 Mio. € und 7Mio. € zur Ausführung gebracht.[246] Die Neuerung ist zum einen dadurch gekennzeichnet, dass das Orderbuch geschlossen ist[247] und so der Informationseffekt reduziert

243 Xetra Release 5.0 – Market Model Stocks 6.5.2 Iceberg Orders – In order to enable market participants to enter large orders into the order book without revealing the full volume to the market, iceberg orders are provided. An iceberg order is specified by its mandatory limit, its overall volume and a peak volume. Both the overall volume and the peak volume must be a round lot. The peak is the visible part of an iceberg order and is introduced into the order book with the original timestamp of the iceberg order according to price/time priority. In continuous trading, as soon as the peak has been completely executed and a hidden volume is still available a new peak is entered into the book with a new time stamp. In auction trading, iceberg orders contribute with their overall volume. Minimum peak sizes and minimum overall volumes are specified per trading segment. The last peak introduced into the order book may be smaller than the peak size specified. Iceberg orders will not be marked as such in the order book. Iceberg orders are valid for the current trading day only (good-for-day). Additional execution conditions or trading restrictions can not be assigned to an iceberg order.

244 Trotz eines Starts (am 2. März 2001) mit 29 Teilnehmern, die wohl zu den namhaftesten zu zählen sind, wurden in den ersten Monaten vor allem Aufträge ("Open Interest") von zum Teil über 150 Mio. € pro Tag verzeichnet, aber nur sehr sporadische Umsätze. Diese betrugen dann allerdings pro Geschäft in der Regel zwischen 10.000 und einigen 100.000 Aktien.

245 Um 10 Uhr, 14 Uhr und 17 Uhr.

246 Vergleiche § 40 Abs. 3 Satz 2 BörsO: "*Für Wertpapiere, die in diesen Handelssegmenten (Hauptmarkt) gehandelt werden, kann die Geschäftsführung ein weiteres Handelssegment einrichten, in welchem ausschließlich Aufträge mit einem bestimmten Mindestvolumen zulässig sind (Blockhandel).*"

247 Siehe § 42c Abs. 3 Satz 2 BörsO.

werden soll.[248] Weiter herauszustellen ist die Tatsache, dass dieses Segment trotz der Abschottung vom normalen Xetra-Handel nicht über eine eigenständige Preisbildung verfügt.[249] Statt dessen erfolgt die Ausführung der Orders auf Basis der im Referenzmarkt des normalen Xetra-Handel ermittelten Kurse.[250] Auf das mit dieser Kopplung institutionalisierte Manipulationsrisiko wird unten einzugehen sein.[251]

(5) Zusammenfassung der Situation an den untersuchten Märkten

Die Untersuchung hat ergeben, dass die Pre Trade-Transparenz der Auktionsbörsen sich – bis auf die Einrichtung des Xetra XXL-Handels[252] – sehr weitgehend ähnelt: Entsprechend dem Gedanken einer zentralisierten Börse, der Minimierung von Suchkosten, herrscht eine umfangreiche Pre Trade-Transparenz. Dies hat für den Blockhändler den Vorteil, dass er ohne Schwierigkeiten und vor allem, ohne seine eigenen Handelsabsichten preiszugeben, die Marktsituation recht umfassend erkunden kann. Stellte er allerdings selbst seine Blockorder in das Orderbuch, so würde dies aufgrund der leichten Wahrnehmbarkeit für die anderen Marktteilnehmer vermutlich zu erheblichen adversen Kursbewegungen führen.

Anders ist dies bei den Market Maker-Systemen. Durch die systembedingte, dezentrale Struktur und die Tatsache, dass die Quotierungen nur für geringere Größen als verbindliches Angebot gelten, ergibt sich für den Blockhändler das Problem, zur Klärung der Ausführungschancen und –kosten die eigenen Absichten dem bzw. den Market Makern zumindest teilweise offenbaren zu müssen. Auf der anderen Seite ist die Information auch auf Seiten des Market

---

248 Dass die offizielle Produktinformation vom Market Impact spricht, lässt sich dadurch erklären, dass man diesen Terminus als Bezeichnung für negative Preiseffekte im allgemeinen benutzt. Es erscheint allerdings insbesondere im Hinblick auf Fragen der Regulierung sinnvoll, wie hier anhand der unterschiedlichen Ursachen zu differenzieren.

249 Der Ausführungsvorrang kann sich daher logischerweise aufgrund des Preises ergeben. Stattdessen werden die "*Aufträge mit der jeweils größten Stückzahl vorrangig und bei gleicher Stückzahl in der Reihenfolge der Eingabe in das System ausgeführt (Volumen-Zeit-Priorität).*", § 42c Abs. 3 Satz 4 BörsO.

250 § 42c Abs. 2 BörsO – Blockhandel – "*In den Auktionen werden ausschließlich Preise ermittelt, die sich aus dem rechnerischen Mittelwert des zur gleichen Zeit im Hauptmarkt des jeweiligen Wertpapiers beste, im Auftragsbuch angezeigten Nachfrage und Angebotspreises ergeben (Midpoint).*"

251 Siehe hierzu unten Seite 154 ff.

252 Hier ist das Orderbuch vollständig geschlossen. Folglich herrscht absolute Intransparenz hinsichtlich der vorhanden Liquidität. Lediglich der Ausführungskurs ist aufgrund der Referenzbeziehung zum transparenten, normalen Xetra-Handel in etwa vorhersehbar.

Makers begrenzt, so dass für ihn die Gefahr besteht, die vom Blockhändler ausgelöste Veränderung der Marktsituation nicht rechtzeitig zu bemerken. Während es an der LSE Regelungen gibt, die in diesem Kontext für eine gegenseitige Rücksichtnahme und die Vertraulichkeit der ausgetauschten Informationen sorgen, ist dies an der Nasdaq nicht der Fall. Die LSE und ihre Market Maker haben insofern einen Wettbewerbsvorteil gegenüber den US-amerikanischen Konkurrenten, weil man in London aufgrund gestaffelter Transparenzebenen eher in der Lage ist, riskante Positionen zu übernehmen. Während in den USA das Prinzip maximaler Transparenz und egalitären Zugangs zu Informationen und Handelsmöglichkeiten (Stichwort: National Market System) dominiert, was sich vor allem an den Bedürfnissen der Kleinanleger orientiert, basiert das Konzept der LSE darauf, durch abgeschottete Kommunikationsnetze und dergleichen ein Klima zu fördern, in dem gegenseitiges Vertrauen und Gentlemen's Agreements dafür sorgen, dass die schwierigsten Geschäfte abgewickelt werden können. Dies wird durch die sogleich zu untersuchenden Post Trade-Transparenzregelungen weiter unterstützt.

c) Post Trade-Transparenz der Börsengeschäfte

Bei der Minimierung der durch die Kurserheblichkeit der Blockorder verursachten Transaktionskosten kommt es nicht allein auf die PreTrade-Transparenz des Marktes an. Auch das Maß der dort herrschenden Post Trade-Transparenz kann für die Frage entscheidend sein, ob und inwieweit sich der oben geschilderte Informationseffekt auf die Kosten der Blocktransaktion auswirkt.

(1) Bedeutung der Post Trade-Transparenz für die Transaktionskosten

Da sich die Reaktion des Marktes auf eine bereits getätigte Transaktion denknotwendig nicht mehr auf diese selbst auswirken kann, wird – so könnte man jedenfalls meinen – kein großes Interesse der Blockhändler an Diskretion und Geheimhaltung bestehen. Die Transaktionskosten wären hiervon nicht tangiert. Dies ist allerdings dann anders, wenn eine der Parteien der ersten, nun zu veröffentlichenden Transaktion in unmittelbarer zeitlicher Nähe weitere, gleichgerichtete Transaktionen in dem betreffenden Wert vornehmen wird.[253] Dies ist typischerweise zum einen dann der Fall, wenn ein Market Maker oder Händler eigenes Kapital zur Verfügung stellt, um den Block Trade zu ermöglichen. Er nimmt die größere Position (zum Teil) selbst in sein Buch. Der Market Maker oder Händler will die Position im Gegensatz zum Investor nicht als Anlage halten und wird dementsprechend versuchen, sie zügig glattzustellen ('lay-off',

---

253 Frei nach Sepp Herberger: „Nach der Transaktion ist vor der Transaktion".

‘unwind’).[254] Das Problem der unter dem Informationseffekt leidenden Folgetransaktionen tritt zum anderen ebenfalls auf, wenn der Blockhändler die Order in Teilstücken abarbeitet und noch weitere Ausführungen zu erfolgen haben. Auch hier wird einer der beiden Parteien umgehend wieder auf derselben Marktseite nach entsprechenden Handelsgelegenheiten suchen, so dass sich informationsinduzierte Kursveränderungen für ihn negativ auswirken.

Wie oben gesagt, endet das Blockgeschäft im weiteren Sinne erst dann, wenn die betreffende Position dadurch ihre Eigenschaft als Risikoposten verloren hat, dass sie den Weg zu einem Anleger der anderen Marktseite, einer natürlichen Gegenseite gefunden hat.[255] In der Zeit zwischen Übernahme der Position durch den Händler und ihrem Ausgleich durch entsprechenden Weiterverkauf oder Deckung der Leerverkäufe trägt er das Kursrisiko.[256] Da sich die Vergütung des Händlers – unabhängig davon, ob diese explizit ausgewiesen wird, oder sich als Kursauf- oder -abschlag darstellt – an der Höhe des zu übernehmenden Risikos orientiert, äußert sich die Gefahr, dass die Glattstellung von Informationseffekten erschwert wird, bereits in höheren Transaktionskosten für den Initiator des Blockgeschäfts. Im Hinblick auf den drohenden Informationseffekt haben die Beteiligten des Blockgeschäfts daher ein großes Interesse, dass der Markt von dem Geschäft möglichst nichts erfährt.

Neben dem Informationseffekt besteht überdies die Gefahr, dass der Händler von seinen Kollegen, die von seiner Position erfahren und daraus auf seine Handelsbedürfnisse schließen können, gezielt "in die Mangel genommen“ wird.[257]

---

254 Rudolph/Röhrl, Grundfragen der Börsenorganisation aus ökonomischer Sicht, in: Hopt/-Rudolph/Baum (Hrsg.), Börsenreform, Eine ökonomische, rechtsvergleichende und rechtspolitische Untersuchung, 4.A.II.

255 Zu diesem Thema siehe oben „Besondere Bedeutung des Kursrisikos beim Blockgeschäft“, Seite 54.

256 Entsprechend definieren beispielsweise die offiziellen Erläuterung zu LSE Rule 8.20 im Hinblick auf die unten noch näher zu erörternden Melde- und Veröffentlichungspflichten einen „risk trade“ als eine Transaktion, durch die ein Market Maker seine Handelsposition in dem Wertpapier vergrößert oder verkleinert; LSE Regulatory Guide, Chapter 8, Transaction and Trade Reporting, 8.20, Guidance S.83, „*A risk trade is any trade which results in a registered market maker in a security increasing or decreasing its trading position in that security*“.

257 "*Reduced liquidity would occur when market makers were unwilling to take on large transactions because of the 'spoiling tactics‘ of competing market makers who deliberately move prices after large trades making it difficult for the market maker to off-load his position.*", Carsberg, Trade Publication rules of the London Stock Exchange: A report to the Chancellor of the Exchequer by the Director General of Fair Trading under the Finacial Services Act 1986, zitiert von: Porter/Weaver, Post-trade transparency on

Kennen seine Kollegen oder Konkurrenten aufgrund der Beobachtung des Handelsgeschehens den Umfang seiner glattzustellenden Position, so können sie daraus schlussfolgern, dass er als Händler möglichst rasch die große Position ausgleichen muss. Diese relative Zwangslage könnten sie dann versuchen, zu günstigen Geschäften zu nutzen. Die Situation, in der ein Händler oder Market Maker den gesamten Block zu einem ausgehandelten Kurs übernimmt, ist im Übrigen dem unten näher untersuchten 'Szenario 2' der bilateralen Suche der Gegenseite zuzuordnen.

(2) Mögliche Vorteile der Transparenz für die Beteiligten

Anders als in bezug auf die Pre Trade-Transparenz besteht für den Blockhändler auf den ersten Blick kein – über das allgemeine Interesse am Marktgeschehen hinausgehender – Bedarf an guter Post Trade-Transparenz. Während erstgenannter Bereich für die Wahl der richtigen Handelsstrategie von großer Bedeutung ist – etwa um abschätzen zu können, wie groß die Liquidität im Orderbuch ist –, sind die Vorteile des effektiven und zeitnahen „Trade Reportings" für den Blockhändler nicht derart auf der Hand liegend. Grundsätzlich besteht immer ein Interesse, über die Transaktionen und Aufträge *anderer* informiert zu werden, aber mit der Preisgabe der eigenen Absichten oder Positionen ist häufig für den Block-Trader kein unmittelbarer Vorteil verbunden.[258] So ist die Kenntnis von den zurückliegenden Transaktionen beim Blocktrading von großer Bedeutung. Der Initiator der Blockorder bzw. der von im beauftragte spezialisierte Zugangsintermediär (an der NYSE Block-Positioner genannt) kann aufgrund der berichteten Transaktionen abschätzen, welcher Market Maker oder Händler wohl am ehesten interessiert, weil selbst nach dem Werte suchend, oder in der Lage sein wird, die Position aufgrund hohen Umsatzes in dem betreffenden Titel schnell auszugleichen. Dieser wäre daher bereit, den Block zu einem günstigen Preis übernehmen oder anbieten zu können.

Nasdaq's national market system, Journal of Financial Economics, 50 (1998), S. 231, (232).

258 Ausnahme hierzu ist das so genannte 'Sunshine Trading', bei dem ein Kaufinteressent, der glaubhaft machen kann, dass er nicht auf der Basis überlegenen Wissens handelt, mit seinen Absichten ganz bewusst das Licht der allgemeinen Wahrnehmung sucht und darüber versucht, eine Vertragsgegenseite zu finden. Diese Strategie wird vornehmlich im Bereich des US-amerikanischen Derivathandels praktiziert. Dort ist es verboten, vorarrangierte Blöcke über die Börse zu handeln, so dass man nicht in bilateralen Verhandlungen den Kontrahenten von dem Nichtvorhandensein überlegener Information überzeugen kann. Das unten näher zu untersuchende Upstairs Trading ist deshalb nicht möglich. Aufgrund des im Bereich der Terminkontrakte ungleich größeren Ausfallrisikos und der Tatsache, dass bei einer Ausführung über die Börse, letztere, bzw. deren Träger, dieses Risiko übernimmt, kommt ein außerbörslicher Abschluss des Geschäfts in der Regel nicht in Betracht.

Gleichfalls wird jede kapitaleinsetzende Gegenseite, das heißt Händler oder Market Maker, wissen wollen, ob bereits gleichgerichtete Großtransaktionen durchgeführt worden sind. Werden Teile eines besonders großen Blocks mehr oder weniger zeitgleich auf verschieden Kanälen bei diversen Händlern „untergebracht" und wissen diese nicht von den Parallelgeschäften, so wird die Kursreaktion beim Ausgleich der Positionen unerwartet groß sein. Dies würde ihr Risiko bei der Transaktion drastisch erhöhen. Ist die Markttransparenzsituation also dergestalt, dass sie dergleichen nicht rechtzeitig erfahren würden, so erhöht sich abstrakt ihr Risiko, für das sie sich vom Blockhändler durch größere Abschläge gegenüber dem Marktpreis entschädigen lassen.

Zwar sind diese beiden Situationen dem "Szenario 2" zuzuordnen, es erscheint jedoch angebracht, hier bereits darauf hinzuweisen, dass auch die Kontrahenten des Block Trades grundsätzlich ein Interesse an effektiver Post Trade-Transparenz des Marktes haben. Lediglich die Preisgabe der eigenen Umsätze ist nicht unbedingt vorteilhaft. Da in derartigen Situationen das Postulat des kategorischen Imperativs nicht genügt, um die Beteiligten zur zeitnahen Veröffentlichung ihrer Umsätze zu bewegen, bedarf es hierzu der staatlichen und börseninternen Regelungen. Im Folgenden soll nun untersucht werden, welche Vorschriften im Hinblick auf die Post Trade-Transparenz an den einzelnen Börsen gelten und was sich aus diesen an Vor- und Nachteilen für den Blockhandel ergibt.

(3) Die Märkte im Einzelnen

Im Folgenden sollen nun die an den einzelnen untersuchten Märkten geltenden Post Trade-Transparenz-Regelungen dargestellt werden.

(a) New York Stock Exchange

Entsprechend den 'Mindestvorgaben' des National Market System („NMS") erfolgt an der NYSE grundsätzlich eine sofortige Veröffentlichung der Umsätze, das heißt Menge und Kurs der geschlossenen Transaktionen werden umgehend verbreitet. Dies war zwar auch schon vor der entsprechenden Regelung aus dem Jahre 1975 der Fall, seither laufen die Informationen aber nicht nur über das weltbekannte Ticker Tape in den Räumen der NYSE, sondern auch über das "Consolidated Tape" grundsätzlich überall[259]. SEC Rule 11Aa3-1, die mit „Dis-

259 Auf die Tatsache, dass Unternehmen wie Reuters plc. gewissermaßen „in Lizenz" diese Informationen verbreiten und dafür wiederum Gebühren erheben, kommt es in diesem Zusammenhang nicht an. Ausführliche Analyse des Market Information Vending, des Verkaufs bzw. der Lizenzierung der Marktinformationen in einer jüngeren Studie der SEC, vergleiche SEC Concept Release, Regulation of Market Information Fees and Re-

semination of Transaction Reports and Last Sale Data With Respect to Transactions in Reported Securities“ überschrieben ist, sieht zunächst in Absatz (b) nur vor, dass jede Börse und die NASD einen „transaction reporting plan“ zu erarbeiten und der SEC einzureichen haben. „Reported Securities“ im Sinne dieser Vorschrift sind Aktien, die entweder an einer inländischen Börse gelistet oder in das National Market Segment von Nasdaq einbezogen sind. Der „transaction reporting plan“ soll sämtliche Transaktionen in diesen Werten umfassen, die über die Börse oder von Mitgliedern der NASD abgeschlossen werden.

> **SEC Rule 11Aa3-1 (b)**
>
> (1) Every exchange shall file a transaction reporting plan regarding transactions in listed equity and Nasdaq securities executed through its facilities, and every association shall file a transaction reporting plan regarding transactions in listed equity and Nasdaq securities executed by its members otherwise than on an exchange.

Diese Verbreitung der Umsätze ist nunmehr ‘konsolidiert’, umfasst also alle im Geltungsbereich des Gesetzes abgeschlossenen Transaktionen in den an der NYSE gelisteten Papieren, ganz gleich ob sie dort selbst, an einer der Regionalbörsen oder aber over-the-counter abgeschlossen wurden[260]. Genaugenommen handelt es sich beim Trade Reporting der NYSE Werte um einen von vier verschiedenen Bestandteilen der staatlich mandatierten, konsolidierten Verbreitung der Marktinformationen: Da sich die Konsolidierung auf den jeweiligen Wert bezieht, orientiert sich die Untergliederung an deren primären Notierungen. So umfasst Network A alle an der NYSE gelisteten Werte[261] und bildet zusammen mit Network B, das die an AMEX und den Regionalbörsen gelisteten Werte erfasst, das Consolidated Tape.[262] Die genaue Ausgestaltung des zugrundeliegenden Consolidated Tape Association Plans und insbesondere die Frage, wie schnell ein Bericht zu erfolgen hat, ist durch die SEC Rules nicht geregelt. Es ist allerdings so, dass die Pläne sowie sämtliche Änderungen der Genehmigung

---

venues, No. 34-42208, File No. S7-28-99, Federal Register Vol. 64, No. 242 vom 17.12.1999, Seite 70613 (70615).

260 Hazen, Treatise on the Law of Securities Regulation, 2. Auflage, Band 1, § 10.1, S. 492.

261 Zu den anderen drei Teilen vergleiche oben Seite 75.

262 CTA und CQS werden nach Maßgabe des Consolidated Tape Association Plan und des Consolidated Quotation Plan betrieben. Alle SROs, also die Börsen und die NASD, beteiligen sich an den genannten Plänen. Die Verwaltung des Tagesgeschäfts von Network A führt die NYSE und deren Datenverarbeiter, die Securities Industry Automation Corporation („SIAC“). Vergleiche SEC Concept Release, Regulation of Market Information Fees and Revenues, No. 34-42208, File No. S7-28-99, Federal Register Vol. 64, No. 242 vom 17.12.1999, Seite 70613 (70615 f.).

durch die SEC bedürfen.[263] Hierdurch ergibt sich entsprechend der Transparenz-Maxime der SEC eine indirekte Verpflichtung, in den Plänen – im Rahmen der technischen Möglichkeiten – maximale Transparenz vorzusehen. Um eine Umgehung einzelner solcher Pläne oder des Systems als ganzem zu verhindern, ist es den Broker Dealern verboten, Transaktionen in Papieren, die Teil eines „transaction reporting plans" sind, so zu handeln, dass die Transaktion nicht Gegenstand eines solchen Plans ist.

> SEC Rule 11Aa3-1 (c)
>
> (1) No broker or dealer may execute any transaction in, or induce or attempt to induce the purchase or sale of, any reported security: (i) On or through the facilities of an exchange unless there is an effective transaction reporting plan with respect to transactions in such security executed on or through such exchange facilities; or (ii) Otherwise than on an exchange unless there is an effective transaction reporting plan with respect to transactions in such security executed otherwise than on an exchange by such broker or dealer.

Demnach werden alle Transaktionen in an der NYSE gelisteten Werten (genauso wie solche in Nasdaq und sonstig gelisteten Werten) zeitnah und konsolidiert veröffentlicht. Dies passiert, ganz gleich, ob die Transaktion an der NYSE selbst, einer der Regionalbörsen, im 'dritten Markt' durch einen Market Maker oder über ein sogenanntes ECN („electronic communications network")[264] stattfindet. Selbst die Frage, wie die Börseninformationsdienste ('Vendors') die Daten veröffentlichen dürfen, ist in SEC Rule 11Ac1-2 vorgeschrieben, um maximale und umfassende Transparenz sicherzustellen.

Eine Ausnahme von SEC Rule 11Aa3-1 erfolgte allerdings für die Einführung der nachbörslichen Handelsmöglichkeit ('off-hours trading'/Crossing Session). Die wurde eingerichtet, um das ins Ausland abgewanderte Handelsvolumen wieder an die NYSE zurückzuführen.[265] Um die dadurch geschaffene Informationslücke nicht zu groß werden zu lassen, sieht NYSE Rule 410B vor, dass sämtliche Transaktionen, die von NYSE Mitgliedern in an der NYSE gelisteten

---

263 SEC Rule 11Aa3-1 (b)(2) "Any transaction reporting plan, or any amendment thereto, filed pursuant to this rule shall be filed with the Commission, and considered for approval (...)"
und (3) "No transaction reporting plan filed pursuant to this rule, or any amendment to an effective transaction reporting plan, shall become effective unless approved by the Commission."

264 Diese ECNs sind genauso wie OTC Broker/Dealer und Nasdaq-Maket Maker Mitglieder der NASD.

265 Vgl Loss/Seligman, Securities Regulation, 1999 Supplement, Chapter 7, Regulation of the Securities Markets, 7A1, Seite 240 (zu Seite 2484).

Werten getätigt werden und nicht zum Consolidated Tape berichtet werden, bis zum Ende des nächsten Geschäftstages der Börse mitgeteilt werden müssen.[266]

(b) Nasdaq Stock Market

Wie oben bereits erläutert, werden Marktinformationen für die Nasdaq-Werte über das Nasdaq System verbreitet. Bevor im einzelnen auf die Transparenzvorschriften einzugehen sein wird, ist darauf hinzuweisen, dass die weltweit mehr als 500.000 Nasdaq Terminals[267] nicht nur die verschiedenen Quotierungen der Market Maker anzeigen, sondern auch die Kurse, zu denen die letzten Transaktionen ausgeführt wurden[268]. Die fehlende Zentralisierung des Systems macht es erforderlich, dass die Handelsinformationen dezentral zugänglich sind, so dass per se eine große 'system-interne' Verbreitung stattfindet. Wie bereits im Rahmen der Pre Trade-Transparenz thematisiert, gehört ein Großteil der notierten Papiere dem NMS an und unterliegt damit den hierdurch vorgegebenen Transparenzregelungen. Informationen über die zum NMS zählenden Nasdaq-Werte, also die Bestandteile des Nasdaq National Market, sind Gegenstand der NASD Regeln und des „Joint Self-Regulatory Plan Governing the Collection, Consolidation, and Dissemination of Quotation and Transaction Information for Exchange-listed Nasdaq/National Market System Securities Traded on an Unlisted Trading Privilege Basis" („Nasdaq/UTP Plan"). Die Marktinformationen betreffend den Nasdaq SmallCap Market werden auch über das Nasdaq System verbreitet, obwohl dieser nicht Bestandteil des NMS ist. Die Sammlung und Verbreitung der Daten unterliegt insofern lediglich den NASD Rules, die allerdings inzwischen in den wesentlichen Punkten – insbesondere was das Trade Reporting anbelangt – mit dem Nasdaq/UTP Plan übereinstimmen.[269]

---

266 Securities Exchange Act Release 34-31358 (52 SEC Dock. 2165) (1992) NYSE Rule *„requiring members to report to Exchange transactions in listed securities that are not otherwise reported to the Consolidated Tape"*.

267 Vergleiche Nasdaq-AMEX Backgrounder, Seite 11.

268 Teweles / Bradley, The Stock Market, 7. Auflage, 1998, S. 199.

269 Inzwischen hinsichtlich des Trade Reportings Differenzierung aufgehoben, Securities Exchange Act Release 30,569 (51 SEC Dock. 298 (1992), SEC genehmigt der NASD Satzungsänderung (bylaws oder Manual), nach der die Berichtspflichten der Mitglieder hinsichtlich der Aktien, die Teil des NMS sind, auch auf die übrigen ausgedehnt werden; vergleiche Loss/Seligman, Securities Regulation, 1999 Supplement, Chapter 7, Regulation of the Securities Markets, 7A3b, Seite 305; Loss/Seligman, Securities Regulation, Chapter 7, Regulation of the Securities Markets, 7A3b, Seite 2585 ff.

So sieht sowohl NASD Manual Rule 4632 für die Nasdaq National Market Securities genauso wie NASD Manual Rule 4642 für die Nasdaq SmallCap Market Securities vor, dass getätigte Geschäfte binnen 90 Sekunden über das dafür vorgesehene System gemeldet werden müssen, worauf sie umgehend über das Nasdaq System veröffentlicht werden.

> **4630. Reporting Transactions in Nasdaq National Market Securities**
>
> **4632. Transaction Reporting**
>
> (a) When and How Transactions are Reported
>
> (1) Registered Reporting Market Makers shall, within 90 seconds after execution, transmit through ACT last sale reports of transactions in designated securities executed during normal market hours. Transactions not reported within 90 seconds after execution shall be designated as late and such trade reports must include the time of execution. (...)
>
> (8) Transactions not reported within 90 seconds after execution shall be designated as late. A pattern or practice of late reporting without exceptional circumstances may be considered conduct inconsistent with high standards of commercial honor and just and equitable principles of trade in violation of Rule 2110.
>
> **4640. Reporting Transactions in Nasdaq SmallCap Market Securities**
>
> **4642. Transaction Reporting**
>
> (a) When and How Transactions are Reported
>
> (1) Registered Reporting Market Makers shall, within 90 seconds after execution, transmit through ACT last sale reports of transactions in designated securities during normal market hours. Transactions not reported within 90 seconds after execution shall be designated as late and such trade reports must include the time of execution.

Hinsichtlich der Transparenz des Nasdaq-Handels ist auf folgende Besonderheit hinzuweisen. Während an der NYSE nur die dort gelisteten Werte gehandelt werden[270], gibt es an Nasdaq auch Market Maker, die etwa für NYSE-Werte registriert sind. Das Market Making und sonstiger außerbörslicher Handel in NYSE Werten reduzierte sich bisher auf sogenannte '19c-3 Stocks[271], aber mit

270 Folglich kommt für die an der NYSE abgeschlossenen Transaktionen nur ein Network A-Reporting in Betracht.

271 Nach der damals neu eingeführten SEC Rule 19c-3 dürfen diejenigen Werte, deren Listing nach dem 26. April1979 erfolgte, nicht Gegenstand eines Börsenzwangs sein. Unter ‚19c-3 Stocks' werden daher diejenigen Werte verstanden, die zwar an der NYSE gelistet, aber nicht vom Börsenzwang erfasst sind, vergleiche NASD Notice to Members 83-7 sowie unten Seite 126.

Abschaffung der NYSE Rule 390[272], die es NYSE-Mitgliedern und mit ihnen verbundenen Unternehmen (bis auf bestimmte Ausnahmen) verbot, außerbörsliche Geschäfte in diesen Werten zu tätigen[273], ist ein Market Making für sämtliche NYSE-Werte möglich. Für die Transaktionen in diesem sogenannten Dritten Markt, also dem außerbörslichen Handel in börsennotierten Werten, gelten allerdings keine Besonderheiten:

> **6420. Transaction Reporting**
>
> **(a) When and How Transactions are Reported**
>
> (1) Registered Reporting Members shall transmit through ACT, within 90 seconds after execution, last sale reports of transactions in eligible securities executed during the trading hours of the Consolidated Tape otherwise than on a national securities exchange. Registered Reporting Members shall also transmit through ACT, within 90 seconds after execution, last sale reports of transactions in eligible securities executed in the United States otherwise than on a national securities exchange between 4:00 p.m. and 6:30 p.m. Eastern Time. Transactions not reported within 90 seconds after execution shall be designated as late and such trade reports must include the time of execution. (...)
>
> **(e) Transactions Not Required To Be Reported**
>
> The following types of transactions shall not be reported for inclusion on the Consolidated Tape: (1) transactions executed on an exchange; (...)

Auch die über Nasdaq – also außerbörslich – durchgeführten Transaktionen in börsennotierten Werten sind nach 90 Sekunden zu melden. Folglich unterliegen sämtliche Werte denselben Fristen zur Meldung und Veröffentlichung der Transaktionen. Lediglich börslich abgeschlossene Geschäfte der NASD Mitglieder brauchen nicht gemeldet zu werden, weil die Daten bereits durch das System der jeweiligen Börse an das Consolidated Tape übermittelt werden, so dass es ansonsten zu einer Doppelmeldung käme, NASD Rule 6420 (e).

Allerdings gilt in allen drei Bereichen eine Besonderheit für Transaktionen, in denen der Intermediär, sei er Dealer oder Market Maker, zwar tatsächlich als Zwischenhändler auftritt, also die Transaktionen im eigenen Namen abschließt („as principal"), aber bei wirtschaftlicher Betrachtung lediglich als Vermittler oder Broker („as agent") tätig ist und deshalb keine riskanten Positionen aufbaut. So enthalten die oben zitierten Rules jeweils in Unterabsatz (d) (3) (B) folgende Regelung:

---

272 Auch hierzu siehe unten Seite 125.

273 Vergleiche SEC Release 34-42450, File No. SR-NYSE-99-48 vom 23. Februar 2000, Seite 3 (nachzulesen im Internet unter: www.sec.gov/rules/sro/ny9948n.htm, Stand: 12. März 2001).

(d) Procedures for Reporting Price and Volume

Members which are required to report pursuant to paragraph (b) above shall transmit last sale reports for all purchases and sales in eligible securities in the following manner: (...)

(B) Exception: A "riskless" principal transaction in which a member after having received from a customer an order to buy, purchases the security as principal from another member or customer to satisfy the order to buy or, after having received from a customer an order to sell, sells the security as principal to another member or customer to satisfy the order to sell, shall be reported as one transaction in the same manner as an agency transaction, excluding the mark-up or mark-down. A riskless principal transaction in which a member purchases or sells the security on an exchange to satisfy a customer's order will be reported by the exchange and the member shall not report.

Sogenannte „riskless principal“ Geschäfte bestehen danach aus zwei Aufträgen, wobei die Ausführung des einen durch den Empfang bzw. die Ausführung des anderen Auftrags bedingt ist.[274] Die Transaktion ist dadurch risikolos. Folglich wird nur die zweite gemeldet und veröffentlicht. Die erste Transaktion wird nicht gemeldet, was auf den ersten Blick aussieht, wie eine Einschränkung der Post Trade-Transparenz. Diese ist jedoch nicht etwa als blockfreundliche Diskretion oder Intransparenz zu werten, da die bedingte Transaktion die Charakteristika eines Auftrages behält. Die „riskless principal transaction“ ist letztlich eben – wie schon eingangs erläutert – als Vermittlungssituation zu bewerten. Es wird nicht etwa ein an sich riskantes Geschäft des Market Makers durch das Unterbleiben der Meldung zu einem risikolosen. Vielmehr resultiert die Risikolosigkeit aus der aufschiebenden Bedingung.

Es ist ferner darauf hinzuweisen, dass die jeweiligen oben zitierten Rules des NASD Regelhandbuchs ("Manual") eine Situation vorsehen, in der das getätigte Geschäft nicht zu melden ist, weil die betreffenden Daten nichts zur Informationseffizienz des Marktes beitragen: Einigen sich die Kontrahenten auf einen vom Börsenkurs völlig unabhängigen Preis, so ist auf eine Meldung zu verzichten. In diesem Fall würde die Veröffentlichung enorme Volatilität suggerieren und so eher zur Verwirrung der Marktteilnehmer als zu ihrer sinnvollen Information beitragen. So dürften etwa Pakettransaktionen im zu Beginn dieser Arbeit beschriebenen Sinne von dieser Ausnahme erfasst sein.[275]

(e) Transactions Not Required To Be Reported

---

274 Für börsennotierte Werte: NASD Notice to Members 99-66, für Nasdaq und OTC Werte: NASD Notice to Members 99-65, beide vom August 1999.

275 Vergleiche oben im Abschnitt „Abgrenzung vom Pakethandel“ Seite 30.

(5) transactions where the buyer and seller have agreed to trade at a price substantially unrelated to the current market for the security, e.g., to enable the seller to make a gift;

Auffällig an der zwischenzeitlich erfolgten Erstreckung des NMS-Transparenzniveaus auf das SmallCap Segment ist, dass Market Makers bei der Einführung der NMS-Berichtspflichten angesichts der damit verbundenen Erhöhung der Post Trade-Transparenz davor warnten, dass das Handelsvolumen sinken könnte, weil die Market Maker möglicherweise weniger bereit wären, Positionen zu übernehmen, wenn ihre Konkurrenten dies anhand der Transaktionsberichte feststellen könnten. Es war jedoch dann empirisch festzustellen, dass das Handelsvolumen einzelner Werte mit Aufnahme in das NMS und Anwendbarkeit der Berichtspflichten signifikant anstieg.[276] Hieraus erklärt sich, warum für das SmallCap Segment später freiwillig eine hohe Transparenz eingeführt wurde. Besondere Möglichkeiten, die Transaktionsmeldungen bzw. deren Veröffentlichung über das Nasdaq System bei besonders riskanten Transaktionen zu verzögern, gibt es nicht. Dies erklärt sich daraus, dass die betreffenden Ausnahmen in dem „transaction reporting plan“ vorzusehen wären und eine entsprechende Änderung von der SEC aber vorhersehbar nicht zugelassen würde.

Während Repräsentanten der NYSE immer betonen, dass bei ihnen schon vor einer entsprechenden Pflicht durch die NMS-Normen maximale Transparenz herrschte und man dieses Charakteristikum als wichtiges Argument im internationalen Wettbewerb der Märkte sehe, hört man aus Richtung der NASD andere Stimmen. Hier wäre man für eine „block trade facility“ im Stile der LSE Rule 8.30 wohl ziemlich dankbar.[277] Dies erklärt sich schon daraus, dass während an der NYSE in der Hauptsache eine Vermittlung zwischen ‘natürlichen Gegenseiten’[278] erfolgt, die Market Maker der Nasdaq routinemäßig riskante Händlerpositionen eingehen und diese dann abbauen müssen. Hier ist naturgemäß „nach dem Trade auch vor dem Trade“[279]. Die Post Trade-Transparenz der eigenen Geschäfte erhöht für sie das Risiko. So ergab eine Studie Mitte der neunziger Jahre, dass es eine ganze Reihe an verzögerten Transaktionsberichten von Market Makern gab, für die keine zulässige Begründung in Frage kam. Daher musste vermutet werden, dass die Meldung besonders riskanter

---

276 NASD, Analysis of the Impact of Last-sale Reporting on Market Charakteristics of Tier 2 Nasdaq Securities, 4-8 (1983), zitiert in: Loss/Seligman, Securities Regulation, Chapter 7, Regulation of the Securities Markets, 7A3b, Seite 2587, dort Fußnote 292.

277 Zur Block Trade Facility siehe sogleich unten Seite 109.

278 Zu diesem Terminus oben Fußnote 131.

279 Frei nach Sepp Herberger: „Nach dem Geschäft ist vor dem Geschäft“.

Transaktionen bewusst verzögert wurde, das heißt vermutlich erst nach Ausgleich der riskanten Position erfolgte.[280]

(c) London Stock Exchange

Hinsichtlich der Post Trade-Transparenz an der LSE ist – anders als etwa in den Vereinigten Staaten – entscheidend zwischen dem 'Trade Reporting', das heißt der Meldung des Geschäfts an die Börse, und der 'Publication', der Veröffentlichung der Daten gegenüber dem Markt und den Handelsteilnehmern zu unterscheiden. In den USA werden die Begriffe synonym verwendet, da eine Umsatzmeldung an das betreffende System umgehend zu einer Veröffentlichung führt und beide Dinge damit gleichzeitig stattfinden, so dass eine Differenzierung entbehrlich ist.

(i) Trade Reporting – Meldung der Transaktion an die Börse

Gemäß LSE Rule 8.14 sind die ausgeführten Geschäfte der Börse über das „Exchange reporting system" zu melden.[281] Allerdings müssen nicht alle als börslich eingestuften[282] Transaktionen auch der LSE gemeldet werden. So sieht LSE Rule 8.14 beispielsweise in den Absätzen (a) und (e) vor, dass für Geschäfte in internationalen Aktien und europäischen Aktien, die von der Gegenseite einer „approved organisation" gemeldet werden, der LSE kein „trade report" zu machen ist.[283]

> **LSE Rule 8.14**
>
> A trade report shall be submitted through the Exchange reporting system for each transaction effected on Exchange unless it is effected:
>
> (a) in a European equity market security where it has been agreed by the member firm that the transaction will be reported by its counterparty to an

280 Vergleiche hierzu die Studie von Porter/Weaver, Post-trade transparency on Nasdaq's national market system, Journal of Financial Economics, 50 (1998), S. 231, (231) "*We find minimal support for NASD permitted reasons for the late trade reporting. Evidence suggests that market maketrs could use late trade reporting to manage the release of information.*", (233) "*Indeed evidence suggests that late trade reporting has strategic components and that market makers choose to delay the reporting of those trades which either contain information about short-term price movements*", (234) "*In particular, delayed post-trade reporting could be used to delay the release of information-based trades to other dealers and inverstors*".

281 LSE Regulatory Guide, Chapter 8, Transaction and Trade Reporting, 8.14, S. 76.

282 Vergleiche Fußnote 283.

283 Dies ist nur insoweit eine Abweichung gegenüber LSE Rules 2.1 / 2.1 (hierdurch wird die Fiktion eines börslichen Abschlusses aufgestellt, vergleiche unten Seite 145) als dass die Gegenseite nicht Mitglied der "approved organisation" zu sein braucht.

> approved organisation in accordance with the rules of that approved organisation; (...)
>
> (e) in an international equity market security which is not a European equity market security;

Nach LSE Rule 8.16 ist der Abschluss der Transaktion binnen drei Minuten über das „Exchange reporting system" zu melden.

> **LSE Rule 8.16 – Trade reporting and worked principal notification deadlines**
>
> Where a transaction is effected for which a trade report is required, or a worked principal notification is required, the trade report or worked principal notification must be submitted to the Exchange reporting system within three minutes of execution of the transaction unless Rule 8.17 applies.

Die direkt über SETS abgeschlossenen Transaktionen werden im übrigen automatisch von diesem System gemeldet, so dass es keiner gesonderten Meldung durch die Beteiligten mehr bedarf.[284]

(ii) Publication – die Veröffentlichung der Handelsdaten

Grundsätzlich erfolgt eine sofortige Veröffentlichung der gemeldeten Umsatzdaten. Es gibt hiervon allerdings Ausnahmen: Transaktion in einheimischen SEAQ-Werten, deren Umfang die relevante sogenannte „normale Marktgröße"[285] um das sechsfache übersteigt, werden verzögert veröffentlicht. Diese Verzögerung beträgt bei Werten mit einer normalen Marktgröße von mindestens 2000 Stück, 60 Minuten, bei Werten mit einer normalen Marktgröße von 500 bzw. 1000 Stück, 120 Minuten.[286] Diese Verzögerungen sind nicht in den LSE Rules vorgesehen, sondern ergeben sich nur aus der offiziellen Kommentierung von Rule 8.31, die lediglich vorsieht, dass die Börse von Zeit zu Zeit die Einzelheiten der Veröffentlichung festlegen kann:

> **LSE Rule 8.31**
>
> (a) The Exchange shall publish in such manner and at such times in accordance with such criteria as it may from time to time specify details of transactions which have been trade reported.

Diese Verzögerungen gelten allerdings nicht für 'risikolose Transaktionen', bei denen entweder auf beiden Seiten – zumindest bei wirtschaftlicher Betrach-

---

284 LSE Regulatory Guide, SETS, 8.15, Guidance, Seite 40.

285 Englisch: Normal Market Size.

286 Vergleiche etwa LSE, Stock Exchange Notice N14/00, vom 29. März 2000, Guidance zu Rule 8.31, Attachment 1, Seite 6 f.

tung[287] – 'natürliche Gegenseiten'[288] sind oder bereits dem Abbau von Positionen dienen, wie Transaktionen zwischen Market Makern oder Händlern. Eine weitere Ausnahme von der sofortigen Veröffentlichung sieht LSE Rule 8.30 vor:

(iii) Block Trade Facility – LSE Rule 8.30

LSE Rule 8.30 sieht die Möglichkeit vor, dass eine Mitgliedsfirma von der sogenannten „block trade facility" Gebrauch machen kann und so die Veröffentlichung der Daten noch weiter verzögert wird. Ein Block Trade im Sinne dieser Vorschrift ist dabei wie folgt definiert: Die Transaktion muss mindestens die 75-fache normale Marktgröße[289] des Wertes umfassen, wenn diese für den betreffenden Wert mindestens 2000 Stück beträgt[290], bzw. die 50-fache, wenn diese für den betreffenden Wert 500 bzw. 1000 beträgt. Für nicht-britische, europäische Werte genügt auch eine geringere Transaktionsgröße, soweit diese unter eine vergleichbare Regelung eines anderen organisierten Marktes fällt.[291] Wird die „block trade facility" für die Meldung der Transaktion gewählt, dann erfolgt die Veröffentlichung der Transaktionsdaten erst am fünften Tag nach dem Geschäftsabschluss, es sei denn, dass das LSE Mitglied die Daten vorher zur Veröffentlichung freigegeben hat, oder aber der Block bereits zu 90 % abgebaut wurde. In diesem Fall muss der Broker Dealer nämlich umgehend die Daten zur Veröffentlichung freigeben.

> **LSE Rule 8.30 – Block trade facility**
>
> (g) Block trades will be published by the Exchange reporting system on the fifth day following execution of the transaction unless:
>
> (i) the member firm has released the transaction for earlier publication; or
>
> (ii) the block trade has been 90 per cent unwound in which case the member firm is obliged forthwith to release the block trade for publication.

---

287 Zum Beispiel „agency crosses" oder „riskless principal transactions", bei denen im eigenen (principal) oder fremden Namen (agency) zwei vorarrangierte Aufträge von Investoren zum Ausgleich gebracht werden.

288 Natural counterparties – Sie sind „natürliche Vertragspartner/Gegenseiten", da sie im Gegensatz zum Market Maker oder Dealer die Position nicht sofort wieder glattstellen und in den Markt weitergeben müssen bzw. wollen.

289 Normal Market Size ist die Mindestgröße für die zweiseitigen, als bindendes Angebot geltenden Market Maker Quotes, für deren Berechnung vergleiche Fußnote 231.

290 Das bedeutet, dass in dieser Kategorie je nach Wert mindestens 75 x 2000 Stück, also 150000 Einheiten einen Block ergeben.

291 Der in der Regel verwendete Begriff des „European regulated market" bezieht sich auf Art. 16 der EG-Wertpapierdienstleistungsrichtlinie 93/22/EWG (ABl. EG Nr. L 141/27).

Einzig denkbarer Anwendungsfall für die Nutzung der „block trade facility" ist zweifelsohne der unten unter der Überschrift 'Szenario 2' näher behandelte Handel "en bloc".[292] Es erscheint aber vernünftig, die Transparenzregelungen hier zusammenhängend darzustellen. Zu beachten ist ferner, dass die nachfolgenden Transaktionen des Händlers oder Market Makers zum Ausgleich der durch den Block Trade übernommenen Risikoposition nicht von der verzögerten Publikation umfasst sind, sondern nach ihrer eigenen Größe zu beurteilen sind. Dementsprechend werden die Transaktionen in der Regel umgehend oder nach 60 bzw. 120 Minuten veröffentlicht. Die Aktivitäten zum Ausgleich der Position werden daher in der Regel vor der Veröffentlichung der Daten des Block Trades veröffentlicht.

Der Market Impact ist zwar ohnehin nicht durch reduzierte Transparenz zu verhindern.[293] Der Informationseffekt dürfte allerdings nur verzögert und auch in abgeschwächter Form durch die Ausgleichstransaktionen ausgelöst werden.[294] In jedem Fall hat der Market Maker den Vorteil, dass seine Kollegen oder Konkurrenten nicht den Umfang seiner glattzustellenden Position kennen und ihn daher nicht so leicht "in die Mangel nehmen können". Wie oben bereits angedeutet wurde, besteht die Gefahr, dass Marktteilnehmer, die aus der Beobachtung des Handelsgeschehens schlussfolgern, dass der Händler möglichst rasch eine große Position ausgleichen muss, diese relative Zwangslage zu günstigen Geschäften nutzen.[295]

(iv) SETS-Werte von Block Trade Facility ausgenommen

Die Möglichkeit, per „block trade facility" die Veröffentlichung der Daten zu verzögern, besteht allerdings nicht für die über das Auktionssystem SETS gehandelten Werte, die sogenannten „order book securities". Die ehemals den Londoner Wertpapierhandel charakterisierenden, besonderen Post Trade-

---

292 Dies bedingt in der Regel eine bilaterale Suche nach der Gegenseite.

293 Siehe oben Seiten 58, 64 f.

294 Natürlich ist die psychologische Komponente nicht zu unterschätzen: Es erscheint weitaus riskanter, wenn der Markt bereits den An- oder Leerverkauf der großen Position wahrnehmen kann, als wenn nur die sukzessiven Ausgleichgeschäfte berichtet werden.

295 "*Reduced liquidity would occur when market makers were unwilling to take on large transactions because of the 'spoiling tactics' of competing market makers who deliberately move prices after large trades making it difficult for the market maker to off-load his position.*", Carsberg, Trade Publication rules of the London Stock Exchange: A report to the Chancellor of the Exchequer by the Director General of Fair Trading under the Finacial Services Act 1986, zitiert von: Porter/Weaver, Post-trade transparency on Nasdaq's national market system, Journal of Financial Economics, 50 (1998), S. 231, (232).

Transparenzvorschriften für Block Trades gelten seit Einführung von SETS im Jahre 1997 nämlich nicht mehr für die darüber gehandelten Werte, die etwa 250 britischen Blue Chips.[296] Nach Rule 8.30 (c) (v) steht die „block trade facility“ *inter alia* nicht für „order book securities“, also die in den SETS Handel aufgenommenen Werte, zur Verfügung:

> **LSE Rule 8.30 – Block trade facility**
>
> (c) The block trade facility shall not be available for: (i) illiquid SEAQ securities (ii) transactions in securities involved in a bid situation as notified to the Exchange by the Panel on Takeovers and Mergers; (iii) protected transactions, except where the terms of the transaction have been re-negotiated and permission has been given by the Exchange; (iv) transactions in circumstances where a trade type indicator other than "O" or "K" must be used; (v) transactions in order book securities.

Die Formulierung "order book securities" macht deutlich, dass sich diese Einschränkung nicht nur auf über SETS zustande gekommene Transaktionen bezieht, sondern auch auf sämtliche Transaktionen in den dort notierten Werten, also auch auf – nach unserem Verständnis – außerbörslich zustande gekommene Geschäfte, die der LSE ja ebenfalls umgehend gemeldet werden müssen.[297] Eine Verzögerung der riskanten Transaktionen in SETS-Werten kann aufgrund einer neuen Konstruktion jedoch trotzdem erfolgen:

(v) Ausgleich durch Möglichkeit des Worked Principal Agreement

Um die besonderen Vorteile der Block Trade Facility nicht gänzlich zu verlieren, wurde eine neue Konstruktion geschaffen: Unter der Bezeichnung „Worked Principal Agreement“ wurde die Möglichkeit geschaffen, einen Vertrag mit einem Broker Dealer zu schließen, durch den sich dieser verpflichtet, zu einem zukünftigen Zeitpunkt ein Eigengeschäft mit dem Kunden in einem SETS-Wert abzuschließen. Nach zivilrechtlichen Kategorien handelt es sich also um einen Vorvertrag. Die Mindestgröße für derartige ‘Vorverträge’ ist nach LSE Rule 4.70 (a) von der Börse von Zeit zu Zeit festzusetzen. Sie beträgt derzeit das achtfache der jeweiligen „normalen Marktgröße“.[298]

Ein derartiger Vertrag kommt im Regelfall durch telefonische Verhandlungen und damit selbstverständlich außerhalb von SETS zustande. Der Vorvertrag, das „Agreement“, muss, wie das endgültige Geschäft, die „Transaction“, unverzüg-

---

296 Wenngleich auch für die Orderbuch-Werte eine besondere Möglichkeit geschaffen wurde, die Veröffentlichung von riskanten Blocktransaktionen zu verzögern, hierzu sogleich auf Seite 111; Ausgleich durch Möglichkeit des Worked Principal Agreement.

297 Siehe oben Seite 144 und unten Seite 374.

298 LSE, Offizielle Kommentierung („Guidance“) zu LSE Rule 4.70, Stand: 3. Juli 2000.

lich gemeldet werden. Der Vorvertrag wird in Form einer sogenannten „worked principal notification“, einer besonderen Benachrichtigung, der Börse gemeldet.

> **4.71 Worked Principal Notifications**
>
> (a) A member firm which has entered into a worked principal agreement shall submit to the Exchange a worked principal notification in accordance with the deadlines set out in rules 8.16 and 8.17.

Der Abschluss des Vorvertrags ist wie jedes andere Geschäft und die anschließende Transaktion über das „Exchange reporting system“ zu melden.

> **8.16 Trade reporting and worked principal notification deadlines**
>
> Where a transaction is effected for which a trade report is required, or a worked principal notification is required, the trade report or worked principal notification must be submitted to the Exchange reporting system within three minutes of execution of the transaction unless rule 8.17 applies.

Für während der Handelsstunden abgeschlossene Vorverträge muss diese Benachrichtigung folglich innerhalb von drei Minuten erfolgen, ansonsten vor Beginn des nächsten Handelstages. Im Unterschied zur Meldung eines normalen Geschäfts wird die Worked Principal Notification nicht veröffentlicht. Der Dealer kann also damit beginnen, die Risikoposition abzubauen, die durch die bevorstehende Transaktion entstehen wird, bevor die anderen Marktteilnehmer davon erfahren. Im Vorvertrag müssen Basispreis und -größe der Transaktion bereits festgelegt sein. Überdies muss der Händler dem Kunden eine Verbesserung von Preis und/oder Größe in Aussicht stellen. Der Dealer kann also bereits das Risiko unerwarteter negativer Preisausschläge übernehmen. Gelingt ihm hingegen ein unerwartet günstiger (antizipierter) Ausgleich der zu übernehmenden Position, muss er den Kunden über die Verbesserungsklausel hieran partizipieren lassen. Kein Worked Principal Agreement liegt hingegen vor, wenn der Kunde verpflichtet ist, den Durchschnittspreis bestimmter Referenztransaktionen oder etwa den Schlusskurs des Tages zu bezahlen.

Anschließend sollen die Parteien eine sogenannte „Worked Principal Transaction“ abschließen. Diese stellt das eigentliche Geschäft dar. Nach LSE Rule 4.73 soll dies spätestens am Ende des Handelstages oder sobald ein ausreichender Prozentsatz der Risikoposition abgebaut worden ist („offset“) erfolgen.[299] Liegt eine der Voraussetzungen[300] vor, so muss die Haupttransaktion, die Wor-

299 Ist der Durchschnittskurs der (Ausgleichs-)Geschäfte oder eines bestimmten Zeitraums vereinbart erfolgt die Ausführung der Worked Principal Transaction erst nach dem vollständigen Ausgleich, vergleiche Rule 4.73 Absatz (ii).

300 Besonderheiten enthält LSE Rule 4.73 (a) (ii): Soll der Preis des Geschäfts etwa dem Durchschnittskurs der Ausgleichs- oder Gegengeschäfte entsprechen ist logischerweise eine vollständige Ausführung erforderlich: Steht der Preis, zu dem das Geschäft ausge-

ked Principal Transaction, in vollem Umfange ausgeführt und auch so gemeldet werden. Der Händler übernimmt die ganz oder zum Teil durch Gegengeschäfte abgebaute Position.

> **LSE Rule 4.73 – Worked Principal Transactions**
>
> (a) A worked principal transaction arising from a worked principal agreement shall be executed by the parties to it no later than the earlier of:
>
> (i) the completion of transactions offsetting a percentage specified by the Exchange of the proposed worked principal transaction; or
>
> (ii) the completion of all transactions offsetting the proposed worked principal transaction if the price of a worked principal transaction is to be equal to the average market price of the relevant security over a specified period of time or the average price of all offsetting transactions; or
>
> (iii) the end of normal market hours on the day on which the worked principal agreement was entered into.
>
> (b) A member firm may apply to the Exchange for permission to extend the time limit referred to in paragraph (a) (iii).

Die Veröffentlichung erfolgt umgehend und über den vollen Umfang des Hauptgeschäfts („Worked Principal Transaction"), ganz gleich, wie weit die Risikoposition bereits abgebaut ist. Zu beachten ist dabei, dass – wie bei der Block Trade Facility – die vorweggenommenen Ausgleichsgeschäfte des Händlers („offsetting transactions") den gewöhnlichen Melde- und Veröffentlichungspflichten unterliegen, so dass zunächst nur diese von den Marktteilnehmern wahrgenommen werden. Die Situation bei diesen Vorverträgen führt im Ergebnis zu sehr ähnlichen Verhältnissen wie die verzögerte Publikation über die Block Trade Facility: Durch die etwas künstliche wirkende Aufspaltung zwischen Vorvertrag und Hauptgeschäft kommt es dazu, dass der Händler bereits Sicherheit im Hinblick auf das bevorstehende Geschäft hat und deshalb bereit ist, sein Kapital (zum antizipierten Ausgleich der Position) einzusetzen, bevor der Rest des Marktes hiervon erfährt.

(vi) Inter Dealer Broker

Die hinsichtlich der Pre Trade-Transparenz bestehende Besonderheit der Londoner Börse der Inter Dealer Broker, erstreckt sich nicht auf die Post Trade-Transparenz. Die über das 'nicht-öffentliche' Inter-Dealer Broker System vermittelten Geschäfte zwischen Market Makern werden nach den üblichen an der Börse geltenden Transparenzgrundsätzen gemeldet und veröffentlicht[301]. Han-

---

führt wird, noch nicht fest, ist auch die Veröffentlichung des Kurses sinnvollerweise nicht möglich.

301 Ellger/Kalss, Börsen- und Kapitalmarktrecht des Vereinigten Königreichs, in: Hopt/Rudolph/Baum (Hrsg.), Börsenreform, Eine ökonomische, rechtsvergleichende

delt es sich bei einem angebotenen Inter Dealer Broker Service um ein Bildschirmsystem, so sind die Details der vermittelten Transaktionen auch über das Bildschirmsystem zu veröffentlichen, LSE Rule 7.5[302]. Die besondere Diskretion des Inter Dealer Broker Marktes bezieht sich nur auf den Bereich der Pre Trade-Transparenz, was auch darin begründet ist, dass dieses Marktsegment typischerweise dem Ausgleich der riskanten Positionen dient. Daher ist im Zweifel anzunehmen, dass die Post Trade Information keinen der beteiligten Händler oder Market Maker besonderen Risiken mehr aussetzt. Die riskanten Positionen wurden ja gerade abgebaut und ausgeglichen. Und für Außenstehende ist unklar, ob eine der Parteien weiteren Handelsbedarf hat. Mithin verrät die Inter Dealer Transaktion nichts über bevorstehende Transaktionen und Preisentwicklungen. Dementsprechend erfolgt eine sofortige Veröffentlichung der Daten. Die Verzögerungen für 60 bzw. 120 Minuten bei Volumina von mehr als sechsfacher Normal Market Size gilt nicht für Transaktionen über einen Inter Dealer Broker.[303] Auch das Institut der „worked principal agreements" steht nicht zur Verfügung, LSE Rule 4.70 (c).

Abschließend ist zu sagen, dass die Transparenzvorschriften an der LSE zwar durch die unterschiedlichen Marktsysteme auf den ersten Blick etwas unübersichtlich wirken, bei näherer Betrachtung aber sinnvolle Differenzierungen vornehmen.[304]

(d) Frankfurter Wertpapierbörse

In Deutschland sind hinsichtlich der Post Trade-Transparenz § 4 und § 11 BörsG[305] die zentralen Normen. Während die Bekanntgabe der Preise und Umsätze an die Handelsteilnehmer in § 11 BörsG geregelt ist, schreibt § 4 Abs. 2 Satz 2 Ziffer 3 BörsG vor, dass die Börsenordnung Bestimmungen über die „Veröffentlichung der Preise und Kurse sowie der ihnen zugrundeliegenden Umsätze" zu enthalten hat. Diese externe Veröffentlichung der Börsenpreise

---

und rechtspolitische Untersuchung, 5.A.II.; dort zitiert: SIB, Regulation of the United Kingdom Equity Markets (Discussion Paper, 1994), Punkt 4.11.

302 LSE, Regulatory Guide, Chapter 7, Inter Dealer Brokers, 7.5, S. 74.

303 LSE, Stock Exchange Notice N14/00 vom 29. März 2000, Guidance zu Rule 8.31, Attachment 1, Seite 6 f.

304 Im Vorgriff auf die anschließend zu untersuchenden Transparenzvorschriften für außerbörslich vorgenommene Geschäfte (Siehe unten Seite 143)ist herauszuheben, dass keine der Transaktionen von Mitgliedsfirmen in LSE-notierten Werten ungemeldet bleiben. Grundsätzlich sind sämtliche dieser Geschäfte der LSE zu melden, soweit sie nicht nach dem Parteiwillen einer „approved organisation", in der Regel einer anderen Börse gemeldet und nach den dortigen Regeln veröffentlicht werden.

305 §§ 13, 23 BörsG-E.

trägt dem Umstand Rechnung, dass sie auch außerhalb des Kreises der unmittelbar am Handel Beteiligten von großer Bedeutung sind.

§ 11 BörsG [Börsenpreis][306]

(1) Preise für Wertpapiere, die während der Börsenzeit an einer Wertpapierbörse im amtlichen Handel oder im geregelten Markt oder Preise, die an einer Warenbörse festgestellt werden, sind Börsenpreise. Börsenpreise sind auch Preise, die sich für Wertpapiere, die zum Handel zugelassen sind, oder Waren in einem an einer Börse durch die Börsenordnung geregelten elektronischen Handelssystem oder an Börsen bilden, an denen nur ein elektronischer Handel stattfindet.

(2) Börsenpreise müssen ordnungsmäßig zustande kommen. Insbesondere müssen den Handelsteilnehmern Angebote zugänglich und die Annahme der Angebote möglich sein. Vor der Feststellung eines Börsenpreises muss den Handelsteilnehmern die aus Angebot und Nachfrage ermittelte Preisspanne zur Kenntnis gegeben werden. Die Sätze 2 und 3 gelten nicht für Angebote, die zur Feststellung des Eröffnungs-, Einheits- oder Schlusskurses führen. Die Börsenpreise und die ihnen zugrundeliegenden Umsätze sind den Handelsteilnehmern unverzüglich bekanntzumachen. Das Nähere regelt die Börsenordnung. § 4 Abs. 2 Satz 3 ist auf die Bekanntgabe entsprechend anzuwenden. Die Börsenordnung kann auch festlegen, dass vor Feststellung eines Börsenpreises den Handelsteilnehmern zusätzlich der Preis des am höchsten limitierten Kaufauftrages und des am niedrigsten limitierten Verkaufauftrages zur Kenntnis gegeben werden muss. (...)

§ 4 BörsG [Börsenordnung] [307]

(1) Der Börsenrat erlässt die Börsenordnung als Satzung. Sofern eine öffentlich-rechtliche Körperschaft Träger der Börse ist, ist die Börsenordnung im Einvernehmen mit ihr zu erlassen.

(2) Die Börsenordnung soll sicherstellen, dass die Börse die ihr obliegenden Aufgaben erfüllen kann und dabei den Interessen des Publikums und des Handels gerecht wird. Sie muss Bestimmungen enthalten über

1. den Geschäftszweig der Börse;

2. die Organisation der Börse;

3. die Veröffentlichung der Preise und Kurse sowie der ihnen zugrundeliegenden Umsätze und die Berechtigung der Geschäftsführung, diese zu veröffentlichen.

Die Börsenordnung kann vorsehen, dass die Veröffentlichung der Preise und ihnen zugrundeliegenden Umsätze mit angemessener zeitlicher Verzögerung erfolgt, soweit dies im Interesse der Vermeidung einer unangemes

306 § 11 BörsG entspricht – soweit hier von Bedeutung – § 23 BörsG-E.

307 § 4 BörsG entspricht – soweit hier von Bedeutung – § 13 BörsG-E.

> senen Benachteiligung der am Geschäft Beteiligten notwendig erscheint; die Börsenordnung muss Merkmale zur Bestimmung der Geschäfte enthalten.

Aus dem Umkehrschluss aus § 4 Abs. 2 Satz 3 BörsG, der die Möglichkeit einräumt, dass die Börsenordnung für bestimmte Geschäfte eine zeitliche Verzögerung der Veröffentlichung vorsehen kann, ergibt sich, dass der Regelfall eine sofortige Veröffentlichung ist. Dies ergibt sich auch aus § 11 Abs. 2 Satz 5 BörsG, der vorschreibt, dass den Handelsteilnehmern die festgestellten Börsenpreise „unverzüglich" bekannt zu machen sind. § 11 Abs. 2 Satz 6 BörsG stellt durch den Verweis auf § 4 Abs. 2 Satz 3 BörsG für die mögliche Verzögerung der Bekanntgabe eine Parallelität zwischen der Bekanntgabe an Handelsteilnehmer und der allgemeinen Veröffentlichung her.

Zu bemerken ist ferner, dass die Frage des „ob" der Veröffentlichung dieser Informationen nicht in das Belieben der Börsenordnung gestellt ist. Die Geschäftsführung ist im Interesse des Publikums und der Transparenz des Handels verpflichtet, die Umsätze zu veröffentlichen.[308] Die Veröffentlichung der Umsätze ist darüber hinaus ausdrücklich in Artikel 21 Abs. 2 Satz 1 der EG-Wertpapierdienstleistungsrichtlinie vorgeschrieben.[309] Die Delegation der Frage des „wie" der Veröffentlichung auf die Ebene der Selbstregulierung ist von der Frankfurter Wertpapierbörse wie folgt wahrgenommen worden:

für den Parketthandel:

> **§ 35 BörsO – Bekanntgabe zugrundeliegender Umsätze**
>
> Der Kursmakler hat unverzüglich den festgestellten Preis und den zu diesem Preis ermittelten Umsatz durch Ausrufen und durch Eingabe in das EDV-System bekanntzugeben.
>
> **§ 39 BörsO – Veröffentlichung von Preisen**
>
> Die Geschäftsführung veröffentlicht die amtlich festgestellten Preise. Art und Umfang der Veröffentlichung werden vorab von der Geschäftsführung bekannt gegeben.

für den elektronischen Handel:

> **§ 45 BörsO – Preisdokumentation, Veröffentlichung von Preisen und Verwertung von Daten**
>
> (1) Die Handelsdaten, insbesondere die Börsenpreise und die zugehörigen Umsätze werden im EDV-System der Börse gespeichert.

---

308 Begründung der Bundesregierung zum Begleitgesetz zum Richtlinienumsetzungsgesetz, BT-Drucksache 13/7627.

309 EG-Wertpapierdienstleistungsrichtlinie 93/22/EWG vom 10. Mai 1993, (ABl. EG Nr. L 141/27).

(2) Die zustande gekommenen Börsenpreise werden veröffentlicht. Art und Umfang der Veröffentlichung werden durch die Geschäftsführung bekannt gemacht. Im Handelssegment Blockhandel zustande gekommene Börsenpreise werden zum Ende des jeweiligen Handelstages veröffentlicht.

§ 46 BörsO – Meldung und Veröffentlichung der Umsätze

(1) Alle Handelsteilnehmer haben der Börse nach näherer Weisung der Geschäftsführung die Umsätze in den von ihnen getätigten Geschäften anzuzeigen oder deren Erfassung und Anzeige durch dritte Stellen zu gestatten.

(2) Die Geschäftsführung veröffentlicht die den Börsenpreisen zugrundeliegenden Umsätze im Präsenzhandel und im elektronischen Handelssystem. Art und Umfang der Veröffentlichung werden vorab von der Geschäftsführung bekannt gegeben. Für die Veröffentlichung der Umsätze im Handelssegment Blockhandel gilt § 45 Abs. 2 Satz 3 entsprechend. Die Geschäftsführung ist in gleicher Weise zu Veröffentlichungen befugt, die einer geeigneten Unterrichtung des Publikums über das Marktgeschehen dienen.

Bis ins Jahr 2001 war in der Börsenordnung der Frankfurter Wertpapierbörse (ebenso wenig wie in den der anderen deutschen Börsen) von der eingeräumten Möglichkeit des § 4 Abs. 2 Satz 3 BörsG[310], Verzögerungen für die Bekanntgabe und Veröffentlichung besondere (etwa besonders große) Transaktionen vorzusehen, kein Gebrauch gemacht worden. Im Rahmen der Einführung des Blockhandels-Segments (Xetra XXL[311]) durch § 42c BörsO ist durch § 45 Abs. 2 Satz 3 BörsO eine Sonderregelung geschaffen worden, so dass insoweit nunmehr Preise und Umsätze jeweils erst am Ende des Handelstages veröffentlicht werden. Relevant ist dies vor allem im Hinblick auf die Umsätze, das heißt die gehandelten Stückzahlen, da sich die Kurse aufgrund der Referenzbeziehung zum Xetra-Handel[312] für alle Beteiligten leicht und relativ präzise erahnen lässt. Die Zeitpunkte, zu denen die Ausführungen in dem Segment stattfinden, sind bis auf ein Fünf-Minuten-Intervall im vorhinein bekannt.

Diese Regelung ist Ausfluss der durch Artikel 21 Abs. 2 Satz 3 EG-Wertpapierdienstleistungsrichtlinie eingeräumten Möglichkeit, bei außergewöhnlich umfangreichen Geschäften oder im Falle markt-enger[313] Werte Sonderbestim-

---

310 § 4 Abs. 2 Satz 3 BörsG entspricht § 13 Abs. 2 Satz 3 BörsG-E.

311 Hierzu siehe oben Seite 94.

312 § 42c Abs. 2 BörsO – Blockhandel – "In den Auktionen werden ausschließlich Preise ermittelt, die sich aus dem rechnerischen Mittelwert des zur gleichen Zeit im Hauptmarkt des jeweiligen Wertpapiers beste, im Auftragsbuch angezeigten Nachfrage und Angebotspreises ergeben (Midpoint)."

313 Der Terminus der Marktenge ist gleichbedeutend mit geringen Umsätzen und dadurch bedingter schlechter Fungibilität.

mungen zur Transparenz zu treffen.[314] Die Einfügung von § 4 Abs. 2 Satz 3 in das Börsengesetz wurde explizit damit begründet, dass so dem Umstand Rechnung getragen werden könne, dass eine unverzügliche Veröffentlichung von Blocktransaktionen regelmäßig zu adversen Preiseffekten führt. Können daher Blockpositionen börslich nicht zu „angemessenen Kursen" abgebaut werden, führt dies in der hiesigen Situation von börslicher Transparenz und außerbörslicher Intransparenz[315] dazu, dass die Blöcke von den Marktteilnehmern außerbörslich gehandelt werden. Der Blockhandel bleibt in diesem Fall völlig intransparent. Daher sollte die Einräumung dieser Möglichkeit durch den Gesetzgeber die Börsen in die Lage versetzten, den Blockhandel wieder in die Börse zu integrieren.

Unklar bleibt vorerst, ob dies durch die Einführung des Blockhandels-Segments Xetra XXL in nennenswertem Umfang gelingen wird.[316] Zu vermuten ist allerdings, dass die Erfolgschancen für die Integrierung des Blockhandels eher gering sind, weil die Block-Trader bei der Wahl zwischen verzögerter Publizität und überhaupt keiner Publizität wohl letztere bevorzugen werden.[317]

B. Szenario 2 – Bilaterale Suche für den Handel 'en bloc'

Nachdem im vorangegangenen Abschnitt aufgezeigt worden ist, welche Nachteile und Risiken es für den Blockhändler bergen kann, seinen Block zu stückeln und dann die einzelnen Bestandteile wie gewöhnliche Kleinaufträge zu handeln, ergibt sich für ihn daraus unter Umständen ein Interesse, den Block tatsächlich auch 'en bloc' zu handeln. Wie bereits oben unter der Überschrift „Faktische unentgeltliche Option („free trading option")" erläutert wurde, ist der Handel „en bloc" bei normaler Marktbenutzung, dass heißt Abgabe einer Order in den Börsenhandel kaum sinnvoll vorzunehmen. Die ohnehin gegebenen Transaktionskostenprobleme werden durch Spekulationsmöglichkeiten, die die bestehende unentgeltliche Option bietet, noch verschärft. Daher kommt ein Handel „en bloc" eigentlich nur in Betracht, wenn man auf direktem, bilateralem Wege einen Vertragspartner gefunden hat.

Die Ausführung durch ein einmaliges „en bloc"-Geschäft hat den Vorteil, dass man den Preis einmal verhandelt und dasselbe Geschäft dann nicht mehr von Informationseffekten und Market Impact beeinträchtigt, sprich verteuert werden

---

314 EG-Wertpapierdienstleistungsrichtlinie 93/22/EWG vom 10. Mai 1993, (ABl. EG Nr. L 141/27).

315 Zu diesem Problem siehe unten Seiten 151 und 328.

316 Die Erfahrungen im ersten Jahr geben allerdings Anlass zu erheblichen Zweifeln, vgl. hierzu bereits oben Fußnote 244.

317 Siehe zu diesem Problem, dem "Anreiz zur Umgehung der Börsen" unten Seite 151.

kann. Die gerade getätigte Aussage ist jedoch in zweierlei Hinsicht unpräzise: Zum einen ist der Market Impact wie oben dargestellt als eine Variante von Liquiditäts- oder Suchkosten zu verstehen. Die Kosten, die unmittelbar durch die Suche nach der Vertragspartei – etwa durch Inanspruchnahme der Dienste eines hierauf spezialisierten Broker Dealers – sowie dadurch entstehen, dass der Gegenseite ein Kursabschlag gewährt wird, um sie zum Handel zu bewegen, sind daher als Korrelat des Market Impacts auch hier zu erwarten. Hinsichtlich des Informationseffekts ist zu sagen, dass dieser zwar im Moment des Vertragsabschlusses für den Initiator kein Risiko mehr darstellt, dafür allerdings um so mehr erstens während der Suche nach der Gegenseite für das Geschäft und zweitens für den Vertragspartner, falls er die Position anschließend wieder ausgleichen muss.[318] Die beiden Problemkreise sind also nicht gelöst, sondern nur verlagert.

1. Bilaterale Suche

Will man also den Block „en bloc" handeln, findet man die Gegenseite typischerweise nicht im Orderbuch oder in den Quotierungen der Market Maker. Demnach muss sie anderweitig gezielt gesucht werden bzw. man muss sie durch einen spezialisierten Broker suchen lassen. Die Alternative zur Ausführung der Blockorder durch eine Vielzahl von kleinen Transaktionen – gleich ob über das Orderbuch oder verschiedene Market Maker – ist also die direkte, gezielte und daher bilaterale (per Telefon oder per Computernachricht) durchgeführte Suche nach einem oder mehreren potentiellen Vertragspartnern, die bereit sind, die Gegenseite der Transaktion (oder eines Teils derselben) darzustellen.

Diese hier als bilaterale Suche[319] nach einer Vertragspartei beschriebene Handelsstrategie soll wegen des handelssystemübergreifenden Ansatzes der Untersuchung sowohl die Verhandlung mit einem Market Maker, mit einem sonstigen Händler als auch die Suche nach einer 'natürlichen Gegenseite', einem anderen Investor umfassen. Die prädestinierten Ansprechpartner des Initiators der Blocktransaktion bei einer solchen Suche sind also die Händlerabteilungen der großen Investmenthäuser sowie finanzstarke institutionelle Investoren.[320] Die Investmentbanken sind entweder in ihrer Eigenschaft als Dealer oder Market Maker bereit, kurzfristig ihr Kapital einzusetzen, um die Blockposition zu über-

318 Dies ist immer dann der Fall, wenn es sich nicht um eine "Natürliche Gegenseite" (zu diesem Begriff siehe oben Fußnote 288), sondern einen kurzfristig Kapital zur Verfügung stellenden Intermediär handelt.

319 Bilaterale Suche meint in diesem Zusammenhang die gezielte Anfrage bei einer Person, während unter multilateraler Suche die massenhafte Verbreitung des Handelsgesuchs über die Börse durch Eingabe einer Order zu verstehen sein soll.

320 Wie der Initiator der Blockorder selbst typischerweise institutioneller Investor ist.

nehmen und auf eigenes Risiko glattzustellen[321] oder aber in der Rolle als Makler („Broker") die Suche nach einer Gegenseite zu betreiben. Andere institutionelle Investoren sind dabei als 'natürliche Gegenseiten'[322] gefragt. Sie wollen zwar häufig die vom Block-Trader gesuchten oder angebotenen Positionen nicht gerade ohnehin verkaufen bzw. kaufen (haben also selbst keine eigene Order abgegeben und hätten dies auch nicht in Kürze getan), sind aber nicht selten gegen eine geringe 'Prämie' im Sinne eines Auf- oder Abschlages gegenüber dem aktuellen Börsenkurs hierzu bereit. Ist die so vom Initiator der Blockorder zu zahlende 'Prämie' geringer als die erwartete, bei Ausführung über das Orderbuch ausgelöste Kursreaktion, so verringern sich die Liquiditäts- bzw. Suchkosten; die Strategie 'rechnet sich'.

Zum Teil werden die angesprochenen institutionellen Investoren allerdings auch ohne eine solche Prämie zum Handel bereit sein, da sie nicht selten froh sein werden, die entsprechende Position zum 'normalen' Tageskurs erwerben oder veräußern zu können. Wäre die hier kontaktierte Gegenseite nämlich selbst Initiator einer derartigen Transaktion, hätte sie selbstverständlich mit vergleichbaren, ungünstigen Kursreaktionen zu rechnen. Daher ist es nicht ausgeschlossen, dass hier eine latente Handelsbereitschaft bereits besteht und das Ansinnen des Initiators eine willkommene Gelegenheit darstellt.

Ist auf diesem Wege der direkten Ansprache eine Gegenseite der Transaktion gefunden bzw. aus mehreren Parteien zusammengestellt worden,[323] so bedarf es zum Geschäftsabschluss der Börse nicht mehr. Deren Hauptfunktion ist die Sammlung und Bündelung von Aufträgen und dadurch die Schaffung und Bereitstellung von Liquidität. Folglich besteht häufig kein Bedürfnis der Parteien mehr, das Geschäft, das wegen der erfolgreichen direkten Suche nun auch ohne die Liquidität der Börse zustande kommen kann, gleichwohl über die Börse abzuschließen. Die Parteien könnten daher geneigt sein, die Transaktionen außerbörslich abzuschließen.

---

321 Das heißt bei einem Blockverkauf die übernommenen Papiere weiterzuveräußern, oder bei einem Blockkauf des Kunden, die diesem leerverkauften Papiere zuzukaufen.

322 Vergleiche zu diesem Begriff oben Fußnote 288.

323 Wie bereits angedeutet, wird diese in der Regel von mehreren Parteien gebildet, ohne dass diese von einander wüssten. Der Broker sucht günstige Abschlussmöglichkeiten mit verschiedenen Parteien der Marktgegenseite. Gelangt die Summe der Volumina der arrangierten Gegenorders in die Nähe des Volumens der Blockorder, wird der Broker häufig, um den Prozess zu beschleunigen, den verbliebenden, noch "ungedeckten" Teil des Blocks "als Dealer" in sein Buch nehmen, um dieses später auszugleichen.

2. Abwicklung eines bilateral arrangierten Geschäfts über die Börse

Sind die Parteien in die Lage versetzt, auf die von der Börse bereitgestellte Liquidität nicht angewiesen zu sein, stellt sich die Frage, ob sie das Geschäft über die Börse abschließen können oder gar müssen und welche Implikationen der börsliche Abschluss für sie hat. Eine börsliche Ausführung des direkt und damit außerbörslich arrangierten Geschäfts begegnet von technischer Seite keinen größeren Schwierigkeiten. So ist es etwa an der NYSE (bisher[324]) so, dass ein signifikanter Anteil der Blocktransaktionen – insbesondere die besonders großen – zwar 'upstairs' von den Trading Desks der Brokerhäuser (und damit außerbörslich und bilateral) arrangiert werden, der Vertragsschluss aber dann gleichwohl auf dem Parkett und damit über die Börse ('downstairs') zustande kommt.[325] Wenn der Broker Dealer die Blockorder sowie die gefundenen Gegenorders zeit- und preisgleich in das Orderbuch stellt, führt dies – die Abwesenheit größerer Mengen zeit- und preis-prioritärer Orders unterstellt – zu einer unmittelbaren Ausführung der vorarrangierten Aufträge gegeneinander.

a) Übertragung auf Market Maker-Systeme

Der Abschluss von vorarrangierten Geschäfte ist auch im Rahmen eines Market Maker-Systems möglich. Von vorarrangierten Geschäften zu sprechen, ist allerdings nur dann sinnvoll, wenn nicht der Market Maker, sondern ein Dritter die Gegenseite bildet. Auch hier kann man – wenn man der ansonsten vom Market Maker zur Verfügung zu stellenden Liquidität wegen einer gefundenen 'natürlichen Gegenseite' nicht bedarf – eine Ausführung 'über den Market Maker' durch die Erteilung zeit- und limitgleicher Aufträge auf beiden Marktseiten erreichen. Der Vollständigkeit halber ist selbstverständlich klarzustellen, dass, wenn es sich bei der Gegenseite um einen in dem betreffenden Wert registrierten Market Maker handelt, der Abschluss der Transaktion ohnehin ein börslicher ist.

---

324 Ob sich hieran etwas durch Abschaffung von NYSE Rule 390 (zum Inhalt dieser Norm siehe sogleich unten Seite 125) ändern wird, bleibt abzuwarten. Die Erfahrungen mit den '19c-3 Stocks' sprechen eher dagegen und nach etwa einem Jahr soll sich an der Handelspraxis noch nicht viel geändert haben, vergleiche Kuckelkorn, Die Dezimalkurse bereiten der NYSE Sorgen, Börsen-Zeitung vom 1. März 2001, Seite 5.

325 Vergleiche etwa Holthausen/Leftwich/Mayers, The effect of large block transactions in security prices, Journal of Financial Economics, 19 (1987), S. 237 (265); LaPlante/Muscarella, Do institutions receive comparable execution in the NYSE and Nasdaq Markets? A transaction study of block trades, Journal of Financial Economics, 45 (1997), Seite 97 (99); Madhavan/Cheng, In Search of Liquidity: Block Trades in the Upstairs and Downstairs Markets, The Review of Financial Studies, 1997, Seite 175 (176); Grossman, The Informational Role of Upstairs and Downstairs Trading, Journal of Business, 1992, Seite 509 (509).

Die Unterscheidung zwischen börslichem und außerbörslichem Geschäft lässt in Bezug auf Market Maker Börsen wegen der fehlenden börsentypischen Zentralisierung naturgemäß an Trennschärfe vermissen. Die Einordnung der Market Maker Situation in die beiden hier zugrundegelegten Szenarien ist daher auch nicht ohne Friktionen, da der Kontakt mit dem Market Maker die Situation zwangsläufig bilateral gestaltet.

b) Vor- und Nachteile der Abwicklung über die Börse

Ist also die Gegenseite auf direktem Wege gefunden, dann ist die Vornahme als börsliches Geschäft – abgesehen von möglichen juristischen Restriktionen – nicht mehr zwangsläufig oder selbstverständlich. Die wichtigste Dienstleistung der Börse, die Zurverfügungstellung von Liquidität durch Zentralisierung der Aufträge, wird von den Beteiligten nicht genutzt. Folglich sind die Parteien – in Abwesenheit regulatorischer Zwänge – in die Lage versetzt, eine freie Abwägung der Vor- und Nachteile der Abwicklung über die Börse zu treffen. Es stellen sich folgende Fragen:

1. Dürfen oder müssen sie über die Börse abschließen?
2. Wenn ja, in wie weit findet eine Interaktion mit außenstehenden Aufträgen statt?
3. Bietet der außerbörslich ausgeführte Direkthandel Vorteile für die Beteiligten?

Die Antwort auf die letztgenannte Frage soll dabei in zwei Teilen erfolgen: Während sich aus der Erörterung von Fragen eins und zwei unmittelbar ergeben wird, in wie weit eine möglicherweise als störend empfundene Interaktion mit außenstehenden Orders, die zum „Aufbrechen" des arrangierten Geschäfts führt, wird unten in den Abschnitten 4. und 5. separat zu klären sein, ob sich aus einer außerbörslichen Ausführung eventuell Vorteile hinsichtlich der anwendbaren Post Trade-Transparenzvorschriften ergeben.

Die Börsen sind im Kampf um Marktanteile und hohe Liquiditätsnachweise nicht selten bestrebt, eine Abwicklung dieser vorarrangierten Transaktionen möglichst attraktiv für die Parteien zumachen.[326] Auch die Einführung einer zentralen Gegenpartei, mit Hilfe derer bei börslichen Transaktionen das Ausfallrisiko von der Börse bzw. ihrem Träger übernommen wird, soll dazu beitragen, die Nutzung der Börse durch eigentlich sekundäre Dienstleistungen attraktiver

---

326 So ist es bei Xetra – gewissermaßen als Ausgleich für die Vorschrift gegen vorarrangierte Abschlüsse über das Orderbuch (zu dieser Regelung siehe unten Seite 138) – möglich, außerbörsliche bereits geschlossene Direktgeschäfte "einzugeben" und so das elektronische Abwicklungssystem der Börse für die Abwicklung und Erfüllung ("Settlement") der Geschäfte nutzen zu können.

zu machen. Aufgrund der enormen Bedeutung der Liquidität für die Börsen besteht zwischen diesen ein Wettbewerb um die Aufträge. Jede Börse versucht nach Möglichkeit zu verhindern, dass das Ordervolumen an andere Börsen oder in den außerbörslichen Bereich abwandert. Das liegt vor allem daran, dass – wie bereits erwähnt – vorhandene Liquidität besonders geeignet ist, neue Aufträge anzuziehen und damit weitere Liquidität zu schaffen. Dieser sogenannte 'Gravitational Pull', die Anziehungskraft der Masse des Ordervolumens, führt dazu, dass die Börsen ihre Umsätze als Marketinginstrument für ihren Service verstehen und deshalb auch gerne bereits vorarrangierte Geschäftsabschlüsse über ihr System abwickeln. Die tatsächlich nutzbare Liquidität der Börse wird dadurch allerdings nur dann verbessert, wenn eine Beteiligung außenstehender, preis- und zeit-prioritärer Orders an den arrangierten Blockordern möglich ist.

Zur Interaktion mit anderen Orders kann es bei einer börslichen Ausführung des vorarrangierten Geschäfts kommen, wenn diese zu einem der beiden vorarrangierten Aufträge passen, also im Jargon ein "Match" vorliegt. Ob dies der Fall ist, liegt an den an der Börse geltenden Prioritätsregeln, nach denen bestimmt wird, welche unter mehreren passenden Gegenaufträgen zur Ausführung gelangen. Das Primat des besten Preises gehört zum Wesensmerkmal einer jeden Börse, so dass in jedem Fall der Grundsatz der Preispriorität die Reihenfolge der Auftragsausführung bestimmt. Unter den Aufträgen mit identischen Preisvorgaben – oder bei einer Market- oder Bestens-Order die Abwesenheit derselben – erfolgt im Regelfall die Ausführung in der Reihenfolge des Eingangs: 'Wer zuerst kommt, mahlt zuerst' oder 'first come, first served'. Der Eingangszeitpunkt ist also typischerweise das Sekundärkriterium des Börsenhandels. Während ein anderes Primärkriterium als der Preis nicht vorstellbar ist, besteht die Möglichkeit einer Börse, ein anderes Sekundärkriterium – allgemein oder für bestimmte Einzelfälle – für die Auftragsausführung vorzusehen. So könnte anstelle der Zeit des Ordereingangs auch die Größe des Auftrages maßgeblich sein.

Entsprechend der grundsätzlich geltenden Preis-Zeit-Prioritätsregelungen führt der Abschluss der vorarrangierten Transaktionen über die Börse, wenn der vereinbarte Preis nicht gerade innerhalb des aktuellen Spreads ("inside the Spread"[327]) liegt, dazu, dass auf einer der beiden Seiten besser limitierte und

---

327 Grundsätzlich bildet sich in jeder Marktsituation ein Spread, das heißt ein Abstand zwischen günstigstem Verkaufsangebot und höchstem Kaufgebot, da ja bei einem Gleichstand oder gar Überschneidung dieser beiden "Orderströme" es automatisch zu einem Vertragsschluss und damit Ausgleich der Seiten kommt. Unter- bzw. überbieten die Parteien des Block Trades die jeweils besten Orders, liegt ein Trade "inside the spread" vor und so kommen die Aufträge aufgrund ihrer insoweit bestehenden Preispriorität vorrangig zur Ausführung. Es findet ein "clean cross", ein sauberes Kreuzen der Orders statt, das heißt, keine anderen Orders von Dritten kommen zum Zuge. Das vom Broker

vorzeitig eingegangene Orders Dritter Priorität genießen und deshalb vorrangig zum Zuge kommen. Die im Vorfeld mehr oder weniger mühsam hergestellte Kongruenz der Aufträge wird 'aufgebrochen' und die Orders werden nicht zu 100 % gegeneinander ausgeführt. Hierin liegt jedoch – soweit es um preisprioritäre Orders geht – sogar ein Vorteil für den einen Partner des Block Trades.[328] Der Ausführungskurs für der betreffende Partei sinkt. Allerdings wird der Preisvorteil bezogen auf den gesamten Block eher zu vernachlässigen sein.

Ob und wie die im vorhinein 'gematchten' Orders gegen fremde Aufträge gefüllt werden, ist bei offenen Orderbüchern für die Beteiligten zwar vorhersehbar, so dass die Parteien dies bereits beim Arrangement berücksichtigen können. Dies ist jedoch nur näherungsweise möglich, da sich der Auftragsbestand im Orderbuch sehr schnell verändert und so mit Verschiebungen zwischen dem Zeitpunkt der Einsichtnahme und Eingabe der arrangierten Aufträge zurechnen ist. Dementsprechend ist selbst bei einer Berücksichtigung dieses Gesichtspunkts in den Verhandlungen eine kongruente Auftragsausführung kaum möglich. Da der Preisvorteil im Verhältnis zum Transaktionsvolumen häufig sehr gering ist, wird die Interaktion mit den Dritt-Aufträgen von denBlock-Tradern in der Regel eher als lästig angesehen.

c) Die Situation an den Märkten im Einzelnen

Es soll im Folgenden untersucht werden, ob an den einzelnen Märkten eine Abwicklung der bilateral vorarrangierten Transaktion über die Börse möglich oder gar erforderlich ist. Ist dies der Fall, so ist darzustellen, welche Implikationen dies für die Beteiligten und die anderen Marktteilnehmer hat. Schließlich soll überprüft werden, ob es für die Block-Trader erstens möglich und zweitens von Vorteil ist, die Börse (und deren Transparenz) nicht nur für die Anbahnung des Geschäfts, sondern auch für dessen Ausführung zu meiden.

(1) New York Stock Exchange

An der NYSE wurde der Begriff des 'upstairs trading' geprägt, der beschreibt, dass Blocktransaktionen in den nahegelegenen Büros der Broker Dealer vorarrangiert und dann zur Ausführung 'downstairs' auf das Parkett der NYSE übermittelt werden. Für die Tatsache, dass kaum ein 'upstairs' und damit natürlich außerbörslich arrangiertes Geschäft auch außerbörslich abgeschlossen wurde,

---

für den Initiator des Block Trades geschnürte Orderpaket kommt als ganzes zur Ausführung.

328 Erklärungshalber ist klarzustellen, dass bei Bestehen eines Spreads nur eine der beiden arrangierten Seiten des Block Trades gegen Orders Dritter (teil-)gefüllt wird. Dies liegt daran, dass der vereinbarte Preis in dieser Situation nicht zugleich niedriger als der beste Geldkurs ('Bid') und höher als der beste Briefkurs ('Ask') sein kann.

sondern die Auftragsausführung 'downstairs' die Regelung war, vermutlich auch die bis vor kurzem bestehende NYSE Rule 390 verantwortlich.

(a) Börsenzwang durch NYSE Rule 390 bis ins Jahr 2000

Aufgrund dieser Norm galt für die Mitglieder der NYSE ein – wenn auch eingeschränkter – Börsenzwang. Zwar gab es bereits zahlreiche Ausnahmen, gleichwohl war der sicherlich auch psychologische Effekt nicht unerheblich: Ein großer Anteil derjenigen Geschäfte, die aufgrund der Ausnahmen auch außerbörslich hätten abgeschlossen werden können, wurde dennoch zum Crossing downstairs auf das Parkett der NYSE gegeben. Seit 1979 gibt es eine weitere SEC Rule, die den Anwendungsbereich von "Rule three-ninety" erheblich reduziert hat.

> **NYSE Rule 390 – Market Responsibility Rule**
>
> (a) Except as otherwise provided by this Rule, no member, member organization, or other person who is a nonmember broker or dealer and who directly or indirectly, controls, is controlled by, or is under common control with, a member or member organization (any such other person being hereinafter referred to as an affiliated person) shall effect any transaction in any listed stock in the over-the-counter market, either as principal or as agent.
>
> (b) A member, member organization or affiliated person holding a customer's order for purchase or sale of a listed stock (the Order) may execute the Order (or such portion thereof as may be so executed in accordance with this Rule) in the over-the-counter market with another person (except when such member is also acting as agent for such other person in such transaction).
>
> (c) The provisions of this Rule shall not apply to any of the following transactions: (...) (iii) any trade at a price unrelated to the current market for the security to correct an error or to enable the seller to make a gift; (iv) any transaction pursuant to a tender offer. (...)
>
> (d) (1) The term 'listed stock' as used in this Rule shall mean any security registered on the Exchange (other than subscription rights), the sale prices of transactions in which are reported on the consolidated tape provided for in the plan filed by the Exchange and others pursuant to Rule 17a-15 under the Securities Exchange Act 1934 (the Act) and declared effective by the Securities and Exchange Commission; (...).

Nach der damals neu eingeführten SEC Rule 19c-3 dürfen diejenigen Werte, deren Listing nach dem 26. April 1979 erfolgte, nicht Gegenstand eines Börsenzwangs sein.[329]

---

329 Cohen/Conroy, An Empirical Study of the Effect of Rule 19c-3, The Journal of Law & Economics, 1990 (Vol. 33.1), Seite 277 ff.

SEC Rule 19c-3. Governing Off board Trading by Members of National Securities Exchanges.

The rules of each national securities exchange shall provide as follows:

(a) No rule, stated policy or practice of this exchange shall prohibit or condition, or be construed to prohibit or condition or otherwise limit, directly or indirectly, the ability of any member to effect any transaction otherwise than on this exchange in any reported security listed and registered on this exchange (...) which is not a covered security.

(b) For purposes of this rule: (...) the term "covered security" shall mean: (...) registered on an exchange on April 26, 1979, (...).

Hieraus folgt, dass die Pflicht zum börslichen Handel nur noch (?) die Situationen erfasste, in denen das NYSE-Mitglied oder damit verbundene Personen oder Unternehmen als Dealer, Market Maker oder aber als Broker für beide Seiten tätig wird. Nicht erfasst war das bloße außerbörsliche Makeln ('off-board-brokering'), also der Fall, dass der beauftragte Broker Dealer 'upstairs' eine Gegenseite für den Trade vermittelt. In dieser Situation war also der 'downstairs cross' beim Specialist auch nach Rule 390 nicht erforderlich. Dies sah schon die 1975 erlassene SEC Rule 19c-1 vor, nach der die SEC es den Börsen untersagte, ihren Mitgliedern das "acting as agent" für Transaktionen außerhalb ihrer Börse zu verbieten[330]. Andererseits durften danach die Börsen den Broker Dealers weiterhin untersagen, die Orders mehrerer ihrer Kunden intern zum Ausgleich zu bringen.[331] Dieser Fall ist jedoch eher bei der sogenannten 'Internalization', dem internen Ausgleich von Kleinstorders relevant, da beim vorarrangierten Block Trade die per direkter Ansprache gesuchten Gegenparteien den Broker Dealer ohnehin nicht auch ihrerseits als Vermittler beauftragen dürften.[332]

Diese Betrachtung hat aber nur noch rechtshistorischen Wert. Auf langjährigen Druck aus den verschiedensten Bereichen der Branche auf SEC und NYSE hat letztere am 23. Februar 2000 bei der SEC den Antrag auf Genehmigung zur Streichung von Rule 390 gestellt.[333] Wie nicht anders zu erwarten, hat die SEC dem Antrag, diese als wettbewerbsbeschränkend empfundene Regel streichen zu

---

330 NYSE, The Official Constitution and Rules of the New York Stock Exchange, NYSE Rule 390.20, Supplementary Material; SEC Exchange Act Release No. 11-628 (1975); Jennings/Marsh/Coffee, Securities Regulation, 7th Edition, Seite 563.

331 So jedenfalls: Jennings/Marsh/Coffee, Securities Regulation, 7th Edition, Seite 563.

332 Jennings/Marsh/Coffee, Securities Regulation, 7th Edition, Seite 564.

333 Nach etwa einem Jahr soll sich an der Handelspraxis noch nicht viel geändert haben, vergleiche Kuckelkorn, Die Dezimalkurse bereiten der NYSE Sorgen, Börsen-Zeitung vom 1. März 2001, Seite 5.

dürfen, entsprochen.[334] Dadurch gibt es an der NYSE auch für die dort seit vor 1979 gelisteten Werte keinen Börsenzwang mehr. Die Abwicklung der vorarrangierten Geschäfte über das Parkett der NYSE ist selbstverständlich weiterhin zulässig und vermutlich auch weiterhin üblich.[335]

(b) Interaktion mit außenstehenden Aufträgen

An der NYSE gibt es gewisse Vorrechte bei der Ausführung vorarrangierter Geschäfte über die Börse. Vom ansonsten geltenden Sekundärkriterium der Zeit-Priorität werden zugunsten der arrangierten Transaktionen Ausnahmen gemacht. Dadurch werden die Chancen für ein sauberes Kreuzen der Aufträge („Clean Cross") erhöht und entsprechend die Beteiligung Dritter für diese erschwert.

(i) Sonderregelung für die börsliche Abwicklung von Block Trades – NYSE Rule 127

Etwas unklar ist in diesem Kontext die weitere Bedeutung von NYSE Rule 127. Deren Anwendungsbereich und Regelungsgehalt dürfte sich durch die Aufhebung der Rule 390 etwas verändern. Rule 127 regelt die Vorgehensweise bei der Ausführung von Blockaufträgen für die Mitgliedern der NYSE. Primär ist darin das „wie" der börslichen Ausführung der „upstairs" vorarrangierten Geschäfte geregelt. Aufgrund der Abschaffung von Rule 390, die insoweit das „ob" regelte, wird man Rule 127 heute wohl eher als Soll-Vorschrift verstehen müssen.

Rule 127 regelt also, wie ein Börsenmitglied vorzugehen hat, das von einem Kunden einen Auftrag zum Kauf oder Verkauf eines Aktienblocks erhält: Zunächst soll die Orderlage auf dem Parkett erkundet und der zuständige Specialist kontaktiert werden. Ferner ist geregelt, inwieweit Dritte an dem geplanten Blockgeschäft partizipieren können, soweit der verhandelte Preis außerhalb der derzeitigen Bid-Ask-Spanne liegt. Liegt er innerhalb der Spanne, so genießen die Orders ohnehin Preispriorität gegenüber den Orders Dritter und können vollständig gegeneinander ausgeführt werden.

Wird jedoch ein Ab- oder Aufschlag gewährt, so dass der verhandelte Preis eben außerhalb der derzeitigen Spanne liegt, spricht man von einem "Trade Through". Die Voraussetzungen unter denen man "durch" die an sich preis- und zeit-vorrangigen Aufträge Dritter "hindurch" handeln kann, sind ebenfalls geregelt: Dabei kommt es im einzelnen darauf an, ob es sich um ein Vermittlungs- oder ein Eigengeschäft des Börsenmitglieds handelt, ob das Mitglied durch das

---

334 Vergleiche SEC Release No. 34-42758; File No. SR-NYSE-99-48) vom 5. Mai 2000, Order Approving Proposed Rule Change to Rescind Exchange Rule 390, (im Internet abzurufen unter: www.sec.gov/rules/sro/ny9948o.htm, Stand: 12. März 2001).

335 Vergleiche hierzu auch unten die Erörterung auf Seite 132.

Eigengeschäft eine Position auf- oder abbaut[336], und ob beim Vermittlungsgeschäft die Beteiligung Dritter unerwartet groß ist oder nicht[337].

Das Eigengeschäft bezieht sich darauf, dass der Broker Dealer den Block oder einen Teil dessen selbst übernimmt. Vermittlungsgeschäft meint den Fall, dass das Börsenmitglied in seiner Eigenschaft als Broker eine von ihm verschiedene Gegenseite für die Blocktransaktion gefunden hat. Häufig liegt eine Kombination vor, wenn nämlich der Broker Dealer nur Interessenten für einen Teil des Blocks gefunden hat. Dann übernimmt er häufig den verbleibenden Teil selbst, um das Geschäft zustande zu bringen.

Da bei Formulierung der Rule nicht allzu viel Wert auf Systematik gelegt wurde, ist festzustellen, dass eine Beteiligung Dritter nur aufgrund von Preispriorität erfolgen kann, nicht hingegen auf Basis zeitlichen Vorrangs. Die Zeitpriorität ist also insoweit zugunsten der vorarrangierten Blocktransaktion suspendiert.

NYSE Rule 127 – Block Positioning

(a) A member organization that receives an order or orders for the purchase or sale of a block of stock, which may not readily be absorbed by the market, should explore in depth the market on the Floor. Unless professional judgment dictates otherwise, this should include checking the specialist to ascertain the extent of the specialist's interest in participating at an indicated price or prices. The specialist should maintain the same depth and normal variations between sales as he or she would had he or she not learned of the block.[338]

(b) A member who has a block of stock which he or she intends to cross at a specific clean-up price *outside the current quotation* should, when ready to effect the cross, proceed in the manner described below. The member should inform the specialist of his or her intention to cross a block at a specific price. There should not be any intervening trades by the member representing the block order between the time the member informs the specialist of his or her intention and the trade or trades to clean-up the block. There is one exception to this requirement. The member may trade with the exposed bid or offer if the clean-up price is the minimum variation outside the cur-

336 Während der Ausgleich einer Position des Händlers ("liquidating a position") Vorrang gegenüber Dritt-Orders hat, haben diese Vorrang gegenüber dem Auf- oder Ausbau einer Position des Händlers ("establishing or increasing a position").

337 Liegt ein "Excessive-" oder "Not excessive stock loss" vor?

338 Der Specialist darf die Information hinsichtlich des bevorstehenden Block Trades bei der Wahl seiner Handelsstrategie nicht berücksichtigen. Da er aber aufgrund seiner Position zur weiteren Teilnahme am Handel verpflichtet ist, resultiert hieraus die Verpflichtung, genauso weiter zu handeln als wüsste er von nichts.

rent quotation and the member is holding only agency orders on both sides of the market.

(c) **Agency Blocks.** This paragraph shall apply to block transactions where the member is holding only agency orders on both sides of the market.

(1) **Not excessive stock loss.** If the member representing the block orders determines that the member organization will not lose more stock than expected or than is reasonable under the circumstances, he or she should announce the cleanup price to other members in the Crowd and fill at such price the public orders of other members limited to the clean-up price or better and the reasonable needs of the specialist as discussed in paragraph (e).

(2) **Excessive stock loss.** If the member representing the block orders determines that the amount of stock that would be lost is excessive, he or she may either adjust the clean-up price or may announce the clean-up price to other members in the Crowd again and inform them that they will not be given stock at the clean-up price. After such an announcement, the member representing the block orders should follow the crossing procedures of **Rule 76** and make a bid and offer for the full amount. A reasonable time should elapse before the cross is completed so that other members in the Crowd, including the specialist, *may have an opportunity to execute superior priced bids or offers to provide price improvement.* Thereafter, the member representing the block orders may cross the orders for the remaining shares at the clean-up price. The member representing the block orders is not required to fill at the clean-up price orders limited to the clean-up price or better. *The block shall be entitled to priority at the proposed clean-up price.*

(d) **Member Organization Positioning.** This paragraph shall apply to block transactions in which all or a part of one side of the block is for a member or member organization's own account. The member may determine to fill at the clean-up price the public orders of other members limited to the clean-up price or better and the reasonable needs of the specialist as discussed in paragraph (e). Where this will not be the case, the member should proceed to cross the block in accordance with **Rule 76** *to provide the opportunity for price improvement*, subject to the following.

(1) **Establishing or increasing a position.** If all or any portion of the block will establish or increase the member organization's position, the member representing the block orders must fill at the clean-up price public orders limited to the clean-up price or better before any amount may be retained for the member organization's account.

(2) **Liquidating position.** A member organization which is covering a short position or liquidating a long position is not required to fill at the clean-up price orders limited to the clean-up price or better.

(e) **Reasonable Needs of the Specialist.**

(1) After exploring the market and consulting with the specialist, the member organization should be prepared to fill the needs of the specialist in accordance with that conversation. The specialist cannot increase the amount which he or she initially indicated unless the member organization agrees or the market has changed substantially.

(2) If the member organization does not consult with the specialist, the member organization should make a professional estimate of the probable needs of the specialist and reserve an appropriate amount to fill such needs.

(3) If the specialist and the member representing the block orders disagree as to the extent of the needs of the specialist, they should consult with a Floor Official. As appropriate, it may be necessary for the specialist to trade with the offer side of the cross to ensure that his or her reasonable needs in maintaining an aftermarket are satisfied. As provided in **Rule 92**, the specialist may not retain any stock for his or her own account obtained at a price at which he or she holds executable, but unfilled, orders.

(Hervorhebungen nicht im Original[339])

(ii) NYSE Rules 76 und 72

Grundsätzlich gilt für alle vorarrangierten Geschäfte Rule 76, auf die Rule 127 auch verweist. Danach muss das Börsenmitglied zunächst offen die Papiere zu einem Kurs, der minimal oberhalb der Limitierung der Kauforder zum Verkauf liegt, anbieten. So wird den anderen Handelsteilnehmern die Möglichkeit eingeräumt, durch ein besseres Kaufgebot selbst Preispriorität zu erlangen und so mit dem vorarrangierten Verkaufsangebot abzuschließen. Es geht also darum, dass die Handelsteilnehmer auf dem Parkett Kenntnis von den Orders erlangen, bevor diese durch gegenseitigen Ausgleich erlöschen, und so die Möglichkeit erhalten, mit verbesserten eigenen Orders zum Zuge zu kommen.

NYSE Rule 76 – "Crossing orders"

When a member has an order to buy and an order to sell the same security, he shall (...) publicly offer such security at a price which is higher than his bid by the minimum variation permitted in such security before making a transaction with himself. All such bids and offers shall be clearly announced to the trading crowd before the member may proceed with the proposed "cross" transaction.

Wichtig in diesem Zusammenhang ist überdies NYSE Rule 72, der bei Blocktransaktionen von über 25.000 Einheiten eine Ausnahme von der Zeitpriorität vorsieht, soweit es sich dabei um Vermittlungsgeschäfte handelt. Nachdem

---

339 In dieser Arbeit werden die zitierten Normen häufig mit Kürzungen und Hervorhebungen (Fett- oder Kursivdruck) wiedergegeben, um die relevanten Stellen schneller auffinden zu können.

unter (a) der Grundsatz der Zeitpriorität der Aufträge aufgestellt wird, ist in Absatz (b) für Volumina jenseits der 25.000 Einheiten-Marke (Die ansonsten an der NYSE geltende Definition für Blockgröße ist 10.000 Stück) eine Ausnahme vorgesehen.

Die wie immer nicht besonders sparsam benutzte Sprache sollte dabei nicht den Blick auf die dadurch aufgestellte Regel verstellen: Ein vorarrangiertes Vermittlungsgeschäft genießt bei entsprechender Größe Vorrang gegenüber preisgleichen, aber vorzeitig eingegangenen Aufträgen, nicht aber gegenüber besser limitierten. Liegt der verhandelte Preis innerhalb der Spanne ("within the prevailing quotation"), würde ohnehin ein Aufbrechen des arrangierten Geschäfts ("Break-up") ausscheiden, da die Aufträge gegenüber den anderen logisch zwangsläufig Preispriorität genießen würden. Insofern liegt keine wahre Ausnahme von der Regel, sondern ein Beispiel für die Anwendung derselben vor:

> **NYSE Rule 72 – Priority and Precedence of Bids and Offers**
>
> **(I) Bids** -- Where bids are made at the same price, the priority and precedence shall be determined as follows:
>
> **Priority of first bid**
>
> (a) Except as provided in paragraph (b) below, when a bid is clearly established as the first made at a particular price, the maker shall be entitled to priority and precedence on the next sale at that price, up to the number of shares of stock (...) specified in the bid, irrespective of the number of shares of stock (...) specified in such bid.
>
> **Priority of Agency Cross Transactions**
>
> (b) When a member has an order to buy and an order to sell an equivalent amount of the same security, and both orders are of 25,000 shares or more and are for accounts of the persons who are not members or member organizations, *the member may "cross" those orders at a price at or within the prevailing quotation. The member's bid or offer shall be entitled to priority at such crossing price, irrespective of pre-existing bids or offers at that price.* The member shall follow the crossing procedure of **Rule 76**, and another member may trade with either the bid or the offer of the cross transaction only to provide a price which is better than the cross price as to all or part of such bid or offer. A member who is providing a better price to one side of the cross transaction must trade with all other market interest having priority at that price before trading with any part of the cross transaction. No member may break up the proposed cross transaction , in whole or in part, at the cross price. (...)
>
> **(II) Offers** -- Where offers are at the same price, the priority, parity and precedence shall be determined in the same manner as specified in case of bids.

Überdies wird durch die zitierten Regelungen für eine erhöhte PreTrade-Transparenz gesorgt und so verhindert, dass die Aufträge nach einer logischen Sekunde des Matchings bereits wieder 'verschwinden', das heißt durch Erfüllung erlöschen. Zum anderen wird abermals deutlich, dass die Preispriorität gewahrt bleibt, während die Zeitpriorität anderer Orders zu Gunsten des arrangierten Block-Crosses suspendiert wird.

Hinsichtlich der Bedeutung dieser Regelungen in der Zukunft stellt sich natürlich die Frage, ob und in wie weit wie bisher ein 'downstairs crossing' erfolgen wird, wenn wegen der Aufhebung von NYSE Rule 390 nun sämtliche Transaktionen auch 'upstairs' vollzogen werden dürfen: Die Tatsache, dass aus den genannten Gründen Rule 390 den zwischen Nicht-Mitgliedern vermittelte Geschäfte ('agency cross') ohnehin nicht erfasste und auch in den '19c-3 Stocks' kein signifikant abweichendes Handelsverhalten zu beobachten ist, lässt vermuten, dass die Tage die des 'downstairs crossing' noch nicht gezählt sind. Möglicherweise ist das Preis-Gütesiegel des Handels über die Börse oder die zusätzliche Liquidität (oder zumindest Information) des Orderbuchs des NYSE Specialists weiterhin Grund genug, weiter die vorarrangierten Block Trades 'downstairs' abzuschließen.

(c) Zusammenfassung

Die Regelungen an der NYSE bestechen zwar nicht durch ihre besondere Systematik, aus ihnen ergibt sich aber ein – präzise vorgegebenes – Procedere, dass einen sinnvollen Ausgleich zwischen den Interessen des Initiator der Blockorder, des Block-Positioners und anderen Marktteilnehmern herbeiführen soll. Als generelles Privileg des vorarrangierten Geschäfts ist die Aussetzung des Sekundärkriteriums der Zeitpriorität herauszustreichen.

(2) NASDAQ STOCK MARKET

(a) Abschluss über das Nasdaq-System

An der Nasdaq gibt es keinen wie auch immer gearteten, expliziten oder faktischen Zwang, die Geschäfte über das Handelssystem abzuschließen. Von Börsenzwang zu sprechen verbietet sich schon aufgrund dessen, das Nasdaq bisher nicht als Börse registriert ist. Aber auch ein Zwang, die Geschäfte über das System der Nasdaq zu tätigen, kommt nicht in Betracht, da – wie eingangs erläutert – die Nasdaq dem Verbot als nicht-genehmigte Börse nur dadurch entkommt, dass die durch das computergestützte Anzeigesystem 'vermittelten' Geschäfte nicht über das System, sondern per Telefon abgeschlossen werden. Ist der Market Maker selbst willens, den Block zu übernehmen, liegt ein gewöhnliches Eigengeschäft vor, für das sich keine Besonderheiten gegenüber einer Kleintransaktion ergeben: Das Geschäft wird am Telefon geschlossen. Trade reporting und Settlement erfolgen über das System.

(b) Interaktion mit außenstehenden Orders

Wie eingangs erwähnt, ist es allerdings auch möglich, ein vorarrangiertes Geschäft mit einem Nicht-Market Maker (also entweder einem Händler oder einer natürlichen Gegenseite) über einen Market Maker und damit über das Handelssystem, dem er angehört, abzuschließen.

In beiden Fällen, gleich ob man mit einem Market Maker oder Nicht-Market Maker kontrahiert, kann die Blockorder mit zwei Arten von prioritären Aufträgen oder Quotierungen in Konflikt geraten: Zum einen kann der betreffende Market Maker nicht-angezeigte[340] Kundenorders halten, zum anderen können die besseren Quotierungen anderer Market Maker oder Börsen dazu führen, dass insoweit mit diesen zu kontrahieren wäre. In wie weit dies geschieht, ist durch NASD Rule 5264 geregelt. Diese Vorschrift setzt – in der dort gewohnten Detailliertheit – fest, dass lediglich bessere, nicht aber vorzeitige Quotierungen anderer Market Maker und Börsen ("markets") im jeweiligen vollen Umfang zu bedienen sind.

> **5264. Block Transactions**
>
> (a) An ITS/CAES Market Maker who executes a "block transaction" in an ITS/ CAES security in which he is registered as an ITS/CAES Market Maker *at an execution price outside the best quotation* for the security displayed by any ITS participant market or other ITS/CAES Market Maker, shall, upon executing the block trade, send to each other participant market and each ITS/CAES Market Maker displaying a bid or offer (as the case may be) superior to the execution price, a commitment to trade, at the execution price, to satisfy the number of shares displayed in that participant market's bid or offer.
>
> (b) For purposes of this Rule, a block transaction shall be a trade that:
>
> (1) involves 10,000 or more shares of a common stock traded through ITS or a quantity of any such security having a market value of $ 200,000 or more ("block size");
>
> (2) is effected at a price outside the bid or offer displayed from another ITS participating market center; **and**
>
> (3) involves either: (A) a cross of block size (where the member represents all of one side of the transaction and all or a portion of the other side); or (B) any other transaction of block size (i.e., in which the ITS/CAES Market Maker represents an order of block size on one side of the transaction only) that is not the result of an execution at the current bid or offer of the ITS/CAES Market Maker. (...)

---

340 Angezeigt werden sie nur, wenn sie den aktuellen Spread (die Spanne zwischen bester Kauf- und Verkaufsgelegenheit) verbessern würden.

Daraus folgt eine Situation vergleichbar der an der NYSE: Andere Quotierungen genießen keine Zeit- wohl aber Preispriorität gegenüber der Blocktransaktion. Das verhandelte Blockgeschäft kann als „Clean Cross“ ausgeführt werden, wenn es besser oder genauso gut limitiert ist, wie der derzeitige Kursspanne der besten Angebote. Ein Aufbrechen des Geschäfts erfolgt nur bei Abschluss zu schlechteren Kursen, das heißt bei Gewährung eines Auf- oder Abschlages.

(3) London Stock Exchange

(a) Börsenfiktion statt Börsenzwang

An der LSE besteht auch für ihre Mitglieder keine Verpflichtung, die Geschäfte tatsächlich über die Börse abzuschließen und so unter anderem den Prioritätsregeln der Börse zu unterstellen. Bei der Frage einer börslichen Ausführung der bilateral arrangierten Transaktion ist allerdings auf folgende Besonderheit hinzuweisen: Nach LSE Rule 2.1 ist eine Transaktion bereits dann ein börsliches Geschäft, wenn einer oder beide der Kontrahenten (bzw. ihre Broker) Börsenmitglieder sind und das Papier an der LSE notiert ist. Dann greift nämlich bereits die Fiktion, so dass sämtliche Börsenregeln Anwendung finden[341]. Lediglich Rule 2.2 sieht vor, dass die Kontrahenten bestimmen können, die Transaktion solle den Regeln einer "approved organisation" unterfallen. Dafür muss eine der Parteien Mitglied dieser Organisation sein und die Transaktion dieser in Übereinstimmung mit den entsprechenden Regeln melden.[342].

(b) Interaktion mit außenstehenden Orders – LSE Rule 4.22

Ist die bilateral gefundene Gegenseite ein Market Maker, so kann das Geschäft einfach und direkt mit diesem abgeschlossen werden. Ansonsten ist hinsichtlich der Interaktion mit Aufträgen bzw. Quotierungen Dritter ist Rule 4.22 zu berücksichtigen. Diese sieht vor, dass Mitgliedsfirmen, die einen „Agency Cross“[343] oder eine „Riskless Principal Transactions‘[344] ausführen möchten[345]

341 LSE, Regulatory Guide, Chapter 2, Core Rules, 2.1 – On Exchange Transactions, S. 27.

342 Dabei geht aus den erläuternden Anmerkungen ("Guidance") hervor, dass damit ein echter off-board Handel nicht in Frage kommt, da "approved organisation" mit "another exchange" gleichgesetzt werden könne; vergleiche LSE, Regulatory Guide, Chapter 2, Core Rules, 2.2 – Exceptions to on Exchange Transactions, S. 28. Daraus folgt, dass zumindest hinsichtlich der Post Trade-Transparenz keine Unterschiede bestehen: Das bilateral vermittelte Geschäft wird in jedem Fall als börsliches angesehen und entsprechend werden die Umsätze veröffentlicht, hierzu siehe unten Seite 145 f.

343 Hierunter ist zu verstehen, dass der Broker Dealer zwei (oder mehrere) passende Kundenaufträge als Geschäfte im fremden Namen (Agent im Sinne von Stellvertreter, entspricht Broker) über den Market Maker zum Ausgleich bringen will.

zuvor einen Market Maker zu kontaktieren haben, sofern der vereinbarte Preis nicht 'inside the spread' – also gleich oder schlechter ("at or outside the best price in the nearest size displayed") als die jeweils besten Quotierungen – ist. Dabei ist derjenige Market Maker zu kontaktieren, der unter Berücksichtigung der Größe der Quotierung die aus Sicht des Initiators des Geschäfts den besten Preis anbietet.

So wird zum einen sicherstellen, dass der Initiator der Transaktion nicht zu ungünstigen Kursen abschließt, und zum anderen die Ausführung preis-prioritärer Limitorders ermöglichen, die Kunden bei dem kontaktierten Market Maker zur Ausführung hinterlassen haben. Ferner soll dies letzterem der Abbau einer kurzen oder langen Position erlauben, soweit hierdurch nicht das Geschäft der anderen Vertragsseite – des Nicht-Initiators – vereitelt wird, LSE Rule 4.22 (b) am Ende.

LSE Rule 4.22

(a) A member firm which during the mandatory quote period proposes to execute an agency cross or a riskless principal transaction at the same price and on the same terms with two non-members in a SEAQ security at a price *which is at or outside the best price* in the nearest size displayed on SEAQ shall contact the market maker registered in that security displaying the best price in the nearest size on SEAQ from the viewpoint of the initiating non-member and provide the following particulars in respect of the proposed transaction.

(i) total size;
(ii) the indicated price;
(iii) any limits or instructions in the same security given by the non-member(s); and
(iv) whether the initiating non-member is a buyer or a seller.

(b) When the above particulars have been given to a market maker, the market maker shall agree a dealing price fair to the non-members having regard to their instructions. The market maker shall participate in a stated amount of the business at the agreed dealing price in order to fulfil any limit orders it has on its book, and may participate to level a long or short position. The market maker shall not thereby prevent the execution by the member firm of the order of the initiating non-member.

---

344 Hier handelt der Broker Dealer im eigenen Namen, also als Principal (im Sinne von Geschäftsherr, entspricht Dealer), wobei das Eigengeschäft für den Dealer dadurch risikolos wird, dass er zeit- und volumengleich als Käufer und Verkäufer gegenüber seinen Kunden auftritt.

345 Wenn also bereits durch direkte Kontaktaufnahme eine Gegenseite für den Kunden gefunden wurde.

> (c) Paragraph (a) shall not apply where the member firm: (i) is the broking arm of a group which includes a market maker registered in the security, in which case the particulars may be given to that market maker; (ii) has recently effected a transaction in the security with another market maker, in which case the particulars may be given to that market maker; or (iii) gives the particulars to the market maker which the broker believes to be "the market" in an illiquid SEAQ security.

Die Regel gilt folglich nur, wenn zwischen zwei Nicht-Mitgliedern als Prinzipalen gehandelt wird. In diesem Fall kann angenommen werden, dass es sich um Investoren handelt (da Broker Dealer und Market Maker ja LSE-Mitglieder sind) und daher keine der Parteien kurzfristig Kapital zur Verfügung stellt und in unmittelbar zeitlicher Nähe die Position glattstellen muss. 'Risktaking Dealers' sind also von dieser für sie äußerst risikoerhöhend wirkenden Transparenz ('Order Exposure') befreit:

(c) Auswertung der LSE-Regeln

Die Regelung 4.22 ist als äußerst gelungen zu bezeichnen. Durch die Beschränkung auf vermittelte und damit risikolose Geschäfte wird der Börse ein mehr an Transparenz und Liquidität zugeführt, ohne dass das Risiko der Beteiligten erhöht wird. Kontrahieren nicht Intermediäre sondern Investoren miteinander, droht im Regelfall kein Informationseffekt, weil dann "nach dem Trade nicht vor dem Trade" ist. Hat man eine natürliche Gegenseite gefunden und sich auf den Preis geeinigt, schadet die Transparenz in dieser Lage den Beteiligten nicht. Der Börse wird auf diesem Weg aber zusätzliche Liquidität verschafft, eine Rückkopplung des verhandelten Preises mit der börslichen Preisermittlung findet statt, und die Zeit-Preis-Prioritäten der außenstehenden Kundenorders werden – soweit innerhalb der dezentralen Struktur möglich – gewahrt.

(4) Frankfurter Wertpapierbörse

(a) Kein echter Börsenzwang

Zwar stellt § 10 BörsG[346] einen häufig als „Börsenzwang'[347] bezeichneten Börsenvorrang auf[348], dieser ist jedoch im Hinblick auf die Ausführung von Blocktransaktionen ohne Bedeutung. Die Vorschrift regelt lediglich, wie ein Kundenauftrag in Ermangelung konkreter Weisungen auszuführen ist. Zwar stellt diese Norm insofern einen relativen – das heißt nur zwischen Kunde und Kommissionär bzw. Bank wirkenden – Börsenzwang auf, als sie bei Fehlen

346 § 10 Abs. 1 BörsG entspricht (bis auf einen verbraucherschützenden Zusatz) § 22 Abs. 1 BörsG-E.

347 So etwa Kümpel, Bank- und Kapitalmarktrecht, Rz. 10.60.

348 Vergleiche Geibel, in: Schäfer (Hrsg.), Kommentar WpHG/BörsG/VerkProspG, § 10 BörsG Rn. 2.

konkreter Weisungen des Investors zum Handel über die Börse verpflichtet. Schutzzweck der Norm ist die Verhinderung der Beeinträchtigung der Interessen des (Klein-)Anlegers durch Ausführung des Kommissionsgeschäfts zu ungünstigen Kursen. Der in der Regel insofern geschäftsgewandte Blockhändler wird also im Regelfall auf den ihm so zuteil werdenden Schutz verzichten, wenn ihm die außerbörsliche Auftragsausführung vorteilhaft erscheint.

> **§ 10 BörsG [Ausführung von Aufträgen]**
>
> (1) Aufträge für den Kauf oder Verkauf von Wettpapieren, die zum Handel an einer inländischen Börse zugelassen oder in den Freiverkehr einbezogen sind, sind über den Handel an der Börse auszuführen, sofern der Auftraggeber seinen gewöhnlichen Aufenthalt oder seine Geschäftsleitung im Inland hat und er nicht für den Einzelfall oder eine unbestimmte Zahl von Fällen ausdrücklich eine andere Weisung erteilt.

(b) Ausführung vorarrangierter Geschäfte über die Börse?

Beinahe als etwas verworren zu bezeichnen ist die aktuelle Lage in Deutschland hinsichtlich der Ausführung vorarrangierter Geschäfte über die Börse: Für den Präsenzhandel an der FWB existieren keine Regelungen für die Ausführung vorarrangierter Geschäfte, so dass die jeweiligen Orders ganz normal über den Kursmakler ausgeführt werden müssen, so dass sie der allgemeinen Preis-Zeit-Prioritätsregel unterliegen.[349] Aufgrund dessen, dass aber keine besonderen, privilegierenden Regeln vorhanden sind, können die arrangierten Orders also nur in den vom Kursmakler vermittelten Interaktionsprozess eingebracht werden. Dadurch kommt es *ceteris paribus* zu einer größeren Beeinträchtigung der arrangierten Kongruenz. Die Beteiligung außenstehender Orders ist dementsprechend zwar theoretisch maximal. In der Praxis ist es allerdings so, dass nur die

---

349 *§ 42a BörsO – Auktion und fortlaufender Handel:* (2) Der fortlaufende Handel beginnt mit einer Eröffnungsauktion, die nach Maßgabe des Absatzes 1 durchgeführt wird. Während des fortlaufenden Handels kommen die Preise durch das Zusammenführen (Matching) von Aufträgen zum jeweils besten im Auftragsbuch angezeigten Geld- oder Brief-Limit, bei gleichem Preis in der Reihenfolge der Eingabe in das System (Preis-Zeit-Priorität), zustande; unlimitierte Aufträge werden vorrangig ausgeführt. (...)
§ 36 der Bedingungen für Geschäfte an der Frankfurter Wertpapierbörse – Preisermittlung und Auftragsausführung im fortlaufenden Handel: (2) Während des fortlaufenden Handels werden die in das elektronische Handelssystem eingegebenen Aufträge, die sich ausführbar gegenüberstehen, einander zugeordnet und zu Geschäftsabschlüssen zusammengeführt. Das System ordnet die Aufträge zunächst nach dem Preis. Das höchste Geldlimit und/oder das niedrigste Brieflimit haben Vorrang. Bei gleichem Preis entscheidet die zeitliche Reihenfolge der Eingabe; § 34 Abs. 2 Satz 2 gilt entsprechend.

wenigsten Blocktransaktionen börslich ausgeführt werden.[350] Auf die Gründe wird unten noch näher einzugehen sein.[351]

(i) Abschluss über Xetra verboten

Der Abschluss von arrangierten Geschäften über den Xetra-Handel ist unzulässig.[352] Vorarrangierte Geschäfte dürfen nicht über das von Xetra geführte Orderbuch abgeschlossen werden. Dies ist in § 38 Abs. 1 der FWB-Geschäftsbedingungen geregelt.

> **§ 38 der Bedingungen für Geschäfte an der Frankfurter Wertpapierbörse – Abgesprochene und teilnehmerinterne Geschäftsabschlüsse (Pre-arranged Trades und Crossing)**
>
> (1) Geschäftsabschlüsse, die nach vorheriger Absprache zweier Handelsteilnehmer durch die unmittelbar aufeinander folgende Eingabe gegenläufiger limitierter Aufträge herbeigeführt werden sollen (Pre-arranged Trades), sind unzulässig.
>
> (2) Die Eingabe gegenläufiger Aufträge durch einen Handelsteilnehmer, die dasselbe Wertpapier betreffen und im elektronischen Handelssystem zu einem Geschäftsabschluss zusammengeführt werden könnten (Crossing-Geschäfte) ist unzulässig, sofern der Handelsteilnehmer wissentlich sowohl auf der Kauf- als auch auf der Verkaufsseite für eigene Rechnung oder für Rechnung desselben Kunden handelt. Derartige Geschäfte führen im fortlaufenden Handel nicht zu Börsenpreisen, sofern der Handelsteilnehmer für eigene Rechnung handelt. Satz 1 findet entsprechende Anwendung auf sonstige Verhaltensweisen, die eine Umgehung der Vorschrift darstellen.

Nach dem hierzulande vorherrschenden Verständnis[353], dass Börsenpreise nach einem überwachten Verfahren durch die 'multilaterale Interaktion' sämtlicher Aufträge zustandezukommen haben, ist es nicht zulässig, durch die Eingabe aufeinander abgestimmter Orders ein börsliche Geschäft abzuschließen und so einen 'zweiseitig verhandelten Börsenkurs' zu erzeugen. Die systematische Nähe dieser Regelung zum Verbot "teilnehmerinterner Geschäfte" (wirtschaftlich betrachtet sind Käufer und Verkäufer personenidentisch) in Absatz 2 macht

---

350 Aus ökonomischer Sicht: Hielscher/Stenzel, Umfang und Ursachen des außerbörslichen Aktienhandels, DBW 1996, Seite 523 ff.

351 Siehe unten Seite 146.

352 Beck, Das neue elektronische Handelssystem Xetra der Frankfurter Wertpapierbörse, WM 1998, S. 417 (429).

353 Aufgrund der Verbreitung des dezentralen Market Maker-Handels in Großbritannien und den Vereinigten Staaten, ist man dort gegenüber der verhandelten „Preisermittlung" weitaus offener.

deutlich, dass durch die Regelung verhindert werden soll, dass einzelne Teilnehmer willkürlich den Börsenkurs bestimmen können ("painting the tape").[354]

(ii) Exkurs – Schutz des freien Zustandekommens der Kurse

Der Ansatz, dass Börsenkurse allein durch die 'multilaterale Interaktion' sämtlicher Aufträge zustandezukommen haben, wird allerdings nicht nur an der FWB verfolgt. Während die anderen drei hier untersuchten Börsen keine derartige Regelung kennen, besteht an den US-amerikanischen Warenterminbörsen wie etwa des Chicago Board of Trade (CBOT) ebenfalls das Verbot abgesprochener Geschäfte[355]. Allerdings können die Handelsteilnehmer dort auf diese Regelung anders als in Frankfurt nicht mit dem außerbörslichen Abschluss der arrangierten Geschäfte reagieren, sondern müssen sich auf die 'normale' Teilnahme am Börsenhandel unter Verzicht auf vorherige Arrangements beschränken. Nach dem Commodity Exchange Act[356] müssen Futures an einem von der Commodities Futures Trading Commission ("CFTC") anerkannten "contract market" gehandelt werden, und zwar "by open outcry"[357], so dass das die Warenterminbörsen durch diese Vorschrift keinen Liquiditätsverlust erleiden.

(c) Einordnung der Neuerung Xetra XXL

Die Einführung des jüngst unter der Bezeichnung „Xetra XXL" eingerichteten Segments für Blockorders[358] stellt keine Ausnahme von diesem Grundsatz dar. Aufgrund dessen, dass die dort eingegebenen Großorders zu einem Referenzkurs ausgeführt werden, können selbst zwei aufeinander abgestimmte Aufträge weder ihren Ausführungskurs[359] noch den Börsenkurs beeinflussen. Deshalb eignet es sich auch nur bedingt zur Ausführung bereits arrangierter Geschäfte: Die Parteien können sich nicht auf einen Preis einigen, sondern sind insofern vom Verdikt der Kursermittlung durch den normalen Xetra-Handel abhängig.

---

354 Dass zur Verhinderung dessen eine adäquate Verbotsnorm für Kursmanipulationen durch reale Transaktionen sinnvoller wäre, wird unter noch näher erläutert, vergleiche Seiten 225 und 347.

355 Nach CFTC Regulation Section 1.38 (a) "All purchases and sales of any commodity for future delivery, and of any commodity option (...) shall be executed openly and competitively by open outcry (...)", vergleiche Report des Committee on Futures Regulation der NYC Bar Association, Large Order Execution in the Futures Markets, 44 (1989) Bus. Law., S. 1335 (1335).

356 7 U.S.C. §§ 1- 26 (1982 & Supp. V 1987).

357 Vergleiche Report des Committee on Futures Regulation der NYC Bar Association, Large Order Execution in the Futures Markets, 44 (1989) Bus. Law., S. 1335 (1335).

358 Hierzu bereits oben Seite 94.

359 Es soll allerdings eine Limitierung möglich sein, vergleiche: von Heusinger, Modell Blockhandel auf Xetra hat Zukunft, Börsen-Zeitung vom 1. März 2001, Seite 3.

Zwar wird sich auch ein ausgehandelter Kurs im Regelfall am aktuellen Börsenkurs orientieren, jedoch kann der Initiator des Geschäfts der Gegenseite eine Prämie bzw. einen Abschlag gewähren, um sie zum Abschluss zu bewegen. Die über Xetra XXL ausgeführten Großaufträge steuern, aufgrund der mit diesem System verbundenen Separierung, auch nichts zur allgemeinen Liquidität bei. Eine Interaktion mit anderen Aufträgen findet nicht statt. Ob sich die so institutionalisierte Fragmentierung des Handels bewähren wird, bleibt abzuwarten.

d) Zusammenfassung der Lage an den untersuchten Märkten

An den drei untersuchten ausländischen Märkten gibt es Sonderregelungen, die eine Ausführung vorarrangierter Geschäfte über die Börse ermöglichen bzw. erleichtern. Dies hängt zum einen damit zusammen, dass es nach dem dortigen Verständnis keinen Nachteil bedeutet, wenn börsliche Transaktionen und damit auch Börsenkurse auf Basis bilateraler Verhandlungen zustande kommen.[360] Dadurch dass man ein in vorangegangenen Verhandlungen geschnürtes Päckchen als Beeinträchtigung der möglichst breit angelegten Kursermittlung betrachtet, ist es auch nur konsequent, keine Regelungen zur Erleichterung einer Ausführung über die Börse unter Einbeziehung in den normalen Handel zu schaffen. Die Einrichtung von Xetra XXL ist insofern ebenfalls konsequent. Preisermittlung und Liquidität werden nicht bereichert.

Zwar wird nicht selten seitens des Initiators einer Blocktransaktion ein Interesse bestehen, die (zusätzliche) Liquidität der Börse zu nutzen, und deshalb auch eine (Teil-)Ausführung über die Börse stattfinden. Auch mag der mit der Transaktion betraute Broker eine Ausführung über das Orderbuch der Börse wählen, um so gegenüber dem Kunden nachzuweisen, dass zu Marktkursen gehandelt wurde und nicht zu unvorteilhaft verhandelten Kursen. Überdies können gesetzliche Regelungen den bereits vielfach angesprochenen institutionellen Investoren aufgrund der Treuhändersituation gegenüber den Kapitalgebern eine Pflicht zum Handel zu marktgerechten Kursen auferlegen.[361] Dennoch ist in Deutschland zu beobachten, dass das Gros der Blocktransaktionen außerbörslich stattfindet.[362] Es stellt sich daher die Frage, ob der – zumindest hierzulande – häufig gewählte 'private' Weg des Handels Nachteile für die anderen Marktteilnehmer, den Finanzplatz oder die Allgemeinheit verursacht.

360 Zu den möglichen Gründen siehe oben Fußnote 353.

361 So ist dies in § 12 a Absatz 5 Satz 1 KAGG vorgesehen.

362 Hielscher/Stenzel, Umfang und Ursachen des außerbörslichen Aktienhandels, DBW 1996, S. 523 ff.

3. Nachteile des außerbörslichen Handels für den Finanzplatz

Ist der Kauf abseits des Parketts und der börslichen Computersysteme vorarrangiert worden, so besteht – wie erörtert – kaum Interesse oder Bedürfnis der Parteien, das Geschäft dennoch 'über die Börse' abzuschließen und abzuwickeln. Wie gezeigt ist dies im Xetra Handel gar nach § 38 Abs. 1 derBedingungen für Geschäfte an der Frankfurter Wertpapierbörse unzulässig. Entsprechend werden die Parteien das Geschäft außerbörslich abschließen, soweit dies für sie vorteilhaft und ohne weiteres zulässig ist. Wird ein substanzieller Teil der Transaktionen in einem Wert im Direkthandel, der andere Teil über die Börse durchgeführt, kommt es zu einer Zersplitterung der Liquidität zwischen diesen beiden Bereichen.[363]

a) Zersplitterung der Liquidität

Wie so gerade gezeigt, besteht die grundsätzliche Möglichkeit, die Liquiditätsströme des außerbörslich arrangierten Blockhandels auf der einen Seite und des sonstigen Börsenhandels auf der anderen Seite dadurch zur Interaktion zu bringen, dass die Abwicklung des vorarrangierten Geschäftsabschlusses über das Orderbuch erfolgt.[364] Wählen aber die Parteien des vorarrangierten Block Trades einen außerbörslichen Vertragsschluss, dann kommen die im Preisrahmen des Crossing Price liegenden Aufträge Dritter trotz zeitlicher (Sekundärkriterium) und eventuell sogar preislicher (Primärkriterium) Priorität nicht 'zum Zuge'.

Für eine der beiden Seiten der arrangierten Transaktion gibt es – mit Ausnahme des bereits angesprochenen Geschäfts 'inside the spread[365] – bei Ausführung über die Börse zwar die Gelegenheit, Orders Dritter zu füllen, die günstiger limitiert sind als der vereinbarte Crossing Preis. Auf diese Einspar-

---

363 Dabei wird noch die ohnehin bestehende Fragmentierung des Handels zwischen den verschiedenen Börsen außer Acht gelassen.

364 Dies ergibt sich daraus, dass soweit nicht gerade ein Geschäft 'inside the spread' vorliegt, logisch notwendig nur eine der beiden Seiten der Blocktransaktion die am günstigsten limitierte Order der jeweiligen Marktseite darstellt, während die andere sich aber mangels Preispriorität 'hinten anstellen' muss. Liegt der ausgehandelte Preis („Crossing-Price") innerhalb des Spreads, gibt es nach den üblichen Prioritätsregeln keinen Vorrang außenstehender Aufträge, so dass ein Clean Cross stattfindet. Die arrangierten Aufträge kommen ohne Beeinträchtigung durch andere Aufträge zum vollständigen Ausgleich. Liegt hingegen ein 'trade through' vor, liegt also der vereinbarte Preis über dem besten angebotenen Briefkurs ('Ask') oder unter dem besten Geldkurs (‚Bid'), dann kommt folglich die preis-prioritäre Order der einen Seite des Blocks zunächst gegen die – gegenüber der anderen Seite des Blocks aufgrund von Preis- und Zeitpriorität – vorrangigen Aufträge Dritter zur Ausführung. Erst dann kommt es zum 'Kreuzen', dem Ausgleich der beiden Seiten des arrangierten Block Trades.

365 Siehe oben Fußnote 327.

möglichkeit wird jedoch häufig zugunsten von Diskretion und runder Größen verzichtet ('clean crosses'). Die Orders der Außenstehenden kommen dann nicht zur Ausführung. Hierdurch geht der Börse als Handelsplatz Liquidität verloren. Diese ist ein wichtiges Kriterium im Wettbewerb verschiedener Handelsplätze, wie inländischer und ausländischer Börsen oder alternativer Handelssysteme.

Jedoch verliert nicht nur die Börse an Attraktivität, sondern das Wertpapier als solches. Dies verliert durch geringere Liquidität des Marktes oder der Märkte an denen es gehandelt wird an Fungibilität, was für Emittent und Investor einen Wertverlust bedeutet.[366] Dies mindert die Möglichkeiten des Emittenten zur Kapitalaufnahme, was dessen Investitionsmöglichkeiten verringert, was wiederum dem Standort und der Allgemeinheit am Sitz des Unternehmens schadet.

b) Nachteile für die Preisbildung

Wird der Block außerbörslich gehandelt, ergibt sich ferner der Nachteil, dass der vereinbarte Kaufpreis möglicherweise von den ermittelten Börsenkursen abweicht und damit neben diese tritt. Ökonomische Grundregeln besagen, dass je größer das bzw. die an einem Punkt zusammentreffende Angebot und Nachfrage sind, desto effizienter ist der Preisermittlungsmechanismus.[367] Dadurch werden die Börsenkurse in ihrer Aussagekraft relativiert. Sie geben nicht Aufschluss über den gesamten Umsatz, über das Gleichgewicht der gesamten Nachfrage und des gesamten Angebots, sondern nur über einen Teil dessen, den der zumeist kleineren Transaktionen. Es wäre möglich, dass der überwiegende Teil des Handelsvolumens in einer bestimmten Aktie außerbörslich zu vom Börsenkurs abweichenden Kursen gehandelt würde. Findet – wie in Deutschland – durch das Abwandern des Blockhandels in den außerbörslichen Bereich eine Fragmentierung des Handels statt, dann leidet also nicht nur die Liquidität der Werte sondern auch die wichtige Börsenfunktion der Preisermittlung.[368]

---

366 Vergleiche zu diesem Problemkreis etwa: Amihud/Mendelson, A New Approach to the Regulation of Trading Across Securities Markets, 71 N.Y.U. L. Rev., S. 1411 ff., die sogar vorschlagen, der Emittent sollte das Recht haben, zu bestimmen, an welchen Märkten die Papiere gehandelt werden dürfen, weil dieser aufgrund der drohenden Fragmentierung des Handels und der Beeinträchtigung der Fungibilität des Wertes mit höheren Kapitalkosten rechnen müsse.

367 Levitt, Dynamic Markets, Timeless Principles, Rede an der Columbia Law School, 23. Sept. 1999, (nachzulesen im Internet unter www.sec.gov/news/speech/speecharchive/1999/spch295.htm, Stand: 12. März 2001).

368 Siehe hierzu bereits oben Seite 73. Aufgrund vermehrten Frontrunnings befürchtet die NYSE ein Abwandern des Blockhandels in den außerbörslichen Bereich. Vergleiche Kuckelkorn, Die Dezimalkurse bereiten der NYSE Sorgen, Börsen-Zeitung vom 1. März 2001, Seite 5.

4. Eine Frage der Alternativen – Bedeutung der Regulierung des außerbörslichen Handels für die jeweilige Börse

Bevor die auf den außerbörslichen Handel am jeweiligen Finanzplatz anwendbaren Regeln sogleich zu erörtern sind, soll kurz auf die naheliegende Frage eingegangen werden, welchen Sinn es überhaupt hat, die Regulierung der organisierten Aktienmärkten auch im Bezug auf solche Geschäfte zu untersuchen, die mehr oder weniger 'an diesen Märkten vorbei' getätigt werden.

Zum einen ist die Fokussierung dieser Untersuchung auf die vier organisierten Hauptaktienmärkte – im Gegensatz zu einer nationalen Betrachtungsweise – gewählt worden, um der enormen Bedeutung der Selbstregulierung auf diesem Gebiet Rechnung zu tragen: Auf dieser Ebene der Selbstregulierung gibt es – vor allem an NYSE und LSE – für die Börsenmitglieder Vorschriften, die diese in jedem Fall, also auch beim 'Direkthandel'[369] zu beachten haben. Ein Teil der Regeln der organisierten Märkte ist auch dann auf den Handel ihrer Mitglieder anwendbar, wenn dieser außerhalb der Handelsplattform stattfindet. Entsprechend muss der Block-Trader bei der Wahl seiner Strategie die auf die jeweiligen Ausführungsmodalitäten anwendbaren Vorschriften im Auge haben, und die jeweils damit zusammenhängenden ökonomischen Risiken vergleichen. Gelten bestimmte Regelungen auch bei außerbörslicher Ausführung, ist dies bei der Kosten/Nutzen-Analyse der in Betracht kommenden Varianten selbstverständlich zu berücksichtigen.

5. Anwendbarkeit der Post Trade-Transparenz-Regeln

Nachdem aufgezeigt wurde, dass eine außerbörslichen Ausführung des Geschäfts zu Lasten der Liquidität und der Aussagekraft des Börsenkurses geht, ist die Post Trade-Transparenz dieser außerbörslichen Geschäfte in zweierlei Hinsicht besonders wichtig.[370] Erstens stellt sich die Frage, was sich aus einer außerbörslichen Blocktransaktion für die Transparenz des Wertpapierhandels ergibt: Bleibt der außerbörsliche Handel intransparent, oder treten die Information über dort getätigte Umsätze lediglich neben die börslicherseits ermittelten Daten? Eng damit zusammenhängt die zweite Frage: Besteht aufgrund der Intransparenz dieses Bereichs – etwa wegen der Unanwendbarkeit der börslichen Transparenzvorschriften – geradezu ein Anreiz für die Beteiligten, das bilateral ausgehandelte Geschäft im außerbörslichen Bereich abzuschließen.

---

369 Diese Formulierung ist gewählt, um sowohl außerbörsliche Geschäfte im engeren Sinne, wie auch durch Fiktion oder entsprechenden Zwang zu börslichen gemachte Transaktionen zu erfassen.

370 Dass in diesem Bereich keine Pre Trade-Transparenz besteht, ist gerade Sinn und Zweck der bilateralen Suche nach dem Vertragspartner, siehe oben Seite 119.

Wie oben bereits mehrfach herausgestellt, besteht nämlich dann ein großes Interesse, auch nach dem Abschluss der Transaktion die Information nicht publik zu machen, wenn noch weitere gleichgerichtete Geschäfte für einen der Beteiligten bevorstehen.[371] Entweder weil noch weitere Teile des Blocks der Ausführung bedürfen oder weil der Vertragspartner des Initiators ein Händler ist, der die Position nur kurzfristig übernimmt, um sie umgehend wieder auszugleichen. In beiden Fällen besteht Interesse, einen drohenden Informationseffekt und die daraus resultierenden negativen Kursveränderungen zu verhindern.

Daher soll nun untersucht werden, ob und wie die Regulierungen in den einzelnen Jurisdiktionen diesem Risiko begegnen und so zum einen für umfassende Transparenz sorgen und zum anderen verhindern, dass für die Blockhändler ein Anreiz besteht die Börse zu meiden, wodurch dieser nicht zuletzt Liquidität verloren ginge.

a) New York Stock Exchange & Nasdaq Stock Market

Aufgrund des umfassenden Ansatzes des NMS gelten die Post Trade-Transparenznormen in den Vereinigten Staaten ohne Rücksicht auf, ob das Geschäft börslich, über das Nasdaq System oder aber abseits dieser Märkte ausgeführt wird. Durch das Zusammenspiel der beiden unten zitierten Abschnitte 1 (b) und 1 (c) der SEC Rule 11Aa3, müssen alle Transaktion, die von einem Broker Dealer in NMS-Werten getätigt werden, so ausgeführt werden, dass sie Gegenstand eines Transaktion Reporting Plans sind, ganz gleich ob dies an einer Börse geschieht oder nicht.

Folglich ist hinsichtlich der Post Trade-Transparenz auf obige Ausführungen zu verweisen.[372] Binnen 90 Sekunden ist das Geschäft an das Nasdaq System oder das Consolidated Tape zu melden, von denen es umgehend veröffentlicht wird. Durch diese Regelung wird für eine umfassende Transparenz des Wertpapierhandels gesorgt. Lediglich durch eine Ausführung nach Ende der Börsenstunden oder unter Einbeziehung ausländischer Broker Dealer (etwa in London) kann eine sofortige Veröffentlichung der Geschäfte verhindert werde. Dies wird bei besonders riskanten Geschäften auch gemacht, ist aber mit erheblichen Umständen verbunden, so dass man sagen kann, dass über die NMS-Normen für sehr weitgehende Transparenz gesorgt wird und keine Anreize für eine außerbörsliche Ausführung bestehen.

> **SEC Rule 11Aa3-1 (b)**
>
> (1) Every exchange shall file a transaction reporting plan regarding transactions in listed equity and Nasdaq securities executed through its facilities,

---

371 Siehe hierzu oben Seite 96 ff.

372 Siehe oben Seite 99 bzw. 102.

and every association shall file a transaction reporting plan regarding transactions in listed equity and Nasdaq securities executed by its members otherwise than on an exchange.

SEC Rule 11Aa3-1 (c)

(1) No broker or dealer may execute any transaction in, or induce or attempt to induce the purchase or sale of, any reported security: (i) On or through the facilities of an exchange unless there is an effective transaction reporting plan with respect to transactions in such security executed on or through such exchange facilities; or (ii) Otherwise than on an exchange unless there is an effective transaction reporting plan with respect to transactions in such security executed otherwise than on an exchange by such broker or dealer.

b) London Stock Exchange

Auch die Regelungen LSE führen dazu, dass die dort geltenden Vorschriften über Trade Reporting und Trade Publication auch auf diejenigen Geschäfte erstreckt werden, die nach allgemeinen Verständnis als außerbörslich einzustufen wären. Die oben wiedergegebenen Berichtspflichten (Rules 8.14 ff.)[373] gelten zwar nur für Börsengeschäfte. Bei der Frage, wann ein Geschäft als börslich anzusehen ist, ist aber die Regelung in LSE Rules 2.1 und 2.2 zu beachten. LSE Rules 2.1 und 2.2 stellen gewissermaßen eine Fiktion auf: Danach werden grundsätzlich alle Transaktionen, die von Mitgliedern der LSE oder SETS-Teilnehmern in an der LSE gelisteten, inländischen und ausländischen Werten getätigt werden, als börslich angesehen. Folglich unterfallen sie damit den allgemeinen börslichen Berichtspflichten.

Eine Ausnahme ist nur für den Fall vorgesehen, dass die Vertragsparteien sich darauf verständigen, die Transaktion den Regeln einer „approved organisation" (zumeist einer anderen Börse) zu unterstellen. Ferner muss das LSE-Mitglied auch Mitglied der anderen Börse („approved organisation") sein und die Transaktion in Übereinstimmung mit den Regeln der anderen Börse dieser melden. Nur dann unterfällt die Transaktion nicht mehr der Fiktion, „on exchange", das heißt an der LSE, abgeschlossen zu sein[374].

LSE Rule 2.1

(a) Unless the provisions of rule 2.2 apply, a transaction is effected on the Exchange ("on Exchange") if one or both of the parties to the transaction is a member firm (whether as agent or as principal) or (in the case of transactions effected on the order book) a SETS Participant and the transaction is effected in one of the following classes of security:

(i) domestic equity market securities (...);

373 Siehe oben Seite 107.

374 LSE, Regulatory Guide, Chapter 2, Core Rules, 2.1 – On Exchange Transactions, S. 27, 2.2 – Exceptions to On Exchange Transactions, S. 28.

> (iii) European equity market securities;
> (iv) international equity market securities; (...).
>
> **LSE Rule 2.2 Exceptions to on Exchange transactions**
>
> The following transactions are not on Exchange: (a) transactions in domestic equity market securities, international equity market securities, fixed interest securities, negotiated options on fixed interest securities or covered warrant market securities where the member firm and its counterparty agree at or prior to the time of effecting the transaction that it shall be subject to the rules of an approved organisation and the member firm is a member of that approved organisation and reports the transaction to it in accordance with its rules.

LSE Rule 8.15 sieht in Absatz (d) beispielsweise explizit vor, wie eine Transaktion in einer „Order Book Security" zu melden ist, die nicht über das Orderbuch ausgeführt worden ist. Daraus geht klar hervor, dass Transaktionen, die man nach deutschem Recht als 'außerbörslich' bezeichnen würde, von der LSE dennoch als börslich angesehen werden, so dass sie den Meldepflichten unterfallen.[375] LSE Rule 8.17 regelt überdies, wann Transaktionen zu berichten sind, die außerhalb der normalen Handelszeiten abgeschlossen werden. Vereinfachend gesagt hat dies vor Beginn des nächsten Handelstages zu erfolgen. Auch diese Transaktionen wären nach unserem Verständnis als außerbörslich einzustufen.

Sind die Geschäfte einmal von der Fiktion als börslich erfasst, werden sie nicht nur hinsichtlich des „Trade Reportings" gegenüber der Börse, sondern auch hinsichtlich der „Publication" gegenüber den anderen Marktteilnehmern als solche betrachtet. Dementsprechend werden die nach unserem Verständnis außerbörslichen Umsätze in vollem Umfang bei der Veröffentlichung als Börsenkurse berücksichtigt. Im Hinblick auf die größenbedingten Verzögerungen ist auf oben Gesagtes zu verweisen.[376] Wie in den USA durch das NMS sorgt an der LSE die Fiktion der Rules 2.1/2.2 dafür, dass umfassende Transparenz über die getätigten Umsätze besteht und insoweit auch kein Anreiz zur "Flucht in den außerbörslichen Bereich" geschaffen wird.

c) Frankfurter Wertpapierbörse

Ganz anders ist die Lage leider in Deutschland. Auf der einen Seite ist klar geregelt, dass ein beim außerbörslichen Geschäft vereinbarter Preis kein Börsenpreis

---

375 Bei Xetra besteht demgegenüber nur die Möglichkeit, nicht aber die Pflicht, die Umsätze außerbörslicher Transaktionen in das System einzugeben. Der Vorteil der Parteien ist dabei, dass die Erfüllung (das sogenannte Settlement) elektronisch über Clearstream erfolgen kann.

376 Zum Trade Reporting an der LSE siehe oben "Publication – die Veröffentlichung der Handelsdaten" Seite 108, sowie "Block Trade Facility" Seite 109.

oder -kurs ist, § 11 Abs. 1 BörsG[377]. Daraus ergibt sich, dass ein solcher Preis auch nicht wie die Börsenkurse nach § 11 Abs. 2 Satz 5 BörsG unverzüglich den Handelsteilnehmern bekannt gemacht wird.[378] Da aber auch keine Vorschriften bestehen, die die Veröffentlichung von Preisen, Kursen und Umsätzen auf außerbörslich zustande gekommene Geschäfte erstrecken würden, besteht keinerlei Verpflichtung der Beteiligten, die Kurse und Umsätze so zu melden, dass sie veröffentlicht werden. Das deutsche Kapitalmarktrecht sieht demnach keine Regelung vor, nach der außerbörsliche oder an der Börse im Direkthandel – das heißt zwar auf dem Parkett aber ohne Einbeziehung des Kursmaklers oder Skontroführers[379] – getätigte Geschäfte bei der Ermittlung und Verbreitung der offiziellen Kurse berücksichtigt werden könnten.

Zwar können die Beteiligten die Informationen den Börseninformationsdiensten wie Reuters oder Bloomberg zur Verfügung stellen, die geschieht jedoch auf freiwilliger Basis, so dass dergleichen unterbleiben wird, wenn sie fürchten müssen, dadurch ihre Interessen zu gefährden.[380] Auch müssen die Beteiligten die Kurse dem Bundesaufsichtsamt für Wertpapierhandel nach § 9 WpHG melden.[381] Diese Informationen dienen allein der Überwachung des Handels und werden nicht veröffentlicht. Eine Veröffentlichung wäre bei der bisherigen Ausgestaltung im Hinblick auf Preis- und Handelstransparenz allerdings ohnehin nicht besonders nützlich, da die Meldung an das BAWe erst am nächsten Werktag und damit nicht eben zeitnah erfolgt.[382]

Diese Differenzierung zwischen verhandelten und ermittelten Preisen ist darin begründet, dass das Gütesiegel des Börsenkurses nur der überwachten, ord-

---

377 § 11 BörsG entspricht – soweit hier von Bedeutung – § 23 BörsG-E.

378 Ledermann, in: Schäfer (Hrsg.), Kommentar WpHG/BörsG/VerkProspG, § 11 BörsG Rn. 5.

379 Ledermann, in: Schäfer (Hrsg.), Kommentar WpHG/BörsG/VerkProspG, § 11 BörsG Rn. 5.

380 Da eine zeitnahe Publikation der Umsätze häufig den Interessen der Beteiligten zuwider laufen (Hierzu siehe oben Seite 96) und deshalb nicht unbedingt freiwillig erfolgen wird, findet eine Veröffentlichung oder Bekanntmachung der außerbörslich getätigten Transaktionen in Deutschland in der Regel nicht statt.

381 Diese Regelung geht auf Art. 20 der EG-Wertpapierdienstleistungsrichtlinie 93/22/EWG (ABl. EG Nr. L 141/27) zurück.

382 Die Meldung nach § 9 WpHG an das Bundesaufsichtsamt für den Wertpapierhandel hat zum einen erst am nächsten Werktag zu erfolgen und ist damit nicht wirklich zeitnah, und zum anderen veröffentlicht das Bundesaufsichtsamt die ihm gemeldeten Informationen nicht, sondern nutzt sie lediglich zum Zwecke der eigenen Überwachung des Handels, insbesondere im Hinblick auf Verstöße gegen das Verbot des Insiderhandels. Geibel, in: Schäfer (Hrsg.), Kommentar WpHG/BörsG/VerkProspG, § 9 WpHG Rn. 1.

nungsgemäßen Preisfindung unter Beteiligung einer Mehr- oder Vielzahl von Anbietern und Nachfragern zuteil werden soll. Problematisch ist daran, dass es daneben keine zweite Kategorie zeitnah veröffentlichter Preise gibt. Zwar würde diese Kategorie die Aussagekraft des offiziellen Kurses schmälern. Dies tut die Existenz eines substanziellen, gänzlich unveröffentlichten und damit intransparenten außerbörslichen Handels allerdings auch.

Anhand der Entwicklung in Zusammenhang mit dem Nebeneinander der Ermittlung von "Parkettkursen" an der FWB und den durch Xetra ermittelten Kursen lässt sich aber gut verdeutlichen, dass es kaum ein wichtigeres Gütesiegel für eine Preisfindung gibt, als die zugrundeliegenden Umsätze und deren Anteil gemessen am Gesamtvolumen. Seitdem das Gros des Umsatzes über Xetra erfolgt, steht nicht mehr der "amtliche", im Präsenzhandel festgestellte Kurs, sondern der Xetra-Kurs im Vordergrund. Dieser ist zwar auch das Ergebnis des multilateralen Ausgleichs von Angebot und Nachfrage. An der Tatsache, dass der vom Computersystem ermittelte Preis nach § 11 Abs. 1 Satz 2 BörsG auch als Börsenkurs gilt, lässt sich deutlich ablesen, dass wichtigstes Kriterium nicht die amtliche Vermittlung, sondern die multilaterale Interaktion der Marktseiten ist. Bei Xetra wacht nämlich das Computersystem über die ordnungsgemäße Interaktion der Aufträge und das ordnungsgemäße Zustandekommen der Kurse.

6. Auswertung des internationalen Vergleichs

An den hier untersuchten ausländischen Vergleichsmärkten ist die Situation im Hinblick auf die Post Trade-Transparenz bilateral verhandelter Kurse meines Erachtens weitaus überzeugender gelöst. Die Gründe für die besonderen Qualitätsanforderungen an einen Börsenkurs und sein einzelnen Parteien entzogenes Zustandekommen sind zwar nachzuvollziehen. Jedoch scheint der in Großbritannien und den USA verfolgte Ansatz, der historisch sicherlich mit der Market Maker Tradition zusammenhängt[383] – einer egalitären Berücksichtigung aller Umsätze – ohne Rücksicht auf die Art und Weise ihres Zustandekommens –, dem hiesigen überlegen. Börslich-multilateral ermittelte Kurse werden unterschiedslos neben verhandelten Preisen veröffentlicht.

a) Umfassende Transparenz in den USA und Großbritannien

Während hierzulande die Tatsache, dass ein Kurs durch die Vermittlung eines Börsenmaklers an einer staatlich genehmigten Börse nach einem bestimmten Verfahren zustande gekommen ist, diesen als staatlicherseits kontrolliert[384] zu

383 Einem dezentralen, kompetitiven Market Maker-Handel ist es immanent, dass die Kurse im Wege bilateraler Verhandlung zustande kommen.

384 Ledermann, in: Schäfer (Hrsg.), Kommentar WpHG/BörsG/VerkProspG, § 11 BörsG Rn. 1.

einem Kurs besonderer Qualität macht, steht in Großbritannien und den USA eine umfassende Information der Handelsteilnehmer und Anlegerschaft im Vordergrund. Über das Consolidated Tape werden in den USA sämtliche Transaktionen, die von registrierten Broker Dealern in börsennotierten oder Nasdaq-gehandelten Papieren getätigt werden, umgehend und landesweit veröffentlicht.[385] Dabei ist es ganz gleich, ob und auf welchem Marktplatz oder Handelssystem das Geschäft zustande gekommen ist.

Einen ähnlichen Weg geht die Börsenordnung der LSE, die – wie oben erwähnt[386] – in LSE Rule 2.1 die Fiktion aufstellt, dass grundsätzlich alle von Börsenmitgliedern in an der LSE gelisteten Werten außerbörslich – das heißt nicht über eine "approved organisation" (vergleiche LSE Rule 2.2) – abgeschlossenen Geschäfte als an der LSE geschlossen gelten. Hierdurch wird eine einheitliche Berichts- und Meldepflicht gegenüber der LSE erreicht.[387] Entsprechend veröffentlicht die LSE die Umsätze und Kurse, gleich ob das Geschäft tatsächlich über die Börse geschlossen wurde oder aber der Fiktion unterfällt.

b) Auswirkungen auf die Preisqualität

Die Untersuchung hat deutlich gezeigt, dass diese beiden Regulierungsregime einem Kurs nicht wegen des Ortes oder der Art und Weise des Zustandekommens des zugrundeliegenden Geschäftes eine höhere oder niedrigere Aussagekraft oder Qualität beimessen. Die amerikanischen und britischen Regelungen schaffen zwar deutlich mehr Transparenz, können das Problem des Nebeneinander von auf verschiedenen Wegen zustande gekommenen Kursen aber nicht anders lösen, als dass sie sie unterschiedslos in zeitlicher Sequenz über die Systeme veröffentlichen. Hierzulande besteht das Problem mehrerer, um Aussagekraft konkurrierender Kurse unterschiedlicher Herkunft nur im Hinblick auf die verschiedenen Börsen neben der FWB sowie den Xetra-Handel. Das löst diese Problematik der Preisqualität aber nicht einmal vordergründig. Spiegelt der Börsenkurs nur einen Teil der Transaktionen wider, so ist die Ungewissheit der Handelsteilnehmer, zu welchen Kursen abseits der Börse gehandelt wird, im Zweifel weitaus gravierender als die Veröffentlichung verschiedener Kurse.

Es besteht dabei die Gefahr, dass die in der Regel schlechter informierten Kleinanleger zu Börsenkursen kaufen und verkaufen und so durch ihren Handel die Börsenkurse bilden, während die – dank großer Research-Abteilungen – häufig bestens informierten institutionellen Investoren unter Ausschluss der breiten

---

385 Siehe oben Seite 100.

386 Siehe oben Seite 145.

387 LSE, Regulatory Guide, Chapter 2, Core Rules, 2.1 – On Exchange Transactions, S. 27, 2.2 – Exceptions to On Exchange Transactions, S. 28.

Handelsöffentlichkeit zu anderen Kursen handeln. Dies ist insbesondere deshalb problematisch, weil die Börsenkurse auch abseits des klassischen Wertpapierhandels zunehmend Bedeutung erlangen. So bezieht sich das Gesellschaftsrecht bei mehreren neueren Vorschriften sowie der neueren Anwendung bestehender Regelungen auf den Börsenkurs als Referenz für den Wert einer Aktie und des Unternehmens als ganzem.[388]

Zwar kann in diesem Zusammenhang die Tatsache, dass die derartig professionell verwalteten Investmentfonds zur Zeit dennoch große Schwierigkeiten haben, die durch die Indizes ausgedrückten Wertsteigerungen der Notierungen zu übertreffen, etwas beruhigen. Dies spricht nämlich dafür, dass der Zustand des Marktes tatsächlich dennoch nahe am Idealzustand der sogenannten perfekten Information ist, das heißt alle verfügbaren Informationen zeitnah im Börsenkurs ihren Niederschlag finden. Häufig wird dies allerdings erst durch sogenannte Arbitrageprozesse zwischen beiden Bereichen, dem börslichen und dem außerbörslichen Handel, stattfinden.[389] Sogenannte Arbitrageure nutzen den ihnen günstigeren Börsenkurs, indem sie eine außerbörslich übernommene Position durch Handel mit dem Orderbuch 'glattstellen' und die Differenz als Gewinn realisieren. Wie gravierend das Problem einer Zersplitterung des Handels und die dadurch bedingte Beeinträchtigung der Preisqualität ist, lässt sich an der Intensität und Vehemenz der zur Zeit in den USA stattfinden Diskussion unter der Überschrift der 'Fragmentation' ablesen.[390]

---

388 Dies ist etwa der Bemessung von Abfindungen im Zusammenhang mit Beherrschungs- oder Gewinnabführungsverträgen, § 305 AktG, oder Eingliederungen, § 320 AktG sowie Verschmelzungen, § 29 UmwG oder auch – insofern aber unbedenklich – beim Bezugsrechtsausschluss nach § 186 Abs. 3 Satz 4 AktG der Fall.

389 Zur Arbitrage vergleiche Fußnote 34.

390 Wird ein Wert an mehreren Handelsplätzen gehandelt, ergeben sich unterschiedliche Kurse, so dass es für den Broker sehr schwierig wird, abzuschätzen, welche Platzierung der Order seines Kunden die beste Ausführung erwarten lässt. Der Kunde läuft Gefahr, dass seine Order zu ungünstigen Bedingungen ausgeführt wird. Vergleiche zu dieser Diskussion die in Fußnote 203 erwähnten Quellen.

c) Anreiz zur Umgehung der Börsen

Wichtigstes Problem an der hiesigen Lage ist aber wohl, dass durch das Nebeneinander von maximaler Transparenz beim börslichen Handel und minimaler Transparenz beim außerbörslichen Handel den Block-Tradern die Möglichkeit des Ausweichens in die Intransparenz geboten wird. Dies ist nicht nur aus dem Gesichtspunkt der Informationseffizienz zu bedauern, sondern auch deshalb, weil so den Beteiligten ein Anreiz geboten wird, die Börsen zu umgehen und so zur Liquiditätszersplitterung beizutragen.

Die Regulierungssituation in den USA und Großbritannien ist daher unter zwei Gesichtspunkten vorzugswürdig. Durch die identische Transparenz des außerbörslichen Handels auf der einen Seite und der Möglichkeit einer privilegierten Eingliederung arrangierter Geschäfte in den börslichen Handel auf der anderen Seite wird die Transparenz des Handels im allgemeinen und die Liquidität der Börsen verbessert. Der Verzicht auf die staatlich überwachte Ermittlung des Kurses als Ergebnis der Vielzahl von Aufträgen erscheint im Hinblick auf die erkauften Vorteile gerechtfertigt.

Teil 2: Marktmissbrauch

Nachdem nun ausführlich die verschiedenen Implikationen der verschiedenen Handelsstrategien für die Beteiligten und die anderen Marktteilnehmer erörtert worden sind, sind nunmehr die Missbrauchsrisiken zu untersuchen, die bei den einzelnen Varianten bestehen. Der Begriff des Marktmissbrauchs (engl.: Market Abuse) soll hier als Oberbegriff für Verhaltensweisen dienen, bei denen sich jemand dergestalt bestimmter Marktmechanismen bedient, dass dies als unlauter und der Integrität und Fairness des Marktes abträglich einzustufen ist.

Sowohl die neueren britischen Regelungen zum Wertpapierhandel, der Financial Services and Markets Act 2000 und die zugehörigen untergesetzlichen Umsetzungsakte[391], bedienen sich dieser Bezeichnung als auch der von der EU-Kommission erarbeitete Vorschlag zum Erlass einer Richtlinie zu diesem Bereich.[392]

Obwohl es – wie zu zeigen sein wird – wegen der systematischen Unterschiede in den untersuchten Regelungsregimen als unklar zu bezeichnen ist, ob die Regulierung des Frontrunning lediglich den Individualinteressenschutz oder den Schutz der Marktintegrität bezweckt, wird dieser Topos aus Gründen der Übersichtlichkeit und der inhaltlichen Nähe zum Insiderhandelsverbot hier erörtert. Im Teil 3 über Marktmissbrauchstatbestände werden also die Themenkomplexe Kursmanipulation (A), Insiderhandel (B) sowie schließlich Frontrunning (C) zu untersuchen sein.

Bei bilateral verhandelten Geschäften besteht die Gefahr, dass der als Referenzkurs dienende, aktuelle Marktpreis von einem der Beteiligten beeinflusst wird. Bei dem zu erwartenden Auftreten von Market Impact und Information Effect besteht die Möglichkeit, dass Marktteilnehmer, die von der Blockorder Kenntnis haben, die ausgelöste Kursbewegung zu sicheren Kursgewinnen nutzen. Im ersten Fall ist zu fragen, ob das Verhalten als Kursmanipulation, im zweiten Fall, ob es als Insiderhandel[393] oder Frontrunning[394] verboten ist.

---

391 Namentlich der Code of Market Conduct.

392 Vorschlag für eine Richtlinie des Europäischen Parlaments und des Rates über Insider-Geschäfte und Marktmanipulation (Marktmissbrauch), vom 30.05.2001 (vgl. unten Fußnote 602). Vergleiche hierzu unten "Exkurs: Die geplante Marktmissbrauchsrichtlinie der EU", Seite 219 f.

393 Hierzu unten Seite 227.

394 Zum Frontrunning unten Seite 283 ff.

A. KURSMANIPULATION

Der Begriff der Kursmanipulation umfasst sehr verschiedene Verhaltensweisen und Praktiken, denen gemeinsam ist, dass sie darauf gerichtet sind, einen Kurs für ein Wertpapier herbeizuführen, der nicht dem 'wahren' entspricht, nämlich demjenigen, der sich bei einem unbeeinflussten Spiel der Marktkräfte ergeben würde.[395] Kursmanipulation ist daher die Beeinflussung des Kurses mit unlauteren Mitteln oder Absichten.

1. Zwei Ansatzpunkte der Kursbildung

Wertpapierkurse richten sich nach Angebot und Nachfrage, Angebot und Nachfrage wiederum nach den Erwartungen der Marktteilnehmer an die künftige Kursentwicklung.[396] Entsprechend der Zweistufigkeit der Kursbildung kann der Manipulator auf beiden Stufen den Hebel für die Beeinflussung ansetzen. Man kann die Kursbildung folglich auf zwei Arten beeinflussen: Zum einen durch die Einflussnahme auf die Erwartungen der Markteilnehmer, etwa durch das Wekken falscher Erwartungen: Zum Beispiel kann der Kurs durch die Verbreitung guter – aber unzutreffender – Nachrichten oder Gerüchte beeinflusst werden, da dies zu einer entsprechend erhöhten Nachfrage nach dem Titel führen dürfte.[397] Auf der zweiten Stufe kann der Kurs durch eine künstliche oder vorgetäuschte Verstärkung von Nachfrage oder Angebot – etwa durch Eingabe entsprechender Aufträge durch den Manipulator selbst – beeinflusst werden.[398]

Die spektakulärsten Fälle manipulativer Eingriffe in die Kursbildung haben in der Regel mit der Verbreitung falscher Informationen über das Unternehmen des Emittenten zu tun[399]. In jüngerer Zeit steht dabei vor allem die diskrete und

---

395 Zu diesem Gesamtkomplex siehe auch das jüngst erschienene, ebenfalls rechtsvergleichend angelegte Werk von Lenzen, Unerlaubte Eingriffe in die Börsenkursbildung, Dissertation Osnabrück, 2000.

396 Weber, Kursmanipulation am Wertpapiermarkt, NZG 2000, S. 113 (113).

397 Sogenannte informationsbasierte Manipulation, vergleiche Lenzen, Unerlaubte Eingriffe in die Börsenkursbildung, Dissertation Osnabrück, 2000, Seiten 28 ff., 50, 117 ff., 223 ff.

398 Hierbei handelt es sich um verschiedenste Formen einer handelsbasierten (trade-based) Manipulation, wie fiktive Transaktionen, tatsächlichen Handel, sogenannte Corners etc., vergleiche hierzu auch die Ausführungen bei Lenzen, Unerlaubte Eingriffe in die Börsenkursbildung, Dissertation Osnabrück, 2000, Seiten 9 ff., 79 ff., 188 ff.

399 Lenzen, Unerlaubte Eingriffe in die Börsenkursbildung, Dissertation Osnabrück, 2000, Seiten 31 ff., 129 ff., 223 ff.

dennoch massenhafte Verbreitung solcher Fehlinformationen über das Internet im Blickpunkt der Öffentlichkeit.[400]

2. Schädlichkeit der Manipulation

Durch die Verbreitung von Fehlinformationen über das Unternehmen des Emittenten oder durch 'verfälschte' Preise erfolgt eine gezielte Irreführung der Öffentlichkeit durch den Manipulator, deren Vertrauen in den Markt und dessen zuverlässige Funktionsweise im Hinblick auf Informationsverarbeitung und Wertermittlung dadurch erschüttert wird.[401] Überdies nutzt der Manipulator häufig durch entsprechende Transaktionen den von der Fehlinformation erzeugten Kurssprung oder die von deren Aufdeckung verursachte Rückbewegung zum Normalzustand zu Kursgewinnen aus. Die wichtigste Voraussetzung für die optimale Wahrnehmung der volkswirtschaftlichen Funktion einer Wertpapierbörse ist es, als freier Markt zu funktionieren – frei von der künstlichen Beeinflussung der Manipulation („das Legen der Hände an die Waagschalen") und frei von der Unfairness des Insiderhandels („das Spiel mit gezinkten Karten").[402]

a) Gemeinsamkeiten mit dem Insiderhandel

Die Kursmanipulation ist zwar klar vom Insiderhandel zuunterscheiden; jedoch steckt in einer nicht bloß böswilligen, sondern – wie dies typischerweise passiert[403] – im Interesse des eigenen Vorteils unternommenen Manipulation häufig eine dem Insiderhandel zumindest verwandte Handlung.[404] Während der Insider

---

400 Vergleiche statt vieler: Reimer, Aufpumpen und Abstoßen, Wirtschaftwoche, Nr. 35 vom 24.8.2000; Avgouleas, Financial Market Regulation and the New Market Landscape: In Search of a New Regulatory Framework for Market Abuse, International and Comparative Corporate Law Journal, 2000, Seite 89 (113).

401 In der Regel wird das Vertrauen erst dann erschüttert, wenn sich die Dinge schließlich aufklären und die falschen Informationen als solche offen zu Tage treten. In jüngerer Vergangenheit sorgen vor allem Spekulationen um gezielte Fehlinformationen der Anleger durch Organe von am Neuen Markt gelisteten Unternehmen für Aussehen und Misstrauen (z.B. EMTV, Infomatec).

402 Vergleiche Loss/Seligman, Securities Regulation, 3rd Edition, 1990, Volume VIII, Chapter 10 – Manipulation, Seite 3942.

403 So auch Weber, Kursmanipulation am Wertpapiermarkt, NZG 2000, S. 113 (113).

404 Von "verwandter Handlung" wird hier deshalb gesprochen, weil nach dem deutschen Tatbestand des Insiderhandelsverbots eine Insidertatsache nur dann vorliegt, wenn diese eine erhebliche Beeinflussung des Kurses herbeizuführen geeignet ist, § 13 Abs. 1 WpHG. Auf Sinn und Unsinn dieses Kriteriums einzugehen, würde den Rahmen dieser Arbeit überschreiten. Gleichwohl ist darauf hinzuweisen, dass durchaus eine profitable Ausnutzung von Kursmanipulationen möglich ist, deren Beeinflussung des Kurses nach dem derzeit herrschenden Verständnis von Erheblichkeit (5 - 10 %) als unerheblich einzustufen wäre, vergleiche etwa: Thel, $ 850,000 in Six Minutes – The Mechanics of Se-

aufgrund besonderer Kenntnisse um eine gegenwärtige Falschbewertung[405] eines Titels durch den Markt weiß und die Differenz zwischen aktuellem falschen und zukünftigem richtigen Kurs als Gewinn realisiert, führt der Manipulator den falschen Kurs zunächst selbst herbei. Irgendwann stellt sich dann üblicherweise heraus, dass die vom Manipulator verbreiteten Informationen oder Informationssignale nicht stimmten. Dies hat zur Folge, dass sich der Kurs*ceteris paribus* auf den Ausgangswert zurück bewegt. Folglich bietet sich bei der Kursmanipulation gleich zweimal die Möglichkeit, durch die Kenntnis von einer bevorstehenden Kursentwicklung entsprechende Gewinne zu machen. Zunächst, wenn der noch unbeeinflusste, 'wahre' Kurs sich manipulationsbedingt zum 'falschen' bewegt, zum anderen, wenn er vom 'falschen' Wert wieder auf den 'richtigen' zurückkehrt.

Zum Tatbestand der Manipulation gehört die Ausnutzung der herbeigeführten bzw. herbeizuführenden Diskrepanz zwischen falschem und wahrem Wert (und das Wissen um diesen Umstand und seine vorübergehende Natur) zwar nicht, jedoch handeln die wenigsten schlicht bösartig (schon gar nicht, wenn die Leidtragenden wegen der weitgehend anonymen Kapitalmärkte nicht individualisierbar sind), so dass die gewinnorientierte bzw. -motivierte Nutzung des falschen Kurses der Regelfall sein dürfte[406]:

Der Manipulator führt beispielsweise eine Kursabweichung nach unten herbei, kauft dann günstig zu und verkauft wieder nach der Rückkehr zum Normalkurs des Papiers. Alternativ oder auch zusätzlich kann er vorher Leerverkäufe zum Normalkurs tätigen und die dazu notwendigen Deckungskäufe zum manipulierten Niedrigkurs vornehmen.[407]

---

curities Manipulation, 79 (1994) Cornell L. Rev., Seite 219 (220); der Titel des Aufsatzes bezieht sich auf eine Begebenheit des größten Manipulationsskandals an Wallstreet, bei der John Mulheren auf einen Anruf von Ivan Boesky in sechs Minuten 75.000 Aktien in Gulf & Western Industries kaufte und durch den so verursachten Kursanstieg um 25 Cents (von einem Kurs von zunächst $44 ¾ auf $ 45) Boesky um $ 850.000 reicher machte.

405 Falschbewertung ist dabei so zu verstehen, dass der Markt noch nicht über die neue kurserhebliche Information in Kenntnis gesetzt worden ist und diese Information deshalb noch nicht im aktuellen Kurs berücksichtigt ist. Gemessen an der Gesamtheit der vorhandenen oder verfügbaren Informationen spiegelt der Kurs diese Basis nur unvollständig wider, was zu einer Fehlbewertung führt. Kann der Insider damit rechnen, dass sich die Information in Kürze im Marktpreis niederschlägt, kann er die resultierende Kursbewegung zu Kursgewinnen nutzen.

406 Weber, Kursmanipulation am Wertpapiermarkt, NZG 2000, S. 113 (113).

407 Grundsätzlich besteht überdies die Möglichkeit, über den Kauf bzw. Verkauf von Optionen wegen deren erhöhter prozentualer Kurssensibilität mit geringerem finanziellen Aufwand von den herbeigeführten Schwankungen zu profitieren.

b) Größere Schädlichkeit für die Markteffizienz

Aus dem gerade Gesagten folgt, dass die Manipulation als erheblich schädlicher einzustufen ist als der Insiderhandel. Der Insider profitiert zwar auch unzulässig zu Lasten der schlechter informierten Marktteilnehmer[408], trägt aber letztlich zur Preiseffizienz des Marktes bei. Durch sein Handelsverhalten befördert der Insider die Annäherung des realen, markträumenden Kurses an den – bei Berücksichtigung aller vorhandenen, also auch der noch nicht öffentlichen Informationen – "richtigen" Kurs und damit den inneren Wert der Aktie. Der Manipulator führt hingegen eine vorübergehende Fehlerhaftigkeit des Kurses herbei und trägt damit zur Ineffizienz des Marktes bei.

3. Relevanz des Themas für den Blockhandel

Ziel der hier vorgenommenen Untersuchung ist nicht die Beantwortung der Frage, ob man mit Hilfe von Blocktransaktionen den Kurs des betreffenden Wertpapiers manipulieren kann. Dies ist selbstverständlich insofern möglich, als es der Blocktransaktion gewissermaßen immanent ist, dass sie aufgrund ihrer Größe geeignet ist, den Kurs zu beeinflussen. Es dürfte allerdings in der Regel wenig sinnvoll erscheinen, derartig große Umsätze mit der Absicht der Kursbeeinflussung zu tätigen, weil zur profitablen Nutzung des verfälschten Kurses wiederum entsprechend größere Transaktionsvolumina erforderlich wären. Zum anderen kann man sagen, dass es zum Typus der Blocktransaktion gehört, dass versucht wird, die große Anzahl der Wertpapiere möglichst kursneutral zu handeln, dass der Anleger oder Intermediär möglichst kursschonend den Auf- oder Abbau der Position bewerkstelligt.[409]

a) Abgrenzung von großvolumigen Manipulationsgeschäften

Es ist nicht auszuschließen, dass bei einzelnen Manipulationstechniken Geschäfte zur Herbeiführung oder gewinnbringenden Ausnutzung der Kursschwankung eine Rolle spielen, die in ihrer Summe ein Blockvolumen aufwei-

---

408 Es ist zu bedenken, dass die rechercheintensive Herstellung (aus öffentlich zugänglichen Quellen) und anschließende Nutzung von Informationsasymmetrien ein Wesensmerkmal der Kapitalmärkte ist, da sie ansonsten ihrem volkswirtschaftlichen Ziel der optimalen Allokation des Kapitals zur effektivsten Nutzung nicht vollumfänglich gerecht würden; vergleiche etwa: Avgouleas, Financial Market Regulation and the New Market Landscape: In Search of a New Regulatory Framework for Market Abuse, International and Comparative Corporate Law Journal, 2000, Seite 89 (97).

409 Das ergibt sich aus der Tatsache, dass es gerade Wesensmerkmal der Blocktransaktion ist, dass sie geeignet ist, (aus Sicht des Initiators) negative Kursausschläge auszulösen. Dementsprechend ist es Ziel der beteiligten Akteure, diesen Nachteil zu minimieren. Werden Geschäfte unter Maximierung des Effekts getätigt, handelt es sich – was Sinn und Zweck der Gattungsbezeichnung angeht – nicht mehr um eine Blocktransaktion.

sen. So wird etwa das beabsichtigte Stürzen des Kurses eines Papiers in einen großen Abwärtstaumel, der dadurch befördert und verstärkt wird, dass das Fallen des Kurses zur Zwangsliquidation von zahlreichen fremdfinanzierten Wertpapierdepots führt[410], nur durch große Leerverkäufe zu erreichen sein. Die Dekkungsverkäufe, die zwar wieder zu entgegengesetzten Impulsen führen, tätigt man anschließend auf einem Niveau, dass durch die trendverstärkende Wirkung der besagten Zwangsverkäufe erreicht wurde. Für ein derartiges Manipulationsmanöver sind zwar im Zweifel Geschäfte erforderlich, deren Ausmaße insgesamt den Umfang eines Blocks erreichen. Gleichwohl wäre es aber verfehlt, in diesem Zusammenhang von Blocktransaktionen zu sprechen, da das spezifische Ziel einer solchen Blocktransaktion, der kursschonende Auf- oder Abbau der großen Position, in diesem Fall gerade nicht verfolgt wird.

Gegenstand der hier durchgeführten Untersuchung sind Manipulationsrisiken im Zusammenhang mit Blocktransaktionen und nicht Manipulationstechniken, die mitunter Umsätze in Blockgröße beinhalten. Es soll also untersucht werden, welche typischen Kombinationsmöglichkeiten zwischen Kursmanipulationsmaßnahmen und Blocktransaktionen sich aus den Besonderheiten der Blocktransaktionen ergeben, inwiefern der Block-Trader bei der Ausführung der Transaktion besonders gut von verfälschten Kursen profitieren kann. Grundsätzlich lässt sich jede Form der Kursmanipulation gewinnbringend mit bilateral – zum Teil auch mit multilateral[411] – durchgeführten Blockgeschäften kombinieren. Der Kurs wird manipuliert und dann das Blockgeschäft zum manipulierten Kurs abgeschlossen. Ob und inwieweit sich Unterschiede und Besonderheiten aufgrund der Blockgröße des Realisierungsgeschäfts ergeben, soll im Folgenden zunächst erörtert werden. Anschließend soll untersucht werden, ob die besonders "block-trade-neuralgischen" Manipulationsformen von den Regulierungen an den einzelnen Märkten verboten werden.

---

410 Bei fremdfinanzierten Depots werden die Wertpapiere als Sicherheit für den gewährten Kredit beliehen (Kauf der Wertpapiere auf "margin"). Dabei gibt es eine durch die Banken (oder in den USA auch durch die SEC) festgesetzte Beleihungsgrenze. Hinsichtlich des Wertes der Bestandteile des beliehenen Depots wird selbstverständlich der aktuelle Kurs zugrundegelegt. Fällt nun der Wert des Depots aufgrund des Kursverfalls eines wesentlichen Bestandteils unter diese Grenze, wird der Depotinhaber aufgefordert, entweder zusätzliche Sicherheiten beizubringen oder aber den gewährten Kredit soweit zurückzuführen, dass Kredit und Sicherheit wieder im angemessenen Verhältnis zueinander stehen ("margin call"). Hat der Depotinhaber keine hierfür ausreichenden liquiden Mittel, muss er Verkäufe aus seinem Depot tätigen. Vergleiche etwa Lenzen, Unerlaubte Eingriffe in die Börsenkursbildung, Dissertation Osnabrück, 2000, Seite 19.

411 Zu dieser Differenzierung siehe unten "Probleme bei handelsbasierter Manipulation und multilateraler Ausführung des Blockgeschäfts", Seite 159.

b) Informationsbasierte Manipulation

Diejenigen Manipulationstechniken, die den inneren Wert eines Titels, also im Regelfall die ökonomischen Grundlagen des Geschäftsbetriebs des Emittenten, zum Ziel der Beeinflussung haben[412], lassen sich ohne weiteres beim bilateral wie multilateral durchgeführten Handel eines Blocks gewinnbringend einsetzen. So können etwa vom Manipulator gestreute, falsche Gerüchte über neue Absatzrekorde eines Unternehmens eine erhöhte Nachfrage nach dem betreffenden Titel erzeugen. Dadurch kann die Ausführung eines Blockverkaufs erleichtert und die erzielbaren Kurse verbessert werden. Je größer die Transaktionen des Manipulators, desto größer der potentielle Nutzen und desto größer auch der Anreiz.[413]

Folglich besteht im Zusammenhang mit Blocktransaktionen zwar ein erhöhter Anreiz zur Manipulation, allerdings wegen des für die Überwachungsstellen offensichtlichen Motivs auch ein erhöhtes Risiko der Entdeckung, so dass man vermuten darf, dass eher offensichtliche Manipulationstechniken wie die gezielte Verbreitung von Fehlinformationen im Zusammenhang mit den hier untersuchten Großtransaktionen keine größere Rolle spielen. Da sich für die untersuchten Blocktransaktionen jedenfalls keine Unterschiede gegenüber Realisierungsgeschäften[414] normaler Größe ergeben, wird hier von einer näheren Untersuchung abgesehen.

c) Probleme bei handelsbasierter Manipulation und multilateraler Ausführung des Blockgeschäfts

Manipulationen durch direkte Eingriffe in die Marktsituation, das heißt durch Vortäuschen oder Schaffung zusätzlichen Angebots oder zusätzlicher Nachfrage[415], etwa durch fiktive Transaktionen[416], lassen sich mit einer multilateralen Blockausführung nur schwerlich profitabel kombinieren: Das Gewicht des Blocks und dessen Einfluss auf die Orderlage dürfte die Wahrnehmung der fikti-

---

412 Also Angebot und Nachfrage durch Wecken falscher Erwartungen der Marktteilnehmer an die zukünftige Kursentwicklung beeinflussen, vergleiche oben Fußnote 396.

413 Thel, $ 850,000 in Six Minutes – The Mechanics of Securities Manipulation, 79 Cornell L. Rev. 1994, Seite 219.

414 Hiermit sind die Geschäfte gemeint, die der Manipulator vornimmt, um die herbeigeführte Kursveränderung zu Gewinnen zu nutzen.

415 Vergleiche bereits oben zu der Abgrenzung zur Beeinflussung der Erwartungen der Marktteilnehmer durch Verbreitung falscher Informationen: Seiten 154 und 159.

416 Bei "fiktiven Transaktionen" oder Scheingeschäften sind Käufer und Verkäufer wirtschaftlich identisch sind oder wirken jedenfalls kollusiv zusammen, vergleiche Schwark, Börsengesetz, Kommentar, 2. Auflage, 1994, § 88 BörsG Rn. 7.

ven – sinnvollerweise einen entgegengerichteten Trend simulierenden[417] – Transaktionen vermutlich weitgehend einschränken. Die – zeitlich im Zweifel nachfolgenden – Transaktionen der Blockausführung werden den durch manipulative Transaktionen gesetzten Kurstrend bald aufheben und umkehren. Die zunächst vorgetäuschte Aktivität kann zwar sogenannte "Noise Trader"[418] anlokken. Die von diesen ausgehende zusätzliche Handelsbereitschaft wird die Ausführung des Blocks über das Orderbuch wegen der Mengenverhältnisse aber vermutlich nicht signifikant erleichtern. Die Ausführung des Blocks über das Orderbuch hat – wie oben umfänglich erörtert[419] – selbst Einfluss auf den Kurs, durch den die vorherige, entgegengerichtete, manipulative Beeinflussung schnell mehr als aufgehoben wird.

d) Ausnutzung des "verfälschten Kurses" durch bilaterale Geschäfte

Die Manipulation der Marktlage ist im Zusammenhang mit Block Trades vor allem dann lohnend, wenn die so geschaffene Situation zu Transaktionen genutzt werden kann, die zwar zum 'künstlichen' Kurs erfolgen, selbst aber nicht vorzeitig (das heißt vor Ausführung des gesamten Blocks) zur Normalisierung des Kurses führen. Das ist am ehesten dann möglich, wenn die Geschäfte zur Realisierung des Manipulationsvorteils nicht über das Orderbuch abgeschlossen werden, wo sie aufgrund von Market Impact und Information Effect zur oben angesprochenen Rückbewegung führen würden, sondern – wie dies vor allem bei einem bilateralen Handel 'en bloc' der Fall ist – der falsche Kurs als Referenzwert benutzt wird. Vor Abschluss der Transaktion sind weder Market Impact noch Information Effect zu verzeichnen. Der falsche Kurs muss hierbei nur zu dem bestimmten Zeitpunkt, an dem der Preis für die Transaktion ermittelt wird, bestehen. Nicht selten wird der Schlusskurs eines Tages als Referenzkurs herangezogen, unabhängig davon, ob dieser – weil die Verhandlungen während

---

417 Der verkaufswillige Block-Trader müsste sinnvollerweise versuchen, durch fiktive Zukäufe ein gestiegenes Nachfrage-Interesse zu simulieren, um anschließend im "positiven Marktumfeld" den Block zu günstigen Konditionen verkaufen zu können.

418 Bei 'Noise-Tradern' handelt es sich um Marktteilnehmer, deren Aktivität weder informations-induziert noch liquiditätsmotiviert ist. Sie verfügen nicht über überlegenes Wissen sondern beobachten das Marktgeschehen, um den "Lärm" wahrzunehmen, den diejenigen verursachen, die auf Grundlage neuer Informationen oder Bewertungen handeln. So versuchen sie Trends frühzeitig zu erkennen und von ihnen zu profitieren. Da es sich hierbei aber häufig um eher finanzschwache Day Trader handelt, deren Nachfragemacht im Verhältnis zur Blockorder dementsprechend eher gering sein wird, dürfte ein Stimulieren dieses Potentials durch fiktive Transaktionen wohl nicht zu signifikanten Erleichterungen bei der Platzierung eines Blocks führen.

419 Siehe oben die Abschnitte über die Unmittelbare Einwirkung auf die Marktsituation („Market Impact"), Seite 58 ff., sowie den Informationseffekt, Seite 62 ff.

der Börsenstunden stattfinden – noch ermittelt werden muss, oder – wenn diese nachbörslich ("after hours") stattfinden – bereits feststeht. Die bilaterale Transaktion trägt, selbst wenn die Umsätze einer zeitnahen Veröffentlichung unterliegen, nicht unbedingt zur Rückanpassung des Kurses bei, wenn sie zum aktuellen Kurs stattfinden, da dadurch ja keine neue Richtung, kein neuer Trend zum Ausdruck gebracht wird. Ist mit dem bilateralen Geschäft bereits der gesamte Block gehandelt, würde der Kursrückgang zum Ursprungswert die Interessen des Initiators der Blockorder ohnehin nicht tangieren.

4. Manipulation durch tatsächliche Handelsaktivitäten

Im Zusammenhang mit Block Trades ergibt sich daher das Risiko einer besonderen Art der Manipulation, die schwer vom normalen Handel zu unterscheiden und ansonsten auch nur schwerlich profitabel zu gestalten ist: Durch effektive Geschäfte kann – natürlich genauso wie durch fiktive[420] – der Börsenkurs eines Wertpapiers beeinflusst werden. Während bei dem Auf- oder Abbau einer Blockposition aufgrund des Mengeneffekts mit Preisbewegungen zu rechnen ist und der Block-Trader deshalb versuchen wird, diese ungünstigen Effekte zu verhindern oder zu minimieren, kann dergleichen auch gezielt herbeigeführt statt verhindert werden. Wie oben bereits eingehend erläutert wurde[421], handelt es sich (selbst) bei den größten und am besten organisierten Börsen nicht um perfekt effiziente Märkte. Die von den Teilnehmern einander zur Verfügung gestellte Liquidität ist endlich und damit begrenzt.

Dadurch, dass nicht jegliche – grundsätzlich und latent – vorhandene Liquidität im Moment der – bei multilateraler Ausführung unerwarteten – Einstellung der Blockorder konzentriert vorliegt, bestehen aufgrund der zeitlichen Komponente weitere Beschränkungen. Insofern ist auch auf die empirischen Studien verschiedener Ökonomen hinzuweisen, die unterschiedliche Ergebnisse hinsichtlich der Stärke und Dauer der Preisausschläge vorweisen, denen aber gemein ist, dass solche Ausschläge in der Regel zu verzeichnen sind.[422]

---

420 Diese fallen aber eher auf, sind eindeutiger nachzuweisen und deshalb aufgrund des evidenten Motivs des Block-Traders als recht risikoreich einzustufen.

421 Siehe oben zu: Unmittelbare Einwirkung auf die Marktsituation („Market Impact"), Seite 58 ff.

422 Kraus/Stoll, Price Impacts of Block Trading on the New York Stock Exchange; Journal of Finance 1972, Seite 569 ff.; Holthausen/Leftwich/Mayers, The Effect of Large Block Transactions on Securities Prices, Journal of Financial Economics 19 (1987), Seite 237 ff.; dieselben, Large-block transactions, the speed of response, and temporary and permanent stock-price effects, Journal of Financial Economics 26 (1990), Seite 71 ff.; LaPlante/Muscarella, Do institutions receive comparable execution in the NYSE and Nasdaq Markets? A transaction study of block trades, Journal of Financial Economics 45 (1997), Seite 97 ff.; Moulton, The Dynamics of Quoted Liquidity Around

Ist also zunächst als geklärt anzusehen, dass 'normale' Transaktionen den Kurs eines Wertpapiers generell beeinflussen können, so ist nunmehr die zweite Behauptung zu untermauern, dass man derartige Preiseffekte auch gezielt und (deshalb) durch geringere Umsatzvolumina erreichen kann: Aus den allgemeinen Überlegungen lässt sich schließen, dass, wenn es möglich ist, durch bestimmte Maßnahmen eine Minimierung oder Abschwächung der Preiseffekte zu erreichen, auch eine Verstärkung der Auswirkungen möglich sein muss. Hinsichtlich der gewöhnlichen Ausführungsformen von Blocktransaktionen wird man sicher nicht behaupten wollen, dass der Preiseffekt völlig unabhängig von den Ausführungsmodalitäten und damit jedwede von denBlock-Tradern angewandte Strategie gänzlich nutzlos sei.[423] Demnach muss auch eine Verstärkung der Auswirkungen auf den Kurs zu bewerkstelligen sein. Hierbei dürften zu den normalen Blocktrading-Strategien diametral entgegenstehende Verhaltensweisen erfolgsversprechend sein: So etwa das Einstellen der möglichst großer Portionen in handelsschwachen Phasen[424] und unter Vernachlässigung von Geheimhaltungsvorkehrungen.

a) Spezifisches Risiko im Zusammenhang mit Blocktransaktionen

Weil die Manipulation durch reale, effektive Transaktionen recht kostspielig ist, kommt eine profitable Nutzung nur in besonderen Konstellationen in Betracht: Dies ist der Fall, wenn die Realisierungsgeschäfte erstens große Volumina umfassen (wegen des damit verbundenen Multiplikatoreffektes) und zweitens in parallelen[425] Märkten und damit ohne eigenen Mengeneffekt für den beeinflussten Kurs durchgeführt werden können.[426] Kann man den Block zum

---

Large Trades on the NYSE, The Journal of Financial Research, 21 (1998), Seite 355 ff.; Barclay/Warner, Stealth Trading and Volatility – Which Trades Move Prices?, Journal of Financial Economics 34 (1993), S. 281 ff.

423 Mit einer etwas umständlichen, weil den Zeitfaktor nicht berücksichtigenden Argumentation: Lenzen, Unerlaubte Eingriffe in die Börsenkursbildung, Dissertation Osnabrück, 2000, Seite 34 ff. Selbst wenn Nachfrage und Angebot aufgrund adäquater Substitute mit gleichen Risiko-Rendite-Charakteristiken als ausreichend elastisch anzusehen sind, so benötigt der Markt eine gewisse Reaktionszeit, um den großen Nachfrage- bzw. Angebotsüberhang auszugleichen. Ausführlich zum Themenkomplex der Mengeneffekte oben Seite 58 ff.

424 Gemeint ist das Tätigwerden in Phasen besonders geringer Liquidität.

425 Hiermit ist gemeint, dass die Realisierungsgeschäfte in anderen Märkten stattfinden als in dem beeinflussten Markt: Dies ist beispielsweise bei fälligwerdenden Optionen, Wertpapierplatzierungen, öffentlichen Übernahmeangeboten oder eben bilateral verhandelten Blocktransaktionen der Fall.

426 Derartige Verhaltensweisen sind auch nicht selten an Tagen zu beobachten, an denen Termin- und Optionskontrakte fällig werden (insbesondere an sogenannten dreifach

"künstlichen Kurs" und damit besonders günstig handeln, werden die möglichen Verluste, die bei den manipulativen Transaktionen angefallen sind, amortisiert.[427] Als block-trade-spezifische Manipulation soll hier daher folgende Konstellation untersucht werden: Der Block-Trader kauft oder verkauft – entgegen der eigentlichen Absichten – den betreffenden Wert am Markt, beeinflusst damit den Kurs und handelt den Block im bilateral verhandelten Direktgeschäft zum "künstlichen" Kurs.

b) Feststellung manipulativer Transaktionen

Die schwierige Frage dabei ist allerdings, wie man die manipulativen Aktivitäten vom normalen, legitimen, ja gewünschten Handel abgrenzt. Während fiktive Transaktionen, bei denen Käufer und Verkäufer wirtschaftlich identisch sind oder kollusiv zusammenwirken, zwar auch schwer festzustellen[428] aber letztlich nach objektiven Kriterien bestimmbar sind, lässt sich dies für die tatsächlichen Geschäfte nicht sagen. Es liegt in der Natur der Preisbildung durch Angebot und Nachfrage, dass sich jeder Auftrag, jede Transaktion auf den Börsenkurs des betreffenden Wertes auswirken kann. Das objektive Tatbestandsmerkmal des kursverändernden Charakters einer Transaktion ist deshalb als Differenzierungskriterium nicht tauglich.[429] Die bloße Kenntnis des Handelnden hiervon kann daher selbstverständlich auch nicht ausreichen, um von einer Manipulation aus-

---

verhexten Freitagen ("triple-witched-fridays"), an denen sich die Fälligkeiten von Terminkontrakten mit unterschiedlichen Laufzeiten häufen). Die auffälligen Kursschwankungen der zugrundeliegenden Basistitel geben Anlass zu der Vermutung, dass Halter oder Stillhalter der Terminkontrakte versuchen, gezielt auf die Kurse Einfluss zu nehmen, um einen günstigen Bestand der von ihnen gehaltenen Positionen herbeizuführen.

427 Insofern wird von einer 'Cross-Trade Subsidisation' gesprochen. Die verlustträchtigen Geschäfte zur Beeinflussung des Kurses werden durch die Gewinne beim Hauptgeschäft (quer-) subventioniert, vergleiche etwa Avgouleas, Financial Market Regulation and the New Market Landscape: In Search of a New Regulatory Framework for Market Abuse, International and Comparative Corporate Law Journal, 2000, Seite 89 (111).

428 Diese Aussage steht nicht zu der oben in Fußnote 420 wiedergegebenen Einschätzung in Widerspruch, wonach die Kombination fiktiver Transaktionen mit Realisierungsgeschäften in Blockgröße aufgrund des evidenten Motivs und der recht eindeutigen Manipulationsabsicht bei Insichgeschäften als eher riskant im Hinblick auf eine Entdeckung eingestuft wurde.

429 Der potentiell kursverändernde Charakter einer Transaktion ist vielmehr die natürliche Konsequenz des freien Marktes und der kursbildenden Wirkung von Angebot und Nachfrage. Lenzen, Unerlaubte Eingriffe in die Börsenkursbildung, Dissertation Osnabrück, 2000, Seite 12 m.w.N.

gehen zu können. Auch vorsätzliches Beeinflussen des Kurses kann deshalb in dieser Konstellation nicht tatbestandsmäßig sein.[430]

(1) Kriterium der Kursbeeinflussungsabsicht

Ist hingegen die Beeinflussung des Kurses gerade das Ziel der Transaktion, so lässt sich – auch vom Blickwinkel der allgemeinen Bedeutung des Wortes[431] – von einer Manipulation sprechen. Es muss also eine entsprechende Absicht, ein zielgerichtetes Handeln vorliegen. Ob bei einem objektiv völlig markt- und regelkonformen Geschäft der Handelnde die entsprechende Absicht hat, ist 'von außen' nur schwer oder gar nicht direkt festzustellen. Da aber die subjektive Komponente einziges Merkmal zur Unterscheidung effektiver, manipulativer Transaktionen von legitimen Handelsaktivitäten ist, rückt die Frage nach einem Motiv für das Handeln bzw. die Kursbeeinflussung in den Mittelpunkt.[432] Wegen des absolut neutralen objektiven Tatbestandes einer 'Manipulation durch effektive Geschäfte', kommt es also maßgeblich auf mögliche Motive und Anreize für eine Manipulation an, aus denen dann auf eine entsprechende Absicht geschlossen werden kann.

Während fiktive Geschäfte neben den Transaktionsgebühren keine Kosten verursachen, muss bei tatsächlichen Handelsaktivitäten ein echter, zunächst interessewidriger Investitionsaufwand betrieben werden, so dass die Kosten von den Modalitäten der Liquidation der so aufgebauten Position anhängen. Das Kostenrisiko ist jedoch als nicht unerheblich einzustufen. Interessewidrig sind die manipulativen Transaktionen deshalb, weil der Kauf oder Verkauf der Wertpapiere den wahren Zielen des Manipulators definitionsgemäß[433] entgegensteht. Will man im Ergebnis günstig zukaufen, muss man zunächst entgegengesetzt

430 Aus den Beratungen im Gesetzgebungsprozeß zum Securities and Exchange Act 1934: "If a person is merely trying to acquire a large block of stock for investment, or desires to dispose of a big holding, his knowledge that in doing so he will affect the market price does not make his action unlawful." aus H.R. Rep. No. 1383, 73rd Congress, 2nd Session, 20 (1934), zitiert in: Loss/-Seligman, Securities Regulation, Chapter 10, Manipulation, Seite 3967.

431 "Bewusste und gezielte Einflussnahme, absichtliche Verfälschung", vergleiche Duden - 5. Band: Das Fremdwörterbuch.

432 Vergleiche Loss/Seligman, Securities Regulation, Chapter 10, Manipulation, Seite 3969 f.

433 Entspricht der Aufbau einer Position der Anlage- oder Spekulationsstrategie des Akteurs, so wird die Umsetzung dieser Strategie primäres Ziel und Motiv des Geschäfts sein, so dass eine Manipulationsabsicht ausscheidet. Die logische Alternativität dieser subjektiven Komponenten ergibt sich daraus, dass die profitable Nutzung des manipulierten Kurses durch andere (Realisierungs-)Geschäfte erfolgt, während die Manipulationsgeschäfte diese vorbereiten, aber nicht selbst gewinnorientiert sind.

handeln und das betreffende Wertpapier verkaufen. Dies tut man zu möglichst schlechten Konditionen, das heißt niedrigen Kursen, um eine maximale Kursbeeinflussung zu erreichen.

Wichtig ist das interessewidrige Element der Geschäfte auch deshalb, weil ansonsten keine unlautere Beeinflussung des Kurses und damit keine Manipulation vorläge. Liegen die Transaktion im 'allgemeinen Interesse' des Akteurs, gibt es zumindest einen zweiten Grund für die Geschäfte und der Nachweis einer Kursbeeinflussungsabsicht scheint nahezu ausgeschlossen.

(2) Indizwirkung der prima facie ökonomisch unsinnigen Geschäfte

Der ökonomisch vernünftig handelnde Marktteilnehmer ist bestrebt, zum jeweils bestmöglichen Preis zu handeln, das heißt günstig zu kaufen und teuer zu verkaufen. Ferner versucht er, den negativen[434] Einfluss seiner Handelsaktivitäten auf den Kurs zu minimieren. Der Manipulator hingegen kauft oder verkauft absichtlich zu suboptimalen Kursen und versucht ein Maximum an Kursreaktion zu verursachen. Dies ist für sich genommen jedoch natürlich kaum feststellbar. Für die Überwachungsorgane hingegen feststellbar ist, dass ein Akteur zunächst zukauft und in engem zeitlichen Zusammenhang den Wert wieder verkauft. Dies wäre etwa gegeben, wenn der Manipulator Zukäufe tätigt, um den Kurs zu heben und den Titel anschließend zu höheren Kursen – im Zweifel bilateral – verkauft. Es stellt sich daher die Frage, ob man anhand des Merkmals der gegenläufigen Geschäfte manipulative Aktivitäten erkennen kann.

Liegen Kauf und Verkauf desselben Wertes zeitlich eng zusammen und hat sich in dieser Zwischenzeit an der Informationslage oder allgemeinen Marktlage nichts verändert und war eine Veränderung auch nicht zu erwarten[435], so lassen sich Spekulation oder Anlage – nach objektiven Kriterien – als Motiv für diese Transaktionen ausschließen. Man könnte meinen, die Absicht der Kursbeeinflussung läge nahe. Unabhängig vom Vorliegen eines möglichen aus den gegenläufigen Geschäften resultierenden Verlustes, erscheinen die Geschäfte interessenwidrig. Ob sie deshalb geeignet sind, als Indiz für Kursmanipulationsabsichten zu dienen, muss bezweifelt werden. Zwar muss auch erfolglose oder

---

434 Das der Einfluss seiner Handelsaktivitäten als "negativ" zu bezeichnen ist, liegt daran, dass sie zu einer für ihren Auslöser ungünstigen Kursveränderung führen: Eigene Zukäufe tragen zur Erhöhung der Nachfrage bei, was zu steigenden Preisen führt, die für den Kaufwilligen natürlich nicht vorteilhaft sind.

435 Veränderungen sind etwa zu erwarten, wenn ein Emittent die Veröffentlichung neuer Unternehmensdaten angekündigt hat. Entsprechen die Nachrichten dann vollauf den Erwartungen, so tritt zwar keine Kursveränderung ein, eine (wenn auch fehlgeschlagene) Spekulation wäre allerdings plausibel.

gar unsinnig erscheinende Spekulation erlaubt sein, liegen die Geschäfte aber zeitlich so nahe zusammen, dass der Einfluss anderer kurserheblicher Faktoren – neben den Geschäften selbst – auszuschließen ist, so bleibt für echte Spekulation kein Raum. Dennoch sind mögliche, komplexere Handelsstrategien sowie Arbitragegeschäfte oder das vorübergehende Absichern von Risiken ("Hedging") wünschenswert und deren Sinnhaftigkeit mit derartig holzschnittartigen Kriterien nicht zu beurteilen. Deshalb ist festzustellen, dass es als äußerst schwierig gelten muss, allein anhand der Tatsache gegenläufiger Transaktionen, für die zulässige Spekulations- oder Anlagestrategien auf den ersten Blick nicht ersichtlich sind, verdächtige Geschäfte zu ermitteln.

(3) Anreizträchtigkeit der Situation als Kriterium

Da sich aber sagten lässt, dass bei den Vor-Und-Zurück-Geschäften zumindest die Gefahr besteht, dass sich ein "vermeidbarer"[436] Verlust einstellt, ist weiterhin zu fragen, warum der Akteur entsprechend handelt. Droht ein Verlust, muss der Anreiz für das Verhalten entsprechend groß sein.[437] Besonders anreizstarke Situationen ergeben sich dabei aus der Mengenrelation zwischen potentiellen Kursbeeinflussungs- und Realisierungsgeschäften. Diese wirkt sich allerdings nur dann positiv aus, wenn die Realisierungsgeschäfte nicht selbst den Kurs entgegengesetzt beeinflussen.[438] Ein besonderer Anreiz besteht daher immer dann, wenn der Manipulator (oder dessen Auftraggeber) Geschäfte zum beeinflussten Kurs tätigen kann, ohne dass diese in gleicher Weise – wegen der nun umgekehrten Handelsvorzeichen – den Kurs wieder auf das Ausgangsniveau führen. Idealerweise erfolgen die Realisierungstransaktionen "abseits der Kursbildung".[439] So etwa, wenn vertraglich vorgesehen ist, dass der Börsenkurs als Referenzwert für die dann als Realisierungsgeschäfte einzustufenden Transak-

---

436 Insofern besteht trotz der Verneinung der Tauglichkeit als Differenzierungskriterium aus Sicht des Block-Traders die subjektive Interessewidrigkeit der manipulativen Transaktionen fort. Der Blockverkäufer will eigentlich keine weiteren Papiere hinzukaufen; weder als Investitions- noch als Spekulationsgegenstand. Den möglicherweise resultierenden Verlust nimmt er in Kauf, da er davon ausgehen kann, dass sich dieser durch die verbesserte Ausführung des Blocks amortisiert.

437 Es wird zwar vertreten, dieser Anreiz könne nie groß genug sein, da man mit realen Transaktionen nicht profitabel manipulieren könne, so dass die natürliche Abschreckung ausreichend und ein Verbot daher entbehrlich sei. So Fischel/Ross, Should the Law Prohibit Manipulation in Financial Markets, 105 (1991) Harv. L. Rev., S. 503 (507, 553), zitiert in Thel, $ 850,000 in Six Minutes – The Mechanics of Securities Manipulation, 79 (1994) Cornell L. Rev., Seite 219 (220). Vergleiche auch oben Fußnote 404.

438 Siehe oben "Probleme bei handelsbasierter Manipulation und multilateraler Ausführung des Blockgeschäfts" Seite 159.

439 Siehe oben zum Handel im "parallelen Markt" oben Fußnote 425.

tionen dient.[440] Beispiele hierfür sind Plazierungen von Wertpapieren, insbesondere Kapitalerhöhungen und sogenannte 'secondary public offerings', in denen eine große Beteiligung per öffentlichem Verkaufsangebot in den Streubesitz überführt wird,[441] sowie öffentliche Übernahmeangebote[442].

Auch im Fall des direkten Kontakts mit dem Kontrahenten für einen geplanten Block Trade ist bei der (bilateralen) Verhandlung der zu zahlende Kurs zwischen den Parteien zu ermitteln. Häufig – und hier sei nochmals nachdrücklich auf die Unterschiede gegenüber den Pakethandel[443] verwiesen, bei dem es ja um strategische Erwerbsmotive geht und daher in der Regel ein erheblicher Aufschlag für die Mehrheits- oder Minderheitskontrolle gezahlt wird – werden sich die Parteien mangels anderweitiger Anhaltspunkte und nicht zuletzt aufgrund der Kursbezogenheit der Handelsmotive am derzeitigen Börsenkurs des Papiers orientieren. Welche Auf- oder Abschläge auf diesen 'Referenzkurs' zu zahlen sind, hängt vor allem von der Interessenlage des Initiators und der Stärke der Verhandlungsposition seines Gegenübers ab. Nicht unüblich ist es daher, entweder den aktuell vorherrschenden Kurs des fortlaufenden Handels oder etwa den Schlusskurs des Tages als Referenzwert festzulegen.[444]

---

440 So war es auch im oben (vergleiche oben Fußnoten 404 und 437) erwähnten Fall: Ivan Boesky hatte sich nach einem fehlgeschlagenen Buyout mit dem Management von Gulf & Western Industries darauf geeinigt, dass die Gesellschaft seine Beteiligung von etwa 3,4 Millionen Aktien zum Tageskurs übernehmen werde. Boeskys konnte diese zu einem um 25 Cent erhöhten Kurs veräußern, nachdem ein mutmaßlicher Komplize über die Börse 75.000 Aktien aufgekauft hatte, was vermutlich zu dem Kursanstieg führte. Dem Gewinn von $ 850.000 standen vom Zukauf resultierende Handelsverluste von $ 64,406 gegenüber, vergleiche Thel, $ 850,000 in Six Minutes – The Mechanics of Securities Manipulation, 79 (1994) Cornell L. Rev., Seite 219 (253).

441 "The motive might be (...) a desire to obtain more than the current market price for a block of stock that the manipulator plans to distrubute" vergleiche Loss/Seligman, Securities Regulation, Chapter 10, Manipulation, Seite 3970, für Beispielsfälle siehe dort Fußnote 45.

442 Crane Co. v. Westinghouse Air Brake Co.; vgl Loss/Seligman, Securities Regulation, Chapter 10, Manipulation, Seite 3971; Thel, $ 850,000 in Six Minutes – The Mechanics of Securities Manipulation, 79 Cornell L. Rev. 1994, Seite 219 (256).

443 Siehe zu dieser Abgrenzung oben bereits ausführlicher auf Seite 30.

444 Siehe etwa die Regelung im Gesetz über Kapitalanlagegesellschaften (KAGG): § 12a Abs. 5 Satz 1 schreibt sogar vor, dass der Erwerb der Wertpapiere höchstens zum Tageskurs, die Veräußerung mindestens zum Tageskurs zu erfolgen hat.

Daher besteht auch hier wegen der Mengenrelation zwischen kursbildenden Börsengeschäften und dem separaten, bilateralen Block Trade[445] sowohl für den Initiator der Blocktransaktion als auch die Gegenseite die Möglichkeit, durch (im Hinblick auf die Blocktransaktion) gegenläufige Handelsaktivitäten an der Börse, den Kurs in die individuell günstige Richtung zu lenken. Will man etwa einen Block erwerben, so könnte man zunächst durch gezielt niedrig limitierte (Leer-)Verkäufe den Börsenkurs drücken, um dann über den Referenzbezug des Kurses entsprechend günstiger den Block zu kaufen. Die mit den Verkäufen verbunden Verluste können durch beim Blockkauf erzielten Einsparungen bzw. Gewinne kompensiert werden.[446] Es bietet sich dabei vermutlich an, die manipulativen Transaktionen kurz vor Börsenschluss zu tätigen ("marking the close"), so dass der Schlusskurs als letzter veröffentlichter Wert während der Preisverhandlungen fortbesteht und nicht durch weitere Transaktionen kontinuierlich auf dem gewünschten Niveau 'gehalten' werden muss.

5. Exkurse

a) Institutionalisierung des Risikos durch Einführung von Xetra XXL

Die Einführung von Xetra XXL im März 2001 hat das geschilderte Risiko der Manipulation eines Referenzkurses durch tatsächliche Handelsaktivitäten gewissermaßen institutionalisiert. Wie oben dargelegt,[447] basiert dieses separate Handelssegment auf dem Ausgleich von Großaufträgen, wobei keine eigene Preisermittlung stattfindet,[448] sondern die Ausführung auf Basis der im Referenzmarkt des normalen Xetra-Handel ermittelten Kurse erfolgt.[449] Weil die Großaufträge gänzlich ohne Preislimit etc. in dieses Segment eingegeben werden müssen, besteht keine Möglichkeit der direkten Einflussnahme.[450] Statt dessen

---

445 Unabhängig davon, ob ein börsliches Crossen der bilateral arrangierten Orders erfolgt oder die Ausführung außerbörslich erfolgt.

446 Spieltheoretischer Beweis für dieses Verhalten bei einem Nebeneinander von transparenten und intransparenten Märkten in dem Aufsatz von Bloomfield/O'Hara, Can transparent markets survive?, Journal of Financial Economics 55 (2000), Seite 425-459.

447 Siehe oben Seite 94.

448 Die Großaufträge werden auch nicht in die allgemeine Preisermittlung einbezogen.

449 § 42c Abs. 2 BörsO – Blockhandel – "*In den Auktionen werden ausschließlich Preise ermittelt, die sich aus dem rechnerischen Mittelwert des zur gleichen Zeit im Hauptmarkt des jeweiligen Wertpapiers beste, im Auftragsbuch angezeigten Nachfrage und Angebotspreises ergeben (Midpoint).*"

450 Der Ausführungsvorrang kann sich daher logischerweise aufgrund des Preises ergeben. Stattdessen werden die "*Aufträge mit der jeweils größten Stückzahl vorrangig und bei gleicher Stückzahl in der Reihenfolge der Eingabe in das System ausgeführt (Volumen-Zeit-Priorität).*", § 42c Abs. 3 Satz 4 BörsO.

besteht die Gefahr, dass versucht wird, durch entsprechendes Handelsverhalten im normalen Xetra-Handel zu den Zeitpunkten, an denen die Auktionen im XXL-Segment durchgeführt werden, auf den Ausführungskurs der Blocktransaktionen Einfluss zu nehmen. Die Tatsache, dass man, um Manipulationen vorzubeugen, das Crossing nicht zu einem bestimmten Zeitpunkt stattfinden lässt, sondern binnen einer Phase von fünf Minuten den Zufallsgenerator entscheiden lässt, zeigt zwar, dass man sich des Problems bewusst ist.[451] Ob es dadurch gelöst ist, darf bezweifelt werden.

b) Aktuelle Diskussion über Abfindung zum Börsenkurs

Ein ähnliches wie das hier untersuchte Phänomen wird derzeit von den Aktienrechtlern im Nachhall zu der DAT/Altana-Entscheidung des Bundesverfassungsgerichts[452] diskutiert: In dieser Entscheidung hat das Bundesverfassungsgericht festgestellt, dass der Börsenkurs bei der Bestimmung von Abfindungen nach §§ 305, 320b AktG als Untergrenze zu berücksichtigen ist. Nunmehr wird vor den Zivilgerichten und in der Literatur gestritten, wie der maßgebliche Börsenkurs zu ermitteln ist. In der Diskussion über hierbei möglicherweise einzuführende Stichtagsregelungen wird vielfach auf die Manipulationsgefahr hingewiesen, die sich daraus ergibt, dass der Kurs eines – wie sich dem Tatbestand der Eingliederungen ergibt – typischerweise äußerst illiquiden Papiers als Referenzwert für die zu zahlende Abfindung herangezogen wird.[453] Hier besteht die klassische Konstellation mit leichter Beeinflussbarkeit des Kurses aufgrund relativer Marktenge auf der einen Seite und – was die Kursermittlung anbelangt – abgekoppelten Geschäften zum Referenzwert auf der anderen Seite.

c) Vergleichbarkeit mit Kurspflegemaßnahmen

Grundsätzlich unterscheiden sich derartige Manipulationen kaum von Motiv und Wirkungsweise sogenannter Kurspflegemaßnahmen, wie sie etwa bei der Plazierung von Wertpapieren im Wege eines öffentlichen Angebotes üblich sind. Diese werden jedoch weitgehend als positiv und daher zulässig angesehen.[454] Dabei

---

451 von Heusinger, Modell Blockhandel auf Xetra hat Zukunft, Börsen-Zeitung vom 1. März 2001, Seite 3.

452 BVerfGE 100, S. 289 ff. = NZG 1999, S. 931 ff.

453 Vergleiche OLG Düsseldorf, NZG 2000, S. 1075; Wilm, Abfindung zum Börsenkurs – Konsequenzen der Entscheidung des BVerfG, NZG 2000, S. 234 (238 f.); ders., Nochmals: Abfindung zum Börsenkurs, NZG 2000, S. 1070.

454 Schäfer, in: Schäfer, Kommentar WpHG/BörsG/VerkProspG, § 14 WpHG, Rn. 69; Hopt, Europäisches und deutsches Insiderrecht, ZGR 1991, S. 17 (46); Assmann, Insiderrecht und Kreditwirtschaft, WM 1996, S. 1337 (1344 f.); Claussen, Wie ändert das KonTraG das Aktiengesetz?, DB 1998, S. 177 (180). Vergleiche auch die unten näher erörterte Regelung in Großbritannien, nach der Preisstabilisierung explizit als Ausnah-

wird der wegen des plötzlichen Angebotsüberhang drohende Kursabfall gegebenenfalls durch Zukäufe des Emissionskonsortiums über die Börse verhindert.[455] Dies wird grundsätzlich als nützlich und wünschenswert eingestuft.[456] Hauptunterschied zu der Variante der 'schädlichen' Kursmanipulation ist jedoch, dass das Emissionskonsortium im Vorfeld der Plazierung ankündigen muss, dass man in einem bestimmten Zeitraum gegebenenfalls Kurspflegemaßnahmen ergreifen werde.[457]

(1) Bedeutung der Information

Nicht ohne Grund ist es in diesem Fall erforderlich, dass der Emittent beziehungsweise die für diesen tätigen *Underwriters* die Marktteilnehmer durch entsprechende Hinweise im Börsenzulassungs- bzw. Verkaufsprospekt über die eventuellen Stützungsmaßnahmen informieren.[458] So dürfen die Marktteilneh-

---

me zum allgemeinen Verbot der Marktmanipulation vorgesehen ist: Financial Services Authority, Price Stabilising Rules, Market Conduct Sourcebook, Block 2 – Business Standards – MAR 2.1.1 Absatz (2) *"behaviour conforming with the price stabilising rules does not amount to market abuse."*

455 Grundsätzlich unterscheiden sich IPOs ("Initial Public Offering") insoweit nicht von Secondary Public Offerings (wie etwa beim Verkauf der von der damaligen Hoechst AG gehaltenen Beteiligung an der Clariant AG) oder Kapitalerhöhungen. Auch hier sind Kurspflegemaßnahmen durch Überverkäufe des Unterwritingkonsortiums bei der Zuteilung und anschließendem stützenden Zukauf zur Erfüllung der Leerverkäufe, beziehungsweise Rückgabe im Rahmen der Wertpapierleihe die Regel. Ist aufgrund steigender Kurse eine Pflege des Kurses nicht notwendig (und auch zu teuer) übt das Konsortium im Regelfall eine ihm durch den oder die Großaktionäre eingeräumte Mehrzuteilungsoptionen (sogenannter 'Greenshoe', benannt nach der Emittentin bei der dieses Instrument erstmals eingesetzt wurde) aus.

456 So ist die Marktpflege auch in § 10 Abs. 7 Satz 5 KWG erwähnt. Die Price Stabilising Rules der Financial Sercives Authority (Market Conduct Sourcebook, Block 2 – Business Standards – MAR 2.1 ff.) gelten explizit nicht für Blocktransaktionen, MAR 2.1.4: *But the use of the word "offer" and the fact that there has to be a public announcement of the offer shows that a sale, for example by means of a block trade, of securities already in issue is not included.*

457 BGH WM 1993, S. 1787 (1790); Hamann in: Schäfer, Kommentar WpHG/BörsG/VerkProspG, §§ 45, 46 a.F. BörsG Rn. 118; zur Rechtslage in den USA vergleiche Loss/-Seligman, Securities Regulation, Chapter 10, Manipulation, Seite 3980, dort Fußnote 4: In Thomson Ross Sec. Co., 6 SEC 1111, S. 1121-1122 (1940) wurde zwar ein Verstoß gegen Section 9 (a)(2) S.E.A. verneint (zu dieser Norm unten Seite 175 ff.), in Rickard Ramore Gold Mines Ltd. 2 SEC 377, S. 384-386 (1937) aber eine Emission, die zum Börsenkurs der alten Aktien erfolgen sollte, wegen der Nicht-Offenlegung künstlicher Marktbeeinflussungen gestoppt.

458 Vergleiche BGH WM 1993, S. 1787 (1790); Hamann, in: Schäfer, Kommentar WpHG/BörsG/VerkProspG, §§ 45, 46 a.F. BörsG Rn. 118.

mer nicht davon ausgehen, der Kurs des Papiers sei das Resultat des freien Spiels der vorherrschenden Marktkräfte[459]. Folglich basieren die Handelsentscheidungen der betreffenden Marktteilnehmer nicht auf der Fehlvorstellung, der aktuelle Börsenkurs sei das unverfälschte Resultat des freien Spiels der Angebot- und Nachfragekräfte. Eine Irreführung oder Täuschung über den durch freies Spiel der Marktkräfte zustande gekommenen Kurs findet nicht statt.

Wie wichtig eine derartige Information ist, lässt sich an folgendem Beispiel verdeutlichen: Ein Emittent oder Großaktionär plant eine Plazierung weiterer Papiere der bereits börsennotierten Gesellschaft. Unabhängig davon, ob der Emissionskurs im Vorfeld fixiert wird oder zu einem Preis erfolgt[460], der sich – unter Gewährung eines geringen Abschlages als Kaufanreiz – nach dem Börsenkurs eines vorher bestimmten Stichtages bemisst[461], hat der Verkäufer oder Emittent der Papiere ein Interesse an einem hohen Börsenkurs. Ist der Börsenkurs hoch, sind dies auch die erzielbaren Einnahmen aus der Plazierung. Entweder, weil sich der Preis direkt hieraus ergibt, oder weil der höhere Börsenkurs auch die Fixierung eines höheren Emissionspreises ermöglicht. Der Kauf der 'alten Aktien' über die Börse ist für die potentiellen Käufer die mögliche Alternative, die – aus Sicht des Plazierenden – natürlich keinesfalls günstiger sein darf. Dürften die an der Plazierung Beteiligten nun durch Zukäufe kurz vor (!) Ermittlung des Referenzwertes den Kurs der alten Aktien in die Höhe treiben und damit die neuen Aktien 'künstlich' verteuern, so würde die Ankündigung einer solchen (Prä-Emissions-)Kurspflege mit ziemlicher Sicherheit dazu führen, dass niemand die neuen Aktien zeichnen würde. Man müsste nämlich damit rechnen, zu einem durch die künstliche Nachfrage erhöhten und somit überhöhten Kurs zu zeichnen. Der Kurs müsste daher nach Ende der stützenden Kurspflegeaktivitäten wieder – durch das Gleichgewicht von 'natürlichem' Angebot und Nachfrage – auf das unbeeinflusste, niedrigere Niveau absinken. Ist also absehbar, dass bei der Emission zu überhöhten Kursen gezeichnet würde, wird sich hierauf sehenden Auges kein vernünftiger Investor einlassen.

---

459 Auf die Abgrenzung zwischen Betrug ('fraud') und dem Vertrauen auf das freie Spiel der (nicht-künstlichen) Marktkräfte hinweisend: vergleiche Loss/Seligman, Securities Regulation, Chapter 10, Manipulation, Seite 3980, dort Fußnote 4.

460 Vergleiche Kidder Peabody & Co., 18 SEC 559, 571 (1945), zitiert in Loss/Seligman, Securities Regulation, Chapter 10, Manipulation, Seite 3982, dort Fußnote 4 a.E.

461 So etwa die Kapitalerhöhung der Deutsche Telekom AG im Jahre 1999 (im Jargon „DTAG 2“) oder die Platzierung weiterer DTAG-Anteile des Bundes im Jahre 2000 („DTAG 3“).

(2) KURSBEEINFLUSSUNG DER ZEICHNERSEITE

Tatsächlich passiert gelegentlich der umgekehrte Fall: Nicht der Emittent oder die Mitglieder des Underwriting-Konsortiums manipulieren den Kurs, sondern Broker Dealer oder Spekulanten, die die neuen Aktien gezeichnet oder Bezugsrechte erworben haben. Diese tätigen kurz vor Ermittlung des Referenzkurses Leerverkäufe, die den Kurs drücken, so dass der Zuteilungskurs entsprechend günstig ausfällt. Auch hier kommt es natürlich entscheidend auf die Mengenrelation zwischen getätigten Leerverkäufen und dem Umfang der erwarteten Zuteilung bzw. gehaltenen Bezugsrechte an.[462]

d) Bedeutung der Transparenz des Referenzmarktes

Im übrigen ist bei der Problematik der Kursmanipulation durch effektive Geschäfte auch zu berücksichtigen, dass ein offenes Orderbuch hier den Nachteil hat, dass Marktbreite und -tiefe zuverlässig abgeschätzt werden können. Je ausgeprägter die Pre Trade-Transparenz, desto eher lässt sich für den manipulationsgeneigten Initiator der Blocktransaktion oder anderen Akteur berechnen, mit welchen und wie vielen Orders (und den resultierenden Transaktionen) sich der Kurs in die gewünschte Richtung bewegen lassen wird. Folglich ist für ihn abzusehen, ob sich die zunächst durch interessewidrige Geschäfte drohenden Kosten beim Hauptgeschäft amortisieren lassen.[463]

6. Die Märkte im Einzelnen

Nachdem erläutert worden ist, warum die gezielte Kursbeeinflussung durch effektive Geschäfte als block-trade-spezifische Manipulationsgefahr gelten kann, soll nunmehr untersucht werden, ob und inwieweit ein solches Verhalten an den vier Börsen untersagt ist.

a) New York Stock Exchange

Nachdem im Zusammenhang mit dem Börsencrash des Jahres 1929 bei den anschließenden Untersuchungen eine Fülle von manipulativen Praktiken entdeckt

---

462 Vergleiche Thel, $ 850,000 in Six Minutes – The Mechanics of Securities Manipulation, 79 Cornell L. Rev. 1994, Seite 219 (259); nach SEC Rule 105 der Regulation M (früher als Rule 10b-21) ist es in den USA verboten, kurz vor der Platzierung getätigte Short Sales durch die gezeichneten und vom Underwriter erworbenen Papiere auszugleichen.

463 Rudolph/Röhrl, Grundfragen der Börsenorganisation aus ökonomischer Sicht, in: Hopt/Rudolph/Baum (Hrsg.), Börsenreform, Eine ökonomische, rechtsvergleichende und rechtspolitische Untersuchung, 4.A.II.

und als mögliche Ursachen identifiziert wurden[464], enthielt der wenig später erlassene Securities and Exchange Act 1934 als zentrales Element Normen zur Verhinderung derartiger Verhaltensweisen.[465] Wie in den anderen Regelungsbereichen, ist auch hinsichtlich dieser Frage ein dreigliedriger Aufbau der Regelungsstruktur zu beobachten. Neben den Vorschriften des S.E.A. und den inhaltlich wie nummerierungstechnisch zugehörigen Rules der SEC gibt es auch hinsichtlich der Manipulationsrisiken spezielle Regeln der SROs[466], so auch der NYSE und der NASD.

Dies ist vor allem deshalb als sinnvoll einzustufen, da insbesondere die für die hier untersuchten 'tatsächlichen Handelsaktivitäten' typischen Manipulationsszenarien eng mit der jeweils von der Börse gewählten Handelsorganisation und -struktur zusammenhängen.[467] Ferner ist zu beachten, dass die Selbstregulierung der Börsen zwar nur ihre Mitglieder sowie die dort gelisteten Emittenten bindet, jedoch eine Vielzahl von Manipulationsformen, insbesondere die handelsbasierten, klassischerweise von diesen eingesetzt werden. Wie bisher soll in der Betrachtung normhierarchisch vorgegangen werden.

(1) SECTION 9 S.E.A.

Section 9 S.E.A., die von der SEC als Herzstück des Gesetzes ansehen wird[468], richtet sich gegen die Manipulation börsennotierter Werte, unter anderem auch durch fiktive oder tatsächliche Transaktionen.[469] Erstere sind nach Subsection (a) (1) generell verboten. Letztere sind, auch wenn sie in der Absicht, den Preis zu beeinflussen getätigt werden, nicht per se ungesetzlich, sondern nach Subsection (a) (2) nur, wenn dadurch andere zum Kauf oder Verkauf veranlasst werden sollen.[470]

464 Ob dies zu recht geschah, wird heute zum Teil bezweifelt, so etwa von Symposium: The Allocation of Government Authority: The Exchange as Regulator, 83 (1997) Virginia Law Review, Seite 1453 (1471 f).

465 Aus Sicht der SEC "the very heart of the act", vergleiche Jennings/Marsh/Coffee, Securities Regulation, 7th Edition, Seite 617; Malhoney, Symposium: The Allocation of Government Authority: The Exchange as Regulator, 83 (1997) Virginia Law Review Seite, S. 1453 (1470).

466 Self-Regulating Organisations.

467 Thel, $ 850,000 in Six Minutes – The Mechanics of Securities Manipulation, 79 Cornell L. Rev. 1994, Seite 219 (279).

468 Jennings/Marsh/Coffee, Securities Regulation, 7th Edition, Seite 617.

469 Die informationsbasierte Manipulation ist in den Subsections (a) (3) - (5) geregelt.

470 Thel, $ 850,000 in Six Minutes – The Mechanics of Securities Manipulation, 79 Cornell L. Rev. 1994, Seite 219 (293, 297); Lenzen, Unerlaubte Eingriffe in die Börsenkursbildung, Dissertation Osnabrück, 2000, Seite 83.

Wie sich aus dem Wortlaut der Norm ergibt, bezieht sich Section 9 S.E.A. ausschließlich auf die Markt- oder Kursmanipulation im Hinblick auf börsennotierte Werten.[471] Da an der NYSE allerdings nur börsennotierte Aktien gehandelt werden, gilt Section 9 S.E.A. für den NYSE-Handel uneingeschränkt. Gleichwohl ergeben sich in der Rechtsanwendung keine Unterschiede für nicht-börsennotierte Werte wie die Nasdaq-Titel, da von der Praxis der SEC und der Gerichte der Inhalt von Section 9 S.E.A. in die Sections 10(b) und 15(c) (1) S.E.A. hineingelesen wird, die jeweils Wertpapiere im allgemeinen betreffen.[472]

Sec: 9 S.E.A. 1934- Prohibition against Manipulation of Security Prices

(a) It shall be unlawful for any person, directly or indirectly, by the use of the mails or any other means or instrumentality of interstate commerce, or of any facility of any national securities exchange, or for any member of a national securities exchange:

(1) *For the purpose of creating a false or misleading appearance of active trading in any security registered on a national securities exchange, or a false or misleading appearance with respect to the market* for any such security:

(A) to effect any transaction in such security which involves no change in beneficial ownership thereof, or

(B) to enter an order or orders for the purchase of such security with the knowledge that an order or orders of substantially the same size, at substantially the same time, and at substantially the same price, for the sale of any security, has been or will be entered by or for the same or different parties, or

(C) to enter an order or orders for the sale of such security with the knowledge that an order or orders of substantially the same size, at substantially the same time, and at substantially the same price, for the purchase of any security, has been or will be entered by or for the same or different parties.

(2) To effect, alone or with one or more other persons, a series of transactions in any security registered on a national securities exchange creating actual or apparent active trading in such security, or raising or depressing the price of such security, *for the purpose of inducing the purchase or sale of such security by others.* (...)

(6) To effect either alone or with one or more other persons any series of transactions for the purchase and/or sale of any security registered on a national securities exchange *for the purpose of pegging, fixing, or stabilizing the price of such security in contravention of such rules and regu-*

---

471 Vergleiche auch: Hazen, Treatise on The Law of Securities Regulation, Volume 2, 3. Auflage, 1995, § 12.1, Seite 375.

472 SEC v. Resch-Cassin & Co., Inc., 362 F.Supp.964 (S.D.N.Y 1973) zitiert in Jennings/Marsh/ Coffee, Securities Regulation, 7th Edition, Seite 617.

> *lations as the Commission may prescribe* as necessary or appropriate in the public interest or for the protection of investors.

(a) Section 9 (a) (1) S.E.A.

Section 9 (a) (1) (A) S.E.A. richtet sich gegen fiktive Geschäfte in der Form von sogenannten "wash sales", bei denen Käufer und Verkäufer personenidentisch sind. Von "beneficial ownership" wird dabei deshalb gesprochen, weil aufgrund der US-amerikanischen Besonderheiten des Depotwesens im Zusammenhang mit der Handhabung der Namensaktien die Anleger im Regelfall nicht selbst Eigentümer der Papiere werden. Section 9 (a) (1) (B), der die Beeinflussung des Kurses durch vorarrangierte Geschäfte ("matched orders") regelt, richtet sich nicht per se gegen derartige Geschäfte und das sogenannte 'upstairs trading[473], sondern nur soweit diese als Mittel eingesetzt werden, um einen falschen oder irreführenden Eindruck über Handelsaktivität oder die Marktsituation zu erzeugen. Es ist also untersagt, durch kollusives Zusammenwirken denselben Effekt wie durch obengenannte Zirkulärgeschäfte zu erzeugen, nämlich die Eingabe von Scheingeschäften zur Beeinflussung des Kurses. Folglich betrifft Section 9 (a) (1) nicht die als block-trade-spezifisch angenommene Konstellation, der Beeinflussung des Referenzkurses durch tatsächliche Transaktionen.[474]

(b) Section 9 (a) (2) S.E.A. – Veranlassung zu Transaktionen

Auch Section 9 (a) (2) ist – obwohl tatbestandlich am weitesten gefasst – für die oben skizzierte block-trade-spezifische Manipulation des Referenzkurses für das bilaterale Geschäft nicht einschlägig: Zwar sind bei diesem Tatbestand auch effektive Handelsaktivitäten tatbestandsmäßig ("actual or apparent active trading"). So erfasst diese Vorschrift jedwede Handelsaktivität, die mehr als eine einzelne Transaktion umfasst und entweder den Eindruck aktiven Handels erzeugt, oder eine Preisveränderung bewirkt. Alleine diese Absicht genügt jedoch nicht. Ziel der Transaktionen muss es ferner sein, über den Anschein aktiven Handels oder die Preisveränderung andere Handelsteilnehmer zu Transaktionen in diesem Wert zu veranlassen.[475] [476]

---

473 Vergleiche Fußnote 325.

474 Hinsichtlich dieser hier nicht näher untersuchten Tatbestände ist auf das schon mehrfach zitierte Werk von Lenzen, Unerlaubte Eingriffe in die Börsenkursbildung, Dissertation Osnabrück, 2000 zu verweisen; hierzu Seite 79 ff.

475 Loss/Seligman, Securities Regulation, Chapter 10, Manipulation, Seite 3967.

476 Die ersten Entwürfe des Securities Exchange Act sahen noch vor, dass es genügte, das Steigen oder Fallen des Kurses zu bezwecken. Erst im Vermittlungsausschuss wurde als Abgrenzungskriterium die Absicht, andere zum Handel zu veranlassen, hinzugefügt. Vergleiche: Sen. Rep. No. 792, 73d Cong., 2d Sess., 17 (1934); H.R. Rep. No. 1383,

Das oben entworfene Szenario der verhandelten Blocktransaktion zum Referenzpreis des Börsenkurses ist daher insofern nicht tatbestandsmäßig, als dass die Gegenseite der Blocktransaktion nicht durch den aktiven Handel[477] oder die aus ihrer Sicht ja ungünstige Kursbewegung zum Geschäftsabschluss bewegt werden soll. Bei entsprechenden Block-Trade-Verhandlungen liegt eine grundsätzliche Handelsbereitschaft der Gegenseite typischerweise bereits vor. Das Motiv, andere über eigene Transaktionen zum Handel in einem Wertpapier zu animieren, ist eher im Zusammenhang mit spekulativen Reaktionen kleinerer Akteure als auf der bilateralen Ebene erfolgsversprechend.[478]

(i) Exkurs – Stimulierung des Marktes zur multilateralen Plazierung eines Blocks

Im Zusammenhang mit kleineren Blocktransaktionen ergibt sich auch das Risiko von Manipulationen im Sinne von Section 9 (a) (2) S.E.A.: Genügt zwar das gewöhnliche Handelsvolumen nicht zur kursneutralen Ausführung der Blockorder, so kann es unter Umständen lohnend erscheinen, durch entsprechende – wiederum den eigentlichen Handelsabsichten zuwiderlaufende – Transaktionen die Phantasie der Noise Trader anzuregen und anschließend mit Hilfe der dann von diesen entfachten Handelsbereitschaft den Block in den Markt zu bringen.

Die Noise Trader sehen in aktivem Handel oder den erzeugten Kursveränderungen Signale dafür, dass andere – mutmaßlich besser informierte – Anleger das betreffende Papier für unter- oder überbewertet halten. Daher versuchen sie in Spekulationsabsicht auf den Zug einer erhofften weiteren Kursbewegung aufzuspringen.[479] Kauft etwa der Blockverkäufer erst den betreffenden Wert im

---

73d Cong., 2d Sess., 29 (1934); Bromberg/Lowenfels, Bromberg and Lowenfels on Securities Fraud & Commodities Fraud, Vol. 2, § 8.4 (411).

477 Aktiver Handel in dem betreffenden Wert ist für die potentiellen Gegenseiten einer großen Transaktion als Warnsignal zu verstehen und wird die Handelsbereitschaft eher herabsetzen. Dies ist so, weil die Geschäfte auch immer der Informationsverarbeitung dienen. Aktiver Handel signalisiert damit, dass zumindest einige Handelsteilnehmer über neue Informationen oder Einschätzungen verfügen und deshalb die Geschäfte tätigen. Diesbezüglich ist abermals auf das Phänomen der Noise Trader hinzuweisen (oben Fußnote 418). Verfügt der Anleger oder Dealer selbst aber nicht über neuere Informationen, so muss er vermuten, schlechter informiert zu sein. Er läuft Gefahr, bei dem Block Trade von dem besser informierten Gegenüber übervorteilt zu werden.

478 Siehe oben Seite 160 bereits zu der hier vertretenen Auffassung, dass das so zu weckende Ordervolumen der Noise Trader im Zweifel nicht ausreicht, um die Ausführung des Blocks signifikant zu erleichtern, insbesondere wenn man bedenkt, dass sich die interessewidrigen Manipulationsgeschäfte amortisieren müssen, damit die Strategie profitabel wird.

479 Zu diesem Phänomen vergleiche oben Seite 160, Fußnote 418.

entsprechenden Rahmen zu, so beeinflusst er die Noise Trader dazu, ebenfalls zu kaufen. Die so entzündete zusätzliche Nachfrage befriedigt er mit dem Verkauf seines Blocks.

Ein solches Verhalten ist nach Section 9 (a) (2) S.E.A. eindeutig verboten. Durch die skizzierten Geschäfte des Block-Traders wird das Erscheinungsbild aktiven Handels oder auch eine Kursveränderung erzeugt, durch die sich Dritte zu Transaktionen in den Wert veranlasst sehen. Diese müssen ihre Geschäfte nicht direkt mit dem Block-Trader abschließen, damit der Tatbestand erfüllt ist.[480]

(ii) Extensive Auslegung der Norm hilfreich?

Es stellt sich die Frage, ob die oben skizzierte Referenzkursbeeinflussung nicht im Wege einer extensiven Auslegung – unter Auslassung des Tatbestandsmerkmals der Beeinflussung zur Vornahme von Geschäften – unter Section 9 (a) (2) S.E.A. zu subsumieren ist. In der Entscheidung *Crane Co. v. Westinghouse Air Brake Co.*[481] wurde zwar auch ein Verhalten als tatbestandsmäßig angesehen, das genaugenommen nicht darauf abzielte, andere zu Transaktionen zu verleiten: Im Kontext eines Übernahmeangebotes startete ein anderes Unternehmen, dass ebenfalls Interesse am Zielunternehmen hatte, Zukäufe des betreffenden Papiers, um so den Kurs auf Höhe des Übernahmeangebotes zu treiben. Dadurch sollten die Aktionäre des Zielunternehmens davon abgehalten werden, das Übernahmeangebot anzunehmen, das heißt ihre Aktien nicht zu verkaufen. In diesem Fall sollte also auch die Entscheidung über Kauf oder Verkauf beeinflusst werden, allerdings nicht im Sinne der positiven Handelsbereitschaft, sondern gewissermaßen negativ – nicht zu handeln, sondern zu halten. Deshalb ist zu sagen, dass es – auch unter Berücksichtigung des Fallrechts dieser extensiven Auslegung der Norm – Ziel der Manipulation sein muss, die Entscheidung über das Ob von Transaktionen in dem Wert zu beeinflussen. Die Einflussnahme auf Modalitäten, wie den verhandelten Preis genügt nicht, so dass das hier untersuchte Szenario nicht tatbestandsmäßig ist.

(c) Section 9 (a) (6) S.E.A.

Die Formulierung von Section 9 (a) (6) S.E.A. geht am ehesten in die Richtung des Verbots der absichtlichen Preissteuerung durch ansonsten 'gewöhnliche' Transaktionen. Diese Subsection stellt – wie sich aus dem Wortlaut ergibt – al-

---

480 Vergleiche Lenzen, Unerlaubte Eingriffe in die Börsenkursbildung, Dissertation Osnabrück, 2000, Seite 88; In the Matter of Federal Corporation, 25 SEC 227, 230 (1947); In the Matter of Masland, Fernon & Anderson, 9 SEC 338, 345.

481 Crane Co. v. Westinghouse Air Brake Co. 419 F.2d 787 (2d Cir. 1969), cert. denied, 400 U.S. 822 (1970).

lerdings selbst keinen eigenständigen Tatbestand dar: Sie setzt neben der gezielten Einflussnahme auf den Preis eines Wertpapiers den Verstoß gegen von der SEC erlassene *Rules and Regulations* voraus. Folglich ist diese Norm als Ermächtigungsgrundlage anzusehen.

(i) Verstoß gegen zu erlassende Regeln als Tatbestandsmerkmal

Von dieser Ermächtigung hat die SEC im Jahre 1940 zwar Gebrauch gemacht; allerdings der Gestalt, dass die Regulations 9a6-1 bestimmte Tatbestände vorsahen, unter deren besonderen Voraussetzungen Eingriffe in die Preisbildung erlaubt waren. Dies war insoweit merkwürdig, als nach dem Sinn und Zweck von Section 9 (a) (6) S.E.A. die SEC gegebenenfalls durch die untergesetzlichen Normen Verbotstatbestände schaffen sollte und nicht Ausnahmetatbestände für ein – ja nicht bestehendes – generelles Verbot. Im Jahre 1955 wurden die betreffenden Regulations aufgehoben und durch die Rules 10b-6 bis 10b-8[482] ersetzt, welche wiederum 1996 aufgehoben und von den Rules 100 bis 105 der Regulation M[483] ersetzt wurden.[484] Regulation M – bei der die Bezeichnung "M" für Manipulation steht – hat das Verhalten der an einer Plazierung von Wertpapieren beteiligten zum Gegenstand. Hieraus ergibt sich, dass Preisstabilisierungsmaßnahmen im Zusammenhang mit einer Plazierung – unter im einzelnen geregelten Voraussetzungen – zulässig sind. Entsprechend könnte man Section 9 (a) (6) S.E.A. im Zusammenspiel mit Regulation M so verstehen, dass die Beeinflussung des Preises *per se* unzulässig ist, oder aber so, dass derartige Geschäfte nur im Kontext von Plazierungen den besonderen Regeln folgen müssen, ansonsten aber zulässig sind. Letzterer Interpretation ist allerdings aufgrund des Wortlauts von Section 9 (a) (6) S.E.A. eindeutig der Vorzug zu geben.[485] Der darin enthaltene Verweis auf von der SEC zu erlassene *Rules and Regulations* behandelt den Verstoß gegen diese als Tatbestandsmerkmal des Verbots. Sollten mit Kurssteuerungsabsicht getätigte effektive Geschäfte *per se* verboten werden, hätte der Gesetzgeber dies formuliert und per Verweis auf eine untergesetzliche Ausgestaltung die Möglichkeit einer Ausnahme oder Öffnungsklausel vorgesehen. Der Gesetzgeber hat sich aber entschlossen, 'normale', das heißt effektive Geschäfte, auch wenn sie gezielt zur Preisbeeinflussung eingesetzt werden, nur unter weiteren Voraussetzungen zu untersagen. Die SEC hat sich dann entschieden, dergleichen im Zusammenhang mit Plazierungen und Übernahme-

---

482 Die sich zusätzlich auch auf die Ermächtigung aus Section 10 (b) stützten. Zu Section 10 (b) vergleiche sogleich Seite 183 ff.

483 17 CFR § 242.100-105.

484 Vergleiche SEC Release No. 34-38067., IC-22412, 20.12.1996.

485 So auch: Hazen, Treatise on The Law of Securities Regulation, Volume 2, § 12.1 Seite 379, 3. Auflage, 1995.

angeboten[486] zu untersagen (wobei wiederum gewisse Ausnahmen vorgesehen sind).[487]

Liegt keine Plazierungssituation vor, verstoßen Stabilisierungskäufe also nicht gegen Section 9 (a) (6) in Verbindung mit Regulation M, möglicherweise aber – wie Rule 100 (a) der Regulation M klarstellt – gegen allgemeinere, im Folgenden noch zu untersuchende Vorschriften.

(ii) Regulation M auf Blockverkauf anwendbar?

Folglich stellt sich die Frage, ob bei einem Blockverkauf möglicherweise von einer Plazierung im Sinne der Regulation M auszugehen ist. Dies ist allerdings im Ergebnis zu verneinen. Bei den hier untersuchten Blocktransaktionen liegt auch im Falle eines multilateralen Verkaufs typischerweise keine "Distribution" im Sinne von Rule 100 (b) der Regulation M vor. Hierfür müsste sich das Angebot ("Offering") der Aktien vom normalen Handel durch seine Größe und den Gebrauch spezieller Verkaufsanstrengungen und -methoden ("special selling efforts and selling methods") unterscheiden. Zwar ließe sich noch bejahen, dass sich Blocktransaktionen durch ihre Größe und nicht selten auch durch besondere Methoden – so etwa die bilaterale Suche nach der Gegenseite[488] – vom normalen Handel unterscheiden, eine Anwendbarkeit von Regulation M ist aus systematischen Gründen aber dennoch zu verneinen. Bei einem "Offering" handelt es sich nach allgemeinem Fachverständnis um ein öffentliches Angebot im Stile einer Emission[489], ganz gleich, ob es sich um einen Börsengang, eine Kapitalerhöhung oder den Beteiligungsverkauf eines Großaktionärs handelt. Bei der Blocktransaktion wird – so denn besondere Methoden angewandt werden – die Vertragsgegenseite aber gerade nicht öffentlich gesucht, sondern typischerweise unter Wahrung größtmöglicher Diskretion.

Wohl noch überzeugender dürfte das systematische Argument sein: Blocktransaktionen werden in etwa gleich häufig von Käufer- wie von Verkäuferseite initiiert. Beim Kauf würde es sich allerdings schon begrifflich in keinem Fall um eine Distribution oder ein Offering im Sinne von Rule 100 (b) Regulation M handeln, so dass nach Regulation M eine gezielte Preissteuerung (durch effektive Geschäfte) nicht verboten wäre. Es erschiene sinnwidrig, einen Blockverkauf

---

486 Vergleiche hierzu Regulation 14E (Reg. § 240.14e-5).

487 SEC Release No. 34-2446 (1940) zitiert, in: Hazen, Treatise on The Law of Securities Regulation, Volume 2, § 12.1 Seite 379, 3. Auflage, 1995.

488 Hieraus ergibt sich aber auch, dass, wenn besondere Methoden angewandt werden und der Block-Trader eine oder mehrere Gegenseiten sucht, schon begrifflich keine Distribution mehr vorliegt, der ja gerade das multilaterale Element eigen ist.

489 Vergleiche Schäfer, Financial Dictionary, Fachwörterbuch Finanzen, Banken, Börse, Teil 1: Englisch-Deutsch, 3. Auflage, 1999.

als Offering zu verstehen und so anderen Regeln zu unterstellen als den Blockkauf, wo doch das mit der Einflussnahme auf den Kurs verbundene Risiko bei beiden Fällen in gleicher Weise besteht.

Nach dem Gesagten ist die Manipulation des Referenzkurses durch effektive Handelsaktivitäten nicht von Section 9 S.E.A. erfasst.

(2) Section 10 S.E.A.

Ferner sind Section 10 S.E.A. sowie die darunter erlassenen Rules zu untersuchen, die ebenfalls manipulative Praktiken zum Gegenstand haben.

> **Section 10 S.E.A. – Regulation of the Use of Manipulative and Deceptive Devices**[490]
>
> It shall be unlawful for any person, directly or indirectly, by the use of any means or instrumentality of interstate commerce, or any facility of any national securities exchange:
>
> (a) To effect a short sale, or to use or employ any stop-loss order in connection with the purchase or sale, of any security registered on a national securities exchange, *in contravention of such rules and regulations as the Commission may prescribe* as necessary or appropriate in the public interest or for the protection of investors.
>
> (b) To use or employ, in connection with the purchase or sale of any security registered on a national exchange or any security not so registered, any manipulative or deceptive device or contrivance *in contravention of such rules and regulations as the Commission may prescribe* as necessary or appropriate in the public interest or for the protection of investors.

Beide Unterabschnitte verweisen tatbestandlich ebenfalls auf den Verstoß gegen SEC Rules ("in contravention of such rules and regulations as the Commission may prescribe"), sind also wiederum nicht als selbständige Regeln sondern vielmehr als Ermächtigungsgrundlagen einzustufen. Hiervon ist durch verschiedene SEC Rules und die oben erwähnte Regulation M Gebrauch gemacht worden. Zu beachten ist jedoch, dass es zwischen der SEC und dem Supreme Court unterschiedliche Auffassungen hinsichtlich des Umfangs dieser Ermächtigung, insbesondere der Auslegung des Begriffs 'manipulativ' in Section 10 (b) gibt. Hierzu jedoch sogleich unten.

(a) Short Sale Rule – Section 10 (a) S.E.A. in Verbindung mit SEC Rule 10a-1

Section 10 (a) S.E.A. richtet sich gegen näher (durch Rules und Regulations der SEC) zu definierende Leerverkäufe: So stellt SEC Rule 10a-1 für den Handel in börsennotierten Werten Beschränkungen für spekulative Leerverkäufe auf, ver-

490 15 U.S.C. § 78j.

gleiche Abschnitt (a) (1) (i).[491] Hiermit sind Leerverkäufe gemeint, die auf einen negativen Kurstrend verstärkend wirken, und logischerweise nur dann profitabel sind, wenn der Kursverfall tatsächlich erfolgt, so dass die Deckungskäufe zu günstigeren Preisen erfolgen können. Die Transaktionen brauchen allerdings nicht in manipulativer Absicht getätigt werden, um tatbestandsmäßig im Sinne der *Short Sales Rule* zu sein. Auf das subjektive Tatbestandsmerkmal wird verzichtet. Meines Erachtens kann diese Verbotsnorm auch auf das hier entworfene Block Trade-Manipulationsszenario Anwendung finden:

> **Rule 10a-1 – Short Sales**[492]
>
> (a) (1) (i) No person shall, for his own account or for the account of any other person, effect a short sale (...):
>
> (A) below the price at which the last sale thereof, regular way, was reported pursuant to an effective transaction reporting plan[493]; or
>
> (B) at such price unless such price is above the next preceding different price at which a sale of such security, regular way, was reported pursuant to an effective transaction reporting plan.

Vergröbernd lässt sich sagen, dass nach dieser Norm Leerverkäufe verboten sind, soweit sie einen negativen Kurstrend einleiten oder verstärken. Dies ist bei der hier untersuchten Frage wichtig, ob der Block-Trader, der einen Block erwerben möchte, zunächst durch manipulative Verkäufe des Titels den Kurs (und damit den Referenzwert für die Kaufpreisverhandlungen) drücken kann. Das ist nach der Short Sale Rule dann nicht der Fall, wenn der Block-Trader (noch) keine ausreichende Menge an Papieren des betreffenden Titels in seinem Bestand hat, die Verkäufe damit Leerverkäufe wären.[494]

Der hier nicht wiedergegebene Paragraph (a) (2) sieht vor, dass die Börsen durch eigene Rules vorsehen können, dass der negative Kurstrend ("Tick Rule") abweichend von Paragraph (a) (1) in Abhängigkeit zu den an der eigenen Börse vorgenommenen Geschäften bestimmt wird und nicht – wie ansonsten der Fall – der nationale Markt, das heißt alle über das *Consolidated Tape* berichteten Geschäfte, maßgeblich ist. Von dieser Möglichkeit hat die NYSE mit Rule 440B Gebrauch gemacht.[495]

---

491 In Rule 10a-1 (a) (1) (ii) werden für den Handel in Nasdaq Stock Market Werten gleichlautende Verbote aufgestellt.

492 17 C.F.R. § 240.10a-1.

493 Hinsichtlich des „effective transaction reporting plan“ siehe oben Seite 99 ff.

494 Den Kurs kann man schließlich nur drücken, indem der Kurs der betreffenden Geschäfte schlechter als der vorangegangene oder diesem gleich aber schlechter als der vorletzte Kurs ist, so wie dies in der Short Sales Rule vorgesehen ist.

495 Zu NYSE Rule 440B siehe unten in Fußnote 524.

(i) Ausnahme für besondere Block Trade-Situation

SEC Rule 10a-1 sieht in Abschnitt (e) zahlreiche Öffnungsklauseln und Ausnahmen vor. Eine Ausnahme besteht für sogenannte "Block-Positioner"[496]: SEC Rule 10a-1 (e) (13) sieht vor, dass das Geschäft dann nicht als Leerverkauf gilt, wenn der Block Positioner nach der Übernahme eines Blocks diesen nun abbauen will, aber netto eine Short Position hält.[497] Ist diese Teil einer zulässigen Arbitrage[498]- oder Absicherungsstrategie und durch entsprechende Optionen oder Futures abgesichert (im Jargon "gehedged"), darf der Block-Positioner gleichwohl bei fallenden Kursen den Wert verkaufen und den Block abbauen. Die Ausnahme betrifft die hier skizzierte Situation der Referenzkursmanipulation also nicht, da der Block in der Ausnahmeregelung ja gerade durch börsliche Geschäfte abgebaut wird.

(ii) Erläuterung

Die Regelungen zu den 'Short Sales' sind in diesem Kontext auch deshalb äußerst wichtig, weil nur so verständlich ist, warum andere, im Folgenden untersuchte Regelungen[499] tatbestandlich eine "Long Position", also einen positiven Bestand voraussetzen. Ist bei einem "Short Position" das Handelsverhalten schon aus dem Gesichtspunkt der Short Sale Rule verboten, so erübrigt es sich, Geschäfte wegen näher spezifizierter Umstände zu untersagen, die selbst bei Bestehen einer "Long Position" das Verhalten unlauter erscheinen lassen.[500]

---

496 Broker Dealer mit entsprechender Finanzausstattung, die auf die Ausführung von Blocktransaktionen spezialisiert und bei der NYSE entsprechend registriert sind. 1988 waren an der NYSE 66 Broker Dealer-Häuser als Block-Positioner registriert. Loss/Seligman, Securities Regulation, 7A2h, 1995, Seite 2574, dort in Fußnote 262 zitiert: Report of the Presidential Task Force on Market Mechanisms VI-9 (1988).

497 Hält der als Block-Positioner tätige Broker Dealer – im Zweifel aus Arbitragegründen – eine Short Position in dem betreffenden Wert, welche die Größe des übernommenen Blocks übersteigt, soll er dennoch in der Lage sein, die soeben übernommene Position abzubauen, auch wenn es hierbei zu fallenden Kursen kommt.

498 "The name for what the defendant did is not market manipulation, but arbitrage. Arbitrageurs are traders who identify and eliminate disparities between price and value, or as in this case, between today's price and tomorrow's price where the difference cannot be attributed to any prospective change in value." Sullivan & Long, Inc. v. Scattered Corp., 47 F.3d 857 (7th Cir. 1995), cert denied sub nom; Harkins v. Scattered Corp., 516 U.S. 818; zitiert in Loss/Seligman, Securities Regulation, 3rd Edition, 1999 Supplement, Chapter 10, Manipulation, Seite 570.

499 Ein Beispiel für eine Norm, die tatbestandlich eine Long Position voraussetzt, ist NYSE Rule 97; siehe hierzu unten Seite 186 ff.

500 Dies hat selbstverständlich mit der angelsächsischen und insbesondere bei der SEC sehr ausgeprägten Neigung zu tun, Dinge nicht generell zu regeln, sondern jeweils individu-

Zusammenfassend ist zu sagen, dass es einem Block-Trader nach Section 10 (a) S.E.A. in Verbindung mit SEC Rule 10a-1 untersagt ist, mittels Leerverkäufen den Börsenkurs zu drücken, wobei es nicht auf unlautere Kursbeeinflussungsabsichten oder die anschließenden gegenläufigen bilateralen Transaktionen ankommt.

(b) Die Generalklausel – Section 10 (b) S.E.A. in Verbindung mit SEC Rule 10b-5

Wichtig im Zusammenhang der Kursmanipulationen ist insbesondere Section 10 (b), die als "catch all" Ermächtigung unter anderem die Grundlage für die berühmte und kaum weniger generalklauselartige SEC Rule 10b-5 darstellt. Anders als Section 9 erfasst Section 10 (b) in Verbindung mit SEC Rule 10b-5 auch nicht-börsennotierte Werte.[501] Die zentrale Norm der US-amerikanischen Regelung der verschiedensten Marktmissbrauchsvarianten ist besagte "rule ten-b-five".

> **SEC Rule 10b-5 – Employment of Manipulative and Deceptive Devices**
>
> It shall be unlawful for any person, directly or indirectly, by the use of any means or instrumentality of interstate commerce, or of the mails, or any facility of any national securities exchange:
>
> (a) To employ any device, scheme, or artifice to defraud,
>
> (b) To make any untrue statement of a material fact or to omit to state a material fact necessary in order to make the statements made, in the light of the circumstances under which they were made, not misleading, or
>
> (c) To engage in any act, practice, or course of business which operates or would operate as a fraud or deceit upon any person, in connection with the purchase or sale of any security.

Durch ihren Verweis auf die allgemeinen strafrechtlichen Kategorien wie "fraud" und "deceit", also Betrugstatbestände, ist auch der Tatbestand dieser Rule nicht sehr leicht zu handhaben, da sich bei der Kombination von Betrugselementen, die klassischerweise ein Zweipersonenverhältnis zum Gegenstand haben, mit dem anonymen, multilateralen Börsenhandel zwangsläufig Interpretationsschwierigkeiten ergeben. Diese Kategorien sind dadurch nicht ausreichend konturenreich, um sagen zu können, dass danach eine Referenzkursbeeinflussung durch effektive Geschäfte als unzulässige Kursmanipulation einzustufen wäre. Dennoch ist zu berücksichtigen, dass ausgehend vom zugrun-

---

ell. So sind die Fälle Legion, in denen umfangreiche und detaillierte Rules gleich "zweimal" erlassen werden, einmal für Käufe, einmal für Verkäufe.

501 Was selbstverständlich bei der Betrachtung der Lage an der NYSE keine Rolle spielt.

deliegenden rechtspolitischen Gedanken[502] die SEC den Begriff "manipulative" in Section 10 (b) so interpretiert, dass hiervon jede Tätigkeit erfasst wird, die in den Preisbildungsprozess eingreift und so das ordnungsgemäße Funktionieren der Wertpapiermärkte beeinträchtigt. Dem ist jedoch der Supreme Court entgegengetreten[503], der den Tatbestand wieder auf seine Betrugselemente[504] zurückgeführt und damit den Anwendungsbereich sehr stark reduziert hat. Deshalb ist nach dem derzeitigen Stand der Entwicklung der Rechtsprechung in den USA davon auszugehen, dass allein der gezielte Eingriff in den Preisbildungsmechanismus – ohne das Hinzutreten weiterer Elemente – nicht den Tatbestand von Rule 10b-5 erfüllt.

(i) Aufklärungspflicht und Täuschung

Nicht nur aus der Sicht unseres Verständnisses von Täuschungshandlungen und Betrug kommt es entscheidend auf die Frage an, ob der Manipulator die beabsichtigte Einflussnahme auf die Kursbildung aufklären müsste. Hier kommt zunächst – wie etwa im Kontext des Insiderhandels diskutiert – eine Aufklärungspflicht gegenüber dem Markt in seiner Gesamtheit in Betracht. Man könnte versuchen, der Supreme Court-Entscheidung insofern gerecht zu werden, als dass man jedwede Täuschung der Marktteilnehmer genügen ließe: Diese könnte man darin sehen, dass sie darüber getäuscht werden, der ermittelte Kurs sei das Resultat des unbeeinflussten Zusammenspiels von durch Investmentinteressen motiviertem Angebot und Nachfrage.

Hiernach wäre aber de facto jegliche Preisbeeinflussung verboten und die besonderen Voraussetzungen der Regelungen wie in Section 9 (a) (2) S.E.A.[505] – die Veranlassung anderer zu Transaktionen – in Regulation 14(e) – der Kontext eines Übernahmeangebots – sowie in Regulation M – die Beteiligung an Wertpapieremissionen – wären überflüssig. Eine systematisch wenig geglückte und

---

502 In Section 2 S.E.A. wird der Erlass des Gesetzes mehrfach wörtlich mit den von Manipulationen ausgehenden Gefahren für die Volkswirtschaft begründet. Vergleiche etwa Absatz 4:
"National emergencies, which produce widespread unemployment and the dislocation of trade, transportation, and industry, and which burden interstate commerce and adversely affect the general welfare, are precipitated, intensified, and prolonged by manipulation and sudden and unreasonable fluctuations of security prices and by excessive speculation on such exchanges and markets, and to meet such emergencies the Federal Government is put to such great expense as to burden the national credit."

503 Vergleiche Schreiber v. Burlington Northern, Inc., 472 US 1 ff.

504 Nämlich Täuschung (deception), Falschdarstellung (misrepresentation) oder Nichtoffenlegung (nondisclosure). Vergleiche hierzu auch die Arbeit von Lenzen, Unerlaubte Eingriffe in die Börsenkursbildung, Dissertation Osnabrück, 2000, Seite 72.

505 Siehe oben Seite 175.

daher wohl kaum gewollte Lage.[506] Folglich wird man eine Aufklärungspflicht im Hinblick auf den Markt in seiner Gesamtheit wohl verneinen müssen.

Auch fehlt den effektiven Geschäften des Manipulators das betrügerische oder täuschende Element gegenüber der anonymen Marktgegenseite der jeweiligen Transaktion. Dies ergibt sich schon aus der Überlegung, dass sich der nicht individualisierbare Gegenüber eines börslichen Geschäftes nicht über die für ihn völlig unerheblichen Absichten seines Vertragspartners täuscht. Hierüber macht er sich schon wegen des fehlenden direkten Kontakts keinerlei Vorstellungen, so dass ein Hervorrufen und Ausnutzen von Fehlvorstellungen ausscheidet.

So bleibt die Möglichkeit, dass die Ausnutzung des durch künstliche Geschäfte verfälschten Kurses beim Block Trade selbst den Verstoß darstellt. Es müsste also eine Aufklärungspflicht gegenüber den jeweiligen Vertragsgegnern des Manipulators angenommen werden, die mit ihm auf Basis der manipulierten Preise abschließen. Eine solche Aufklärungspflicht wird denn auch mit dem Argument angenommen, die Marktteilnehmer dürften darauf vertrauen, der Börsenkurs, anhand dessen sich der ausgehandelte Preis berechne, sei in einem unabhängigen Markt, frei von künstlicher Beeinflussung, ermittelt worden.[507] So gibt es auch Gerichtsentscheidungen, in denen eine Kursbeeinflussung im Zusammenhang mit verhandelten Blocktransaktionen ("negotiated offsetting trades") als Verstoß gegen Section 10(b) und Rule 10b-5 eingestuft wurde.[508] Hierbei handelt es sich zwar auch um Fälle, in denen der Angeklagte selbst auf Verstoß gegen diese Normen plädierte[509], aber es erscheint keineswegs abwegig, in einer Situation, in der sich zwei Vertragspartner hinsichtlich der Bemessung des Preises auf eine externe, angeblich unabhängige Quelle beziehen, eine Aufklärungspflicht anzunehmen, wenn einer von beiden auf diese Bezugsgröße Einfluss nimmt.

(ii) Systematische Würdigung

Während Section 9 (a) (1) und (2) S.E.A. vor allem den Schutz des offenen und freien Marktes zum Ziel haben, schützen die Antibetrugsvorschriften der Sec-

---

506 Strenggenommen ergäbe sich so auch die Redundanz weiterer Normen wie des oben erwähnten Verbots fiktiver oder kollusiver Transaktionen, Section 9 (a) (1). Seite 175.

507 Vergleiche etwa Thornton & Co., 28 SEC 208, 224 (1948), zitiert von Loss/Seligman, Securities Regulation, 3rd Edition, 1990, Volume VIII, Chapter 10 – Manipulation, Seite 3980.

508 United States v. GAF Corp. 928 F.2d 1253 (2d Circuit 1991); United States v. Milken (S.D.N.Y. 1989) (No. 89 Cr. 41); weitere Nachweise bei Thel, $ 850,000 in Six Minutes – The Mechanics of Securities Manipulation, 79 Cornell L. Rev. 1994, Seite 219 (272), dort Fußnote 255.

509 United States v. Milken (S.D.N.Y. 1989) (No. 89 Cr. 41).

tion 10 (b) S.E.A. und die unten erläuterte Section 15 (c) S.E.A.[510] den Markt lediglich reflexmäßig.[511] In dem Zeitpunkt der Täuschung oder Aufklärung gegenüber dem Vertragspartner ist der Kurs zwar eventuell bereits falsch und er würde auch durch eine – wohl eher hypothetische – Aufklärung des Kontrahenten auch nicht berichtigt. Das Individualrechtsgut der Entschlussfreiheit der Vertragspartei ist noch zu schützen, nicht aber das volkswirtschaftlich bedeutsame, allgemeine Rechtsgut eines richtigen, unbeeinflussten Börsenkurses. Vom Standpunkt einer systematischen Betrachtung mutet es auf den zweiten Blick auch nicht weiter merkwürdig an, dass die Beeinträchtigung von Individualrechtsgütern so zur tatbestandlichen Voraussetzung einer auch die Allgemeinheit schützenden Norm wird. Dergleichen ist im Polizei- und Ordnungsrecht nicht eben selten.

(iii) Ergebnis

Zusammenfassend ist zu sagen, dass zwar die Kursbeeinflussung durch effektive Geschäfte nicht per se von Section 10 (b) S.E.A. in Verbindung mit SEC Rule 10b-5 verboten ist, wohl aber die hier konkret untersuchte Situation der Ausnutzung solchermaßen manipulierter Referenzkurse in Direktgeschäften.

(3) NYSE RULE 97

Auf der Ebene der Selbstregulierung ist im Bereich der Kursmanipulation im Zusammenhang mit Block Trades vor allem NYSE Rule 97 zu beachten. Diese Norm hat ganz konkret die Situation des Manipulationsrisikos zum Gegenstand, das im Zusammenhang mit dem Ausgleich von Blockpositionen[512] entsteht, die ein Broker Dealer von einem Kunden übernommen hat. Eine Situation, die sich geringfügig vom hier untersuchten Beispielsfall unterscheidet: Während im Beispielsfall der Initiator des Block Trades den Kurs beeinflusst, tut dies hier ein

---

510 Vergleiche Seite 197.

511 SEC und Gerichte haben wiederholt die Auffassung vertreten, dass Transaktionen, die zu manipulierten Preisen aber ohne Aufdeckung ("disclosure") der Manipulation erfolgen, gegen die Antibetrugstatbestände von Section 10 (b) und 15 (c) verstoßen. Vergleiche hierzu Loss/Seligman, Securities Regulation, 3rd Edition, 1990, Volume VIII, Chapter 10 – Manipulation, Seite 3980 ff., dort vor allem Fußnote 4, dort zitiert: Thornton & Co. v. SEC, 171 F.2d 702 (2d Cir. 1948), United States v. Hayutin, 398 F.2d 944, 949 (2d Cir. 1968).

512 Anders als etwa für NYSE Rule 127 ist für die Anwendung dieser Regel ein Block durch einen Marktwert von mindestens US$ 500.000 definiert, NYSE Rule 97.10. Ansonsten gilt die Menge von 10.000 Papieren oder ein Marktwert von US$ 200.000 als Schwellenwert, NYSE Rule 127.10.

Broker Dealer, der den Aktienblock übernommen hat und nun bestrebt ist, diese Position rasch und kostengünstig abzubauen.[513]

> **NYSE Rule 97 – Limitation on Members' Trading Because of Block Positioning.**
>
> (a) When a member organization holds any part of a long position in a stock in its trading account resulting from a block transaction it effected with a customer, such member organization may not effect the following transactions for any account in which it has a direct or indirect interest for the remainder of the trading day on which it acquired such position:
>
> (i) a purchase on a "plus" tick if such purchase would result in a new daily high;
>
> (ii) a purchase on a "plus" tick within one-half hour of the close;
>
> (iii) a purchase on a "plus" tick at a price higher than the lowest price at which any block was acquired in a previous transaction on that day; or
>
> (iv) a purchase on a "zero plus" tick of more than 50% of the stock offered at a price higher than the lowest price at which any block was acquired in a previous transaction on that day.
>
> For purposes of the restrictions in subparagraphs (iii) and (iv) above, in the case where more than one block was acquired during the day, the lowest price of any such block will be the governing price.
>
> (b) The provisions of paragraph (a) shall not apply to transactions made: (1) for bona fide arbitrage or to engage in the purchase and sale, or sale and purchase of securities of companies involved in publicly announced merger, acquisition, consolidation, tender, etc.; (2) to offset a transaction made in error; (3) to facilitate the conversion of options; (4) by specialists in the stocks in which they are registered; (5) to facilitate the sale of a block of stock or a basket of stocks by a customer; (6) to facilitate an existing customer's order for the purchase of a block of stock, or a specific stock within a basket of stocks, or a stock which is being added to or reweighted in an index, at or after the close of trading on the Exchange, provided that the facilitating transactions are recorded as such and the transactions in the aggregate do not exceed the number of shares required to facilitate the customer's order for such stock; or (7) due to a stock's addition to an index or an increase in a stock's weight in an index, provided that the transactions in the aggregate do not exceed the number of shares required to rebalance the index portfolio.

Rule 97 sieht folgendes Szenario vor: Ein Broker Dealer[514], der aufgrund einer Blocktransaktion[515] eine "long position" in einen Wert hält, darf im Laufe

513 Die Situation ist unter wirtschaftlichen Gesichtspunkten identisch: Der Inhaber der Block Position – egal ob institutioneller Investor oder Intermediär – will diese verkaufen. Bis eine "natürliche Gegenseite" gefunden ist, stellt der Block vor allem ein Kursrisiko dar. Vergleiche oben Seite 96, Fußnote 253.

514 Specialists sind von der Regel ausgenommen, NYSE Rule 97 (b) (4).

desselben Handelstages, an dem die Blocktransaktion stattgefunden hat, auf eigene Rechnung keine weiteren Papiere dieses Wertes kaufen, wenn diese Geschäfte den Kurs des Papiers 'stützen' oder gar in die Höhe treiben würden.[516]

(a) Verbote bei Vorliegen der anreizträchtigen Situation

So ist es dem Block-Positioner etwa verboten, zu einem "plus tick"[517] zu kaufen, wenn dies (i) in einem neuen Tageshoch resultieren würde oder (ii) innerhalb der letzten halben Stunde vor Börsenschluss erfolgt. Derlei Handelsaktivitäten sind deshalb untersagt, weil bei ihnen der Verdacht bestünde, der Broker Dealer wolle versuchen, den Kurs zu stützen, um den vom Kunden übernommenen Block mit Gewinn oder zumindest ohne Verlust zu liquidieren[518].[519] Wer eine so gerade übernommene Blockposition abzubauen hat, darf dementsprechend nicht durch weitere Zukäufe zu Kurssteigerungen beitragen, wenn diese entweder zu einem neuen Tageshoch führen würden, oder in zeitlicher Nähe zum Handelsschluss liegen, so dass ein Verdacht des sogenannten "marking the close"[520] besteht. Nach (iii) ist es dem Broker Dealer ferner untersagt, zu einem "plus tick" zu kaufen, wenn dieser Kurs höher liegt als der günstigste Blockpreis, der vom Broker Dealer an diesem Tag gezahlt wurde. Absatz (iv) unter-

---

515 In NYSE Rule 97.10 ist ein Block, abweichend vom sonstigen Schwellenwert von 10.000 Aktien, als Aktienmenge mit einem Marktwert von US$ 500.000 oder mehr definiert.

516 Vergleiche auch Erläuterungen in dem NYSE Information Memorandum 98-31, vom 28. September 1998.

517 Unter einem "plus tick" ist ein Kurs zu verstehen, der einen "tick", also die kleinste Abstandseinheit zwischen Preisen (zur Zeit vor der Dezimalisierung noch 1/16 $, ein sogenannter "Teeny") oberhalb des letzten Kurses liegt und damit zu einer Kursbewegung nach oben führt.

518 Siehe zu dieser Begründung SEC Release No. 34-40404: "Exchange Rule 97 was adopted to address concerns that a member firm might engage in manipulative prectices by attempting to "mark up" the price of a stock to enable the position acquired in the course of block positioning to be liquidated at a profit, or to maintain the market at the price at which the position was acquired."

519 Report of the Presidential Task Force on Market Mechanisms (auch genannt Brady Report, nach ihrem Vorsitzende Nicolas F. Brady), VI-10 bis VI-11, 1988; sowie SEC, Div. of Mkt. Reg., The October 1987 Break, 4-23 bis 4-24, 1988, abgedruckt in: Loss/Seligman, Securities Regulation, Chapter 7, Regulation of the Securities Markets, 7A2h, Seite 2576, dort Fußnote 265.

520 Unter "marking the close" ist eine Geschäft zu verstehen, das mit dem Ziel getätigt wird, bei der Ermittlung des Schlusskurses berücksichtigt zu werden. Dieser wird in großem Umfang veröffentlicht, stellt die Grundlage für die Bewertung von Positionen dar und ist Referenzwert für den nachbörslichen Handel.

sagt es zu einem "zero plus tick"[521] mehr als 50 % des zu diesem Preis erhältlichen Volumens aufzukaufen, wenn der Kurs höher liegt als der günstigste Blockpreis, den er an diesem Tag gezahlt hat. In beiden Fällen erscheint der weitere Zukauf vor dem Hintergrund der übernommenen Position und der allgemeinen Annahme eines Bestrebens eines Broker Dealers, ein ausgeglichenes Buch herzustellen,[522] interessewidrig. Daher liegt der Schluss nahe, der mit der Transaktion bezweckte Erfolg sei die Beeinflussung des Kurses. Der Broker Dealer darf folglich auch keine Transaktionen vornehmen, die zur Stützung des Kurses beitragen und für die (andere) ökonomisch sinnvolle und zulässige Motive nicht plausibel erscheinen, weil die Bedarfsdeckung auch günstiger hätte erfolgen können.

(b) Ausnahmen bei Vorliegen anderer plausibler Motive

Da selbstverständlich auch Situationen denkbar sind, in denen der als Block-Positioner tätige Broker Dealer besondere, zulässige Strategien verfolgt und deshalb nachvollziehbar aus anderen Motiven als zur Beeinflussung des Kurses handelt, soll er dies auch tun können. Daher sieht NYSE Rule 97 (b) Ausnahmen vor: So gilt das Verbot etwa nicht für den im betreffenden Wert registrierten Specialist, bei einer "bona fide arbitrage"[523], einem öffentlichen Übernahmeangebot oder wenn der Broker Dealer die Geschäfte tätigt, um eine weitere Blocktransaktion eines Kunden zu ermöglichen.

Dass die Vorschrift einseitig auf die Übernahme einer "long position" durch den Block-Positioner abstellt, liegt – wie oben bereits angedeutet – daran, dass es nach SEC Rule 10a-1 (als auch nach NYSE Rule 440B[524]) ohnehin verboten

---

521 Unter einem "zero plus tick" ist eine Transaktion zu verstehen, die zum gleichen Preis ausgeführt wird, wie die unmittelbar vorhergehende, deren Preis oberhalb des in der vorvorgehenden Transaktion gezahlten liegt.

522 Zur angestrebten Minimierung der "Exposure" aus Sicht des Händlers siehe oben .Seite 55.

523 Vergleiche die Parallelität der Ausnahmetatbestände mit SEC Rule 10a-1 (e) (13), der Block-Positioner bei Arbitrageabsichten von der Short Sale Rule nach Section 10 (a) S.E.A. in Verbindung mit SEC Rule 10a-1 freistellt; siehe oben Seite 180.

524 *NYSE Rule 440B*. (a) No member shall, for his own account or for the account of any other person, effect on the Exchange a short sale of any security (i) below the price at which the last sale thereof, regular way, was effected on the Exchange, or (ii) at such price unless such price is above the next preceding different price at which a sale of such security, regular way, was effected on the Exchange.
(b) No specialist shall effect on the Exchange a short sale of any security in which such specialist is registered for his own account or for the account of any other person in reliance upon the exemption afforded by paragraph (e)(5) of Rule 10a-1 of the Securities and Exchange Commission under the Securities Exchange Act of 1934, as amended.

ist, den Kurs durch Leerverkäufe ("Short Sales") zu 'drücken'. Folglich ist es dem Block-Positioner, der den Block an den Kunden leerverkauft hat, ohnehin untersagt, den Kurs durch weitere Leerverkäufe zu senken. Auf die Frage, ob er dies in Kursbeeinflussungsabsicht tut und um anschließend die Deckungskäufe günstiger vornehmen zu können, kommt es dann nicht mehr an.[525]

(c) Ergebnis

Vorbehaltlich der erwähnten Ausnahmeregeln ist es den Börsenmitgliedern – und diese sind in diesem Zusammenhang die 'Üblichen Verdächtigen' – nach den Regeln der NYSE verboten, durch reguläre Geschäfte eine (Referenz-) Kursmanipulation zu bewirken, wenn es sich erstens dabei um Leerverkäufe handeln würde oder sie zweitens zuvor einen Block von einem Kunden übernommen haben[526]

(d) Vergleich zum Regelungsansatz der staatlichen Regulierung

Während im Rahmen von Section 9 und 10 (b) S.E.A. (sowie der zugehörigen Rules und der Regulation M) im Hinblick auf die hier untersuchte Kursbeeinflussung durch effektive Geschäfte jeweils das Ziel der Handlungen die Einflussnahme auf den Börsenkurs sein muss, geht NYSE Rule 97 einen anderen Weg: In besonders anreizträchtigen Situationen ist es verboten, Geschäfte zu bestimmten Kursen zu tätigen. Das Verbot knüpft dabei direkt an das Vorliegen derjenigen objektiven Kriterien an, aus denen man auf eine entsprechende subjektive Komponente schließen könnte. Da eine solche, bei den Tatbeständen der staatlichen Anti-Manipulationsvorschriften erforderliche, Folgerung selten zweifelsfrei möglich ist, hat das Anknüpfen an die anreizträchtige Situation einen entscheidenden Vorteil gegenüber den Tatbeständen der staatlichen Regulierung:

Durch das Erfordernis der Feststellung dieses subjektiven Tatbestandes in Form des zielgerichteten Handelns ergeben sich bei der Feststellung und Ahndung eines Verstoßes im Rahmen von Section 9 und 10 (b) S.E.A. große, häufig nahezu unüberwindliche Hindernisse. Anders als bei sonstigen Verbotsnormen oder Straftatbeständen gibt es bei der Beeinflussung des Börsenkurses durch effektive Transaktionen eben keine Tathandlung, die schon bei isolierter Betrachtung nicht sozial-adäquat erscheint und so die Identifizierung des Normverstoßes ermöglicht. Erst die Analyse des Verhaltens des möglichen Manipulators im Zusammenhang mit der Marktsituation, dem eigenen Handelsbestand und möglicherweise vorangegangenen oder noch folgenden Transaktionen ermöglicht es,

525 Vergleiche zu dem Zusammenspiel der Regelungen die Erläuterung oben auf Seite 182 f.

526 Loss/Seligman, Securities Regulation, Chapter 7, Regulation of the Securities Markets, 7A2h, Seite 2570.

die fraglichen Geschäfte als 'eigentlich interessenwidrig' und daher möglicherweise manipulatorisch zu charakterisieren. Sieht man von einer möglicherweise beabsichtigten Kursbeeinflussung ab, erscheinen nämlich kleinere, gegenläufige Transaktionen unmittelbar vor Glattstellung einer sehr großen Position sinnwidrig. Muss die jeweilige Aufsichtsinstanz dem Händler seine unlautere Absicht aber nachweisen, bestehen gleichwohl häufig Schwierigkeiten, weil die Verdächtigen oft keine Mühe haben, andere, mehr oder weniger plausible Motive für die Transaktionen zu nennen, und so zumindest Zweifel an dem Vorliegen unlauterer Absichten aufkommen.

Ist es demnach aber ohnehin vom Vorliegen einer solchen typisierten Situation abhängig, dass auf eine 'verbotene Absicht' hinter dem ansonsten völlig verkehrsgerechten Verhalten geschlossen werden muss, dann verliert die ausschließlich subjektive Abgrenzung des Verbots an Sinn. Vorteilhaft erscheint es daher, in derartigen, anreizträchtigen Interessenlagen (wie der Übernahme einer substantiellen Position durch einen Block-Trader) dem Akteur ein bestimmtes Handelsverhalten per se zu untersagen, damit er den "bösen Schein" erst gar nicht erzeuge.

(4) NYSE Information Memorandum No. 95-28

Normhierarchisch unterhalb der Rules der NYSE anzuordnen sind sogenannte Informationsmemoranden, mittels derer die NYSE ihren Mitgliedern mitteilt, wie man bestimmte Regeln auszulegen gedenke und bei welchen Verhaltensweisen ein Verstoß angenommen werde. Hat ein "Information Memorandum" norminterpretierenden Inhalt und lässt es sich deshalb materiell nur schwer von einem Akt der Rechtssetzung (im Sinne der Selbstregulierung) abgrenzen, so bedarf sein Erlass nach Section 19 (b) (2) S.E.A. der Zustimmung der SEC.

Das angesprochene NYSE Information Memorandum No. 95-28[527] hat folgenden Inhalt: Es gibt den Standpunkt der NYSE ("NYSE policy") betreffend das Verhalten von Börsenmitglieder bei der Abwicklung bestimmter Kundenaufträge wieder: Bestimmte Verhaltensweisen werden danach als im Widerspruch zu den Grundsätzen gerechten und billigen Handels angesehen ("inconsistent with just and equitable principles of trade").[528] Verhindert werden sollen hier Verhaltensweisen, die wohl am ehesten im Bereich zwischen

527 Vergleiche Federal Register, Vol. 60, No. 14, 23.01.1995, Seite 4453; SEC Release 34-35230, vom 23. Januar 1995.

528 Vergleiche für die Bekanntgabe: Federal Register, Vol. 60, No. 14, 23.01.1995, Seite 4453; SEC Release 34-35230 vom 23. Januar 1995 und für die Genehmigung, Federal Register, Vol. 60, No. 116, 16.06.1995, Seite 31749, SEC Release 34-35837 vom 12. Juni 1995.

Marktmanipulation und Frontrunning[529] anzusiedeln sind. Als problematisch wird nach dem Memorandum die insbesondere im Zusammenhang mit Blocktransaktionen übliche Praxis empfunden, dass sich Broker Dealer während des Handelstages gegenüber einem Kunden verpflichten, nach Börsenschluss eine größere Position zum Schlusskurs zu übernehmen oder an ihn zu verkaufen. Soll also der Broker Dealer zum Schlusskurs eine größere, im Zweifel nicht vollumfänglich vorhandene Position an den Investor verkaufen, so entspricht es natürlich ökonomischer Vernunft, das Risiko des Leerverkaufs dadurch zu minimieren, dass man den Anteil der Short Position am Verkauf durch zwischenzeitliche Zukäufe vermindert.

Problematisch wird dies allerdings dadurch, dass sich die im Laufe des restlichen Handelstages durchgeführten Zukäufe auf den Schlusskurs und damit auf den Preis des Blocks auswirken. Aufgrund der getroffenen Vereinbarung greift der ansonsten bestehende Anreiz, die Zukäufe nach Möglichkeit günstig und kursneutral zu gestalten, mindestens insoweit nicht, wie damit zurechnen ist, dass der durch die Zukäufe ausgelöste Kursanstieg bis zum Schlusskurs fortbesteht. Dies rührt daher, dass der Schlusskurs – auch wenn er dadurch erhöht ist – als Referenzwert für den vom Investor zu zahlenden Betrag dient. Je kursschonender der Zukauf und je niedriger der Schlusskurs, desto größer ist das Verlustrisiko des Block-Positioners beim nachfolgenden Ausgleich der Position. Folglich ergibt sich – ohne dass böse Absicht hierfür notwendigerweise im Spiel sein müsste – das oben skizzierte Szenario der Referenzkursbeeinflussung. Und dies, ohne dass der Broker Dealer bei den Zukäufen zunächst interessenwidrig handeln müsste.

Daher wird den Broker Dealern durch das Information Memorandum für derartige Situationen untersagt, auf eigene Rechnung Transaktionen durchzuführen, von denen man erwarten kann, dass sie den Schlusskurs beeinflussen. Bei der Frage, ob eine Beeinflussung des Schlusskurses zu erwarten ist, wird zum einen auf die zeitliche Komponente abgestellt: So wird bei Transaktionen, die nach 15:40 Uhr getätigt werden,[530] davon ausgegangen, dass diese 'in der Nähe des Schlusses' und damit potentiell schlusskurserheblich ausgeführt werden[531]. Zum anderem kommt es auf die Größe der während der Handelsphase im Markt getätigten Transaktionen an.

529 Zu diesem Thema siehe unten Seite 283 ff.

530 Bei einem Handelsschluss von 16:00 Uhr ergibt sich eine 20 Minuten-Frist zum Ende des Handelstages.

531 NYSE Information Memorandum No. 95-28, SEC Release 34-35837 vom 12. Juni 1995.

(a) Teilweise Vorwegnahme von Market Impact und Information Effect

Durch die antizipierte, 'vorauseilende' Glattstellung der zum Handelsschluss zu übernehmenden Position wird im Zweifel bereits ein Teil des zu erwartenden *Market Impacts* und *Information Effects* der Blockorder ausgelöst.[532] Die ungünstigen Kursauswirkungen treten bereits ein. Folglich ist der Block Trade für den Broker Dealer hinsichtlich der so gedeckten Position risikoneutral und hinsichtlich der leerverkauften Anteils wird das Kursrisiko durch den vorweggenommenen, bereits ausgelösten Teil des Kursbewegungspotentials der Order verringert. Tätigt er die Leerverkäufe zum bereits beeinflussten Schlusskurs, verringert sich sein Kursrisiko für die Glattstellung um den Anteil der bereits stattgefundenen Änderung.

Nicht nur hinsichtlich der dogmatischen Anknüpfung des Verbots an die "just and equitable principles of trade" hat das hier erörterte, 'manipulationsverdächtige' Verhalten einiges mit dem unten näher untersuchten Problem des Frontrunning gemeinsam.[533] Sowohl das Wort 'Frontrunning' als auch der Begriff der 'Manipulation' finden in den beiden SEC Releases Erwähnung.[534] Zwar wird nicht gesagt, dass das untersagte Verhalten einen dieser Tatbestände erfülle, jedoch wird jeweils darauf hingewiesen, das im Information Memorandum zum Ausdruck gebrachte Verbot stehe im Einklang mit den bisherigen Regeln gegen Kursmanipulation und Frontrunning[535].

---

532 Hierzu näher siehe oben „Unmittelbare Einwirkung auf die Marktsituation („Market Impact“ Seite 58, sowie „Informationseffekt“ Seite 62.

533 Siehe unten Seite 283.

534 "Such activity might be a violation of the anti-manipulation provisions of the Act (Anm.: der Securities and Exchange Act 1934) or the Exchange rules.", SEC Release 34-35230, vom 23. Januar 1995; Federal Register, Vol. 60, No. 14, 23.01.1995, Seite 4453 (4454); *"The proposed guidelines for such trading near the close are consistent with long standing prohibitions against frontrunning."*, Federal Register, Vol. 60, No. 116, 16.06.1995, Seite 31749, SEC Release 34-35837 vom 12. Juni 1995.

535 Im übrigen weist auch das NYSE Information Memorandum No. 98-31, das eine – in der oben wiedergegebenen Version berücksichtigte – Änderung der Frontrunning-Regelung NYSE Rule 97 erläutert, genehmigt und bekannt gibt, ausdrücklich auf das hier untersuchte Information Memorandum No. 95-28 hin. Zum anderen wird auch daran, dass NYSE Rule 97 (b)(6) über das Kriterium einer bestehenden Kundenorder („existing customer's order“) ein sogenanntes "anticipatory hedging" von der Verbotsausnahme nicht umfasst, deutlich dass man sich in der Nähe des Frontrunning befindet. Auf das Thema des "Anticipatory Hedging" wird noch im Abschnitt über das Frontrunning einzugehen sein.

(b) Abgrenzung zum Frontrunning

Ob das Verhalten nun eher als Frontrunning oder als Kursmanipulation anzusehen ist, hängt zum einen entscheidend von den genauen Abreden ab, die zwischen dem Initiator des Block Trades und dem Broker Dealer getroffen werden. Bewegen die Aktivitäten des Broker Dealers selbst den Kurs, so kann man eher von Manipulation sprechen, macht er sich hingegen nur eine – durch etwaige andere, bereits parallel im Markt gehandelte Bestandteile der Blockorder verursachte – Bewegung des Kurses zunutze, dann dürfte eher ein Fall des Frontrunnings vorliegen. Bereits im Wortlaut der SEC Release, die diese Regeländerung der NYSE genehmigt, wird deutlich, dass man sich in einem sehr schwierigen Zwischenbereich befindet: Bei der Erörterung der Frage, ob bei einer entsprechenden Aufklärung des Kunden durch den Broker Dealer das Verhalten als im Einklang mit den "just and equitable principles of trade" zu bewerten sei, wird als offensichtlich entscheidendes Gegenargument angeführt, dass der Broker Dealer durch das in Rede stehende Verhalten nicht nur seinen Kunden benachteilige, sondern durch Ausnutzung des Informationsvorteils auch alle anderen Marktteilnehmer. Bei der Kenntnis von der bevorstehenden Blockorder handele der Broker Dealer schließlich auf Grund von nicht-öffentlicher, sensibler Marktinformation[536]. Diese Terminologie weist wohl nicht zufällig in den Bereich dessen, was nach hiesigem Verständnis als Insiderhandel zu bezeichnen wäre.[537] Herauszustellen ist allerdings wiederum, dass das Information Memorandum – wie NYSE Rule 97 – die NYSE in ihrer Eigenschaft als Überwacher des Handelsgeschehens von dem großen Problem befreit, eine Manipulationsabsicht des Broker Dealers beweisen zu müssen.[538]

(5) ALLGEMEINE SANKTIONSNORM – NYSE RULE 476

NYSE Rule 476 ist der allgemeine Sanktionstatbestand im Rahmen der NYSE-Selbstregulierung. Sie sieht unter anderem vor, dass gegen Mitglieder und damit verbundene Personen Disziplinarmaßnahmen ergriffen werden sollen, wenn sie gegen die Vorschriften des Securities Exchange Acts, darunter erlassene Rules and Regulations oder die NYSE Rules verstoßen. Für geringfügige Verstöße

536 NYSE Information Memorandum No. 95-28, SEC Release 34-35837 vom 12. Juni 1995, Seite 8.

537 Zu den unterschiedlichen systematischen Ansätzen des Insiderhandelsverbots siehe unten Seite 249.

538 Vergleiche hierzu die in der SEC Release zitierte Stellungnahme der als NYSE-Mitglieder betroffenen Investmentbanken Bear, Stearns & Co. Inc.; Credit Suisse First Boston Corporation; Goldman, Sachs & Co.; Morgan Stanley & Co. Inc.; Paine Webber Inc.; und Salomon Brothers Inc.; Federal Register, Vol. 60, No. 116, 16.06.1995, Seite 31749, SEC Release 34-35837, vom 12. Juni 1995.

kann die Börse anstelle der Disziplinarmaßnahmen nach Rule 476A auch Geldstrafen verhängen. Wichtig im hier untersuchten Zusammenhang sind aber die von Rule 476 selbst aufgestellten Tatbestände, bei deren Vorliegen ebenfalls Disziplinarmaßnahmen zu ergreifen sind:

NYSE Rule 476

(a) If a member (...) or person otherwise subject to the jurisdiction of the Exchange is adjudged guilty in a preceding under this Rule of any of the following offenses --

(1) violating any provision of the Securities Exchange Act 1934 or any rule or regulation thereunder;
(2) violating any of his or its agreements with the Exchange;
(3) violating any provision of the Constitution or any Rule adopted by the Board of Directors of the Exchange;
(4) making a material misstatement to the Exchange;
(5) fraud or fraudulent acts;
(6) conduct or proceeding inconsistent with just and equitable principles of trade;
(7) acts detrimental to the interest or welfare of the Exchange;
(8) making a fictitious bid, offer or transaction or giving an order for the purchase or sale of securities the execution of which would involve no change of beneficial ownership or executing such an order with knowledge of its character;
(9) *making any purchases or sales or offers of purchase or sale of securities for the purpose of upsetting the equilibrium of the market or bringing about a condition in which prices will not fairly reflect market values*, or assisting in making any such purchases or sales with knowledge of such purpose, or being, with such knowledge, a party to or assisting in carrying out any plan or scheme for the making of such purchases or sales or offers of purchase or sale; (...)

then, in any such event, the Hearing Panel shall, in accordance with the procedures set forth in this Rule, impose one or more of the following disciplinary sanctions on such member, (...) or person otherwise subject to the jurisdiction of the Exchange: expulsion; suspension; limitation as to activities, functions, and operations, including the suspension or cancellation of a registration in, or assignment of, one or more stocks; fine; censure; suspension or bar from being associated with any member or member organization; or any other fitting sanction.

Dabei fällt auf, dass insbesondere der Tatbestand des Absatzes (a) (9) Kursmanipulation durch effektive Geschäfte verbietet. So sollen Disziplinarmaßnahmen gegen denjenigen ergriffen werden, der durch Geschäfte oder die Eingabe von Aufträgen das Gleichgewicht des Marktes stören oder einen Zustand erzeugen will, in dem die Preise nicht den fairen Marktwerten entsprechen. Die Formulierungen sind etwas vage, geben aber gleichwohl Anlass zu der Annahme, dass die hier untersuchte Referenzkursmanipulation mitumfasst ist.

(6) ERGEBNIS

Zur Regulierungssituation an der NYSE im Hinblick auf Kursmanipulationen durch effektive Geschäfte lässt sich zusammenfassend Folgendes sagen: Lediglich NYSE Rule 476 (a) (9) verbietet generell die künstliche Einflussnahme auf die Kursbildung. Section 10 (a) S.E.A. in Verbindung mit Rule 10a-1 tun dies ebenso generell im Hinblick auf Leerverkäufe, erfordern allerdings keine entsprechende Absicht. Daneben skizzieren NYSE Rule 97 sowie NYSE Information Memorandum No. 95-28 bestimmte block-trade-spezifische Konstellationen, bei deren Vorliegen die Beteiligten bestimmte kurserhebliche Geschäfte zu unterlassen haben. Auch hier ist das Vorliegen eines subjektiven Tatbestandes nicht erforderlich. Schließlich verbietet Rule 10b-5 die Ausnutzung eines verfälschten Kurses durch Direktgeschäfte.

b) Nasdaq Stock Market

Grundsätzlich ergeben sich im Hinblick auf Kursmanipulation auf der Ebene der staatlichen Regulierung kaum Unterschiede zwischen dem Handel an der NYSE und dem am Nasdaq Stock Market.

(1) UNANWENDBARKEIT VON SECTION 9 S.E.A.

Hinsichtlich der Anwendbarkeit der Vorschriften des Securities Exchange Acts und der SEC Rules ergibt sich allerdings ein redaktioneller Unterschied: So ist Section 9 S.E.A. nur auf die Manipulation eines Marktes für börsennotierte Werte anwendbar.[539] Wie bereits mehrfach erläutert, ist der Nasdaq Stock Market bisher nicht als Börse registriert, so dass die dort gelisteten Werte nicht börsennotiert im Sinne dieser Vorschrift sind. Über das Nasdaq System wird zwar auch eine ganze Reihe von Werten gehandelt, die an der NYSE, der AMEX oder einer Regionalbörse notiert sind. Der Handel dieser Werte über Nasdaq ändert selbstverständlich nichts an ihrer Eigenschaft als börsennotierte Werte. Section 9 S.E.A. ist logischerweise also auch für den außerbörslichen Handel – zu dem der Nasdaq-Handel ja strenggenommen zu rechnen ist – mit börsennotierten Werten, den sogenannten "third market", anwendbar.[540] Gleichwohl ist auf das Gros der an Nasdaq stattfindenden Transaktionen Section 9 nicht anwendbar. Diese durch die Unanwendbarkeit von Section 9 S.E.A. an sich gegebene Schutzlücke wird jedoch durch eine modifizierte Anwendung der Sections 10 (b)

---

539 Bender & Co. (Hrsg.), Federal Securities Exchange Act of 1934 – Kommentar, Chapter 6, Regulation of Fraudulent Market Activities; vergleiche auch oben Seite 174.

540 Jennings/Marsh/Coffee, Securities Regulation, 7th Edition, Seite 617.

und 15 (c) (1) geschlossen: Die SEC liest den Inhalt von Section 9 in die genannten generelleren Vorschriften hinein.[541]

Im übrigen ist darauf hinzuweisen, dass die oben im Zusammenhang von Section 9 (a) (6) erwähnte Regulation M auch auf Basis von Section 10 (b) erlassen wurde und deshalb in gleicher Weise auf nicht-börsennotierte Werte Anwendung findet.

(2) SECTION 15 (C) S.E.A.

Bei Section 15 (c) S.E.A. handelt es sich, wie bei Section 10 (b) S.E.A, um eine generalklauselartige Regelung: Sie hat primär die Verhaltenspflichten eines Broker Dealers zum Gegenstand. Dem Broker Dealer ist es unter anderem untersagt, sich bei Wertpapiertransaktionen manipulativer oder betrügerischer Mittel zu bedienen.

> **Section 15 S.E.A. – Registration and Regulation of Brokers and Dealers**
>
> (c) (1) (A) No broker or dealer shall make use of the mails or any means or instrumentality of interstate commerce to effect any transaction in, or to induce or attempt to induce the purchase or sale of, any security otherwise than on a national securities exchange of which it is a member *by means of any manipulative, deceptive, or other fraudulent device or contrivance.*

Auch die untergesetzliche Ausgestaltung der Norm durch SEC Rule 15c1-2 trägt wenig zur Erhellung der Frage bei, wann sich der Broker Dealer bei einer Transaktion manipulativer Mittel bedient und damit gegen Section 15 (c) S.E.A. verstößt:

> **SEC Rule 15c1-2**
>
> (a) The term "manipulative, deceptive, or other fraudulent device or contrivance" as used in Section 15 (c) (1) of the Act, is hereby defined to include any act, practice, or course of business which operates or would operate as a fraud or deceit upon any person.

Genauso wie oben für Rule 10b-5 besprochen,[542] werden beide Normen parallel als Antibetrugstatbestände angewendet. Während die Kursbeeinflussung durch effektive Transaktionen nicht als Täuschung des Marktes verstanden wird,

---

541 "The Commission has consistently expressed the view that transactions which would violate Section 9(a)(2) [and presumably the other subsections of Section 9], if effected in a registered security, would be in violation of Section 15 of the Securities Exchange Act and Section 17(a) of the Securities Act (Anm.: letztere Regelung bezieht sich allerdings auf den Primärmarkt, so dass es hier keiner Auseinandersetzung mit ihr bedarf), if effected in a security which is not so registered.", SEC Release No. 34-3505 (1943); Bender & Co. (Hrsg.), Federal Securities Exchange Act of 1934 – Kommentar, Chapter 6, Regulation of Fraudulent Market Activities.

542 Siehe Seite 183 ff.

liegt die tatbestandsmäßige Handlung in der Ausnutzung des falschen Kurses durch verhandelte Direktgeschäfte.[543] Daneben erfüllt Section 15 (c) seine Funktion im wesentlichen durch entsprechende Anwendung der zu Section 9 entwickelten Grundsätze auf den Nasdaq- und sonstigen OTC-Handel.[544] Wie oben bereits untersucht wurde, ergibt sich aus Section 9 allerdings ohnehin kein Verbot der Kursmanipulation durch effektive Geschäfte, wenn dadurch nicht Dritte zu Geschäften veranlasst werden sollen. Dementsprechend ist der hier untersuchte Sonderfall der Referenzkursmanipulation nicht erfasst.

Auf der Ebene staatlicher Regulierung ergibt sich somit kein materieller Unterschied zur Situation an der NYSE. Der Vollständigkeit halber ist festzustellen, dass danach die Kursbeeinflussung durch effektive Transaktionen nur bei Leerverkäufen (unter den dort im einzelnen bezeichneten Voraussetzungen) verboten ist[545], die Ausnutzung auf diese Weise manipulierter Kurse durch bilaterale Geschäfte aber nach Rule 10b-5 und Section 15 (c) verboten ist.

(3) NASD Manual Rules 2120 und 3350

Auf Ebene der Selbstregulierung in Form des NASD Manuals ergeben sich keine wesentlichen Ergänzungen zum Inhalt der staatlichen Normen: So entspricht Rule 2120 fast wörtlich der Formulierung von Section 15 (c) S.E.A.

> **NASD Manual Rule 2120**
>
> No member shall effect any transaction in, or induce the purchase or sale of, any security by means of any manipulative, deceptive, or other fraudulent device or contrivance.

Auch aus der Short Sale Rule 3350 ergeben sich für die hier untersuchte Thematik keine neuen Erkenntnisse, da sie insoweit keine Unterschiede gegenüber Section 10 (a) S.E.A./Rule 10a-1 oder NYSE Rule 440B aufweist.

> **NASD Manual Rule 3350**
>
> (a) No member shall effect a short sale for the account of a customer or for its own account in a Nasdaq National Market security at or below the cur-

---

543 "When a security is sold 'at the market', the failure to disclose to purchasers the fact the market price has been artificially inflated by the sellers' manipulation is an omission to state a material fact and constitutes a fraud on the purchasers." Barrett & Co., 9 SEC 319, 329 (1941), zitiert von Loss/Seligman, Securities Regulation, Chapter 10, Manipulation, Seite 3984, Fußnote 5.

544 Barrett & Co., 9 SEC 319, 328 (1941), "*We believe that the Securites Exchange Act contemplates that Section 15 (c) (1) affords to the over-the-counter market at least as great a degree of protection against manipulation or attempted control as is afforded to the exchange market by Section 9 (a).*" abgedruckt bei Loss/Seligman, Securities Regulation, 3rd Edition, 1990, Volume VIII, Chapter 10, Manipulation, Seite 3978.

545 Vergleiche oben Seite 180 ff.

rent best (inside) bid when the current best (inside) bid as displayed by The Nasdaq Stock Market is below the preceding best (inside) bid in the security.

Es ist herauszustreichen, dass die Regulierung des Handels am Nasdaq Stock Market im Hinblick auf die hier untersuchten Marktmanipulationen unter dem Niveau der NYSE zurückbleibt. Dies rührt daher, dass das NASD Manual nicht über die staatlichen Vorschriften hinausgeht und es der NYSE Rule 97 oder NYSE Information Memorandum No. 95-28[546] vergleichbare Regelungen nicht gibt. Dies ist zum einen sicherlich dadurch erklärlich, dass am Nasdaq Stock Market die Personen, die in die typischerweise anreizträchtigen Situationen gelangen, häufig Market Maker in dem betreffenden Wert sein werden. Deren Handelsverhalten kann man selbstverständlich weit weniger durch derartige Regeln einschränken, ohne den normalen Handel über Gebühr zu beeinträchtigen. So ist auch an der NYSE der in dem betreffenden Wert registrierte Specialist nach NYSE Rule 97 (b) (4) von der Anwendung dieser Regel befreit.[547]

Auch eine NYSE Rule 476 (a) (9) vergleichbare Regelung gibt es nicht. Allerdings ist auch zu erwähnen, dass der Anwendungsbereich von Rule 10b-5 am Nasdaq Stock Market möglicherweise in der Praxis mehr Fälle erfasst, als dies an der NYSE der Fall ist. Wie oben festgestellt, verstößt dort die Kursbeeinflussung durch effektive Geschäfte zwar selbst noch nicht gegen Rule 10b-5, wohl aber die Ausnutzung durch "negotiated transactions". Bedingt durch die Tatsache, dass an Nasdaq die Geschäfte per se durch (mehr oder weniger ausgeprägte) Verhandlungen mit dem Market Maker zustande kommen, lässt die Vermutung zu, dass dadurch auch das Tatbestandsmerkmal der "negotiated transactions" häufiger erfüllt ist.

Abschließend ist zu sagen, dass am Nasdaq Stock Market hinsichtlich der Kursmanipulation durch effektive Geschäfte ein gewisses Regulierungsdefizit zu verzeichnen ist. Die Selbstregulierung trägt nicht zu einer Verschärfung der staatlichen Regeln bei, wie dies an der NYSE der Fall ist. Auf der anderen Seite ist aufgrund der Short Sale Rule und Anti-Betrugsvorschrift Rule 10b-5 für das hier schwerpunktmäßig untersuchte Szenario in der Theorie ein recht umfassender Schutz gegeben. Wegen der Schwierigkeiten, dem Akteur eine entsprechende Kursbeeinflussungsabsicht nachzuweisen, gibt es in der Praxis bei Käufen und (gedeckten[548]) Verkäufen aber wohl noch einige Lücken, die durch eine

---

546 Vergleiche Federal Register, Vol. 60, No. 14, 23.01.1995, Seite 4453; SEC Release 34-35230, vom 23. Januar 1995.

547 Siehe Abdruck der Norm oben Seite 186.

548 Im Gegensatz zu Leerverkäufen.

der NYSE Rule 97 vergleichbare Norm sicher geschlossen werden könnten, ohne den legitimen Handel zu stark zu beschränken.

c) London Stock Exchange

Als nächstes soll untersucht werden, ob und inwieweit das oben skizzierte Manipulationsszenario, der Beeinflussung des Börsenkurses durch effektive Geschäfte von den an der LSE anwendbaren Regularien erfasst ist. Auch die gesetzliche Regelung der Markt- oder Kursmanipulation ist von der Neuordnung des Wertpapierhandelsrechts durch den Financial Services and Markets Act 2000 ("F.S.M.A.") betroffen.

(1) Gesetzliche Neuregelung durch den F.S.M.A. 2000

Die Nachfolgeregelung von Section 47 F.S.A. 1986 ist dabei durch die Sections 118 ff des F.S.M.A. 2000 erfolgt. Die Vorgängernorm erklärte Aktivitäten für verboten, welche einen falschen oder irreführenden Eindruck über den Kurs oder Wert einer Anlage erzeugen[549], um dadurch eine andere Person zum Kauf, Verkauf oder zur Zeichnung zu veranlassen. Section 47 F.S.A. 1986 ähnelte somit sehr der US-amerikanischen Section 9 (a) (2) S.E.A. In beiden Fällen muss die Beeinflussung des Kurses zum Ziel haben, andere Marktteilnehmer zur Vornahme von Transaktionen zu veranlassen.[550]

(a) Section 118 F.S.M.A. als Zentralnorm für Marktmissbrauchsfälle

Section 118 F.S.M.A. ist wohl als Generalklausel für die verschiedensten Formen des Marktmissbrauchs – das Gesetz spricht für sämtliche der Marktintegrität abträgliche Verhaltensweisen von „Market Abuse“ – zu bezeichnen. So wird etwa auf Absatz (2) (a) noch im Zusammenhang mit dem Insiderhandel zu sprechen kommen sein.[551]

> **Section 118 F.S.M.A. – Market Abuse**
>
> (1) For the purposes of this Act, market abuse is behaviour (whether by one person alone or by two or more persons jointly or in concert) -
>
> (a) which occurs in relation to qualifying investments traded on a market to which this section applies;
>
> (b) which satisfies any one or more of the conditions set out in subsection (2); and

---

549 Ellger/Kalss, Börsen- und Kapitalmarktrecht des Vereinigten Königreichs, in: Hopt/Rudolph/Baum (Hrsg.), Börsenreform, Eine ökonomische, rechtsvergleichende und rechtspolitische Untersuchung, 5.C.I.

550 Zu Section 9 (a) (2) siehe oben Seite 175 das Kapitel "Section 9 (a) (2) S.E.A. – Veranlassung zu Transaktionen".

551 Vergleiche Seite 253.

(c) which is likely to be regarded by a regular user of that market who is aware of the behaviour as a *failure* on the part of the person or persons concerned *to observe the standard of behaviour reasonably expected of a person in his or their position in relation to the market.*

(2) The conditions are that -

(a) the behaviour is based on information which is not generally available to those using the market but which, if available to a regular user of the market, would or would be likely to be regarded by him as relevant when deciding the terms on which transactions in investments of the kind in question should be effected;

(b) *the behaviour is likely to give a regular user of the market a false or misleading impression as to the supply of, or demand for, or as to the price or value of, investments of the kind in question*;

(c) a regular user of the market would, or would be likely to, regard the behaviour as behaviour which would, or would be likely to, *distort the market* in investments of the kind in question.

Die neue Regelung ist insofern weiter gefasst, als sie hinsichtlich der absichtlichen Beeinflussung des Kurses auf das Kriterium der bezweckten Veranlassung von Transaktionen Dritter verzichtet. So sind nun auch Eingriffe in den Kursbildungsmechanismus erfasst, die nicht den Entschluss, andere Geschäfte zu tätigen, herbeiführen wollen, sondern etwa nur die Abschlussmodalitäten verändern. Bei manchen Manipulationen ist zwar gerade die Weckung verstärkter Handelsbereitschaft bezweckt[552], jedoch ist es zu begrüßen, dass es auf dieses Kriterium nun nicht mehr ankommt, da Marktintegrität und -funktion bereits durch verfälschte Kurse gefährdet bzw. beeinträchtigt werden.[553] Wie oben am Beispielsfall[554] dokumentiert, bestehen auch andere Möglichkeiten der profitablen Nutzung einer Kursbeeinflussung, so dass das Problem nicht durch das Verbot dieses besonderen Motivs gelöst war.

Nach Section 118 F.S.M.A. genügt es zum Vorliegen eines Marktmissbrauchs (*Market Abuse*) grundsätzlich, dass zu erwarten ist, dass das betreffende Verhalten dem vernünftigen Marktteilnehmer einen falschen oder irreführenden Eindruck über Angebot oder Nachfrage bzw. den Kurs oder Wert einer Anlage vermittelt, Sec. 118 (1) (b) i.V.m. (2) (b) F.S.M.A.. Ferner muss zwar das betreffende Verhalten vom gewöhnlichen Marktteilnehmer als Verstoß gegen die ver-

---

552 So etwa, wenn die Handelsbereitschaft der Noise Trader vom Manipulator geweckt und instrumentalisiert werden soll. Vergleiche hierzu auch bereits oben Seite 160, Fußnote 418.

553 Avgouleas, Financial Market Regulation and the New Market Landscape: In Search of a New Regulatory Framework for Market Abuse, International and Comparative Corporate Law Journal, 2000, Seite 89 (95).

554 Siehe oben Fußnote 404.

nünftigerweise zu erwartenden Verhaltensmaßstäbe zu werten sein (*"failure ... to observe the standard of behaviour reasonably expected*", Sec. 118 (1) (c) F.S.M.A.). Weitere, dahinterliegende Zwecke des Manipulators wie die Veranlassung Dritter zu Geschäften sind – wie angesprochen – nicht erforderlich. Eine wesentliche Neuerung ist ferner, dass die betreffenden Sections des F.S.M.A. hinsichtlich der näheren Ausgestaltung und Konkretisierung auf noch durch die Financial Services Authority ("FSA") zu erlassende und damit untergesetzliche Normen verweisen.

(b) Ermächtigung der FSA zum Erlass von Verwaltungsvorschriften

Um die Marktteilnehmer nicht mit derart vagen Tatbestandsmerkmalen, wie sie Section 118 benutzt, alleine zu lassen, ermächtigt man durch Section 119 F.S.M.A. die Financial Services Authority, einen Code, den sogenannten *Code of Market Conduct* zu erlassen, der Anhaltspunkte für die Interpretation des Gesetzes liefern soll.[555] Die Funktionsweise diese Codes soll so sein, dass die FSA anhand von positiven und negativen Beispielen verbindliche Maßstäbe für die Interpretation der gesetzlichen Normen schaffen soll, Sec. 122 F.S.M.A..[556] So kann die FSA von Zeit zu Zeit auf Entwicklungen reagieren und zeitnahe Klarstellungen darüber treffen, ob eine neue Praxis im Einklang mit den Gesetzen ist oder nicht.

(2) DER CODE OF MARKET CONDUCT

Aufgrund der bewusst sehr weit gefassten Formulierungen der Market Abuse Vorschriften des F.S.M.A. erfolgt die eigentliche, subsumtionsfähige Umsetzung der gegebenen Vorgaben durch den Code of Market Conduct. Auf diese Weise schafft die FSA mit dem Code unter anderem die im US-amerikanischen Rechtskreis so beliebten *Safe Harbor* Regeln: Tatbestände, die Voraussetzungen aufstellen, bei deren Vorliegen der Rechtsunterworfene davon ausgehen darf, gerade nicht unter den – in der Regel sanktionsbewehrten – Tatbestand einer Ge-

---

555 Sec. 119 F.S.M.A. – *The Code – (1) The authority must prepare and issue a code containing such provisions as the Authority considers will give appropriate guidance to those determining whether or not behaviour amounts to market abuse.*

556 Sec. 122 F.S.M.A. – *(1) If a person behaves in a way which is described (in the code in force under section 119 at the time of the behaviour) as behaviour that, in the Authority's opinion, does not amount to market abuse that behaviour of his is to be taken, for the purposes of this Act, as not amounting to market abuse.*
(2) Otherwise, the code in force under section 119 at the time when particular behaviour occurs may be relied on so far as it indicates whether or not that behaviour should be taken to amount to market abuse.

oder Verbotsnorm zu fallen.[557] Dabei handelt es sich rechtstechnisch im Regelfall nicht im Ausnahmetatbestände, sondern schlicht um die verbindliche Anwendung allgemeiner Auslegungsregeln auf den Verbotstatbestand.[558]

Hinsichtlich der hier untersuchten Kursmanipulationen im Zusammenhang mit Blocktransaktionen zu verhandelten Kursen sind folgende Passagen des Code of Market Conduct maßgeblich, die zum Teil rechtssetzenden, zum Teil auch erläuternden Charakter haben:

(a) Erzeugen falscher oder irreführender Eindrücke

So hat MAR 1.5.3 erläuternden Charakter im Hinblick auf das von Sec. 118 F.S.M.A. recht klar umrissene Verbot, auf den Markt dergestalt einzuwirken, dass der Anlegerschaft von diesem irreführende Eindrücke vermittelt werden.

> **1.5 – False or Misleading Impressions**
>
> **MAR 1.5.3** Prescribed markets provide a mechanism whereby the price or value of investments may be determined according to the market forces of supply and demand. When market users trade on prescribed markets they expect the price or value of investments to reflect the operation of market forces rather than the outcome of improper conduct by other market users. Improper conduct which gives market users a false and misleading impression results in market users no longer being able to rely on the prices formed in markets as a basis for their investment decisions. This will undermine confidence in the integrity of the prescribed market and overall market activity may decrease and transaction costs may rise, or both, to the detriment of market users, including investors.

Abschnitt 1.5.3[559], erläutert, warum "improper conduct", also ein solches Handelsverhalten, dessen Ziel es nicht ist, möglichst günstig zu kaufen und teuer zu verkaufen, als schädlich einzustufen ist. Durch ein solches Verhalten wird den Marktteilnehmern ein irreführender Eindruck der Marktsituation vermittelt, die Aussagekraft der ermittelten Kurse vermindert und das Vertrauen in die Marktintegrität beeinträchtigt.[560]

---

557 "A provision (as in a statute or regulation) that affords protection from liability or penalty", Black's Law Dictionary, 7th Edition, 1999.

558 Wobei allerdings einzugestehen ist, dass diese hier gezogene Grenze wegen der teleologischen Auslegung nicht besonders trennscharf ist.

559 Die heutige MAR 1.5.3 enthielt im Entwurfstadium (damals unter der Nummer 1.6.3) noch die Passage "*If a person creates artificial market activity so that the price at which investments are traded does not reflect the forces of supply and demand, this activity will give market users a false and misleading impression*" vgl. Financial Services Authority, Market Abuse: A Draft Code of Market Conduct, Juli 2000, Consultation Paper No. 59.

560 Zur Abgrenzung von "normalen" und "anderen" Handelsmotiven siehe oben Seite 165.

(b) Künstliche Transaktionen

Abschnitt 1.5.8 erklärt „künstliche Transaktionen" zur marktmissbräuchlichen Verhaltensweise, weil dadurch falsche oder irreführende Eindrücke geweckt würden.

> **MAR 1.5.8 – Artificial Transactions**
>
> Behaviour will constitute market abuse where:
>
> (1) a person enters into a transaction or series of transactions in a qualifying investment or relevant product; and
>
> (2) the principal effect of the transaction or transactions will be, or is likely to be, to inflate, maintain or depress the apparent supply of, or apparent demand for, or the apparent price or value of a qualifying investment or relevant product so that a false or misleading impression is likely to be given to a regular user; and
>
> (3) the person knows, or could reasonably be expected to know, that the principal effect of the transaction or transactions on the market will be, or be likely to be, as set out in MAR 1.5.5 (2);
>
> unless the regular user would regard:
>
> (4) the principal rationale for the transaction in question as a legitimate commercial rationale; and,
>
> (5) the way in which the transaction is to be executed as proper.

Solche künstlichen Transaktionen liegen nach dieser Vorschrift dann vor, wenn der Hauptzweck einer oder mehrerer Transaktionen darin liegt, künstlich Angebot oder Nachfrage zu verstärken, oder den Preis zu drücken oder zu heben. Absätze (4) und (5) machen eine Ausnahme für legitime wirtschaftliche Absichten. Welche Absichten hingegen als nicht legitim gelten, erläutert Abschnitt 1.5.9:

> **MAR 1.5.9**
>
> A transaction which creates a false or misleading impression will not normally be considered to have a legitimate commercial rationale where the purpose behind the transaction was to induce others to trade in, or to position or move the price of, a qualifying investment or relevant product. This need not be the sole purpose of entering into the transaction or transactions, but must be an actuating purpose. Equally, transactions will not automatically be considered to have a legitimate commercial rationale simply because the intention behind the transaction was to make a profit or avoid a loss (whether directly or indirectly).

Danach ist – neben der Absicht, andere zu Transaktionen zu beeinflussen[561] – die Absicht, einen bestimmten Preis oder allgemein eine Preisveränderung herbeizuführen, als nicht legitimes wirtschaftliches Ziel einzustufen. Hierunter lässt sich das hier untersuchte Szenario der Referenzkursbeeinflussung durch effektive Geschäfte problemlos subsumieren. Letzte Unklarheiten werden durch MAR 1.5.11 beseitigt. Dort sind weitere Indizien aufgezählt, die für die Annahme eines Marktmissbrauchs sprechen. In Absatz (1) wird die Kombination aus kursbeeinflussenden Transaktionen und dem Interesse der betreffenden Person am Kursniveau als solches Indiz gewertet.

> **MAR 1.5.11**
>
> The following factors are to be taken into account when determining whether a person's behaviour amounts to market abuse as described in MAR 1.5.8, although the presence of one or more of these factors does not automatically mean the behaviour in question amounts to market abuse:
>
> (1) whether the transaction causes or contributes to an increase (or decrease) in the supply of, the demand for, or the price or value of a qualifying investment or relevant product and the person has an interest in the level of the supply of, or the demand for, or the price or value of the qualifying investment or relevant product. (...)

Folglich lässt sich sagen, dass die zielgerichtete Beeinflussung des Kurses, auch wenn sie durch die Vornahme effektiver Geschäfte bewirkt wird, einen falschen oder irreführenden Eindruck der Marktteilnehmer erweckt und als Marktmissbrauch zu werten ist. Die anschließende Vornahme der (verhandelten) Geschäfte auf Basis des so beeinflussten Preises ist – anders als bei SEC Rule 10b-5 im Hinblick auf den Handel in NYSE und Nasdaq-Werten – nicht Tatbestandsmerkmal, sondern lediglich Indiz für das Vorliegen der Beeinflussungsabsicht. Einer betrügerischen oder täuschenden Handlung bedarf es daneben nicht.

(c) Marktverzerrung

Neben dem Themenkomplex von MAR 1.5 "falsche oder irreführende Eindrükke" kommt für das hier untersuchte Verhalten auch der Topos der Marktverzerrung, MAR 1.6 in Betracht:

> **1.6 Distortion**
>
> **(A) Price Positioning – MAR 1.6.9**
>
> Behaviour will constitute market abuse where a person enters into a transaction, or series of transactions, with the purpose of positioning the price of a

561 Vergleiche hierzu Section 47 F.S.A. 1986 sowie die US-amerikanische Regelung der Section 9 (a)(2) S.E.A., oben das Kapitel "Exkurs – Stimulierung des Marktes zur multilateralen Plazierung eines Blocks" Seite 176 ff.

qualifying investment or relevant product at a distorted level (the purpose need not be the sole purpose for entering into the transaction or transactions, but must be an actuating purpose).

Ob die hier untersuchte Situation, die Beeinflussung des börslichen Referenzkurses für eine bevorstehende, bilateral verhandelte Blocktransaktion als 'Verzerrung' ("Distortion") einzustufen ist, läßt sich weder durch Auslegung noch anhand der im Code of Market Conduct gegeben Beispiele eindeutig abschätzen. Sowohl der Begriff der Verzerrung als auch die verschiedenen Beispiele deuten darauf hin, dass es sich um eine massive Einflussnahme handeln muss. Dies wird bei der untersuchten Referenzpreismanipulation bei Blocktransaktionen im Regelfall nicht vorliegen. Grundsätzlich ist nämlich davon auszugehen, dass hier aufgrund des hohen Multiplikatoreffektes zum einen geringe Kursausschläge ausreichend lukrativ sind und zum anderen größere Kursschwankungen die Bereitschaft der potentiellen Gegenseite zu großen Geschäften sinken lassen würde. Daher ist anzunehmen, dass etwaige Referenzkursmanipulationen unterhalb der Schwelle einer Marktverzerrung bleiben werden.

Es bleibt darauf hinzuweisen, dass die Tatbestände des Erzeugens falscher oder irreführender Eindrücke nach MAR 1.5 und der Marktverzerrung nach MAR 1.6 nicht im Verhältnis strenger Alternativität stehen.[562]

(d) Zusammenfassung der Market Conduct-Regeln

Zusammenfassend ist zu sagen, dass durch den von der FSA erlassenen Code of Market Conduct effektive Transaktionen, die zu Kursbeeinflussungszwecken abgeschlossen werden, verboten sind. Die Irreführung des Marktes und die damit verbundene Beeinträchtigung des Vertrauens in die Integrität des Marktes und die Zuverlässigkeit des Kursermittlungsprozesses steht dabei im Vordergrund. Die anschließende, betrügerische Ausnutzung des falschen Kurses durch Direktgeschäfte ist – anders als auf der Ebene staatlicher Regulierung in den USA – nach dem Gesagten nicht erforderlich. Das subjektive Element, mit dessen Hilfe die Abgrenzung zu legitimen Transaktionen erfolgen muss, ist in Großbritannien insofern vorverlagert. Der Schutz der Marktintegrität wird nicht erst als Reflex des Schutzes der Individualinteressen (die beim Realisierungsgeschäft betroffen sind) erreicht, sondern erfolgt direkt: Die zielgerichtete Einwirkung auf stellt bereits den Verstoß dar.

---

562 Code of Market Conduct, MAR 1.6.7: *In some circumstances, behaviour which falls within these descriptions (see MAR 1.6.8) may also fall within the scope of the prohibition against behaviour giving rise to a false or misleading impression (see MAR 1.5).*

(3) LSE Rules

Wie an der NYSE, so ist auch an der LSE das Problem der Kursmanipulationen auf Selbstregulierungsebene behandelt. LSE Rule 2.9 verbietet – genauso wie MAR 1.5.8 – unter anderem auch künstliche Transaktionen, Absatz (b). Nach Rule 2.9 (a) sollen die Mitgliedsfirmen nicht durch ihre Handlungen oder ihr Verhalten falsche oder täuschende Eindrücke hinsichtlich des Marktes, Preises oder des Wertes eines Papiers erzeugen. Nach (e) haben die Börsenmitglieder alles zu unterlassen, was der Fairness oder Integrität des Marktes abträglich sein könnte. Dieser Satz erscheint allerdings eher programmatisch denn subsumtionsfähig.

LSE Rule 2.9 – Misleading acts, conduct and prohibited practices

A member firm shall not in respect of its on Exchange business:

(a) do any act or engage in any course of conduct which creates or is likely to create a false or misleading impression as to the market in, or the price or value of any security;

(b) cause or enter into any artificial transaction;

(c) cause a fictitious transaction or a false price to be input into any Exchange system or to be printed as business done in the Official List;

(d) effect a transaction at any price which differs to an unreasonable extent from: (i) any firm quote available from a market maker registered in that security; or (ii) any available firm order displayed by a member firm;

(e) do any act or engage in any course of conduct which is likely to damage the fairness or integrity of the Exchange's markets; or

(f) do any act or engage in any course of conduct which causes, or contributes to, a breach of the Exchange's rules by another member firm.

LSE Rule 2.9 bezieht sich zwar nur auf "on exchange business", also börsliche Transaktionen. Hierbei ist jedoch die äußerst "besitzergreifende" Definition börslicher Geschäfte in den LSE Rules 2.1 / 2.2 zu beachten. Nach dieser gelten all diejenigen Transaktionen als an der LSE abgeschlossen, die von LSE-Mitgliedern in LSE-gelisteten Werten getätigt werden und nicht explizit den Regeln einer anderen Börse unterstellt und an diese gemeldet werden.[563] Lässt Rule 2.9 möglicherweise noch leise Zweifel zu, ob danach die Kursbeeinflussung durch effektive Geschäfte verboten ist, so werden diese von Rule 2.10 beseitigt.

LSE Rule 2.10 – Share Price Manipulation

A member firm trading in a security shall not do any act or engage in any course of conduct the sole or main intention of which is to move the price of that security or the level of any index of which that security is a component.

563 Vergleiche hierzu bereits oben Seiten 107 und 145.

Nach LSE Rule 2.10 sind den Mitgliedsfirmen jegliche Handlungen oder Verhaltensweisen verboten, deren einziger oder hauptsächlicher Zweck es ist, den Kurs eines Wertpapiers zu bewegen.[564] Die offiziellen Erläuterungen der Regeln ("Guidance") nennen als verdachtbegründenden Moment eines Verstoßes gegen 2.10 beispielsweise eine Situation, in der eine Order anhand eines Referenzkurses auszuführen ist und die Mitgliedsfirma eine Reihe kleinerer Aufträge kurz vor dem Referenzzeitpunkt erteilt[565]:

> **Guidance** (LSE Rule 2.10 – Share Price Manipulation)
>
> Examples of activity that may lead the Exchange to seek further information from a member firm include, but are not limited to, instances where:
>
> (i) in executing a client order based on a reference price of a security, a firm submits a number of comparatively small orders, shortly before the reference point, which are not proportionate to previous, related business by the firm and appear to be intended to profit the firm at the client's expense;

Dieses – hinsichtlich der Rechtsfolgen – äußerst zurückhaltend formulierte[566] Beispiel trifft genau den hier analysierten Fall: Werden kurz vor dem Referenzpunkt kleinere Transaktionen durchgeführt, während auf Basis des Referenzwertes eine größere Kundenorder auszuführen ist, so wird sich die Börse veranlasst sehen, weitere Informationen zu erfragen. Treten dabei keine vernünftigen, zulässigen Gründe für die Transaktionen zu Tage, so wird man – so ist zu vermuten – von einem Verstoß des Mitglieds gegen Rule 2.10 ausgehen.

(4) Ergebnis

Sowohl durch den Code of Market Conduct als auch durch die LSE Rules ist die hier primär untersuchte Referenzkursmanipulation durch effektive Transaktionen verboten. Die Tatbestände sind durch das Vorliegen einer Preisbeeinflussungsabsicht charakterisiert. Der subjektive Tatbestand steht im Vordergrund, was bei der Durchsetzung bzw. Sanktionierung des Verbots zu großen Schwierigkeiten führen dürfte. Auf der Ebene der Selbstregulierung geht man im Wege der offiziellen Erläuterungen dann so vor, dass besonders anreizträchtige Situationen beschrieben werden. Gleichzeitig macht man deutlich, dass das Vorliegen besonderer, nachvollziehbarer Motive erforderlich ist, um den Verdacht eines Verstoßes zu zerstreuen beziehungsweise zu widerlegen.

---

564 LSE Regulatory Guide, Chapter 2, Core Rules, 2.10, S. 34.

565 LSE, Stock Exchange Notice N47/00 vom 31. Juli 2000, Erläuterungen im Anhang, Seite 1.

566 Die Formulierung "may lead the Exchange to seek further information" macht deutlich, dass ein derartiges Verhalten verdachtsbegründend erscheint, es dem Börsenmitglied aber möglich ist, andere Motive für sein Handeln darzutun, um den Anschein einer Kursbeeinflussungsabsicht zu zerstören.

Die Situation ähnelt insoweit der an der NYSE: Auch dort werden auf Ebene der Selbstregulierung die Probleme im Zusammenhang mit der Erweislichkeit der Kursbeeinflussungsabsichten dadurch umschifft, dass man bei Vorliegen bestimmter Situationen, bei denen typischerweise ein besonders großer Anreiz zur Manipulation besteht, vom handelnden Akteur entlastende Argumente verlangt. Damit wird den Normadressaten zum einen verdeutlicht[567], dass das betreffende Verhalten jenseits des Erlaubten ist. Zum anderen wird hierdurch ein gewisses Unterlassungsgebot für den Fall konstruiert, dass keine besonderen Quasi-Ausnahmetatbestände eingreifen. Zwar ist im allgemeinen das Risiko einer Überregulierung nicht von der Hand zu weisen, jedoch erscheint es bei solchen Tatbeständen, wie etwa den verschiedenen Unterpunkten des Marktmissbrauchs, die mehr appellativ denn subsumtionsgeeignet formuliert sind, sehr sinnvoll, durch eine ergänzende Kasuistik die Rechtsklarheit und den Schutz der Marktintegrität zu verbessern.

d) Frankfurter Wertpapierbörse

Die Regulierungssituation in Deutschland im Hinblick auf Kursmanipulationen bleibt hinter dem Standard der US-amerikanischen und vor allem der britischen Regelungen zurück. Die einzige gesetzliche Norm im deutschen Recht, die sich ausdrücklich mit der Manipulationen von Kursen befasst, ist bisher die Strafvorschrift des § 88 BörsG.[568]

(1) § 88 BÖRSENGESETZ

§ 88 BörsG ist bislang die zentrale Norm des deutschen Rechts betreffend Kursmanipulationen. Nachdem der Kapitalanlagebetrug aus dem Tatbestand herausgelöst und als § 264a in das Strafgesetzbuch eingefügt wurde, trägt § 88

---

567 Das dies erforderlich erscheint, verdeutlicht das Zitat eines Wertpapierhändlers, das von Hajek, Sockel des Eisbergs, Wirtschaftswoche Nr. 7, vom 8.2.2001, Seite 140 (142), wiedergegeben ist: Häufig komplettieren die Profis ihre Eisbergorders durch einen Trick: Wenn sie eine größere Verkaufsorder als Eisberg ins System gestellt haben, platzieren sie dagegen Kauforders zu einem etwas niedrigeren Preis und in hohen Stückzahlen. Wertpapierhändler Müller: "Anziehende Kurse lassen sich leicht vortäuschen, wenn man ein paar übergroße Kauforders auf die Geldseite stellt. Da denken die Leute: 'Hoppla, heute sind große Käufer unterwegs, da decken wir uns auch mal mit ein paar Stücken ein', und schon bin ich meinen Eisberg los."

568 Das bereits vielfach angesprochene 4. FMFG verspricht in diesem Bereich echte Verbesserungen zu bringen. Auf den betreffenden Regierungsentwurf (vgl. Fußnote 73) wird sogleich detailliert einzugehen sein. Die Regelungsmaterie wird allerdings, so ist geplant, aus dem BörsG in das WpHG (§ 20a WpHG-E) verschoben.

BörsG die inoffizielle Bezeichnung als "Kursbetrug".[569] Diese Bezeichnung ist allerdings insofern irreführend, als es die primäre Intention der Norm ist, die Wahrheit der Preisbildung und Funktionsfähigkeit der Börsen zu gewährleisten.[570] Der vom Titel Kursbetrug abzuleitende Anlegerschutz ist hingegen nur Reflex, was auch daran deutlich wird, dass die Vorschrift nach ganz herrschender Meinung nicht als Schutzgesetz im Sinne von § 823 Abs. 2 BGB anzusehen ist.[571]

> **§ 88 BörsG**
>
> Wer zur Einwirkung auf den Börsen- oder Marktpreis von Wertpapieren (...)
>
> 1. unrichtige Angaben über Umstände macht, die für die Bewertung der Wertpapiere (...) erheblich sind, oder solche Umstände entgegen bestehenden Rechtsvorschriften verschweigt oder
>
> 2. sonstige auf Täuschung berechnete Mittel anwendet,
>
> wird mit Freiheitsstrafe bis zu drei Jahren oder mit Geldstrafe bestraft.

Im Unterschied zu einem Teil der entsprechenden Normen des US-amerikanischen oder britischen Rechts, handelt es sich bei § 88 BörsG um eine eher allgemein formulierte Vorschrift. Zwar wurde 1986 im Rahmen des zweiten Gesetzes zur Bekämpfung der Wirtschaftskriminalität die Nr. 1 in den Tatbestand neu eingefügt[572], der generalklauselartige[573] Tatbestand der "sonstigen auf Täuschung berechneten Mittel" aber aus Furcht vor Strafbarkeitslücken trotz der damit verbundenen Anwendungsschwierigkeiten beibehalten. Das derzeit im Stadium der Entwurfserstellung befindliche, noch für diese Legislaturperiode geplante Vierte Finanzmarktförderungsgesetz wird sich auch mit der Abhilfe dieser Schwierigkeiten befassen.[574]

---

569 Fuhrmann, in: Erbs/Kohlhaas, Strafrechtliche Nebengesetze, B 155, § 88 BörsG Rn. 1; Ledermann, in: Schäfer, Kommentar WpHG/BörsG/VerkProspG, § 88 BörsG Rn. 1.

570 Bundestagsdrucksache 10/318, Seite 45; Fuhrmann, in: Erbs/Kohlhaas, Strafrechtliche Nebengesetze, B 155, § 88 BörsG Rn. 2; Ledermann, in: Schäfer, Kommentar WpHG/-BörsG/VerkProspG, § 88 BörsG Rn. 1.

571 Schwark, Börsengesetz, Kommentar, 2. Auflage, 1994, § 88 BörsG Rn. 1; Ledermann, in: Schäfer, Kommentar WpHG/BörsG/VerkProspG, § 88 BörsG Rn. 1. Dieser Topos ist in jüngerer Vergangenheit wegen der vermuteten gezielten Irreführung der Anleger durch Organe der am Neuen Markt gelisteten Gesellschaften EM.TV sowie Infomatec in aller Munde, da Anleger zu hohen Kursen kauften, als – so wird gemutmaßt – die negativen Unternehmensdaten bereits vorlagen und in Form einer Ad-hoc Mitteilung nach § 15 WpHG hätten bekannt gemacht werden müssen.

572 Bundestagsdrucksache 10/318, Seite 45.

573 Schwark, Börsengesetz, Kommentar, 2. Auflage, 1994, § 88 BörsG Rn. 6.

574 Siehe unten hierzu Seite 215 ff.

Der Tatbestand des § 88 BörsG besteht aus zwei Elementen: Der tatbestandsmäßigen Handlungen, die in den beiden Nummern umschrieben sind, und dem Ziel der Einwirkung auf den Börsen- oder Marktpreis von Wertpapieren. Beim Nachweis dieses zweiten Tatbestandsmerkmals ergeben sich in der Praxis zwar zum Teil große Schwierigkeiten, nicht jedoch in der theoretischen Analyse des hier schwerpunktmäßig untersuchten Szenarios. Bei der Referenzkursmanipulation durch effektive Transaktionen ist die Kursbeeinflussungsabsicht unzweifelhaft gegeben. Schwieriger ist die Subsumtion unter eine der beiden tatbestandlichen Handlungen.

(a) Unrichtige Angaben über bewertungserhebliche Umstände

Als tatbestandsmäßiges Handeln kommt nach Nr. 1 die Abgabe von unrichtigen Tatsachenangaben oder – soweit dies wegen des Bestehens einer Offenbarungspflicht vergleichbar ist[575] – das Verschweigen von Tatsachen in Betracht. Bei der Manipulation durch effektive Geschäfte kommt selbstverständlich nur die Alternative des Verschweigens in Betracht. Sieht man zunächst von dem Problem ab, woraus sich eine entsprechende Aufklärungspflicht ergeben könnte, so muss es sich bei diesen Tatsachen um bewertungserhebliche Umstände handeln. Die Motive eines Marktteilnehmers für einzelne Transaktionen sind jedoch nicht "bewertungserheblich" im Sinne dieser Vorschrift, da der Begriff der Bewertung eindeutig auf die messbaren, ökonomischen Grundlagen eines Investments, im Fall einer Aktie auf den Unternehmensbetrieb des Emittenten, verweist.[576] Auch wenn sich die Motive oder Einschätzungen besonders einflussreicher Akteure – etwa vielzitierte „Börsengurus“ – auch einmal als kurserheblich erweisen mögen, so sind sie jedoch nicht „bewertungserheblich”.

Die von § 88 Nr. 1 BörsG umschriebene Handlungsmodalität ist also für die hier schwerpunktmäßig untersuchte Möglichkeit, den Börsenkurs in seiner Eigenschaft als Referenzpunkt für die Blocktransaktion durch effektive Geschäfte zu beeinflussen, nicht einschlägig. Die Beeinflussung des Kurses findet in der hier untersuchten Konstellation durch tatsächliche Handelsaktivitäten und nicht durch unrichtige Äußerungen über bewertungserhebliche Umstände statt.

(b) Sonstige auf Täuschung berechnete Mittel

Was bleibt, ist der Auffangtatbestand der Nr. 2, der sämtliche "auf Täuschung berechnete Mittel" umfasst. Allerdings müssen diese Mittel eben "zur Einwirkung auf den Börsen- oder Marktpreis von Wertpapieren" eingesetzt werden. Es

---

575 Vergleiche hierzu etwa Fuhrmann, in: Erbs/Kohlhaas, Strafrechtliche Nebengesetze, B 155, § 88 BörsG Rn. 14 f.; Weber, Kursmanipulation am Wertpapiermarkt, NZG 2000, S. 113 (128).

576 Fuhrmann, in: Erbs/Kohlhaas, Strafrechtliche Nebengesetze, B 155, § 88 BörsG Rn. 7 f.

ist daher zu fragen, ob derjenige, der tatsächliche Geschäfte zur Beeinflussung des Börsenkurses tätigt, dabei auf Täuschung berechnete Mittel einsetzt. Zur Begründung einer Tatbestandsmäßigkeit müsste man wohl argumentieren, dass derjenige, der effektiv (aber möglicherweise zu bewusst ungünstig hohen Preisen) kauft, um auf den Börsenkurs einzuwirken, insofern ein "auf Täuschung berechnetes Mittel" anwendet, als die von ihm entfaltete Handelsaktivität als künstlich anzusehen ist und sein Motiv für die Transaktionen dadurch von den üblichen abweicht. Ob hierin allerdings tatsächlich eine Täuschung zu sehen ist, erscheint eher zweifelhaft.[577] Anders als bei fiktiven Transaktionen handelt es sich bei den hier untersuchten Geschäften um tatsächliche Handelsaktivität. Bei den fiktiven Transaktionen liegt die Tatbestandsmäßigkeit auf der Hand: Den veröffentlichten Umsätzen liegen keine effektiven Geschäfte zugrunde. Deren Vorliegen wird aber vorgetäuscht, weil die Börse sie ansonsten nicht bei der Kursermittlung und -veröffentlichung berücksichtigen würde. Bei den hier untersuchten effektiven Geschäften wird hingegen nicht über die Marktsituation getäuscht. Lediglich das Motiv der Kursbeeinflussung unterscheidet die hier untersuchten von anderen Geschäften.

(i) Täuschung über die Motive?

Da das einzige, worüber bei den effektiven, gezielt kursbeeinflussenden Geschäften getäuscht werden kann, das Motiv ist, muss gefragt werden, ob bei der Vornahme der gezielt kurserheblichen Geschäfte die übrigen Marktteilnehmer einer Fehlvorstellung hinsichtlich der dem Handel zugrundeliegenden Absichten erlegen sind. Dies setzte natürlich voraus, dass überhaupt Vorstellungen über die mit den Geschäften verfolgten Absichten bestehen: Selbst wenn man davon ausgeht, dass beim Kursbetrug nach § 88 BörsG (genauso wie beim "allgemeinen" Betrug nach § 263 StGB) die Täuschung über Absichten und anderer innere Tatsachen mitumfasst ist,[578] so ist aber äußerst zweifelhaft, ob sich die Marktteilnehmer im multilateralen, anonymen Handel und bei den verschiedensten, mit Börsengeschäften verfolgten Absichten und Strategien überhaupt eine Vorstellung von den gegenseitigen Motiven machen. Nur dann käme hier eine Täuschung durch Unterlassen in Betracht.

Ob andere Anleger aus Liquiditätsgründen verkaufen, die Verwalter indexierter Fonds wegen einer Neugewichtung umschichten, Arbitrage oder das "Hedging" von Terminkontrakten bei den Handelsaktivitäten im Vordergrund steht, darüber macht sich der Handelsteilnehmer im allgemeinen wohl schon aufgrund

---

577 Lenzen, Unerlaubte Eingriffe in die Börsenkursbildung, Dissertation Osnabrück, 2000, Seite 193.

578 Hierzu vergleiche Lenzen, Unerlaubte Eingriffe in die Börsenkursbildung, Dissertation Osnabrück, 2000, Seite 193, mit weiteren Nachweisen, dort Fußnote 1254.

der nicht individualisierbaren Gegenseite keinerlei Vorstellungen. Wie bereits im Zusammenhang mit SEC Rule 10b-5 erörtert, bereitet es einige Schwierigkeiten, sich eine Täuschung im atomisierten und anonymisierten Börsenhandel überhaupt vorzustellen. Da es keinen direkten Gegenüber gibt, macht sich niemand Vorstellungen über die hinter den einzelnen Transaktionen stehenden Motive.[579] Zwar muss wegen der Eigenschaft von § 88 BörsG als abstraktes Gefährdungsdelikt kein individueller Irrtum erregt werden,[580] da aber auch keine individuelle Äußerung vorliegt, stößt der Begriff der Täuschung hier an seine Grenzen.

Wichtig ist im vorliegenden Fall auch, dass die Fehlvorstellung des Gegenübers in keiner Weise bedeutsam für das Eintreten der bezweckten Kursbeeinflussung ist. Die Kurserheblichkeit der Transaktion ist hier nicht von der richtigen oder falschen Vorstellung der Marktteilnehmer über die zugrundeliegenden Motive abhängig. Dies auch deshalb, weil die jeweilige Marktgegenseite tendenziell von den interessewidrigen Geschäften des Manipulators profitiert. Wie oben bereits erläutert, handelt der Manipulator in derartigen Fällen insofern zunächst ökonomisch unsinnig, als er die Geschäfte gezielt zu suboptimalen Preisen tätigt. Es liegt auf der Hand, dass die Marktgegenseite hiervon profitiert.[581]

(ii) Systematische Bedenken

Hinzu kommt folgendes systematische Argument: Die Einwirkung auf den Börsenkurs einerseits und die Anwendung auf Täuschung berechneter Mittel andererseits sind die zwei charakteristischen Tatbestandsmerkmale des § 88 Nr. 2 BörsG, die nicht nur kumulativ, sondern auch final-verknüpft vorliegen müssen. Es wäre daher merkwürdig, wenn sich aus der Verwirklichung des ersten Merkmals bereits die des zweiten ergeben würde. Soll die Kursbeeinflussung durch effektive Geschäfte herbeigeführt werden, so erscheint es nicht sinnvoll, dass allein wegen des Vorliegens dieser Absicht auch eine tatbestandsmäßige Täuschung angenommen werden sollte.

---

579 Dies steht nicht im Widerspruch zum oben erörterten Information Effect, da sich dieser sich nicht auf die Motive, sondern die Kenntnis von Fehlbewertungen bezieht.

580 Fuhrmann, in: Erbs/Kohlhaas, Strafrechtliche Nebengesetze, B 155, § 88 BörsG Rn. 2.

581 Vergleiche hierzu die Studie von Bloomfield/O'Hara, Can transparent markets survive?, in: Journal of Financial Economics 55 (2000), Seite 425 (426, 451), die aufzeigen, dass im Wettbewerb der Market Makern, die durch hohe Transparenzvorschriften an sich Benachteiligten im Gegenzug davon profitieren, dass sie wegen der höheren Sendewirkung eher Vertragspartner der "deceptive" oder "losing" Trades werden als ihre weniger transparenten Wettbewerber.

(iii) Reihenfolge von Beeinflussung und Täuschung

Wichtig ist auch, dass die Täuschung als Mittel zur Beeinflussung des Kurses – wie von § 88 Nr. 2 BörsG vorgesehen – nicht mit der eventuell nachfolgenden Täuschung durch den dann beeinflussten, verfälschten Kurs verwechselt wird: Würde man die Täuschung darin sehen, dass bei verhandelten Direktgeschäften auf einen Börsenkurs abgestellt wird, der nicht – wie vom Gegenüber angenommen – das Resultat des freien Spiels der Marktkräfte von Angebot und Nachfrage ist, sondern zielgerichtet beeinflusst wurde, so wäre dies zwar möglicherweise eine Täuschung[582], nicht aber tatbestandsmäßig im Sinne von § 88 Nr. 2 BörsG. Der beeinflusste, 'falsche' Börsenkurs müsste dafür das Resultat einer begangenen Täuschung sein. Die Täuschung muss die Einflussnahme auf den Kurs gerade erst ermöglichen. Im skizzierten Fall ist der beeinflusste Kurs aber nicht Resultat, sondern Mittel einer späteren der Täuschung: Der Täuschung gegenüber dem späteren Kontrahenten der Blocktransaktion. Dieser schließt – die Orientierung am Börsenkurs vorausgesetzt – zu einem zu seinem Ungunsten beeinflussten Preis ab.[583] Anders als bei SEC Rule 10b-5 genügt es für § 88 BörsG demnach nicht, dass der beeinflusste Kurs unter Verschweigen dieser Eigenschaft in Direktgeschäften genutzt wird.[584]

(iv) Ergebnis

Die Annahme, man täusche bei den multilateralen Geschäften vor, aus normalen, legitimen Absichten zu handeln, überstrapaziert den Wortlaut des § 88 BörsG. Insbesondere im Hinblick darauf, dass es sich bei der Vorschrift um eine strafrechtliche Norm handelt, muss eine derart weite Auslegung deshalb ausscheiden. Folglich ist zu sagen, dass im hier untersuchten Szenario der Börsenkurs zwar manipuliert wird, nicht jedoch mittels einer Täuschung, so dass kein Kursbetrug im Sinne des § 88 BörsG vorliegt.[585]

(c) Exkurs zu § 88 BörsG – Bedeutung von Leerverkäufen?

Nicht einsichtig ist in diesem Zusammenhang, warum von einigen Stimmen in der Literatur vertreten wird, Leerverkäufe fielen – anders als sonstige, gedeckte

582 Dies hätte zur Folge, dass hier zum einen ein "normaler" Betrug im Sinne von § 263 StGB vorliegen würde und zum anderen zivilrechtliche Schadensersatzansprüche – mit allerdings vermutlich kaum zu bewältigenden Beweisproblemen – entstünden. Hierbei handelt es sich um eine nachgelagte Fragestellung, bei der der Schutz der Kurswahrheit nicht mehr erreicht werden kann.

583 Siehe oben Fußnote 582.

584 Zu den Anwendung von SEC Rule 10b-5 vergleiche oben Seite 184.

585 Weber, Kursmanipulation am Wertpapiermarkt, NZG 2000, Seite 113 (116).

Geschäfte – zur gezielten Kursbeeinflussung unter § 88 Nr. 2 BörsG.[586] Zwar mag ein gewisses Unbehagen gegenüber Transaktionen bestehen, in denen jemand etwas verkauft, das er gar nicht besitzt, und deshalb die Erfüllung der Verpflichtung mit einer Ungewissheit behaftet ist. Auch ist es durchaus nachvollziehbar, dass Spekulationen auf steigende Kurse jedermann „sympathischer" erscheinen als das Wetten auf sinkende Kurse, die ja zwangsläufig Wertverluste der Anlegerschaft im allgemeinen mit sich bringen. Gleichwohl muss im Zeitalter der Derivate – der Verkauf von Futures oder Optionen ist bei entsprechendem Kursziel in gleicher Weise eine Wette gegen eine positive Kursentwicklung – eine neutralere, sachlichere Sicht der Dinge platzgreifen.

Nach der oben wiedergegebenen Ansicht, wäre die Vornahme effektiver Geschäfte[587] zur Beeinflussung des Börsenkurses dann tatbestandsmäßig im Sinne von § 88 BörsG, soweit es sich dabei um Leerverkäufe handelt. Die Einflussnahme im Hinblick auf sinkende Kurse (etwa zur Erleichterung eines Blockkaufs) wäre also demnach strafbewehrt untersagt.[588] Der durch einen vorhandenen Bestand gedeckte Verkauf zur Beeinflussung des Kurses, genauso wie der Zukauf zu dem Zweck, den Preis zu heben, wäre hingegen erlaubt. Diese Gegenüberstellung macht deutlich, dass man zwar ein Verbot von Leerverkäufen (*de lege ferenda*) erlassen mag – über dessen Sinn sich im übrigen streiten ließe – eine Verortung dieses Problems im Tatbestand gegen Kursbetrug erscheint allerdings nicht überzeugend.

Nach meiner Auffassung ist daher die Beeinflussung des Kurses durch tatsächliche Handelsaktivitäten nicht von § 88 BörsG erfasst, und zwar unabhängig davon, ob es sich bei den Geschäften um Leerverkäufe oder „reguläre" Transaktionen handelt.

(2) Das Verbot der Kursmanipulation nach dem Entwurf zum Vierten Finanzmarktförderungsgesetz

Nach dem Regierungsentwurf zum 4. FMFG[589] soll das Verbot der Kurs- und Marktpreismanipulation durch einen § 20a im WpHG geregelt werden. Die neue

---

586 Schwark, Börsengesetz, Kommentar, 2. Auflage, 1994, § 88 BörsG Rn. 7; Weber, Kursmanipulation am Wertpapiermarkt, NZG 2000, Seite 113 (115).

587 Auch Leerverkäufe sind selbstverständlich reale Geschäfte in diesem Sinne.

588 Die US-amerikanische Short Sale Rule – Section 10 (a) S.E.A. in Verbindung mit SEC Rule 10a-1 ist hier insofern zumindest stimmiger, als sie sich offen und explizit gegen diese "unmoralischen" Geschäfte wendet.

589 Siehe hierzu bereits oben Seite 42, zur Quelle siehe oben Fußnote 73.

Vorschrift soll den soeben erörterten § 88 BörsG ablösen. Auf diesem Gebiet ist mit einer erheblichen Verbesserung zu rechnen:[590]

> **§ 20a Verbot der Kurs- und Marktpreismanipulation**
>
> (1) Es ist verboten,
>
> 1. unrichtige Angaben über Umstände zu machen, die für die Bewertung eines Vermögenswertes erheblich sind, oder solche Umstände entgegen bestehenden Rechtsvorschriften zu verschweigen, wenn die Angaben oder das Verschweigen geeignet sind, auf den inländischen Börsen- oder Marktpreis eines Vermögenswertes oder auf den Preis eines Vermögenswertes an einem organisierten Markt in einem anderen Mitgliedstaat der Europäischen Union oder in einem anderen Vertragsstaat des Abkommens über den Europäischen Wirtschaftsraum einzuwirken oder
>
> 2. sonstige Täuschungshandlungen vorzunehmen, die geeignet sind, auf den inländischen Börsen- oder Marktpreis eines Vermögenswertes oder auf den Preis eines Vermögenswertes an einem organisierten Markt in einem anderen Mitgliedstaat der Europäischen Union oder in einem anderen Vertragsstaat des Abkommens über den Europäischen Wirtschaftsraum einzuwirken. (...)[591]
>
> (2) Das Bundesministerium der Finanzen kann durch Rechtsverordnung, die nicht der Zustimmung des Bundesrates bedarf, nähere Bestimmungen erlassen über
>
> 1. Umstände, die für die Bewertung von Vermögenswerten erheblich sind,
>
> 2. das Vorliegen einer sonstigen Täuschungshandlung und
>
> 3. Handlungen und Unterlassungen, die in keinem Fall einen Verstoß gegen das Verbot des Absatzes 1 Satz 1 darstellen.
>
> Das Bundesministerium der Finanzen kann die Ermächtigung durch Rechtsverordnung auf die Bundesanstalt übertragen.

Auf den ersten Blick ist nicht erkennbar, inwiefern diese Norm die Schwierigkeiten mit der bisherigen generalklauselartigen Regelung des § 88 Nr. 2 BörsG im Hinblick auf die hier untersuchte Fragestellung lösen soll. Die Problematik, welche Verhaltensweisen als "auf Täuschung berechnete Mittel" anzusehen sind, scheint nicht gelöst. Die Einführung der Verordnungskompetenz des Bundesfinanzministeriums bzw. der Bundesanstalt, näher zu konkretisieren, was unter dem Tatbestandsmerkmal "sonstige Täuschungshandlung" zu verstehen ist, verspricht allerdings Abhilfe und wird zu recht als bedeutendste Neuerung des

---

590 Vergleiche hierzu Lenzen, Verbot der Kurs- und Marktpreismanipulation im Referenten-Entwurf für das 4. Finanzmarktförderungsgesetz, Finanz Betrieb 2001, Seite 603 ff.

591 Es folgt eine – hier nicht weiter interessierende – Definition des Begriffs der Vermögenswerte im Sinne des Satzes 1.

4. FMFG in diesem Bereich gewertet.[592] Insbesondere durch die Möglichkeit der Subdelegation dieser Rechtssetzungsbefugnis auf die zukünftige Bundesanstalt wird eine Orientierung an den guten US-amerikanischen Erfahrungen mit dem "rule-making power" der SEC deutlich. Ebenso ist die neue starke Rolle der FSA in Großbritannien einzuordnen.

Die Begründung zu diesem Gesetzesentwurf läßt zudem klar erkennen, dass die Entwurfsverfasser neben fiktiven Geschäften[593] auch effektive Geschäfte als "sonstige Täuschungshandlung" im Sinne von § 20a Abs. 1 Nr. 2 WpHG-E verstehen. Dort heißt es: *"Über die tatsächliche Geschäftslage täuschen können aber auch effektive Geschäfte. Dies ist beispielsweise bei der Erteilung mehrerer Kaufaufträge zu sukzessiv höheren Preisen oder bei Aufträgen größeren Volumens, die am Ende des Tages erteilt werden der Fall."*

Dementsprechend geht die Entwurfsbegründung auch davon aus, dass es "*insbesondere bei den sonstigen Täuschnungshandlungen im Sinne des Abs. 1 Nr. 2 notwendig sein wird, Täuschnungshandlungen zu beschreiben, bei deren Vorliegen von einer manipulativen Absicht auszugehen ist*". Dadurch, dass nach § 20a Abs. 2 Nr. 3 WpHG-E auch so genannte *Safe Harbors*[594] geschaffen werden sollen, ist zu erwarten, dass es für Marktteilnehmer und Regulatoren bzw. Strafverfolgungsbehörden konkrete Leitlinien geben wird, um zu beurteilen, welche Handlungen marktkonform und welche verboten sind.[595] Im Hinblick auf mög-

---

592 Lenzen, Verbot der Kurs- und Marktpreismanipulation im Referenten-Entwurf für das 4. Finanzmarktförderungsgesetz, Finanz Betrieb 2001, Seite 603 (606).

593 "Dazu gehören Geschäfte mit identischen Vertragspartnern („Wash Sales“); alle Transaktionen lassen sich nur einem einzigen wirtschaftlich Berechtigten zurechnen, einschließlich Transaktionen zwischen verbundenen Unternehmen. Erfasst werden zudem Geschäfte, bei denen Auf- und Gegenaufträge aufeinander abgestimmt sind („Matched Orders“) sowie abgesprochene Geschäfte zwischen mehreren Vertragspartnern, bei denen im vorhinein feststeht, dass Gegenaufträge erteilt werden, die allein oder zusammen in Höhe, Zeit und Preis dem Erstauftrag entsprechen.", so die Begründung zum Regierungsentwurf; Bundestagsdrucksache 14/8017; im Internet abrufbar unter: http://dip.-bundestag.de/btd/14/080/1408017.pdf (Stand: 18.02.2002).

594 "A provision (as in a statute or regulation) that affords protection from liability or penalty", Black's Law Dictionary, 7th Edition, 1999. Zu diesem Begriff bereits oben Seite 203.

595 Diese im US-amerikanischen Rechtskreis so beliebten *Safe Harbor* Regeln sind Tatbestände, die Voraussetzungen aufstellen, bei deren Vorliegen der Rechtsunterworfene davon ausgehen darf, gerade nicht unter den – in der Regel sanktionsbewehrten – Tatbestand der Verbotsnorm zu fallen. Dabei handelt es sich rechtstechnisch im Regelfall nicht im Ausnahmetatbestände, sondern eher um die verbindliche Anwendung allgemeiner Auslegungsregeln auf den Verbotstatbestand. Wobei allerdings einzugestehen

liche Ausnahmetatbestände ist ausweislich der Entwurfsbegründung an – allgemein als vernünftig eingestufte – Stabilisierungsmaßnahmen bei der Emission von Wertpapieren gedacht.[596]

Obwohl die Natur der jeweiligen Sanktionen beim Verstoß gegen die hier untersuchten Verbotstatbestände im Sinne größerer Übersichtlichkeit außer Betracht geblieben ist, ist auf folgende in der Anwendung sicherlich wesentliche Änderung durch das 4. FMFG kurz einzugehen. Die Erfüllung einer der Manipulationstatbestände des § 20a WpHG-E soll gemäß § 39 Abs. 1 WpHG-E als Ordnungswidrigkeit geahndet werden können. Dazu genügt es, wenn im Sinne eines abstrakten Gefährdungstatbestandes eine der Manipulationshandlungen vorgenommen wird. Wird hierdurch tatsächlich auf den Kurs eingewirkt, tritt dies als qualifizierendes Merkmal hinzu und die Tat ist – wie bisher nach § 88 BörsG – strafbar, und zwar nach § 38 WpHG-E.[597] Es ist anzunehmen, dass in Anbetracht der bisherigen Friktionen[598] bei der Zusammenarbeit des Bundesaufsichtsamtes mit den Staatsanwaltschaften[599] die Möglichkeit der Bundesanstalt zur Verhängung von Geldbußen (von bis zu eineinhalb Millionen Euro) als das schärfere Schwert erweisen wird.

Unter anderem bezogen auf die hier untersuchte Fragestellung läßt sich daher sagen: Es besteht begründeter Anlass zu der Hoffnung, die Rechtsverordnung werde unter anderem die hier aufgezeigten Lücken, die der bisherige § 88 BörsG liess, schließen und mit Hilfe – regelmäßig im Hinblick auf aktuelle Entwick-

---

ist, dass diese hier gezogene Grenze wegen der teleologischen Auslegung nicht besonders trennscharf ist.

596 Zu der Problematik, dass es sich der Sache nach hierbei um eine Manipulation handelt, vergleiche bereits oben Seite 169 f. Einzige Rechtfertigung einer unterschiedlichen Betrachtung ist dabei die Transparenz dieser Stabilisierungsmaßnahmen. Auf deren Bedeutung geht auch Entwurfsbegründung ein. Ist bekannt, dass gegebenenfalls in einem bestimmten Rahmen Kurspflege betrieben wird, nimmt verständiger Weise niemand an, der Kurs sei frei von künstlicher Beeinflussung zustande gekommen. Bereits die Ankündigung möglicher Interventionen beeinflusst selbstverständlich das Handelsverhalten der Marktteilnehmer.

597 Ob hieraus allerdings zu folgern ist, für den Ordnungswidrigkeitstatbestand sei das Vorliegen einer Kursbeeinflussungsabsicht nicht erforderlich, muss zumindest im Hinblick auf die "sonstigen Täuschungshandlungen" im Sinne von § 20a Abs. 1 Nr. 2 WpHG-E bezweifelt werden. So jedoch: Lenzen, Verbot der Kurs- und Marktpreismanipulation im Referenten-Entwurf für das 4. Finanzmarktförderungsgesetz, Finanz Betrieb 2001, Seite 603 (606).

598 Dies gilt vor allem bei der Verfolgung von Insiderverstößen.

599 Dort gibt es in der Regel keine besonderen Dezernate für diese Delikte, so dass nicht selten das fehlende tatsächliche Verständnis für diese Materie einer effektiven Strafverfolgung im Wege steht.

lungen zu überarbeitender – Kasuistik für alle Beteiligten mehr Klarheit schaffen.

(3) Exkurs: Die geplante Marktmissbrauchsrichtlinie der EU

Im Zusammenhang mit der Regulierung von Markt- oder Kursmanipulationen ist auf folgende Entwicklung hinzuweisen: Unter Mitwirkung unter anderem der damaligen FESCO[600] – dem Forum of European Securities Commissions[601] – hat die EU-Kommission kürzlich einen Entwurf zum Erlass einer Richtlinie "über Insider-Geschäfte und Marktmanipulation (Marktmissbrauch)" erarbeitet.[602] Darin ist auch ein Verbot der Marktmanipulation durch effektive Handelsaktivitäten enthalten. Der Begriff der Marktmanipulation ist dabei im Artikel 1 des Richtlinienentwurfs folgendermaßen definiert:

> **2. Marktmanipulation:**
>
> a) Geschäfte oder Geschäftsaufträge, die falsche oder irreführende Signale für das Angebot von, die Nachfrage nach oder den Kurs von Finanzinstrumenten geben oder geben können; Beeinflussung des Kurses eines oder mehrerer Finanzinstrumente durch eine Person oder mehrere, in Absprache handelnde Personen in der Weise, dass ein anormales oder künstliches Kursniveau erzielt wird; oder Vorspiegelung falscher Tatsachen und sonstige Kunstgriffe und Formen der Täuschung;
>
> b) Verbreitung von Informationen über die Medien einschließlich Internet oder auf anderem Wege, die falsche oder irreführende Signale bezüglich des Angebots von, der Nachfrage nach oder des Kurses von Finanzinstrumenten geben oder geben können, u.a. durch Verbreitung von Gerüchten sowie falscher oder irreführender Nachrichten.

Artikel 5 des Richtlinienentwurfs sieht – vergleichbar der Regelung in § 20a Abs. 2 WpHG-E – vor, dass in einem jeweils von der Kommission zu aktualisierenden Anhang zur Richtlinie eine "nicht erschöpfende Aufstellung typischer Methoden der Marktmanipulation" enthalten sein soll. Hiermit soll dem Mitgliedstaaten der "gemeinsame Standard" veranschaulicht und die Umsetzung erleichtert werden. Von Unterabsatz a) sind alle Transaktionen erfasst, die zur

---

600 Kürzlich wurde die FESCO durch das von der Eurpäischen Kommission eingerichtete Commitee of European Securities Regulators, abgekürzt CESR, ersetzt.

601 Die FESCO war ein Zusammenschluss der europäischen Wertpapieraufsichtsbehörden mit dem Ziel der Realisierung eines einheitlichen Marktes der Finanzdienstleistungen. Das Bundesaufsichtsamt für den Wertpapierhandel war Mitglied des Forums. Der Präsident des Bundesaufsichtsamtes, Georg Wittich, war Präsident der FESCO und ist nun Mitglied des Commitees.

602 KOM/2001/0281 – COD 2001/0118; der Entwurf ist nebst Begründung unter folgender Internetadresse herunterladbar: http://europa.eu.int/comm/internal_market/en/finances/-mobil/com281de.pdf, (Stand: 12.01.2002).

Beeinflussung des Kurses abgeschlossen werden, sofern dadurchein anormales oder künstliches Kursniveau erzielt wird oder ein falscher Eindruck von Angebot und Nachfrage erzeugt wird. Ausweislich der Begründung soll die Definition der Marktmanipulation diese Verhaltensweisen verbieten, ohne dass es auf den Vorsatz der handelnden Person ankäme.[603] Artikel 8 der Richtlinie sieht Ausnahmen für erlaubte Kurspflege und Aktienrückkaufprogramme vor.

Nach dem Gesagten sind nach dem Entwurf der EU-Richtlinie auch effektive Wertpapiergeschäfte verboten, wenn zu einer künstlichen Kursbeeinflussung führen. Im hier untersuchten Szenario der Referenzkursbeeinflussung greift keine der beiden Ausnahmen ein, so dass ein solches Verhalten nach den Regelungsentwürfen der EU-Kommission als Marktmissbrauch verboten wäre.

(4) § 31 Abs. 1 WpHG

§ 31 Abs. 1 WpHG[604] regelt primär die Verhaltenspflichten für Wertpapierdienstleistungsunternehmen. Die Norm richtet sich daher nicht gezielt gegen Kursmanipulationen, sondern könnte diese nur insofern erfassen, wie sie von einem Wertpapierdienstleister zu Lasten seines Kunden vorgenommen werden. Ob dies aber der Fall ist, ist aus seinem Wortlaut ist nicht klar ersichtlich.

> **§ 31 WpHG – Allgemeine Verhaltensregeln**
>
> (1) Ein Wertpapierdienstleistungsunternehmen ist verpflichtet,
>
> 1. Wertpapierdienstleistungen und Wertpapiernebendienstleistungen mit der erforderlichen Sachkenntnis, Sorgfalt und Gewissenhaftigkeit im Interesse seiner Kunden zu erbringen,
>
> 2. sich um die Vermeidung von Interessenkonflikten zu bemühen und dafür zu sorgen, dass bei unvermeidbaren Interessenkonflikten der Kundenauftrag unter der gebotenen Wahrung des Kundeninteresses ausgeführt wird.

Aus dem generalklauselartigen Wortlaut des Normtextes geht nicht unmittelbar hervor, ob den Wertpapierdienstleistungsunternehmen hierdurch auch die Einflussnahme auf die Kursbildung untersagt werden soll.

(a) Kursmanipulationen erfasst?

Bei der Auslegung der Verhaltensregeln für Wertpapierdienstleistungsunternehmen im WpHG, die auf die EG-Wertpapierdienstleistungsrichtlinie[605] zurückgehen, ist unter anderem Nr. 7 der sogenannten Ergänzenden Grundsätze der Empfehlung betreffend europäische Wohlverhaltensregeln[606] ergänzend zu be-

---

603 Zu der Frage, ob dies bereits nach § 20a WpHG-E der Fall ist, siehe oben Fußnote 597.

604 Diese Vorschrift bleibt nach dem Regierungsentwurf für das 4. FMFG unverändert.

605 93/22/EWG vom 10. Mai 1993.

606 ABl. EG Nr. L 212/42 vom 20.8.1977.

rücksichtigen: Danach läuft jeder Versuch, „durch betrügerische Mittel den Anstieg oder Rückgang des Wertpapierpreises bewirken zu wollen", dem Ziel der Wohlverhaltensregeln zuwider.[607]

(b) Erfordernis des Einsatzes „betrügerischer Mittel"

Grundsätzlich wäre also wegen des Kriteriums der betrügerischen Mittel – wie bei § 88 BörsG – eine Täuschung als Mittel zur Beeinflussung des Preises zu fordern. Bei § 88 BörsG wurde allerdings festgestellt, dass die untersuchte Beeinflussungshandlung – die Vornahme effektiver Geschäfte – kein Täuschungselement aufweist. Es ist jedoch zu berücksichtigen, dass auch „der Gebrauch anderer künstlicher Mittel mit dem Ziel, das normale Funktionieren der Märkte zu stören", als betrügerisches Mittel verstanden wird.[608] Dieser Grundsatz ist in Art. 11 Abs. 1 WpDRiL[609] eingegangen, der die Wertpapierdienstleistungsunternehmen zum Handeln „im bestmöglichen Interesse ihrer Kunden und der Integrität des Marktes" verpflichtet. Dies ist grundsätzlich im Wege richtlinienkonformer Interpretation bei der Anwendung von § 31 Abs. 1 Nr. 1 WpHG zu beachten. Ob hieraus deshalb gefolgert werden kann, dass auch der Kauf oder Verkauf von Wertpapieren mit dem Ziel der Kursmanipulation als Verstoß gegen die Verhaltensregeln zu qualifizieren ist, muss als umstritten angesehen werden.[610] Während Art. 11 Abs. 1, 2. Spiegelstrich WpDRiL eindeutig eine Pflicht der Wertpapierdienstleister, im Interesse der Integrität des Marktes tätig zu werden, erwähnt, findet dieser Inhalt in der Umsetzung[611] durch § 31 Abs. 1 Nr. 1 WpHG aber keinen erkennbaren Niederschlag.[612] Anhaltspunkte dafür, dass man § 31 Abs. 1 Nr. 1 WpHG bewusst etwas vager gefasst hat, sind nicht ersichtlich. Die Tatsache, dass im Bericht des Finanzausschusses eine die Formulierung enthalten ist, derzufolge § 31 Abs. 1 Nr. 1 WpHG auch Art. 11 Abs. 1, 3. Spiegelstrich umsetze, obwohl die Umsetzung dieser Vorschrift tatsächlich in § 33 Nr. 1 WpHG erfolgt ist, deutet auf erhebliche Hektik im Gesetzgebungsverfahren hin, so dass man wohl von einem Versehen ausgehen und die Abweichung im Wege einer richtlinienkonformen Auslegung korrigieren

---

607 Koller, in: Assmann/Schneider, WpHG Kommentar, § 31 Rn. 18, 19.

608 Koller, in: Assmann/Schneider, WpHG Kommentar, § 31 Rn. 18.

609 93/22/EWG vom 10. Mai 1993.

610 So etwa Koller, in: Assmann/Schneider, WpHG Kommentar, § 31 Rn. 19; a.A. Lenzen, Unerlaubte Eingriffe in die Börsenkursbildung, Dissertation Osnabrück, 2000, Seite 197.

611 BT-Drucksache 12/7918, S. 103.

612 Koller, in: Assmann/Schneider, WpHG Kommentar, § 31 Rn. 1.

kann.[613] Das hier untersuchte, zielgerichtete Einwirken auf den Börsenkurs durch effektive Geschäfte ist danach den Wertpapierdienstleistungsunternehmen durch § 31 Abs. 1 WpHG verboten. Ob das zielgerichtete Einwirken auf den Kurs durch effektive Geschäfte den Wertpapierdienstleistungsunternehmen ganz allgemein und ohne Bezug zu einer Dienstleistung für den Kunden verboten ist, muss jedoch bezweifelt werden.

(c) Allgemeines Verbot von Handlungen zum Nachteil des Kunden

Für den hier untersuchten Fall ergibt sich jedoch noch aus einem anderen Gesichtspunkt die Gelegenheit zu einer Anwendung von § 31 WpHG. Die Vornahme potentiell manipulativer Geschäfte zum Nachteil eines Kunden lässt sich auch unter das aus § 31 WpHG abzuleitende allgemeine Verbot der Beeinträchtigung der Kundeninteressen subsumieren: Schließt der Broker Dealer[614] die Blocktransaktion mit dem institutionellen Investor zu einem von ihm beeinflussten Kurs ab, so erbringt er seine Dienstleistung nicht im Interesse seines Kunden und verletzt somit die Verhaltenspflichten. Vergleichbar der Situation im Rahmen von SEC Rule 10b-5 knüpft man nunmehr nicht an die Manipulation, sondern an ihre Ausnutzung an. Im Ergebnis ist die Beeinflussung der Kursbildung zum Nachteil des Kunden verboten, auch wenn sie lediglich durch effektive Geschäfte bewirkt wird.

(d) Sanktionen bei Verstoß gegen § 31 WpHG?

Hinzuweisen ist allerdings auf den Umstand, dass der Verstoß gegen die Verhaltenspflichten keinerlei Sanktionsmöglichkeiten bietet. Weder der Katalog des § 38 WpHG, der Verstöße gegen einzelne Normen zu Straftaten macht, noch der des § 39 WpHG, der einzelne Verstöße zu Ordnungswidrigkeiten erklärt und so die Verhängung von Bußgeldern ermöglicht, führen den Verstoß gegen die Allgemeinen Verhaltensregeln auf. Folglich bleiben Verstöße gegen § 31 WpHG in regulatorischer Hinsicht sanktionslos.[615] Eine Tatsache, die im Hinblick auf den oben vorgenommenen Vergleich mit dem Insiderhandel[616], der nach § 38

---

613 Koller, in: Assmann/Schneider, WpHG Kommentar, § 31 Rn. 2, Köndgen, Wieviel Aufklärung braucht ein Wettpapierkunde?, ZBB 1996, S. 361 (363).

614 Broker Dealer sind selbstverständlich Wertpapierdienstleistungsunternehmen im Sinne des Gesetzes.

615 Dass ein derartiges Verhalten möglicherweise Schadensersatzansprüche begründet, muss zwar der Vollständigkeit halber erwähnt werden. Im Hinblick auf die Schwierigkeit der Beweisfragen und vor allem die kaum sinnvoll zu prognostizierenden hypothetischen Kausalverläufe (die vor allem für die Schadenshöhe relevant sind) müssen diese Ansprüche in der Hand des Kunden aber eher als stumpfes Schwert gelten, so dass – außer in Extremfällen – von einem sanktionlosen Verstoß auszugehen ist.

616 Vergleiche oben "Größere Schädlichkeit für die Markteffizienz" Seite 157.

WpHG mit Haftstrafen von bis zu fünf Jahren oder Geldstrafen bewehrt ist, als eklatanter Missstand zu bezeichnen ist.

(5) Betrug nach § 263 StGB

Obwohl hinsichtlich der ausländischen Rechtsordnungen die Analyse nicht auf Normen außerhalb der speziellen Wertpapierhandels- bzw. Börsengesetze erstreckt wurde, soll vorliegend noch kurz auf den allgemeinen Straftatbestand des § 263 StGB eingegangen werden. Die bisherigen Untersuchungen der Rechtslage in Deutschland haben ergeben, dass ein genereller, die Integrität des Marktes und seine Funktionsfähigkeit bezweckender Schutz vor manipulativen Eingriffen durch effektive Transaktionen bisher[617] nicht besteht.[618] Zwar ist aus § 31 WpHG auch ein allgemeines Verbot für Wertpapierdienstleistungsunternehmen abgeleitet worden, Handlungen vorzunehmen, die der Integrität des Marktes abträglich sind. Wird aber – durch das Verbot den Kurs zum Nachteil der Kunden zu manipulieren – der Marktschutz maßgeblich im Wege eines Reflexes über den Individualschutz erreicht, so liegt es nahe, auch einen zweiten, allerdings sanktionsbewehrten Tatbestand zu beleuchten, der den Kunden beim anschließenden Direktgeschäft schützen könnte.

Wird der Markt nicht umfassend vor künstlich beeinflussten Kursen geschützt, gewinnt der Schutz des Vertragspartners vor der Übervorteilung mit Hilfe solcher Kurse an Bedeutung: Nutzt der Manipulator den „verfälschen" Referenzkurs zur (für ihn) vorteilhaften "Preisgestaltung" des Direktgeschäfts, so könnte darin ein Betrug zu Lasten seines Gegenüber zu erblicken sein. § 263 StGB setzt voraus, dass der Täter durch Vorspiegelung falscher oder Entstellung oder Unterdrückung wahrer Tatsachen einen Irrtum erregt oder unterhält und der Andere aufgrund des Irrtums eine vermögensschädigende Verfügung vornimmt. Der Abschluss des Direktgeschäfts ein Eingehungsbetrug[619] zu beurteilen sein. Wird der – zumindest von den Parteien – unbeeinflusste Börsenkurs als wirtschaftlich ausgewogen und daher angemessen angesehen, so ergibt sich aus der einseitigen Beeinflussung ein Vermögensschaden.

Im hier untersuchten Szenario besteht allein die Möglichkeit eines Betrugs durch Unterlassen, da der Broker Dealer wohl weder falsche Tatsachen vorspie-

---

617 Auf die bevorstehenden Verbesserungen wurde oben bereits eingegangen, vgl. "Das Verbot der Kursmanipulation nach dem Entwurf zum Vierten Finanzmarktförderungsgesetz", Seite 215 ff.

618 § 31 WpHG gilt nur für Wertpapierdienstleistungsunternehmen, nicht für Marktteilnehmer im allgemeinen. Bei den Wertpapierdienstleistungsunternehmen handelt es sich allerdings im Hinblick auf das hier untersuchte Szenario um die "Üblichen Verdächtigen".

619 Vergleiche zum Eingehungsbetrug Schönke/Schröder-Cramer, StGB Kommentar, 25. Auflage, 1997, § 263 Rn. 125 ff.

gelt, noch wahre entstellt oder unterdrückt. Zu untersuchen ist daher, ob für ihn eine Aufklärungspflicht dahingehend besteht, dass der vertraglich als Referenzpunkt dienende Börsenkurs aufgrund seiner Einwirkung ausnahmsweise nicht das Resultat des freien Spiels von Angebot und Nachfrage ist. Müsste er also offenlegen, dass er Einfluss genommen hat beziehungsweise dies beabsichtigt? Als Grundlage einer Aufklärungs- oder Offenbarungspflicht käme wohl nur die bereits oben erörterte Pflicht der Wertpapierdienstleistungsunternehmen zur Wahrung der Interessen des Kunden aus § 31 WpHG in Frage.

Ob in dieser Situation auch allgemein, das heißt auch für Nicht-Wertpapierdienstleister, eine solche Offenbarungspflicht besteht, muss wegen des bisherigen Fehlens einer Auseinandersetzung mit diesem Thema in Rechtsprechung oder Literatur wohl als unklar bezeichnet werden. Meiner Ansicht nach bestehen zwar auch gute normative Gründe, eine solche Offenbarungspflicht unter dem Gesichtspunkt des vorangegangenen Tuns zu bejahen. Problematisch ist daran allerdings, dass die sonstige hiesige Marktregulierung*de lege lata* keinen ausreichenden Anhaltspunkt dafür bietet, dass eine Kursbeeinflussung durch effektive Geschäfte nicht sozial-adäquat ist. Hierbei ist auch zu beachten, dass es sich anders als im Verhältnis Wertpapierdienstleister/Kunde zwischen Käufer und Verkäufer um naturgemäß widerstreitende Interessen handelt. Treten sich Käufer und Verkäufer lediglich als solche gegenüber, so besteht eben keine Pflicht zur Zurückstellung der eigenen Interessen, wie sie sich etwa beim Kommissionsgeschäft ergibt. Daher – auch bedingt durch die Auslegungsrestriktionen des Strafrechts – wird man wohl zu dem Ergebnis kommen müssen, dass denjenigen, der den Kurs durch „künstliche" Transaktionen beeinflusst, keine allgemeine Aufklärungspflicht bei nachfolgenden, verhandelten Transaktionen trifft.

Insgesamt kann wohl konstatiert werden, dass die hier untersuchte Frage, ob eine solche Kombination von Direktgeschäft und Referenzkursmanipulation als Betrug zu bewerten ist, davon abhängt, ob der Manipulator sich in einer besonderen Rechtsbeziehung zum Kontrahenten befindet, aus der sich Interessenwahrungspflichten ergeben. Ist dies nicht der Fall, besteht keine Aufklärungspflicht und eine Täuschung durch Unterlassen scheidet aus.[620]

(6) Selbstregulierung

Die Kursbeeinflussung durch effektive Transaktionen ist auch auf der Ebene der Selbstregulierung durch die Regelwerke der Frankfurter Wertpapierbörse nicht thematisiert. Die einzige Manipulationstechnik, die eine ausdrückliche Regelung erfährt, ist die der fiktiven Transaktionen. Nach § 38 der Bedingungen für Ge-

620 So weit ersichtlich wurde dieses Problem noch nicht anderweitig erörtert. Wegen der schwierigen Vergleichbarkeit zu anderen Fallgruppen ist die Lage als unklar einzustufen.

schäfte an der Frankfurter Wertpapierbörse[621] ist es den Handelsteilnehmern lediglich untersagt, sogenannte 'wash sales' oder 'matched orders' vorzunehmen. Aus dem Umkehrschluss lässt sich folgern, dass die anderweitige gezielte Einflussnahme auf den Kurs durch die Vornahme von Geschäften oder die Eingabe von Aufträgen nicht verboten ist.

(7) ERGEBNIS

Die bisherige gesetzliche Regelung der Kursmanipulation muss im allgemeinen, wie auch in dem hier untersuchten Zusammenhang der Beeinflussung durch tatsächliche Handelsaktivitäten, als unzureichend und unklar bezeichnet werden. Der Regierungsentwurf zum Vierten Finanzmarktförderungsgesetz verspricht hier Abhilfe zu schaffen. Die Frage, ob der Kurs auch effektive Geschäfte manipuliert werden kann, wird zwar nicht vom Gesetzestext, aber von dessen Begründung klar beantwortet. Es bleibt zu hoffen, dass die Ausgestaltung dieser Vorgaben durch die Rechtsverordnung detailliert und klar aufzeigt, wann es sich um eine "künstliche" Transaktionen handelt.

Es liegt auf der Hand, dass der bisherige Missstand nicht darin begründet liegt, dass die Bedeutung der Funktionsfähigkeit der Preisbildung vom deutschen Gesetzgeber gering geschätzt worden wäre.[622] Wie wichtig dem Gesetzgeber das ordnungsgemäße Zustandekommen von Börsenpreisen ist, wird unter anderem daran deutlich, dass die börsliche Preisbildung der Kontrolle durch die staatliche Marktaufsichtsbehörde unterliegt. Diese wird von der Handelsüberwachungsstelle als Börsenorgan wahrgenommen.[623] Ferner legt § 11 Abs. 2 BörsG[624] durch Transparenzerfordernisse gewissermaßen Qualitätsstandards für das Zustandekommen der Börsenpreise fest. Nicht gänzlich unerwartet trägt die Novellierung dieses Bereichs der Diskrepanz zwischen Bedeutung und Schutzniveau Rechnung und wird – trotz der zu erwartenden Überwachungs- und Beweisschwierigkeiten – hoffentlich vor allem mit Hilfe der Rechtsverordnung

621 Vergleiche hierzu bereits oben Seite 138.

622 Die Wahrung der Aussagekraft des Börsenkurses ist der primäre Schutzzweck eines Verbotes der Kursmanipulation durch effektive Transaktionen. Der Kontrahent der manipulativen Transaktion selbst erleidet dabei keinen Verlust. Wird zum Zwecke der Manipulation etwa zugekauft, so ist die Nachfrage dadurch künstlich erhöht, wovon die Kontrahenten der Verkäuferseite profitieren. Kauft nun ein Marktteilnehmer zu diesem Preis, so erleidet er einen Verlust.

623 Kümpel, Bank- und Kapitalmarktrecht, Rz. 8.252; Ledermann, in: Schäfer, Kommentar WpHG/BörsG/VerkProspG, § 11 BörsG Rn. 1.

624 § 11 Abs. 2 BörsG entspricht § 23 Abs. 2 BörsG-E. Lediglich der bisherige § 11 Abs. 2 Satz 4 BörsG wird, da auf die Preisermittlung im Präsenzhandel zugeschnitten, entfallen.

Klarheit hinsichtlich der Kursmanipulation durch effektive Transaktionen schaffen.

7. Vergleich

Beim Vergleich der untersuchten Regeln ist als Ergebnis folgendes festzuhalten: Weder die US-amerikanischen Gesetze und SEC Rules noch die derzeitige Rechtslage in Deutschland erfassen die hier untersuchte Problematik in befriedigender Art und Weise. Lediglich das neue britische Marktmissbrauchskonzept bezieht Manipulationen durch effektive Geschäfte zweifelsfrei in die Verbotstatbestände ein. Selbiges soll – ausweislich die Begründung des Regierungsentwurfs[625] – zukünftig auch nach § 20a WpHG-E der Fall sein. Die zu erlassende Rechtsverordnung wird hier – so ist zu hoffen – noch mehr Klarheit schaffen. Während an der NYSE die beschriebene Lücke auf der Ebene der Selbstregulierung geschlossen wird, ist dies an Nasdaq und FWB nicht der Fall, so dass hier zum Teil gravierende Regelungslücken bestehen. Auffällig ist auch, dass die FWB dieses Problem nicht durch eigene Regelungen zu lösen versucht hat.

Im Rahmen der Analyse der einzelnen Regelungen ist bereits darauf hingewiesen worden, dass LSE und NYSE die Schwierigkeiten des Nachweises einer Manipulationsabsicht, die aufgrund des objektiv absolut verkehrsüblichen Verhaltens der effektiven Transaktionen auftreten, dadurch umgehen, dass sie bei Vorliegen der hier untersuchten, typischerweise besonders anreizträchtigen Situationen die "verdächtigen" Transaktionen nur in Ausnahmefällen zulassen.[626] Nur wenn es nachvollziehbare andere Motive gibt, die in den NYSE-Rules beispielhaft aufgelistet sind, ist den Börsenmitgliedern das ansonsten verdächtige Geschäft erlaubt. Diese Handhabung hat vor allem den Vorteil, dass das Bewusstsein der handelnden Akteure geschärft wird. Die professionellen Händler, denen im Regelfall die juristisch geprägten Compliance-Abteilungen zur Seite stehen, wären sicher in der Lage, derartige Vorgaben sinnvoll zu beachten, ohne dass die wertvolle Handlungsfreiheit zu sehr beeinträchtigt wird.

Es ist bedauernswert, dass die FWB hier – wie auch in anderen Bereichen – keinen Schritt über das bisher äußerst dürftige gesetzliche Regelungsniveau hinausgegangen ist. Die nach § 38 der Bedingungen für Geschäfte an der Frankfurter Wertpapierbörse verbotenen fiktiven Transaktionen lassen sich ohne weiteres unter § 88 BörsG subsumieren. Insofern leistet diese Regelung nur eine Interpretationshilfe. Eine eigenständige Rolle der FWB beim Schutz vom Marktinte-

---

625 Vergleiche die Begründung, zum Regierungsentwurf, Bundestagsadrucksache 14/8017 Seite 89 re. Sp.; im Internet unter: http://dip.bundestag.de/btd/14/080/1408017.pdf (Stand: 18.02.2002).

626 Es ist zu hoffen, dass sich der Verordnungsgeber (im Zweifel die neue Bundesanstalt für Finanzdienstleistungsaufsicht) hieran orientieren wird.

grität und Preisqualität wäre durchaus wünschenswert. Derzeit bleibt das Schutzniveau an der FWB in diesem Punkt jedenfalls – gegenüber LSE und NYSE sogar deutlich – hinter dem der Vergleichsmärkte zurück.

Wird – was zu hoffen ist – der internationale Wettbewerb der Börsen um die Gunst der Emittenten und Anleger im Hinblick auf Fairness und Integrität des Marktes zu einem "Race to the Top" statt zum "Race to the Bottom"[627], so hat der Finanzplatz Deutschland auch nach dem Vierten Finanzmarktförderungsgesetz noch etwas an Aufholarbeit vor sich. Die Vorgabe der US-amerikanischen Dominanz und der dort vorherrschenden Regulierungsdichte lässt sich als Basis für diese Hoffnung heranziehen. Ein "Race to the Bottom" jedenfalls wird wohl weder eine amerikanische noch eine in Europa beheimatete Börse gewinnen können oder wollen.

B. Insiderhandel

Ohne zu weit auf die einzelnen, in den untersuchten Rechtsordnungen zum Teil überaus umstrittenen Fragen des Insiderrechts einzugehen[628], lässt sich verallgemeinernd sagen, dass mit dem Insiderhandelsverbot nach hiesigem Verständnis das Ziel verfolgt wird, zu verhindern, dass Wertpapiertransaktionen auf Basis kursrelevanter Informationen, die noch nicht allgemein bekannt sind, getätigt werden. Bei der hier untersuchten Frage der Regulierung von Blocktransaktionen ergeben sich hinsichtlich 'klassischer' Insidertatsachen, also etwa Informationen über den Geschäftsbetrieb des Emittenten[629], keine Besonderheiten. Das Motiv für einen Block Trade kann zwar in der Kenntnis einer Insidertatsache liegen, jedoch ergeben sich insofern keine Unterschiede gegenüber sonstigen Fällen des Insiderhandels, so dass sich eine nähere Betrachtung hier erübrigt.

Auch wenn Blocktransaktionen – wie dies in Deutschland durchaus üblich ist – als außerbörsliche Transaktionen abgewickelt werden, ergeben sich hieraus noch keine Besonderheiten, wenn das Insiderhandelsverbot auch für solche

627 Zu dieser Gefahr: Coffee, Competition versus Consolidation, The Significance of Organizational Structure in Financial and Securities Regulation, 50 (1995) Business Lawyer, Seite 447 ff.

628 Vergleiche hierzu etwa: Mennicke, Sanktionen gegen Insiderhandel, Diss., 1996; Tippach, Das Insider-Handelsverbot und die besonderen Rechtspflichten der Banken, Diss., 1995; Weber, Insiderrecht und Kapitalmarktschutz, Diss., 1999; Hartmann, Juristische und ökonomische Regelungsprobleme des Insiderhandels, Diss., 1999; Krauel, Insiderhandel, Diss., 2000; Lücker, Der Straftatbestand des Missbrauchs von Insiderinformationen nach dem Wertpapierhandelsgesetz, Diss., 1998.

629 Etwa eine Gewinnwarnung, Nachrichten über Qualitätsprobleme eines der Produkte etc.

Wertpapiergeschäfte gilt. In Deutschland ist dies der Fall: §§ 12 ff. WpHG[630] setzten lediglich voraus, dass es sich um ein börsennotiertes Wertpapier handelt.[631] Die EG-Insiderrichtlinie stellt den Mitgliedsstaaten in Art. 2 Abs. 3 Satz 2 zwar ausdrücklich frei, ob sie bei der Umsetzung des Insiderhandelsverbots dieses auf außerbörslichen Handel erstrecken, Satz 1 stellt aber klar, dass sämtliche Geschäfte erfasst werden müssen, die unter Einschaltung eines Berufshändlers getätigt werden.[632] Dies ist bei Blocktransaktionen in aller Regel der Fall.

Bei einem Blockgeschäft ergeben sich unter insiderrechtlichen Gesichtspunkten mithin keine Unterschiede zu kleineren Transaktionen. Beide stellen unter denselben Voraussetzungen die Ausnutzung einer Insidertatsache dar. Folglich soll hier nicht der Block Trade als Insidergeschäft im Vordergrund der Betrachtung stehen. Vielmehr soll die Frage untersucht werden, ob eine bevorstehende oder getätigte Blocktransaktion eine Insidertatsache darstellt.

1. Marktumstände als Insidertatsachen

Hier soll also untersucht werden, ob die Existenz der Blockorder und ihre bevorstehende Ausführung über den Markt[633] eine Insidertatsache im Sinne der verschiedenen nationalen Tatbestände darstellt. Die insoweit gegebene Kenntnis von der bevorstehenden Orderlage könnte als markt- bzw. wertpapierbezogene Insidertatsache[634] anzusehen sein. So würde derjenige, der im Hinblick auf die von der Blockorder – durch *Market Impact* und *Information Effect* – verursachte Kursschwankung Geschäfte tätigt, um diese zu kurzfristigen Kursgewinnen zu nutzen, möglicherweise gegen das Insiderhandelsverbot verstoßen.

---

630 Die §§ 12 ff. WpHG erfahren nach dem Regierungsentwurf (oben Fußnote 73) durch das Vierte Finanzmarktförderungsgesetz lediglich eine sprachliche Anpassung im Hinblick auf die Neuregelung der Einbeziehung von Wertpapieren in geregelten Markt.

631 Schäfer, in: Schäfer (Hrsg.), Kommentar WpHG/BörsG/VerkProspG, § 14 WpHG, Rn. 9; Schmidt-Diemitz, Pakethandel und das Weitergabeverbot von Insiderwissen, DB 1996, S. 1809 (1809); Assmann, Rechtsanwendungsprobleme des Insiderrechts, AG 1997, S. 50 (55); kritisch Kümpel, Bank- und Kapitalmarktrecht, Rz. 14.185; Hopt, Europäisches und deutsches Insiderrecht, ZGR 1991, S. 17 (44).

632 Schäfer, in: Schäfer, Kommentar WpHG/BörsG/VerkProspG, § 14 WpHG, Rn. 9; Schödermeier/Wallach, Die Insider-Richtlinie der Europäischen Gemeinschaft, EuZW 1990, S. 122 (124).

633 Im Sinne einer multilateralen Ausführung (Szenario 1) siehe oben Seite 57 ff.

634 *"Non-public 'market' information is information affecting the price of a security which originates outside the issuing company and usually concerns supply and demand for the security."* Lowenfels/Bromberg, Securities Market Manipulations: An Examination and Analysis of Domination and Control, Frontrunning and Parking, 55 (1991) Albany Law Review, Seite 293 (336), dort Fußnote 163.

Während der Terminus "Marktinformation" für gewöhnlich in einem weiteren Sinne benutzt wird, und damit sämtliche Informationen umfasst, die nicht unmittelbar aus der Sphäre des Emittenten des Papiers bzw. des von diesem betriebenen Unternehmens stammen[635], soll im Folgenden das Augenmerk auf den „Marktinformationen im engeren Sinne" bzw. "Handelsinformationen" liegen: Informationen, die unmittelbar die Lage des Marktes für das Wertpapier betreffen.[636]

Grundsätzlich besteht das Insidergeschäft darin, dass ein Marktteilnehmer über Informationen verfügt, deren allgemeine Verbreitung zu Kursbewegungen führen wird (oder führen würde?), und in Erwartung auf diese Kursbewegung Transaktionen tätigt. So kauft oder (leer-)verkauft der Insider etwa das Papier oder entsprechende, zugehörige Optionen zu noch unbeeinflussten Kursen. Bewegt sich (aufgrund des Bekanntwerdens) der Kurs dann tatsächlich, stellt der Insider seine Positionen wieder 'glatt' und realisiert entsprechende Gewinne.

Hierbei macht es aus Sicht des Akteurs grundsätzlich keinen Unterschied, ob sich seine Sonderkenntnis auf kurssensible, nicht-öffentliche Markt- oder Unternehmenstatsachen bezieht.[637] Ein Beispiel einer Markttatsache dürfte etwa das bevorstehende öffentliche Übernahmeangebot für die Aktien des Unternehmens XYZ sein. Zwar wird eine Übernahme, so sie denn erfolgreich ist, auch Implikationen für den Geschäftsbetrieb des Emittenten haben, der Kursanstieg basiert jedoch auf einem Umstand, der außerhalb des Unternehmens des Emittenten seinen Ursprung hat. Die zeitweise erhöhte Nachfrage nach dem Papier, die von dem öffentlichen Übernahmeangebot ausgelöst wird, ist eine Tatsache, die ihren Ursprung in dem Markt für das betreffende Wertpapier hat und nicht auf unternehmensinternen Vorgängen beruht.

2. Geschäfte aufgrund der Kenntnis vom bevorstehenden Block-Trade

Ein typisches Beispiel für einen Insiderhandel auf Basis einer Block-Trade-Information könnte dabei wie folgt aussehen: Ein sogenannter Day Trader – eine neue Spezies von Spekulanten, die erst im Zusammenhang mit der direkten bzw. Online-Brokerage entstanden ist – versucht, im Verlaufe des Handelstages auftretenden Kursschwankungen durch entsprechende Transaktionen zu Gewinnen

635 So etwa Tippach, Marktdaten im künftigen Insiderrecht?, WM 1993, S. 1269 (1270).

636 Vergleiche etwa das Beispiel von Schödermeier/Wallach, Die Insider-Richtlinie der Europäischen Gemeinschaft, EuZW 1990, S. 122 (123), dort Fußnote 23.

637 Kümpel/Ott, Kapitalmarktrecht, Kennz. 065, Seite 35.

zu nutzen.[638] Einer dieser Day Trader erhält vom Trading Desk einer großen Brokerfirma den (in der Regel chiffrierten) Tipp bezüglich eines der Brokerfirma vorliegenden Auftrages zum Kauf von einer Million Aktien der Firma XYZ. Da grundsätzlich alle Telefongespräche aufgezeichnet werden, fragt der Broker – um eine Entdeckung zu erschweren – zum Schein den befreundeten Day Trader, ob dieser bereit sei, die betreffenden XYZ-Aktien im entsprechenden Umfang zu verkaufen. Dies tut er wohlwissend, dass der Day Trader als kleiner Broker Dealer oder gar Privatperson selbstverständlich nicht die gesuchte Menge oder auch nur eine nennenswerte Portion der XYZ-Aktien hält und auch weder Willens noch in der Lage ist, eine entsprechende Position leerzuverkaufen. Der Day Trader erklärt sich deshalb bloß bereit, ihm zum Schlusskurs (*"at the close"*) 40.000 XYZ-Aktien zu verkaufen. Diese kauft er dann umgehend über den Markt zu und profitiert dann über den bereits arrangierten Verkauf zum Schlusskurs von der durch die Blockorder im Verlaufe des Handelstages erwartungsgemäß verursachten Kursbewegung.[639] Der Kurs ist durch die plötzlich stark erhöhte Nachfrage – *ceteris paribus* – im Verlaufe des Handelstages merklich angestiegen. Der Day Trader macht dabei insbesondere bei relativ markt-engen Titeln ohne großes Risiko einen Gewinn von US$ 80.000 und mehr. Ob er den Tippgeber unmittelbar an den Gewinnen beteiligt, oder ihn beispielsweise im Umweg über die Beauftragung für anderweitige, besonders lukrative Wertpapiergeschäfte – etwa durch überhöhte Kommissionszahlungen – für den Tipp „belohnt", hängt von der Phantasie der Beteiligten ab.

3. Die Regelungen an den einzelnen Märkten

Es ist nunmehr zu untersuchen, ob ein derartiges Vorgehen in den betreffenden Ländern vom Insiderhandelsverbot erfasst ist:

(1) New York Stock Exchange & Nasdaq Stock Market

Aufgrund der Tatsache, dass sich die Selbstregulierung durch die Börsen nicht mit dem Problem des Insiderhandels befasst, ergeben sich keine Unterschiede hinsichtlich der ansonsten separat untersuchten Märkte der NYSE und des Nas-

---

638 „Day Trading" ist eine Spielart des Wertpapierhandels, bei der innerhalb eines Tages Wertpapiere oder Derivate – gegebenenfalls auch mehrfach – gekauft und wieder verkauft werden. Dem Anleger werden dafür die Börsenkurse in Echtzeit sowie ein elektronisches Order-Routing-System zur Verfügung gestellt. Dieses versetzt ihn in die Lage, seine Aufträge selbst elektronisch zu erteilen. Die Aufträge gelangen so ohne nennenswerte zeitliche Verzögerung an die Börse zur Ausführung. vergleiche Bundesaufsichtsamt für den Wertpapierhandel, Jahresbericht 1999, Seite 14.

639 Carol Vinzant, The new Improved Game of Insider Trading, Fortune Magazin, Vol. 139 No. 11, 7. Juni 1999.

daq Stock Market. Folglich ist es sinnvoll, die staatliche Regulierung insoweit hier einheitlich zu untersuchen.[640]

(a) Historischer Hintergrund des Insiderhandelstatbestandes

Die Rechtslage in den USA im Bereich des Insiderrechts ist nicht ohne einen kurzen rechtshistorischen Exkurs verständlich. Vor Erlass des Securities Exchange Acts im Jahre 1934 haftete der Insider aufgrund der Regeln des*Common Law*, wenn er bei der Transaktion bestehende Informationsvorsprünge in unlauterer Weise ausnutzte.[641] Die Verwertung des Informationsvorsprungs war aber nur dann als unlauter zu werten, wenn zwischen den Parteien der Transaktion eine (gesellschaftsrechtliche) Treuebeziehung bestand, die zur Aufdeckung des Informationsvorsprungs verpflichtete. Dies war aber im Grunde genommen nur dann der Fall, wenn ein Unternehmensinsider, etwa ein Organ des Emittenten, den Aktionären der Gesellschaft die Papiere abkaufte. Hier vermittelte die Aktionärsstellung ein gesellschaftsrechtliches Treueverhältnis zwischen Organ und Anteilseigner. Die Regel galt allerdings nur für *'face to face*" Geschäfte, in denen sich die Vertragspartner direkt gegenübertreten, nicht aber für die anonymen, über die Börse vermittelten Transaktionen.[642]

Um seine Haftung zu vermeiden, musste der Insider entweder die Information offen legen ("*disclose*") oder auf das ihm günstig erscheinende Geschäft verzichten ("*abstain*"). Bis heute nennt man das Insiderhandelsverbot in den Vereinigten Staaten die "*disclose or abstain*" Regel.[643] Ob dies weiterhin angemessen ist, wird unten noch näher zu erörtern sein.[644]

(b) Gesetzliche Grundlagen

Wie bereits oben erwähnt, waren Kursmanipulationen und andere Betrügereien das Hauptaugenmerk beim Erlass des Securities Exchange Acts. Eine ausdrück-

---

640 Ausschließlich auf Ebene der Selbstregulierung thematisiert ist hingegen der Bereich des Frontrunning, siehe hierzu unten Seite 287. Die unterschiedliche systematische Anknüpfung dieser beiden Regelungskomplexe nach deutschem Recht ist Grund für ihre getrennte Analyse, wenngleich man den Eindruck gewinnt, dass im US-amerikanischen Recht die Abgrenzung – wohl eher zufällig – zwischen staatlicher Regulierung und Selbstregulierung erfolgt.

641 Weber, Insiderrecht und Kapitalmarktschutz, Diss., 1999, Seite 46.

642 Weber, Insiderrecht und Kapitalmarktschutz, Diss., 1999, Seite 47.

643 Publizität als Regelungsprinzip gilt als der wichtigste amerikanische Beitrag zum internationalen Kapitalmarktrecht und allgemeiner zum Wirtschaftsrecht, so etwa Hopt in FS Heinsius, Insiderwissen und Interessenkonflikte im europäischen und deutschen Bankrecht, S. 289 (318).

644 Siehe unten den Abschnitt „Ist ein Treuebruch erforderlich und wem gegenüber muss die Treuepflicht bestehen?" Seite 243 ff.

liche Regelung des Insiderproblems erfolgte dagegen nicht.[645] Mangels eindeutiger gesetzlicher Vorgaben mussten SEC und Gerichte sich selbst eine Norm zur Lösung des Problems suchen. Man verfiel auf Section 10 (b) S.E.A., der sich im wesentlichen gegen Manipulations- und Täuschungshandlungen richtet und die SEC zur untergesetzlichen Rechtssetzung in diesem Bereich ermächtigt. Die sodann von der SEC erlassene und bereits oben angeführte Rule 10b-5[646] wurde zur Keimzelle des heutigen Richterrechts zum Insiderhandel.

(c) Die Schwierigkeiten mit SEC Rule 10b-5

Der Wortlaut von "ten-b-five" sanktioniert nicht nur positive Falschangaben, sondern auch – und dies ist wichtig für den Insiderhandel – "jegliche Handlungen, die im Zusammenhang mit dem Kauf oder Verkauf von Wertpapieren als Betrug oder Täuschung zu werten sind".

> **SEC Rule 10b-5 – Employment of Manipulative and Deceptive Devices**
>
> It shall be unlawful for any person, directly or indirectly, by the use of any means or instrumentality of interstate commerce, or of the mails, or any facility of any national securities exchange:
>
> (a) To employ any device, scheme, or artifice to defraud,
>
> (b) To make any untrue statement of a material fact or to omit to state a material fact necessary in order to make the statements made, in the light of the circumstances under which they were made, not misleading, or
>
> *(c) To engage in any act, practice, or course of business which operates or would operate as a fraud or deceit upon any person, in connection with the purchase or sale of any security.*

Zu den tatbestandsmäßigen Täuschungshandlungen gehört zwar grundsätzlich auch das Schweigen, jedoch orientiert sich die Formulierung der Regel aus dem Jahr 1942 an den bestehenden Prinzipien des *Common Law*, so dass auch das Insiderhandelsverbot nach SEC Rule 10b-5 primär auf "face to face" Geschäfte zwischen Unternehmensinsidern und Aktionären der Gesellschaft gerichtet war.[647] Konnte man dort bei Bestehen einer gesellschaftsrechtlichen Treuebeziehung zwischen Organ und Teilhaber des Emittenten die Pflicht zur Aufklärung des Gegenübers annehmen, so wurde die Begründung schon schwierig,

---

645 Lediglich Section 16 (b) S.E.A. erwähnt Insidergeschäfte ausdrücklich, statuiert aber nur eine spezielle Pflicht für Unternehmensinsider ("directors and officers"), ihre Gewinne aus kurzfristigen gegenläufigen Geschäften ("short swing profits") an die Gesellschaft abzuführen (hierzu näher siehe oben Fußnote 23. Die Norm setzt sich nicht generell mit dem Insiderproblem auseinander.)

646 Siehe Seite 183.

647 Vergleiche Bloomenthal, Securities Law Handbook, 2000, Chapter 19, Seite 1137, Fußnote 2 dort verweist auf das mündliche Zeugnis von Milton Friedman, der wesentlich am Entwurf der Regel für die SEC beteiligt war.

wenn der Kontrahent nicht Verkäufer sondern Käufer des Papiers war und deshalb die Transaktion mit dem Unternehmensinsider die Treuebeziehung zwischen Organ und Anteilseigner erst herstellte. Vergleichbar der deutschen Rechtslage kann eine Täuschung durch Unterlassen, das heißt etwa durch Nichtaufdeckung des Insiderwissens, nur dann vorliegen, wenn eine besondere Pflicht zur Offenlegung besteht.[648] Allein die Tatsache, dass man über die nichtöffentliche Information verfügt, begründet eine solche Pflicht nicht.[649]

Nachdem ein Bundesgericht im Jahre 1959 erstmals festgestellt hatte, dass Rule 10b-5 eine von den Grundsätzen des *Common Law* unabhängige Pflichtenstellung kodifiziert[650], war der Weg frei für die Suche nach einem eigenständigen Regelungsgrund hinter dem Verbot von Insidergeschäften. Da weder Section 10 (b) S.E.A. noch Rule 10b-5 ausdrücklich auf den Insiderhandel Bezug nehmen, gewann die Interpretation der Vorschrift durch SEC und Rechtsprechung große Bedeutung.[651] Die Suche nach einem Normzweck und der Versuch diesen mit dem zur Verfügung stehenden Wortlaut in Einklang zu bringen, erwies sich als überaus schwierig.[652] Die Frage nach dem "richtigen" Regelungsgrund stellte sich mit jedem zur Entscheidung anstehenden Fall neu. Die Problematik, die sich aus dem Zusammenhang zwischen Täuschungserfordernis und der Anonymität der Börsengeschäfte ergab, wurde dabei erst allmählich deutlich. Der erste Fall, dem kein "face to face"- sondern ein börsliches Geschäft zugrunde lag, wurde erst 1961, knapp 20 Jahre nach Erlass von Rule 10b-5, entschieden.[653]

---

648 So etwa auch der U.S. Supreme Court in Chiarella v. United States, 445 U.S.222 (235) (1980); Bloomenthal, Securities Law Handbook, 2000, Chapter 19, Seite 1139; Ramirez/Gilbert, The Misappropriation Theory of Insider Trading Under United States v. O'Hagan: Why Its Bark Is Worse Than Its Bite, 26 (1998) Securites Regulation L.J., S. 162 (164).

649 U.S. Supreme Court in Chiarella v. United States, 445 U.S.222 (235) (1980); Ramirez/Gilbert, The Misappropriation Theory of Insider Trading Under United States v. O'Hagan: Why Its Bark Is Worse Than Its Bite, 26 (1998) Securites Regulation L. J., S. 162 (164).

650 Speed v. Transamerica Corp., 99 F.Supp 49, 54 (N.D. Ohio 1959).

651 "*Section 10 (b) is aptly described as a catchall provision, but what it catches must be fraud.*" Chiarella v. United States 445 US 222 (243) 1980, Ramirez/Gilbert, The Misappropriation Theory of Insider Trading Under United States v. O'Hagan: Why Its Bark Is Worse Than Its Bite, 26 (1998) Securites Regulation L.J., S. 162 (164).

652 "*The controversy over the years has focused on what exactly is insider trading.*"; Ramirez/Gilbert, The Misappropriation Theory of Insider Trading Under United States v. O'Hagan: Why Its Bark Is Worse Than Its Bite, 26 (1998) Securites Regulation L.J., S. 162 (164).

653 In Re Cady, Roberts & Co., 40 SEC 907 (1961).

Es würde den Rahmen dieser Arbeit sprengen, den – im übrigen bereits gut erforschten[654] – Entwicklungsverlauf der Entscheidungen von SEC, Bundesgerichten und Supreme Court von *Equal Access*-[655] zu *Fiduciary Duty*-[656] und *Misappropriation* Theorie[657] nachzuzeichnen, so dass hier die Behandlung zweier Fragen in den Vordergrund gestellt werden soll: Zum einen soll untersucht werden, ob die Information über das Bevorstehen einer börslich auszuführenden Blocktransaktion als Insidertatsache anzusehen ist. Zum anderen ist zu fragen, ob der Insider oder sein Tippgeber eine gewisse Nähe- oder Treuebeziehung zur Informationsquelle haben muss, damit er tatbestandlich vom Insiderhandelsverbot erfasst ist. Wer diese Informationsquelle sein kann und wie die Treuebeziehung auszusehen hat, ist ebenfalls von großer Bedeutung. Eine Verletzung gesellschaftsrechtlicher Treuepflichten scheidet nämlich schon von daher aus, dass bei Blocktransaktionen – wie bei allen Markttatsachen – ausschließlich gesellschaftsrechtliche 'Outsider' als Urheber der kurssensiblen Informationen in Betracht kommen.

(d) Marktinformation als Insidertatsache?

Zunächst ist zu fragen, ob Outsider- oder sogenannte Marktinformationen überhaupt als Insidertatsachen im Sinne des Insiderhandelsverbots anzusehen sind. Der Normtext ist insoweit nicht aufschlussreich. Als Anhaltspunkt, dass auch Marktinformationen taugliche Insidertatsachen sein können, ist die Entscheidung *Chiarella v. United States*[658] zu sehen. Hier handelte es sich um einen der vermutlich häufigsten Fälle von Insiderhandel: ein bevorstehendes öffentliches Übernahmeangebot. Vincent Chiarella war 'Marktinsider', da er von einem bevorstehenden Übernahmeangebot wusste. Allerdings stand er in keinem wie auch immer gearteten Treueverhältnis zum Urheber dieser Information, weshalb

---

654 Mennicke, Sanktionen gegen Insiderhandel – Eine rechtsvergleichende Untersuchung unter Berücksichtigung des US-amerikanischen und britischen Rechts, Dissertation, 1996; Weber, Insiderrecht und Kapitalmarktschutz- Haftungstheorien im US-amerikanischen, europäischen und deutschen Recht, Diss., 1999; Hartmann, Juristische und ökonomische Regelungsprobleme des Insiderhandels – Eine rechtsvergleichende Darstellung USA – Deutschland, Diss., 1999; Krauel, Insiderhandel- Eine ökonomisch-theoretische und rechtsvergleichende Untersuchung, Diss., 2000.

655 In Re Cady, Roberts & Co., 40 SEC 907 (1961); SEC v. Texas Gulf Sulphur Co., 401 F.2d 833 (2d Circuit 1968).

656 U.S. Supreme Court in Chiarella v. United States, 445 U.S.222 (1980) und Dirks v. SEC, 681 F.2d 824 (D.C. Circuit 1982).

657 United States v. Newman, 664 F.2d 12 (2nd Circuit 1981); 772 F.2d 729, 464 U.S. 863 (1983); SEC v. Materia, 745 F.2d 197 (2nd Circuit 1984); United States v. Musella, 578 F. Supp. 425 (S.D.N.Y. 1984); United States v. O'Hagan, 117 S.Ct. 2199 (1997).

658 U.S. Supreme Court, Chiarella v. United States, 445 U.S.222 (1980)

er vom Vorwurf des Insiderhandels freigesprochen wurde. Der Fall scheiterte aber jedenfalls nicht daran, dass es sich bei den fraglichen Informationen nicht um solche aus der Sphäre des Emittenten der Papiere, sondern aus der des Übernahmeinteressenten handelte.

Der Supreme Court stellte später in *Dirks* explizit klar, dass Section 10(b) S.E.A. und Rule 10b-5 eine Unterscheidung zwischen *‚inside* information" und *„market* information (...) originating outside the company" nicht kenne.[659] Wenngleich man derartige Informationen über bevorstehende öffentliche Übernahmeangebote als Marktinformationen einzuordnen hat, ist in solchen Fällen ein starker Bezug zum Unternehmen des Emittenten gegeben. Blocktransaktionen haben hingegen typischerweise keinen – auch nur mittelbaren – Effekt auf den Geschäftsbetrieb des Unternehmens, so dass sich die Frage stellt, ob genuine Markttatsachen ebenso vom Insiderhandelsverbot erfasst sind.[660]

(i) Bedeutung von SEC Rule 14e-3

Es stellt sich nämlich die Frage, ob die inzwischen als Reaktion auf den Freispruch in *Chiarella* erlassene Rule 14e-3, die speziell den Fall der Kenntnis von einer bevorstehenden Übernahme zum Gegenstand hat, die Fälle der Ausnutzung nicht-öffentlicher Marktinformationen abschließend regelt. Stellt eine Spezialnorm ein Verbot für den Handel aufgrund eines bestimmten Typs von Marktinformationen auf, so könnte im Umkehrschluss[661] annehmen, dass der Handel auf Basis sonstiger Marktinformation nicht erfasst ist. Mit anderen Worten: Regelt SEC Rule 14e-3 das Verbot von Wertpapiertransaktionen abschließend, oder kommt daneben SEC Rule 10b-5 zur Anwendung?

> **SEC Rule 14e-3 – Transactions in Securities on the Basis of Material, Nonpublic Information in the Context of Tender Offers**
>
> (a) If any person has taken a substantial step or steps to commence, or has commenced, a tender offer (the "offering person"), it shall constitute a fraudulent, deceptive or manipulative act or practice within the meaning of Section 14(e) of the Act *for any other person who is in possession of material information relating to such tender offer which information he knows or has reason to know is nonpublic and which he knows or has reason to know has been acquired directly or indirectly from*:

---

659 Dirks, 463 U.S. 646 (657), 1983; Lowenfels/Bromberg, Securities Market Manipulations: An Examination and Analysis of Domination and Control, Frontrunning and Parking, 55 (1991) Albany Law Review, Seite 293 (335).

660 Diese als genuine Markttatsachen bezeichneten Informationen sollen in dieser Arbeit mit „Handelsinformationen" oder „Marktinformationen im engeren Sinne" bezeichnet werden.

661 Im angelsächsischen Rechtskreis auch mit „expressio unus exclusio alterius" umschrieben

> (1) The offering person,
> (2) The issuer of the securities sought or to be sought by such tender offer, or
> (3) Any officer, director, partner or employee or any other person acting on behalf of the offering person or such issuer,
>
> *to purchase or sell* or cause to be purchased or sold any such securities or any securities convertible into or exchangeable for any such securities or any option or right to obtain or to dispose of any of the foregoing securities, unless within a reasonable time prior to any purchase or sale such information and its source are publicly disclosed by press release or otherwise. (...)

SEC Rule 14e-3 ist Teil der sogenannten Regulation 14E, die verschiedene Aspekte im Kontext öffentlicher Übernahmeangebote regelt. Durch Rule 14e-3 wird der Schutz vertraulicher Informationen insoweit ausgedehnt, als all diejenigen, die entsprechende Informationen vom Zielunternehmen, dem potentiellen Übernehmer, deren Organen oder Angestellten oder externen Beratern und Dienstleistern erlangt haben, nicht in der betreffenden Aktie oder verbundenen Wertpapieren handeln dürfen. Nachdem also so der „Klassiker"[662] unter insiderrelevanten Markttatsachen eine spezielle Regelung erfahren hat, stellt sich die Frage, ob und unter welchen Voraussetzungen der Handel auf Basis von sonstigen Markttatsachen gegen das Insiderhandelsverbot von Rule 10b-5 erfasst ist.

(ii) Die Entscheidung in United States v. Carpenter

Gegen die Annahme einer abschließenden Regelung durch Rule 14e-3 spricht allerdings die Entscheidung in *United States v. Carpenter*[663], dem Fall eines Journalisten des "Wall Street Journal", der mehrfach den Inhalt seiner üblicherweise kursrelevanten Kolumnen einigen befreundeten Investmentbankern vorab mitteilte, was diese in die Lage versetzte, dieses Wissen zu vorteilhaften Geschäften zu nutzen. In diesem Fall betraf die Information also nicht den Emittenten, sondern die besondere Publikation bereits im Umlauf befindlicher Informationen und Gerüchte durch einen gesellschaftsrechtlichen 'Outsider'.

Selbstverständlich besteht auch bei der Verbreitung von Gerüchten oder Empfehlungen ein Emittentenbezug. Dieser ist aber nicht bedeutsam, weil nicht der Inhalt des Gerüchtes oder der Empfehlung zu der hier in Rede stehenden Kursrelevanz führt, sondern die Tatsache der bevorstehenden, typischerweise trendsetzenden Verbreitung in der vielbeachteten Kolumne. Es war im entschiedenen

---

662 Ott/Schäfer, Ökonomische Auswirkungen der EG-Insider-Regulierung in Deutschland, ZBB 1991, Seite 226 (227); Mennicke, Sanktionen gegen Insiderhandel, Diss., 1996, dort Seite 49, Fußnote 32 zitiert, dass einer anonymen Quelle aus der LSE zufolge 80 % aller Verdachtsfälle von Insider-Verstößen im Zusammenhang mit Unternehmensübernahmen stehen.

663 United States v. Carpenter, 791 F.2d 1024 (2nd Circuit 1986).

Fall ja so, dass gar keine Neuigkeiten, sondern bereits bekannte Gerüchte den Gegenstand der *Heard on the Street*-Kolumne waren. Im Mittelpunkt steht dadurch eindeutig die Art und Weise ihrer Verbreitung und die gerade hierdurch bedingte, vorhersehbare Reaktion der Marktteilnehmer. Das Vorliegen eines Insidervergehens wurde in *Carpenter* bejaht, woraus zuschließen ist, dass es sich bei dieser „emittenten-fernen" Markttatsache um eine taugliche Insidertatsache handelt. Das Vorliegen der erforderliche Treuepflichtverletzung wurde mit dem Verstoß des Kolumnisten gegen ein zeitungsinternes Verbot zur Weitergabe derartiger Informationen begründet.[664]

(iii) Von SEC v. Texas Gulf Sulphur Co. bis zur Misappropriation Theory

Zwar wurde schon nach *SEC v. Texas Gulf Sulphur Co.* „jede Information, die ein vernünftiger Investor für kursrelevant halten muss"[665], vom Insiderhandelsverbot erfasst. In dem konkreten Fall und auch in allen bis dahin entschiedenen Fällen handelte es sich allerdings um Informationen, die ihrem Inhalt nach eindeutig das Unternehmen betrafen,[666] so dass die Tragweite dieser Äußerung des Gerichts insofern unklar ist. In Bezug auf andere als Unternehmensinformationen wäre sie ohnehin als *obiter dictum* zu bezeichnen, weil sie insofern über die streitgegenständliche Frage hinausginge. Die nachfolgende Rechtsprechung beschränkte das Insiderhandelsverbot dann zunächst weiterhin auf die Fälle der Verletzung von Treuepflichten, die den Bezug zum Unternehmen herstellten. Erst mit der Ausdehnung des Tatbestandes durch die *Misappropriation Theory*, die jegliche Art der "Veruntreuung" von Informationen genügen ließ, bezog das Insiderhandelsverbot auch Marktinformationen ein.

Man könnte meinen, die Tatsache, dass es im Fall *Carpenter* entscheidend auf den Verstoß des Journalisten gegen eine betriebsinterne Regel gegen die Weitergabe oder Nutzung der Information (*"misappropriation"*) ankam, bedeutete eine völlige Abkehr vom Konzept des durch den Emittenten vermittelten Treueverhältnisses. Der *Supreme Court* hat allerdings später in *O'Hagan* ausdrücklich klargestellt, dass die Haftungskonzepte von *Fiduciary Duty* und *Misappropriati-*

664 Vergleiche zur umfassenden Würdigung dieses Falls: Weber, Insiderrecht und Kapitalmarktschutz, Diss., 1999, Seite 103 ff.

665 "Whether a reasonable man would attach importance (...) in determining his choice of action in the transaction in question" SEC v. Texas Gulf Sulphur Co., 401 F.2d 833 (849).

666 Der überraschend große Erfolg von Probebohrungen auf der Suche nach Bodenschätzen. Vergleiche Zusammenfassung dieses als Schulbeispiel geltenden Falles bei Mennicke, Sanktionen gegen Insiderhandel, Diss., 1996, Seite 47 ff.

on als nebeneinander bestehend anzusehen sind.[667] Erst durch den letztgenannten Interpretationsansatz von Section 10 (b) S.E.A. und SEC Rule 10b-5 konnten echte Marktinformationen als Insidertatsachen in Betracht kommen. Danach liegt *fraud or deceit* im Sinne von Rule 10b-5 vor, wenn jemand beruflich erlangte oder sonstige, fremde Informationen zu privatem Nutzen verwendet, ohne dies der Informationsquelle mitzuteilen.[668]

Problematisch hieran ist vor allem, dass der eigentlich anzunehmende Grund für das Insiderhandelsverbot, der Schutz der Marktintegrität, nicht sinnvoll mit der Normanwendung in Einklang steht. Der Schutz der Marktintegrität erfolgt lediglich als Reflex der betriebsinternen Vertraulichkeitsvorschriften eines beliebigen Unternehmens ohne jeglichen Emittentenbezug. Während sowohl*Equal Access*- als auch *Fiduciary Duty*-Theorie mit einem Verstoß gegen Fairness- oder Treuepflichten gegenüber dem Markt bzw. der Gegenseite des Vertrages begründet werden und so einen Bezug zur Marktintegrität und deren Schutz herstellen, sieht die *Misappropriation* Theorie keinen derartigen Zusammenhang mehr vor. Hätte das Wall Street Journal keine derartige interne Vertraulichkeitsregel gehabt, hätten die Vorabinformationen über die bevorstehenden Artikel der Kolumne, deren Inhalt sich als besonders kursrelevant herausgestellt hatte, legal zu entsprechenden Gewinnen genutzt werden können.[669] Zusammenfassend lässt sich sagen, dass bei bestehender Pflicht zur vertraulichen Behandlung der Block Trade-Information diese als Insidertatsachen in Betracht kommt.

(e) Bedeutung des öffentlichen Bekanntwerdens

Ferner stellt sich die Frage, ob es für das Eingreifen des Insiderhandelsverbotes erforderlich ist, dass die Kurserheblichkeit der Information vom ihrem öffentlichen Bekanntwerden abhängt. Anders als etwa im Fall von öffentlichen Übernahmeangeboten, Nachrichten über die Geschäftsentwicklung des Unternehmens oder öffentlich von Journalisten oder Analysten geäußerten Kaufempfehlungen tritt bei Blocktransaktionen – wie bei anderen Handelsinformationen – bereits aufgrund bloßer Interaktion der Marktseiten eine Kursreaktion ein. Beim Block Trade beruht dies auf dem durch sie erzeugten, temporären Überhanges auf einer Marktseite. Die Kursreaktion hierauf passiert unabhängig davon, ob die Marktöffentlichkeit von der Blocktransaktion erfährt. Wie oben bereits einge-

---

667 United States v. O'Hagan, 117 S.Ct. 2199 (1997); Weber, Insiderrecht und Kapitalmarktschutz, Diss., 1999, Seite 119.

668 United States v. O'Hagan, 117 S.Ct. 2199 (1997); Weber, Insiderrecht und Kapitalmarktschutz, Diss., 1999, Seite 119.

669 Zurecht kritisiert Weber, Insiderrecht und Kapitalmarktschutz, Diss., 1999, Seite 105, dass diese Art der Handhabung des Insiderhandelsverbots nicht die Marktintegrität, sondern den mit kurssensiblen Informationen hantierenden Arbeitgeber schützt.

hend erläutert wurde, tritt der *Market Impact*[670] auf, ohne dass es einer Reaktion der Marktteilnehmer bedürfte. Die im Buch befindlichen und – in Unkenntnis der Blockorder – nachfolgend abgegeben Aufträge führen bei ihrer Interaktion mit der Blockorder zur Kursreaktion. Der Block „frißt" sich – wie eingangs dieser Arbeit im Beispiel[671] illustriert – durch das Orderbuch und beeinflusst den Kurs. Eine Reaktion der Marktöffentlichkeit kann zwar hinzutreten, ist jedoch für eine profitable Ausnutzung der Information nicht erforderlich.

Zu beachten ist ferner, dass drei mögliche Varianten einer Reaktion des Marktes in Betracht kommen: Zum einen kann bei bloßer Wahrnehmung des erhöhten Ordervolumens ein spekulatives, pro-zyklischen Verhalten erfolgen (der typische *Information Effect*[672]). Werden hingegen die Blockorder als solche und ihr Initiator bekannt – erfolgt also tatsächlich ein öffentliches Bekanntwerden der Insidertatsache -, so können konkretere Mutmaßungen über die Motive erfolgen und entweder trendverstärkende oder gegenläufige – und damit neutralisierende – Wirkung haben. Gilt der Initiator als 'gewöhnlich gut informiert', die Transaktion als informationsinduziert, tritt ein verstärkender *Information Effect* ein. Gilt die Transaktion hingegen als liquiditätsmotiviert, werden die anderen Teilnehmer die beeinflussten Kurse als günstige Gelegenheit begreifen, gegenläufige Geschäfte tätigen und damit neutralisierend handeln.

Folglich ist es eher schwierig, hinsichtlich einer konkreten Blockorder die Reaktion der Marktteilnehmer auf die öffentliche Bekanntgabe, die realiter – wenn überhaupt – nur im Nachhinein erfolgen dürfte, zu prognostizieren. Es ist vor allem für den Insider nicht notwendig, eine derartige Prognose vorzunehmen, weil die Kursrelevanz eben auch ohne Bekanntgabe der Tatsache besteht.

(i) Unterschied zwischen Handelsinformationen und sonstigen (?) Insidertatsachen

Durch diese „immanente Kursrelevanz" unterscheidet sich die Blocktransaktion – wie andere Marktinformationen im engeren Sinne – von anderen Insiderinformationen: Erstere wirken sich – sobald sie „im Markt" sind – *eo ipso* auf den Kurs aus, während in den übrigen Fällen erst die Reaktion des Publikums zur Veränderung der Marktlage und damit zur Kursbewegung führt. Ist wegen evidenter Liquiditätsmotive überhaupt keine Reaktion des Marktpublikums auf das öffentliche Bekanntwerden der Blocktransaktion zu erwarten, so würde das Tatbestandsmerkmal der Kursreaktion bei Bekanntwerden möglicherweise als Aus-

---

670 Siehe oben Seite 58 ff.

671 Siehe Seite 59 f.

672 Siehe oben Seite 62 ff.

schlusskriterium fungieren, obwohl die marktimmanente Kursreaktion zu risikolosen Gewinnen genutzt werden kann.

Es ist also zu fragen, ob es zu den Wesensmerkmalen eines Insidergeschäfts gehört, dass das Bekanntwerden der zunächst nicht-öffentlichen Information den 'neuen' Kurs herbeiführt oder nach Vorstellung des Insiders herbeiführen würde. Obwohl zu dieser speziellen Frage – soweit ersichtlich – weder eine Entscheidung der SEC noch der Gerichte ergangen ist und sich auch in der Literatur keine konkret hierauf bezogene Äußerung finden lässt, gibt es einzelne Formulierungen, aus denen sich schließen ließe, dass die Kursveränderung auf eine Reaktion der Marktteilnehmer zurückzuführen sein muss:

> "The misappropriation theory is thus designed to protect the integrity of the securities markets against abuses by outsiders to a corporation who have access to confidential information that will affect the corporation's security price *when revealed*, but who owe no fiduciary duty to that corporation's shareholders."[673]

Die SEC formulierte allerdings in ihrem *Market Regulation Memorandum* für den US-Kongress, dass das Handeln eines Broker Dealers in Derivaten zur Ausnutzung des *Market Impacts* einer großen Aktienorder eines Kunden als eine Form von "misappropriation of material non-public market information" angesehen werden könne. Es wird allerdings betont, dass man sich eines Falles, in dem eine solche Bewertung vorgenommen worden wäre, nicht bewusst sei.[674] Es ist klar, dass die tatbestandlich wichtige "misappropriation", die Veruntreuung oder unrechtmäßige Verwendung der Information die Beziehung zwischen Broker Dealer und seinem Kunden betrifft. Diesem ist er als Geschäftsbesorger zur Wahrung seiner Interessen verpflichtet, was in diesem Zusammenhang auch den vertraulichen Umgang mit der sensiblen Information der Blockorder mitumfassen wird. Verwendet er die Information zum eigenen Vorteile, so gefährdet er die Interessen seines Kunden.[675]

---

673 United States v. O'Hagan, 117 S.Ct., S. 2199 (2207 f.).

674 SEC Market Regulation Memorandum, zitiert in: Lowenfels/Bromberg, Securities Market Manipulations: An Examination and Analysis of Domination and Control, Frontrunning and Parking, 55 (1991) Albany Law Review, Seite 293 (335): "*certain instances of frontrunning may be analyzed pursuant to Section 10 (b) of the Exchange Act and Rule 10b-5 as a form of insider trading. For example, instances of a broker-dealer trading in the derivative markets to take advantage of the market impact of a customer's stock order might be addressed as a form of misappropriation of material non-public information in breach of a fiduciary obligation of trust and confidence, although we are not aware of any case that has done so.*"

675 Im Zusammenhang mit den oben ausführlich erörterten Transparenzfragen wurde deutlich, dass das Bekanntwerden der Block Trade Informationen zu Nachteilen für den ak-

Sehr viel schwieriger ist deshalb die Beurteilung dieser Frage, wenn der Broker Dealer in Derivaten handelt, um vom *Market Impact* der Order eines Nicht-Kunden zu profitieren. Hiervon kann der Broker Dealer etwa dadurch Kenntnis erlangt haben, dass der Investor ihn um die Ausführung der Order ersuchte, der Broker Dealer den Auftrag aber nicht annehmen wollte.[676] Hierzu jedoch später.[677]

(ii) Reaktion der Marktteilnehmer im verbundenen Markt

Ob es nun entscheidend auf die Frage eines öffentlichen Bekanntwerdens ankommt, kann aus dem Gesagten nicht zweifelsfrei geschlossen werden: Das dort benutzte Beispiel ist nämlich so gebildet, dass die in Rede stehenden Transaktionen nicht in dem vom *Market Impact* betroffenen Markt selbst stattfinden, sondern jeweils im entsprechenden Derivate Markt, dessen Preisveränderungen sich in einem solchen Fall erst durch die Reaktion der Marktteilnehmer auf die Veröffentlichung der Kursentwicklung im verbundenen Markt des 'Underlyings'[678] ergibt. Folglich profitiert der fragliche Insider in dieser Konstellation noch nicht von der bloßen Interaktion der Blockorder mit den Orders der Marktgegenseite, dem *Market Impact*, sondern von der Reaktion des Marktes in einem verbundenen Markt. Aufgrund seiner Kenntnis von der Blockorder weiß er, wie sich der Kurs des Underlyings verändern wird. Ferner ist aufgrund der inhaltlichen Verknüpfung von Derivat und Underlying vorhersehbar, dass sich – spätestens wegen durchgeführter Arbitrageprozesse[679] – auch der Kurs der Derivate

---

tuellen Inhaber der Position führt. Da die Börse auf der Idee basiert, dass Informationen (und hierzu zählen auch eigene Einschätzungen) durch Transaktionen 'artikuliert' werden, sind Geschäfte, die auf einer bestimmten Information beruhen, mit der ansatzweisen Preisgabe der Information gleichzusetzen. Vergleiche zu diesem Bereich auch den Abschnitt über Frontrunning, unten Seite 283 ff.

676 *"A less clear violation of S.E.A. Section 10 (b) and Rule 10b-5"* nach Lowenfels/Bromberg, Securities Market Manipulations: An Examination and Analysis of Domination and Control, Frontrunning and Parking, 55 (1991) Albany Law Review, Seite 293 (336)

677 Zu der Frage "Ist ein Treuebruch erforderlich und wem gegenüber muss die Treuepflicht bestehen?" siehe unten Seite 243.

678 Auch wenn Optionen und Futures heute in der Regel nicht mehr in Natur zu erfüllen sind, spricht man von der dem Derivat zugrundeliegenden Wertpapier als "Unterlage".

679 Zu dem Begriff der Arbitrage vergleiche oben Fußnote 34.

verändern wird.[680] Dies wird jedoch erst nach der Wahrnehmung der veröffentlichten Kurse und Umsätze erfolgen.[681]

Man muss aber wohl sagen, dass es weder aus Gründen des Normzwecks noch aufgrund des Wortlauts des US-amerikanischen Insiderhandelsverbotes auf die gerade aufgezeigten Unterschiede ankommen kann. Weder hinsichtlich der Marktintegrität noch hinsichtlich der Veruntreuung von Informationen des Kunden (*misappropriation*) kommt es darauf an, ob der Insider in demselben oder aber in einem verbundenen Markt handelt, dessen Kurs sich erst nach der Reaktion seiner Teilnehmer auf die Geschehnisse in einem anderen Markt verändert. Die Existenz einer Blockorder ist folglich unabhängig davon, ob die Kursveränderung *per se* oder nach Veröffentlichung eintritt, als taugliche Insidertatsache im Sinne von Section 10 (b) S.E.A und Rule 10b-5 anzusehen.

(f) Kursveränderung nur kurzfristig

Die Tatsache, dass es sich bei der auf die Blocktransaktion zurückzuführenden Kursveränderung nur um eine temporäre handelt[682], also gewissermaßen nur um einen Ausschlag in Kursverlauf mit anschließender Rückkehr zum Ausgangswert, kann kein Argument gegen die Annahme einer Insidertatsache sein. Dies ist damit zu begründen, dass auch in einer Situation wie der im Fall*Carpenter* der Kurs nach der Reaktion des Marktes auf die Erwähnung in der Kolumne wieder auf den 'normalen' zurückkehren müsste. Bei *Carpenter* ging es ja schließlich nicht um die Weitergabe der – schon mehr oder minder öffentlichen – Gerüchten und Empfehlungen an die Investmentbanker, sondern um die Preisgabe der bevorstehenden Erwähnung. Diese kann – isoliert betrachtet – keine mittelfristigen Kursveränderungen begründen, da die Bewertungsgrundlagen hierdurch schließlich nicht verändert werden.

---

680 Vergleiche Howard, Frontrunning in the Marketplace: A Regulatory Dilemma, Securities Regulation Law Journal Vol. 19, 1991, Seite 263 (265).

681 Die Reaktion des Derivate-Marktes auf die Post Trade-Transparenz ist nicht als Information Effect zu bezeichnen, da die Kurse nur im Rahmen ihrer inhaltlichen Verknüpfung symmetrisch verschoben werden, und es keiner Spekulation über Motive und – daraus hergeleitet – über die zukünftige Entwicklung bedarf.

682 Ist die Blocktransaktion informationsinduziert, liegen ihr also neue Analyseergebnisse oder gar Insiderinformationen zugrunde, so erfolgt zwar keine Rückkehr zum Ausgangswert, die Veränderung beruht allerdings nicht auf der Blocktransaktion, sondern auf den ihr wiederum zugrundeliegenden Motiven. Erfolgt das Blockgeschäft aufgrund einer veränderten Fundamentalbewertung des Emittenten, so ist die nichtvorübergehende Kursveränderung auf die geänderte Bewertung, nicht aber auf die Blocktransaktion an sich zurückzuführen.

(g) Ist ein Treuebruch erforderlich und wem gegenüber muss die Treuepflicht bestehen?

Nach der Entscheidung des Supreme Courts in *Chiarella* ist klar, dass der Verbotstatbestand des Insiderhandels nicht allein durch Handeln aufgrund eines relativen Informationsvorteils erfüllt wird.[683] Während man vom hiesigen – und auch in den USA zu vermutenden – Zweck des Schutzes der Marktintegrität her auch auf die Nicht-Allgemeinzugänglichkeit der Information hätte abstellen können, muss wegen des Wortlauts der US-amerikanischen Normen eine Treuepflichtverletzung vorliegen. Die Treuepflicht muss entweder – was heute wohl eher selten der Fall ist – gegenüber dem Vertragspartner oder aber gegenüber der Informationsquelle bestehen. Diese Konstruktion mutet wie ein mühevoller Versuch an, das Konzept des Insiderhandelsverbots weiter mit dem gesetzlichen Rahmen des Täuschungs- und Betrugstatbestandes von Section 10 (b) S.E.A. und Rule 10b-5 in Einklang zu halten. Ein Verzicht auf dieses Treuebruchstatbestandsmerkmal, welcher der *Equal Access Theory* entspräche, stünde im klaren Widerspruch zum Gesetzeswortlaut der herangezogenen Rule 10b-5.[684] Folglich ist auch die Korrektur dieser zwischenzeitlichen Rechtsprechung durch den Supreme Court konsequent und *de lege lata* die einzig richtige Entscheidung.

Zweck der Gesetzgebung des S.E.A. war (zwar) die Wiederherstellung der Integrität und Fairness des Handels. Der Wortlaut der Norm fordert aber als Tathandlung eine Täuschungshandlung, die grundsätzlich natürlich Beziehung und einen zumindest gedanklichen Kontakt zwischen Täuschendem und Getäuschtem voraussetzt.[685] Deshalb scheidet ein pauschalierender "fraud on the market"-Ansatz im Sinne der unzulässigen Verwertung von Informationsvorsprüngen aus. Dass für das tatbestandliche Erfordernis der Einwirkung auf das Vorstellungsbild eines anderen 'zur Not' auf die Beziehung zwischen der Quelle und dem Ausnutzer der Information zurückgegriffen wird, ist sinnvoll, soweit es um die Vermeidung von Regelungslücken geht. Nur wenige Situationen sind denkbar, in denen jemand auf eine nicht-öffentliche, kursrelevante Information Zugriff hat und diese Kenntnis im Innenverhältnis auch verwerten darf. In der Regel "gehört" eine nicht-öffentliche, kursrelevante Information jemandem, der die Kontrolle über ihre Verbreitung und Verwendung ausübt. So bestehen wohl häufig parallel zur privaten – im Sinne von nicht-öffentlichen – Weitergabe der Information ganze Ketten von impliziten oder expliziten Vertraulichkeitspflichten bis hin zur letztendlichen Quelle der Information. Folglich

---

683 Securities Law Handbook, 2000, Chapter 19, Seite 1140.

684 Weber, Insiderrecht und Kapitalmarktschutz, Diss., 1999, Seite 70.

685 Weber, Insiderrecht und Kapitalmarktschutz, Diss., 1999, Seite 71.

kann auf jeder dieser Stufen ein Bruch der Vertraulichkeit vorliegen. Kennt der nächste in der Informationskette diesen mit der Täuschung gleichbedeutenden Vertrauensbruch, oder muss er ihn kennen, ist er Tippempfänger und damit möglicher Täter eines Insiderdelikts.

Anders kann die Sache allerdings im Fall kurserheblicher Zeitungsartikel sein, etwa wenn im Fall *Carpenter* das Wall Street Journal nicht über eine derartige interne Regelung verfügt hätte. Insoweit, wie der Urheber der Information selbst am Markt aktiv ist und die (Markt-) Information seine bevorstehende Handlung betrifft, besteht natürlich die Gefahr, dass dieses Vorhaben durch Handelsaktivitäten Eingeweihter gefährdet oder zumindest erschwert oder verteuert wird. Derartige Geschäfte tragen dazu bei, dass die Information über das bevorstehende Ereignis bereits 'eingepreist' wird. Dementsprechend liegt die Annahme nicht fern, dass der Urheber der Information den von ihm Eingeweihten eine entsprechende Pflicht zur Treue und Vertraulichkeit auferlegen wird, die durch Geschäfte der Eingeweihten oder Weitergabe der Information an Dritte verletzt wird.

Ist der Urheber der Information nicht im Handel mit dem betreffenden Wertpapier aktiv, so etwa im Falle genuiner Unternehmensinformation oder der gerade beschriebenen Zeitungskonstellation, so führt ein etwaiges Fehlen interner Vertraulichkeitspflichten zur Beeinträchtigung der allgemeinen Reputation, was im ersten Fall zur Unattraktivität der Aktie,[686] im zweiten Fall zur Unseriosität der redaktionellen Arbeit führt.

Vergleicht man die Situation der Kenntnis von einer Blockorder mit der von einem bevorstehenden (nicht selten feindlichen) öffentlichen Übernahmeangebot, so ist die Quelle der Information im einen Fall der Initiator der Blockorder, im anderen Fall das bietende Unternehmen. Die Information wird über die jeweiligen eingeschalteten Intermediäre und Berater weitergegeben, die jeweils in einer kettenartigen Vertraulichkeitsverpflichtung stehen werden. Dabei bedarf es allerdings – aus Sicht des Insidertatbestandes – dieser Kette der Treuepflichten zwischen dem Urheber der Information und dem daraufhin in den betreffenden Werten Handelnden eigentlich nicht. Entscheidend ist, dass der

---

686 Ist dem Anlegerpublikum bewusst, dass ein Unternehmen – unabhängig von bestehenden Verpflichtungen zur Ad-hoc Publizität – es zulässt, dass Angestellte oder Berater wichtige Informationen zu kurzfristigen Kursgewinnen nutzen, wird dies hierfür vom Markt mit geringer Investitionsbereitschaft "bestraft" werden, weil die Marktteilnehmer fürchten müssen, übervorteilt zu werden.

Handelnde gegenüber dem vorhergehenden Glied in der Informationskette in einer solchen Pflicht steht.[687]

Besteht allerdings keine Treuepflicht, wie etwa in der oben skizzierten Situation, dass ein Broker Dealer zufällig Kenntnis von der Blockorder eines Nicht-Kunden erhält, so ist das Vorliegen eines Insiderhandels zu verneinen, die nichtöffentliche Information darf zu kurzfristigen Kursgewinnen ausgenutzt werden.[688]

(h) Der Insider Trading and Securities Fraud Enforcement Act 1988

Als in der Öffentlichkeit im Zuge der 'Merger-Mania' der achtziger Jahre der Eindruck entstand, der Kampf gegen den Insiderhandel sei verloren, wurde 1988 der Insider Trading and Securities Fraud Enforcement Act (ITSEFA) erlassen, durch den Section 15 (f) in den S.E.A. 1934 eingefügt wurde. Damit wurde für die Branche des Investment-Banking eine gesetzliche Pflicht des Arbeitgebers ausgesprochen, innerhalb des Unternehmens Maßnahmen zu ergreifen, um dem Insiderhandel der Angestellten vorzubeugen. Wenngleich die Formulierung das nicht direkt erkennen lässt, so ist dennoch klar, dass das Hauptaugenmerk dieser Regelung die Errichtung und Durchsetzung von sogenannten*Chinese Walls* innerhalb der Investmentbanken betrifft, die vor allem die Trennung von Emissionsgeschäft – bei dem man zwangsläufig Zugang zu Insidertatsachen des Emittenten erhält – und den Handels- und Vermögensverwaltungsbereichen zum Ziel hat.[689] Durch die nicht unerhebliche Sanktionsdrohung in Form von Bußgeldern, die das dreifache des erzielten Vorteils betragen und eine Mindesthöhe von US$ 1 Million haben, wurde ein starker wirtschaftlicher Anreiz für vorbeugende Maßnahmen geschaffen.

(i) Ergebnis

Nach dem Gesagten ist erstens festzustellen, dass auch Markttatsachen im engeren Sinne als Insidertatsachen in Betracht kommen. Zweitens ist das Kriterium des öffentlichen Bekanntwerdens der Information in den verschiedenen Entscheidungen von SEC und Gerichten zwar gewohnheitsmäßig erwähnt, jedoch ist nicht ersichtlich, aufgrund welcher Regelung dies erfolgt, so dass vermutet werden darf, dass insoweit Entbehrlichkeit dieses Kriteriums vorliegt. Folglich

---

687 Anders ist dies für die Frage des Tippempfängers; auf diesem wird die Pflichtenstellung des Tippgebers abgeleitet, U.S. Supreme Court in Dirks v. SEC, 681 F.2d 824 (D.C. Circuit 1982); Weber, Insiderrecht und Kapitalmarktschutz, Diss., 1999, Seite 81.

688 Pickard/Lee, Band 641 des Practising Law Institutes, Trading Practices, the Portfolio Execution Process, and Soft Dollar Arrangements, 1989, S. 23 (27).

689 Vergleiche etwa ausführlich hierzu Hoffmann, Rechtliche Schranken interner Informationsflüsse in Kreditinstituten – Vom internen Bankgeheimnis zu den Chinese Walls im Insiderrecht, Diss., 1998, Seite 147 ff.

ist es möglich, dass Transaktionen, die auf Basis der Kenntnis von bevorstehenden Blocktransaktionen getätigt werden, unter das Insiderhandelsverbot fallen. Hierfür ist jedoch weiterhin erforderlich, dass der 'Insider' oder sein Tippgeber durch die Weitergabe der Information oder ihre Ausnutzung eine Verschwiegenheits- oder Treuepflicht gegenüber der jeweiligen Informationsquelle begeht.

Bezogen auf den oben skizzierten Beispielsfall ist daher zu sagen, dass die konspirative Weitergabe der Information über den bevorstehenden Blockkauf nur zum Schein im Rahmen dessen bleibt, was der Broker ohne Verletzung seiner Pflichten gegenüber dem Kunden tun darf. Tatsächlich tut sie dies nicht: Dadurch, dass der Broker nicht nur äußerst vorsichtig die wahrscheinlichsten der in Betracht kommenden Verkäufer sondern auch den befreundeten Day-Trader anspricht, beeinträchtigt er die Chancen auf eine günstige Ausführung der Order und verletzt damit pflichtwidrig die Interessen seines Kunden. Ein Verstoß der beiden gegen Rule 10b-5 ist daher zu bejahen.

(2) LONDON STOCK EXCHANGE

Wie in den anderen hier angesprochenen Bereichen ist die Situation in Großbritannien auch im Hinblick auf die Frage des Insiderhandels als „im Umbruch befindlich" zu bezeichnen. Während die diesbezügliche Regelung im Criminal Justice Act 1993 (dort im Teil V) auch weiterhin Bestand haben wird, tritt durch den Financial Services and Markets Act 2000 und das hierunter zu erlassende FSA Handbook mit dem Code of Market Conduct[690] ein weiteres Insiderhandelsverbot daneben, dessen Voraussetzungen, Schutzzwecke und Rechtsfolgen mit der ersten Regelung nicht identisch sind.

(a) Die Insiderregelung des Criminal Justice Act 1993

Die Beantwortung der Frage, ob die im oben angeführten Beispiel angesprochenen (Markt-) Informationen über die bevorstehende Ausführung einer Blockorder vom Insiderhandelsverbot nach Criminal Justice Act 1993, Part V erfasst sind, geht aus dem Wortlaut des Gesetzes nicht klar hervor. Wie in der Formulierung der deutschen Regelung in § 13 WpHG[691] ist insofern lediglich von Tatsachen die Rede, die sich auf das Wertpapier selbst beziehen, „information which relates to particular securities". Hierunter würden Markttatsachen an sich fallen, da sich dem Wortlaut nach der aktuelle Zustand von Angebot und Nachfrage auf die Aktie bezieht.

---

690 Zu diesem Werk und seiner Eigenschaft als Quasi-Verwaltungsvorschrift siehe oben Seite 202.

691 Bei der Insiderregelung des Criminal Justice Acts handelt es sich um mit der deutschen Regelung der §§ 12 ff. WpHG verwandte Normen, da beide jeweils Umsetzungen der EG-Insiderrichtlinie in innerstaatliches Recht darstellen

Criminal Justice Act 1993, Part V – Insider Dealing

Section 52 – The offence of insider dealing

(1) An individual who has information as an insider is guilty of insider dealing if, in the circumstances mentioned in subsection (3), he deals in securities that are price-affected securities in relation to the information.

(2) An individual who has information as an insider is also guilty of insider dealing if -

(a) he encourages another person to deal in securities that are (whether or not that other knows it) price-affected securities in relation to the information, knowing or having reasonable cause to believe that the dealing would take place in the circumstances mentioned in subsection (3); or

(b) he discloses the information, otherwise than in proper performance of the functions of his employment, office or profession, to another person.

(3) The circumstances referred to above are that the acquisition or disposal in question occurs on a regulated market, or that the person dealing relies on a professional intermediary or is himself acting as a professional intermediary.

Section 56

(1) For the purpose of this section and section 57, "inside information" means information which

(a) *relates to particular securities* or to a particular issuer of securities or to particular issuers of securities and not to securities generally or to issuers of securities generally;

(b) is specific or precise;

(c) has not been made public; and

(d) if it were made public would be likely to have a significant effect on the price of any securities.

(2) For the purposes of this Part, securities are "price-affected securities" in relation to inside information, and inside information is "price-sensitive information" in relation to securities, if and only if the information would, if made public, be likely to have a significant effect on the price of the securities.

(i) Anwendbarkeit auf Marktinformationen im engeren Sinne

Darüber, ob die hier untersuchten Marktinformationen vom Insiderhandelsverbot erfasst sind, braucht allerdings nicht gemutmaßt zu werden. Die so genannte „Schedule 1" zu diesem Gesetz schafft insofern Klarheit, als sie spezielle Ausnahmen für Marktinformationen im engeren Sinne aufstellt. Aus Absatz 1 in Verbindung mit 4 geht zwar eindeutig hervor, dass die hier als Marktinformation im engeren Sinne bezeichnete Kenntnis von einer bevorstehenden Transaktion grundsätzlich eine taugliche Insidertatsache ist. Ansonsten würden diese ohnehin nicht dem Insiderhandelsverbot unterfallen und eine Ausnahmeregelung oder

„Special Defence“ – vergleichbar einem besonderen Rechtfertigungsgrund im deutschen Strafrecht – wäre überflüssig und sinnwidrig.

Der Rückschluss ist also klar: Grundsätzlich sind derartige Informationen taugliche Insidertatsachen. Gleichzeitig wird aber deutlich, dass das Handeln auf Grundlage dieser Information unter einer besonderen Voraussetzung vom Insiderhandelsverbot ausgenommen ist. Dies ist der Fall, wenn das Handeln auf Basis dieser Kenntnisse als vernünftig ('reasonable') anzusehen ist.

Schedule 1 – Special Defences

2. Market Information

(1) An individual is *not guilty of insider dealing* by virtue of dealing in securities or encouraging another person to deal if he shows that -

(a) *the information which he had as an insider was market information*; and

(b) *it was reasonable for an individual in his position to have acted as he did despite having that information as an insider at the time.*

(2) In determining whether it is reasonable for an individual to do any act despite having market information at the time, there shall, in particular, be taken into account -

(a) the content of the information;

(b) the circumstances in which he first had the information and in what capacity; and

(c) the capacity in which he now acts.

(3) An individual is *not guilty of insider dealing* by virtue of dealing in securities or encouraging another person to deal if he shows -

(a) that he acted

(i) in connection with an acquisition or disposal which was under consideration or the subject of negotiation, or in the course of a series of such acquisitions or disposals; *and*

(ii) with a view to facilitating the accomplishment of the acquisition or disposal or the series of acquisitions or disposals; *and*

(b) that the information which he had as an insider was market information arising directly out of his involvement in the acquisition or disposals.

(4) For the purpose of paragraphs 2 and 3 market information is information consisting of one or more of the following facts -

(a) that securities of a particular kind have been or are to be acquired or disposed of, or that their acquisition or disposal is under consideration or subject to negotiation;

(b) that securities of a particular kind have not been or are not to be acquired or disposed of;

(c) the number of securities acquired or disposed of or to be acquired or disposed of or whose acquisition or disposal is under consideration or subject of negotiation;

(d) the price (or the range of prices) at which securities have been or are to be acquired or disposed of or the price (or range of prices) at which securities whose acquisition or disposal is under consideration or the subject of negotiation may be acquired or disposed of;
(e) the identity of the persons involved or likely to be involved in any capacity in an acquisition or disposal.

(ii) „Vernünftigkeit" der Verwertung der Marktinformation

Nach dem Gesagten ist der Handel aufgrund von Handelsinformationen dann vom Insiderhandelsverbot freigestellt, wenn dies als vernünftig ('reasonable') anzusehen ist. Es liegt auf der Hand, dass mit „Reasonableness" nicht die ökonomische Vernünftigkeit im Sinne von Profitabilität gemeint ist. Vielmehr geht es wohl um Gesichtspunkte der Verletzung von den regeln der Fairness oder anderweitigen Pflichten. Anhaltspunkte für die Beurteilung dieser Frage ergeben sich dabei aus Absatz 2. Aus diesem lässt sich folgern, dass vor allem zu berücksichtigen ist, ob der potentielle Insider die betreffende Information in einer Position erlangt hat, in der er zur Verschwiegenheit und Wahrnehmung fremder Interessen verpflichtet war oder der Urheber der Information hierauf jedenfalls vertraut hat.

Es erscheint daher sachgerecht, diese Vorschrift dahingehend zu verstehen, dass unter anderem die Verhaltensregeln der Zugangsintermediäre in die Anwendung dieser Ausnahme („Special Defences") hineinzulesen sind. Absatz 3 stellt klar, dass Transaktionen, die im Sinne desjenigen vorgenommen werden, der die Großtransaktion durchführen will („with a view to facilitating the accomplishment"), nicht vom Insiderhandelsverbot erfasst werden.

Man könnte also folgern, dass etwa derjenige, der die betreffende Information aufgrund sachkundiger Analyse des Marktgeschehens erlangt hat, diese auch vernünftiger Weise ausnutzen können soll. Derjenige der durch die Verwendung der Information gegen Verhaltensregeln, Treue- oder Verschwiegenheitspflichten verstoßen würde, wird von der Ausnahme wohl nicht erfasst und verstieße somit gegen das Insiderhandelsverbot.

(iii) Vermutungen über Ursprung des Kriteriums

Es wird deutlich, dass das britische Recht, das historisch zunächst das Insiderhandelsverbot als Bestandteil des Gesellschaftsrechts formulierte und daher Vertrauensmissbrauchselemente aufwies, heute – auch durch die Umsetzung der Vorgaben der EG-Insiderrichtlinie[692] – einen ambivalenten Charakter aufweist.[693] Dem Verständnis der Richtlinie nach kommt es auf die Art der Infor-

---

692 EG-Insiderrichtlinie, 89/592/EWG, ABl. EG Nr. 334/20.

693 Vergleiche etwa Mennicke, Sanktionen gegen Insiderhandel, Diss., 1996, Seite 436.

mationserlangung und möglicherweise daneben bestehende Treue- oder Vertraulichkeitsverpflichtungen nicht an. Allein die Nicht-Öffentlichkeit ist – abgesehen vom Kriterium der beträchtlichen Kursbeeinflussung im Falle eines Bekanntwerdens, auf das unten sogleich eingegangen wird – entscheidend. Wie oben im Rahmen der Erörterung der US-amerikanischen Regelung der SEC Rule 10b-5 bereits erwähnt wurde, lässt sich ein Insiderhandelsverbot entweder durch eine pflichtwidrige Informationserlangung[694] oder die generell als unfair eingestufte Ausnutzung von zugangsbedingten Informationsasymmetrien im Sinne der *Equal Access Theory* begründen. Dem US-amerikanischen und dem ursprünglichen britischen Verständnis liegt der erstgenannte, der EG-Insiderrichtlinie liegt der letztgenannte Ansatz zugrunde. Die Analyse der Vor- und Nachteile dieser normativen Wertungen würden allerdings den Rahmen dieser Arbeit sprengen.[695]

Während in anderen Bereichen der Sections 52 ff. C.J.A. die Kapitalmarktorientierung und damit der Schutz der Marktintegrität als Regelungsziel im Vordergrund steht[696], wird im Hinblick auf die Ausnutzung von Marktinformationen das Element des Treue- oder Vertrauensbruchs berücksichtigt. Der Grund hierfür ist aus dem Normtext nicht ersichtlich und kann nur darin vermutet werden, dass die Ausnutzung von Marktinformationen im engeren Sinne nicht als Beeinträchtigung der Marktfairness und -integrität angesehen wird.

(iv) Übertragung auf den Beispielsfall

Dementsprechend lässt sich für das oben entworfene Beispiel der Ausnutzung der Kenntnis von einer bevorstehenden Blocktransaktion sagen, dass diese dann nicht vom Insiderhandelsverbot im Sinne der Section 52 ff. C.J.A. erfasst wird, wenn der potentielle Insider hierbei „vernünftig" handelt und insbesondere keine Pflichten gegenüber dem Block-Trader verletzt.

---

694 Grundsätzlich kann auch die Informationsausnutzung pflichtwidrig sein, wie dies anfänglich bei Direktgeschäften mit Organen des Emittenten angenommen wurde. Der Begriff der Pflichtwidrigkeit orientiert sich bewusst an den privatrechtlich ausgestalteten Beziehungen etwa zwischen Informationsquelle und dem möglicherweise gegen das Insiderhandelsverbot verstoßenden Akteur.

695 Vergleiche die Diskussion der Strafwürdigkeit der Ausnutzung von Insider-Informationen bei Mennicke, Sanktionen gegen Insiderhandel, Diss., 1996, Seite 481 ff.

696 So etwa bei der Definition des Insiderhandels-Verbots in Section 52: Die Ausnutzung der Kenntnis ist nur dann unzulässig, wenn die Geschäfte an einem geregelten Markt (Regulated Market) oder unter Einschaltung eines professionellen Intermediärs erfolgt. Hier steht also eindeutig der Schutz der Marktintegrität im Vordergrund.

Es ist zwar aus dem Normtext nicht ersichtlich, dass der Treuebruch – wie in den Vereinigten Staaten[697] – der Information anhaften würde. Dies hätte die Folge, dass der Tippempfänger auch beim Treuebruch des Tippgebers nicht vom Insiderhandelsverbot erfasst würde. Entscheidend ist auf das Kriterium der Vernünftigkeit abzustellen. Dabei ist in Rechnung zu stellen, dass auch die Informationsweitergabe durch den Tippgeber von Section 52 Abs. 2 (b) C.J.A. erfasst ist: Der Broker Dealer, der vor der Blockausführung den befreundeten Day Trader über das Bevorstehende in Kenntnis setzt, verstößt daher gegen das Insiderhandelsverbot.[698] Deshalb wird man aber wohl zu dem Schluss kommen müssen, dass derjenige Tippempfänger, der um die Treuwidrigkeit des Verhaltens seines Informanten weiß, nicht 'reasonable' im Sinne des Ausnahmetatbestandes handelt. Der, der das strafbare Verhalten seines Vordermanns kennt, kann nicht den Eindruck haben, er dürfe das so erlangt Wissen legitimerweise ausnutzen.

Anders wäre die Frage allerdings zu beurteilen, wenn die Informationsweitergabe im Rahmen ernstgemeinter Suche nach einer Vertragspartei erfolgt: Kommt aus irgendwelchen Gründen kein Geschäft zustande, kann der zulässigerweise informierte Broker Dealer legitimerweise seine so gewonnenen Kenntnisse ausnutzen.

(v) Kriterium der Kurserheblichkeit „bei öffentlichem Bekanntwerden“

Zu beachten ist allerdings, dass weiter gefordert ist, dass die Information, falls veröffentlicht (“if made public”), den Kurs des Wertpapiers erheblich beeinflussen würde.[699] Wie oben hinsichtlich des Mengeneffekts erörtert wurde, ist die Blockorder in der Lage, durch den Überhang auf einer Marktseite eine Kursschwankung zu verursachen. Dieser Effekt wurde mit Market Impact bezeichnet. In tatbestandlicher Hinsicht ist das Kriterium des “if made public” deshalb problematisch, weil allein die Ausführung der Blockorder bereits zu Kursreaktionen führt. Zwar wurde oben gleichfalls ein häufig ebenfalls ausgelöster Information Effect beschrieben, der dadurch entsteht, dass die Marktteilnehmer Rückschlüsse aus der Ausführung der Blockorder bzw. der beobachteten, aus dem Market Impact resultierenden, Kursveränderung ziehen. Es ließe sich daher zwar sagen, dass der Information Effect nach dem öffentlichen Bekanntwerden der Blocktransaktion einsetzt und ein Geschäft im Hinblick auf diese Kursveränderung möglich wäre. Da aber die beiden Ursachen beim praktischen Phänomen hin-

---

697 Siehe hierzu oben Seite 243 ff.

698 So auch Mennicke, Sanktionen gegen Insiderhandel, Diss., 1996, Seite 437.

699 Vergleiche zum Parallelproblem bereits oben im Abschnitt über New York Stock Exchange & Nasdaq Stock Market Bedeutung des öffentlichen Bekanntwerdens, Seite 238 ff.; sowie der deutschen Regelung unten Seite 263 ff.

sichtlich der Verantwortlichkeiten für Preisbewegungen nicht klar von einander zu unterscheiden sind, bleibt immer die Behauptung des unter Verdacht Geratenen, eine nicht tatbestandsmäßige, profitable Ausnutzung des Market Impact unternommen zu haben. Eine Verurteilung wegen eines Verstoßes gegen das Insiderhandelsverbot würde dagegen die gezielte Ausnutzung des Informationseffekts erfordern, was strenggenommen zu nahezu unüberwindlichen Beweisschwierigkeiten führen müsste.

Das Kriterium der öffentlichen Bekanntgabe entspringt Artikel 1 Nr. 1 der EG-Insiderrichtlinie[700], so dass die Parallelität zur Formulierung in § 13 WpHG nicht zufällig ist. Auf die Frage, ob dieses Tatbestandsmerkmal sinnvoll auf Marktinformationen im engeren Sinne anzuwenden ist, soll im Rahmen der Analyse der deutschen Regelung vertieft eingegangen werden. Der Sinn ist deshalb zweifelhaft, weil bei Marktinformation im engeren Sinne die Bekanntgabe zum einen äußerst hypothetisch, zum anderen für den Erfolg des Insidergeschäfts schlicht nicht erforderlich ist.

Als weiteres Tatbestandsmerkmal ist die Erheblichkeit der Kursbewegung (‚significant effect') problematisch, wie dies Section 56 C.J.A. vorsieht. Auch hierbei handelt es sich um ein Tatbestandsmerkmal der EG-Insiderrichtlinie (in der deutschen Fassung: „beträchtlich beeinflussen'[701]). Ob die durch die Blockorder verursachte Kursschwankung typischerweise erheblich im Sinne dieser Vorschrift sein wird, lässt sich zwar nicht sinnvoll pauschal beantworten. Hierzu ist jedoch zu sagen, dass sich die verursachte Kursschwankung ökonomischen Studien zufolge, die sich primär mit Umfang und Dauerhaftigkeit des Preisausschlags befassen, in der Regel im Promillebereich – und selbst bei besonders großen Blöcken im niedrigen einstelligen Prozentbereich – bewegt.[702]

---

700 *„1. Insider-Information: eine nicht öffentlich bekannte präzise Information, die einen oder mehrere Emittenten von Wertpapieren oder ein oder mehrere Wertpapiere betrifft und die, wenn sie öffentlich bekannt würde, geeignet wäre, den Kurs dieses Wertpapiers oder dieser Wertpapiere beträchtlich zu beeinflussen;"* EG-Insiderrichtlinie, 89/592/-EWG, ABl. EG Nr. 334/20.

701 Die Formulierung in § 12 Abs. 1 WpHG lautet „erheblich zu beeinflussen".

702 Kraus/Stoll, Price Impacts of Block Trading on the New York Stock Exchange; Journal of Finance, 1972, Seite 569 ff.; Holthausen/Leftwich/Mayers, The Effect of Large Block Transactions on Securities Prices, Journal of Financial Economics 19 (1987), Seite 237 ff.; *dies.*, Large-block transactions, the speed of response, and temporary and permanent stock-price effects, Journal of Financial Economics 26 (1990), Seite 71 ff.; LaPlante/Muscarella, Do institutions receive comparable execution in the NYSE and Nasdaq Markets? A transaction study of block trades, Journal of Financial Economics 45 (1997), Seite 97 ff.; Moulton, The Dynamics of Quoted Liquidity Around Large Trades on the NYSE, The Journal of Financial Research, 21 (1998), Seite 355 ff.;

Deshalb wird die Erheblichkeit im Zusammenhang mit der Ausführung von Blocktransaktionen im Zweifel eher nicht vorliegen. Auf die Sinnhaftigkeit dieses Kriteriums soll ebenfalls im Rahmen der Analyse von §§ 12 ff WpHG eingegangen werden. Wie im Bereich des Kapitalmarktes üblich, sollte die Gewinnchance ins Verhältnis zum damit verbunden Risiko gesetzt werden. Ein sicher vorauszusehender, kleiner Kursausschlag kann bei größeren Umsätzen oder unter Zuhilfenahme von Finanzinstrumenten mit Hebelwirkung wie etwa Terminkontrakten zu ansehnlichen Kursgewinnen führen. Handelt ein Investor „zur Ausnutzung" einer nicht öffentlichen Information, so legt er Zeugnis darüber ab, für wie erheblich er den erwarteten Kursausschlag hält: Jedenfalls für ausreichend erheblich, um Transaktionskosten, Kapitalkosten und das Risiko des Nichteintritts der erhofften Kursbewegung auf sich zu nehmen.

(b) Die Regelung des Financial Services and Markets Act 2000

Durch die oben erwähnte Neufassung des Kapitalmarktrechts durch den F.S.M.A. 2000 hat auch das Insiderhandelsverbot eine neue, zweite Regelung erhalten, da diese bemerkenswerter Weise neben den strafrechtlichen Verbotstatbestand tritt.[703] Der Insiderhandelstatbestand, der als "the misuse of information" – neben der oben analysierte Markt- bzw. Kursmanipulation[704] – ein Unterfall des Marktmissbrauchs ("market abuse") ist, soll nach dem Verständnis der Aufsichtsbehörde FSA nicht mit dem bestehenden Straftatbestand identisch sein.[705]

> **Section 118 F.S.M.A. – Market Abuse**
>
> (1) For the purposes of this Act, market abuse is behaviour (whether by one person alone or by two or more persons jointly or in concert)-
>
> (a) which occurs in relation to qualifying investments traded on a market to which this section applies;
>
> (b) which satisfies any one or more of the conditions set out in subsection (2); and
>
> (c) which is likely to be regarded by a regular user of that market who is aware of the behaviour as a failure on the part of the person or persons concerned to observe the standard of behaviour reasonably expected of a person in his or their position in relation to the market.

Gemmill, Transparency and Liquidity: A Study of Block Trades on the London Stock Exchange under Different Publication Rules, The Journal of Finance, 1996, Seite 1765 ff.

703 Financial Services Authority, Market Abuse: A Draft Code of Market Conduct, Juli 2000, Consultation Paper No. 59, Seite 18 f.

704 Siehe hierzu bereits oben Seite 200 ff.

705 Financial Services Authority, Market Abuse: A Draft Code of Market Conduct, Juli 2000, Consultation Paper No. 59, Seite 19.

> (2) The conditions are that-
>
> (a) the behaviour is based on information which is not generally available to those using the market but which, if available to a regular user of the market, would or would be likely to be regarded by him as relevant when deciding the terms on which transactions in investments of the kind in question should be effected;
>
> (b) the behaviour is likely to give a regular user of the market a false or misleading impression as to the supply of, or demand for, or as to the price or value of, investments of the kind in question;
>
> (c) a regular user of the market would, or would be likely to, regard the behaviour as behaviour which would, or would be likely to, distort the market in investments of the kind in question.

Aus Section 118 (2) (a) F.S.M.A. 2000 ergibt sich lediglich, dass ein Informationsmissbrauch dann vorliegt, wenn das Verhalten im Sinne des Absatzes 1 auf Basis einer nicht-öffentlichen Information erfolgt, die man im allgemeinen bei einer Investitionsentscheidung für wesentlich erachten würde. Wie bereits im Hinblick auf den Tatbestand der Kursmanipulation erörtert wurde, dient der von der FSA erlassene, der Form nach einer normkonkretisierenden Verwaltungsvorschrift vergleichbare *Code of Market Conduct* der näheren Ausgestaltung der häufig generalklauselartigen Vorschriften des F.S.M.A.

Während Marktinformationen im engeren Sinne, wie sie hier Gegenstand der Untersuchung sind, nach Section 118 F.S.M.A. möglicherweise noch als taugliche Insiderinformation anzusehen wären, hat die FSA durch die nähere Ausgestaltung dieses Abschnitts durch den *Code of Market Conduct* eine klare Entscheidung getroffen und sogenannte "trading information" vom Anwendungsbereich der Norm ausgenommen.

> **MAR 1.4.4 – Behaviour which amounts to Market Abuse**
>
> Behaviour will amount to market abuse (unless MAR 1.4.20 - MAR 1.4.31 apply) in that it will be a misuse of information where a person deals or arranges deals in any qualifying investment or relevant product where all four of the following circumstances are present:
>
> (1) the dealing or arranging is based on information. The person must be in possession of information and the information must have a material influence on the decision to engage in the dealing or arranging. The information must be one of the reasons for the dealing or arranging, but need not be the only reason;
>
> (2) the information must be information which is not generally available. Criteria which are to be taken into account when determining whether information is generally available are set out in MAR 1.4.5;
>
> (3) the information must be likely to be regarded by a regular user as relevant when deciding the terms on which transactions in the investments of the kind in question should be effected. Such information is referred to in

this Code as "relevant information". Factors which are to be taken into account when determining whether information is relevant information are set out in MAR 1.4.9 to MAR 1.4.11;

(4) the information must relate to matters which a regular user would reasonably expect to be disclosed to other users of the particular prescribed market. As explained further below at MAR 1.4.12 and MAR 1.4.13, this includes both matters which give rise to such expectation of disclosure or are likely to do so either at the time in question, or in the future.

Bereits MAR 1.4.4 macht in Absatz 4 deutlich, aufgrund welcher generellen Überlegung die Ausnutzung der Kenntnis bevorstehender Transaktionen nicht als Insiderinformation im Sinne dieses Tatbestandes anzusehen ist: Der gewöhnliche Marktteilnehmer darf nicht erwarten, dass derartige Informationen allgemein und damit auch ihm bekannt gemacht würden oder werden.[706] Allerdings bestehen an dieser offiziellen Herleitung der sogleich zu untersuchenden Spezialnorm einige Bedenken. Aufgrund von Pre- und Post Trade-Transparenz-Regelungen an der LSE kommt es nämlich zu einer Veröffentlichung der Aufträge und Umsätze. Zwar sind die einzelnen Transaktionen einer portionsweise ausgeführten Blockorder nicht als Bestandteile für den externen Betrachter lokalisierbar, gleichwohl erfolgt eine allgemeine Veröffentlichung.

(i) Sonderregelung für Trading Information durch MAR 1.4.26

Trading Information – MAR 1.4.26

Dealing or arranging deals will not amount to a misuse of information solely because it is based on information as to that person's intention, or any other person' s intention, to deal arrange deals in relation to any qualifying investment, or information concerning trades that have taken place. However, this does not include dealing or arranging deals:

(1) based on information as to a possible takeover bid;

(2) based on information relating to new offers, issues, placements or other primary market activity.

MAR 1.4.27

While dealing or arranging deals which is based on trading information will not constitute market abuse, it may constitute a breach of COB 7.4.3 (Dealing fairly and in due turn) or rules in COB 7.13 (Personal account dealing) applicable to firms. Specifically, MAR 1.4.26 does not legitimise the front running of customer orders.

Diese Market Abuse Rule 1.4.26 stellt unmissverständlich klar, dass Transaktionen, die auf der Kenntnis über bevorstehende oder bereits erfolgte Geschäfte

---

706 So die offizielle Begründung in der Veröffentlichung der Financial Services Authority, Market Abuse: A Draft Code of Market Conduct, Juli 2000, Consultation Paper No. 59, Seite 28.

basieren, nicht als Informations- bzw. Marktmissbrauch angesehen werden und damit nicht gegen Sections 118 ff. F.S.M.A. verstoßen.[707] Dabei ist unerheblich, wer die Geschäfte vorzunehmen beabsichtigt oder vorgenommen hat. Ausgenommen sind Informationen betreffend mögliche Übernahmeangebote, also – der hier gewählten Terminologie folgend – Marktinformationen im weiteren Sinne.

In der Begründung und in MAR 1.4.27 wird darauf hingewiesen, dass der freie Gebrauch der Trading Information unter dem Vorbehalt anderweitiger Regelungen betreffend die Nutzung solcher Informationen steht, wie die Conduct of Business Vorschriften[708] gegen das Frontrunning[709] von Kundenaufträgen.[710] Hieraus ist abzulesen, dass eine Gefahr für über-individuelle Interessen oder den Markt als solchen durch ein solches Verhalten nicht gesehen wird. Zwar sind die Interessen desjenigen tangiert, der die kursrelevanten Geschäfte tätigen will, weil die Chancen einer günstigen Ausführung beeinträchtigtwerden. Die Market Abuse Rules dienen aber eben nicht dem Schutz von Individualinteressen; letztere sollen etwa durch die Conduct of Business Rules geschützt werden.

(ii) Auswertung

Folglich ist also die Ausnutzung der Kenntnis von bevorstehenden oder geschehenen Geschäften unter insiderrechtlichen Gesichtspunkten nach dem F.S.M.A. 2000 zulässig.[711] Dies gilt auch für die Weitergabe der Information über eine bevorstehende Ausführung der Blockorder. Betrifft die Kenntnis die Order eines Kunden, so ist die Weitergabe durch den Broker Dealer oder Ausnutzung durch eigene Geschäfte zwar unter Insidergesichtspunkten zulässig, wird jedoch im Zweifel als Verstoß gegen Treuepflichten zu bewerten sein.[712] Ein eventueller Tippempfänger, den wie im oben skizzierten Beispiel keine Pflichten gegenüber dem Kunden des Broker Dealers treffen, verstößt demnach weder gegen das In-

---

707 Financial Services Authority, Market Abuse: A Draft Code of Market Conduct, Juli 2000, Consultation Paper No. 59, Seite 28.

708 Die Formulierung "it may constitute a breach of COB 7.4.3" verweist auf das Conduct of Business Sourcebook, in dem die Verhaltenspflichten der "Firms" im Hinblick auf ihre Kundenbeziehung normiert sind. Section 7.4 – Customer Order Priority; „7.4.3 – *A firm must execute customer and own account orders fairly and in due turn*".

709 Siehe hierzu unten Abschnitt "Conduct of Business Sourcebook der FSA", Seite 306.

710 Financial Services Authority, Market Abuse: A Draft Code of Market Conduct, Juli 2000, Consultation Paper No. 59, Seite 28.

711 Financial Services Authority, Market Abuse: A Draft Code of Market Conduct, Juli 2000, Consultation Paper No. 59, Seite 28.

712 Hierzu unten Seite 306 – Conduct of Business Sourcebook der FSA.

siderhandelsverbot noch gegen sonstige Verhaltenspflichten. Diese beziehen sich eben insoweit nur auf das Verhältnis zwischen Broker Dealer und seinem Kunden.[713]

(c) Unterschiede der beiden Regelungen

Nach dem hier zugrundegelegten Verständnis kommt es zu einem gewissen Widerspruch zwischen dem Straftatbestand der Section 52 ff. C.J.A. und der Regelung des F.S.M.A. in Verbindung mit dem Code of Market Conduct in der derzeitigen Fassung. Die Freistellung der Trading Information nach MAR 1.4.26 läuft – so scheint es zumindest – ins Leere, soweit nicht der Tatbestand der „Reasonableness" im Sinne von Schedule 1 zum C.J.A. eingreift. Die Unstimmigkeit ist allerdings weitgehend dogmatischer Natur. Ist die Ausnutzung der Kenntnis nicht als legitim einzustufen, wird im Regelfall auch ein Verstoß gegen die Vorschriften des Code of Business Conduct vorliegen. Zu Diskrepanzen dürfte es allerdings dann kommen, wenn der Tippempfänger, weil er vom Pflichtverstoß seines Tippgebers weiß, nicht 'vernünftig' im Sinne der Schedule 1 handelt und damit vom Straftatbestand der Section 52 ff. C.J.A. erfasst wird, während ihn keine Verhaltenspflichten nach dem Code of Business Conduct treffen.[714] Problematisch scheint insoweit, dass die Market Abuse Rules eine Verbotsausnahme vorsehen, die zumindest punktuell in die Strafbarkeit zu führen scheint. Dies wirkt natürlich wenig glücklich.

(d) Exkurs – Zusammenspiel der Konzepte von Insiderhandel und Frontrunning

Wie unten noch näher zu erörtern sein wird, fußen in Großbritannien und Deutschland auf der einen Seite – anders als in den Vereinigten Staaten – Insiderhandelsverbot und Frontrunning heute auf zwei verschiedenen Ansätzen: Während das Insiderhandelsverbot in Deutschland und mehr und mehr[715] auch in Großbritannien auf dem Gedanken der Marktfairness und -integrität basierend die Ausnutzung von Informationsasymmetrien in den Vordergrund stellt, wird in den Vereinigten Staaten primär auf einen Treuebruch abgestellt. Davon ausgehend, dass das Zulassen von Informationsasymmetrien insofern zur Markteffizienz beiträgt, als so der Anreiz zur Ermittlung und Erforschung neuer Informatio-

---

713 So explizit in der Begründung in Gliederungspunkt 6.52, Financial Services Authority, Market Abuse: A Draft Code of Market Conduct, Juli 2000, Consultation Paper No. 59, Seite 28.

714 Siehe Fußnote 723.

715 Die Umsetzung der EG-Insiderrichtlinie durch den C.J.A. 1993 machte den ersten Schritt in Richtung auf ein primär marktschützendes Insiderrecht, und der F.S.M.A. 2000 und der Code of Market Conduct sind als nahezu vollständige Abkehr vom Gedanken der Treuepflichten zu interpretieren.

nen gesteigert wird, wird nach amerikanischem Recht nur gegen die Fairness unter den Marktteilnehmern verstoßen, wenn die Information auf unlauterem Wege erlangt wurde. Dementsprechend liegt nach dortigem Verständnis nur dann ein Verstoß gegen das Insiderhandelsverbot vor, wenn bei Erlangung der Information oder Vornahme des Geschäfts besondere Treue- oder Vertraulichkeitspflichten missachtet wurden.[716] Ein allgemeines Verbot von Geschäften aufgrund der Kenntnis nicht-öffentlicher Information besteht nicht.

Wie noch detaillierter zu erörtern sein wird, beruhen die Regeln gegen Frontrunning in allen drei Jurisdiktionen auf der Verletzung von zwischen Broker Dealer und Kunde bestehenden Treuepflichten.[717] Damit bestehen in Deutschland und (zum Teil auch) in Großbritannien unterschiedliche dogmatische Ansatzpunkte von Frontrunning und Insiderhandel, während in den Vereinigten Staaten beide Delikte das Tatbestandsmerkmal der Treuepflichtverletzung aufweisen und damit eine Parallelität aufweisen. Hierzu jedoch im einzelnen näher unten im Abschnitt Frontrunning.[718]

Auf die Besonderheit, dass das in Großbritannien sonst weitgehend zurückgedrängte Treuebruchelement ausgerechnet bei den Ausnahmeregelungen in Schedule 1 zum Criminal Justice Act im Zusammenhang mit Marktinformationen im engeren Sinne wieder eine Rolle spielt, wurde oben bereits hingewiesen.[719] Kurioserweise war im Rahmen des Konsultationsprozesses zum Code of Market Conduct ebenfalls eine – vielleicht als traditionell oder amerikanisch-orientiert zu bezeichnende – Ausgestaltung der *Market Abuse Rules* im Gespräch: Danach sollte das Handeln aufgrund von Marktinformationen nur insoweit vom Insiderhandelsverbot ausgenommen werden sollte, wie es sich bei den bevorstehenden Geschäften um eigene oder die von Kunden handelt.[720] Danach hätte sich folgende Situation ergeben: Die Kenntnis um eigene bevorstehende

---

716 Gewissermaßen abgerundet wird dieses Konzept dadurch, dass Organe und Aktionäre mit signifikanter Beteiligung an der Gesellschaft die bei kurzfristigen Transaktionen gemachten Gewinne an die Gesellschaft abführen müssen, Section 16 S.E.A. Vergleiche hierzu Fußnoten 23 und 645.

717 Diese Beziehung ist in den NYSE Regeln inzwischen allerdings nicht mehr zu finden, vergleiche NYSE Information Memorandum No. 95-28, Seite 294.

718 Siehe unten Seite 283 ff.

719 Siehe oben „Die Insiderregelung des Criminal Justice Act 1993", Seite 246 ff.

720 Financial Services Authority, Market Abuse: A Draft Code of Market Conduct, Juli 2000, Consultation Paper No. 59, Seite 28, "6.51 – We have, however, been giving further consideration as to whether the use of trading information should be further restricted in the Code. Specifically, should a person be allowed to use information in relation to his own or any other person's intention to trade (as currently formulated) or only in relation to his own or his customer's intention?".

Geschäfte sowie um Geschäfte eines Kunden wären vom Insiderhandelsverbot ausgenommen worden. Im letzteren Fall wird allerdings im Regelfall die Treuepflicht gegenüber dem Kunden entsprechende Geschäfte ausschließen würde. Die Ausnutzung der Kenntnis von Geschäften Dritter wäre danach verboten worden.[721] Wie das Zusammenspiel dieser Regelung mit dem Kriterium der „Reasonableness" aus Schedule 1 zu den Sections 52 ff. Criminal Justice Acts 1993 ausgesehen hätte, ist eher unklar. Zumindest nach den hier zugrundegelegten Interpretationen wären Widersprüchlichkeiten nicht auszuschließen.

Die FSA ist allerdings im Rahmen des Erörterungsprozesses mit Praktikern zu dem Ergebnis gekommen, dass es den Marktteilnehmern weiterhin möglich sein soll, ihre Fähigkeit, das Handelsgeschehen zu analysieren und zu verstehen, zu nutzen ("to take advantage of their ability to understand, analyse and assess the implication of transaction flows through the market"[722]). Dementsprechend wird klar, dass im Fall von Trading Information der Schutz der Kundeninteressen im Vordergrund steht und eine Beeinträchtigung der Integrität und der Fairness des Marktes als nicht drohend eingestuft wird. Dies wird insbesondere durch den Verweis auf die zwischen Broker Dealer und Kunde bestehenden Vertraulichkeitspflichten deutlich. Diese verbieten dem Broker Dealer nicht nur die Ausnutzung durch eigene Geschäfte, sondern eben auch die Weitergabe der Information an Dritte.[723] Hier droht nach diesem Verständnis vor allem eine Beeinträchtigung der Interessen des Kunden, nicht so sehr der anderer Marktteilnehmer.

(e) Bedeutung der verzögerten Publikation von Großtransaktionen

Die Behandlung von Handelsinformationen im Sinne des Insidertatbestandes steht in direktem Zusammenhang mit der in einem Markt sichergestellten Pre- und Post Trade-Transparenz. Wenn und soweit die Orderlage für die Marktteil-

---

721 Pikanterweise würde mit einer solchen britischen Regelung das amerikanische Verständnis des Insidertatbestandes weitgehend auf den Kopf gestellt. Bei vermutetem Vorliegen einer Treuepflicht wäre man vom Insiderhandelsverbot befreit, beim Fehlen solcher Pflichten würde man dem Verbot unterfallen.

722 Financial Services Authority, Market Abuse: A Draft Code of Market Conduct, Juli 2000, Consultation Paper No. 59, Seite 28.

723 Financial Services Authority, Market Abuse: A Draft Code of Market Conduct, Juli 2000, Consultation Paper No. 59, Seite 28, *"Further, authorised firms owe obligations of confidentiality to their customers in respect of information pertaining to their orders and must pay due regard to the interests of their customers. The FSA would consider the improper transmission of information by an authorised firm as to the orders of a customer of that firm to another authorised firm as a matter which could give rise to disciplinary action against either or both firms under any or all of the FSA's Principles for Businesses 1, 2 and 6. (FSA's Principles for Businesses. Principle 1: Integrity. Principle 2: Skill, care and diligence. Principle 6: Customers' interests.)"*.

nehmer allgemein ersichtlich ist, scheidet ein Insiderhandel auf Basis der Kenntnis einer so ersichtlichen Order wegen hergestellter Bereichsöffentlichkeit aus. Diese eher triviale Erkenntnis ist aber auf folgende Situation reduzierter Post Trade-Transparenz zu übertragen: Man könnte grundsätzlich auf folgende Idee kommen: Die Tatsache der erfolgten Eingehung und der – daraus zu schließenden – bevorstehenden Glattstellung einer vom Block-Positioner übernommenen Großposition stellen kurserhebliche Informationen dar.

Würde es sich dabei nicht um Trading Information im Sinne von MAR 1.5.26 und vernünftiges Verhalten im Sinne von Schedule 1 handeln, wären die Ausgleichsgeschäfte im Zeitraum zwischen dem ersten Geschäft, dem des institutionellen Investors mit dem Block-Positioner, und der größenbedingt verzögerten Veröffentlichung als Insiderhandel anzusehen.[724] Der Block-Positioner verfügt in diesem Zeitraum insofern über nicht-öffentliches kursrelevantes Wissen: Er hat Kenntnis davon, dass eine entsprechende Blocktransaktion stattgefunden hat, die zum einen bei öffentlichem Bekanntwerden unter Umständen einen entsprechenden Informationseffekt auslösen kann und zum zweiten dafür verantwortlich ist, dass aufgrund des bevorstehenden Ausgleichs der übernommenen Position ein Market Impact zu erwarten ist.

Insiderhandel liegt aber wegen der übereinstimmenden Ausnahmeregelungen von Schedule 1 zum Criminal Justice Act 1993 und von MAR 1.5.26 zur Regelung der Sections 118 ff. F.S.M.A. (“information concerning trades that have taken place”) nicht vor. Auch ein Konflikt zwischen den Normen, dem Insiderhandelsverbot auf der einen Seite und der Regelung zur verzögerten Transparenz auf der anderen Seite, besteht demnach nicht. Der insofern bestehende Informationsvorsprung des Blockhändlers ist vom Insiderhandelsverbot freigestellt.

(f) Bedeutung für das Inter Dealer Broker-System

Nach dem dargestellten Verständnis im Hinblick auf die Insiderrelevanz von Handelsinformationen ist klar, dass auch das oben im Abschnitt über Transparenz erörterte Arrangement des Inter-Dealer Broker Systems – bei dem zwischen einzelnen Intermediären Positionen ausgeglichen und so Informationsvorsprünge nur intern geteilt und dadurch bewahrt werden – nicht als ‘Insider-Kartell’ zu verstehen ist.[725]

---

724 Dieses Problem ist in Deutschland nicht gelöst und nur wegen der Nichtgebrauchmachung in den Börsenordnungen nicht akut. Man muss wohl davon ausgehen, dass die zulässige Verzögerung der Veröffentlichung die Zulässigkeit der Ausnutzung der dadurch herbeigeführten Informationsasymmetrien indiziert.

725 Ellger/Kalss, Börsen- und Kapitalmarktrecht des Vereinigten Königreichs, in: Hopt/Rudolph/Baum (Hrsg.), Börsenreform, Eine ökonomische, rechtsvergleichende und rechtspolitische Untersuchung, 5.B.I.

Die Transaktionen zwischen den Dealern wären zwar unter normativen Gesichtspunkten ohnehin unproblematisch, da bei diesen ja untereinander insofern Informationssymmetrie besteht. Problematisch wäre höchstens der zeitlich parallele Handel mit den Teilnehmern der allgemeinen Marktöffentlichkeit, der – zumindest hinsichtlich der erzielten Kurse – ja gerade auf deren Unkenntnis von dem Geschehen im abgeschirmten Marktsegment basiert. Dieses ist – wie oben[726] erläutert – zwar nur hinsichtlich der Pre Trade-Transparenz abgeschirmt, da die abgeschlossenen Geschäfte wie alle sonstigen veröffentlicht werden. Hinsichtlich der Post Trade-Transparenz ist überdies zu berücksichtigen, dass die Veröffentlichung der Umsätze bei entsprechender Größe der Transaktionen eben erst verzögert erfolgt.[727]

In jeden Fall haben die in dem betreffenden Wert aktiven Broker Dealer gegenüber der Marktöffentlichkeit einen Wissensvorsprung aus nicht-öffentlich zugänglichen Quellen, der nicht allein aus den eigenen Transaktionen oder der Tätigkeit als Market Maker resultiert. Würden die Broker Dealer von dieser Informationsabschottung nicht profitieren, gäbe es sie aller Wahrscheinlichkeit nach nicht. Es liegt zwar nahe, dass hier institutionelle Informationsasymmetrien ausgenutzt werden, der Inhalt der Informationen aber dergestalt ist, dass das Insiderhandelsverbot nicht tangiert ist.

(g) Ergebnis

Aufgrund der jeweiligen Ausnahmeregelungen für Trading Information ist der oben skizzierte Beispielsfall der Ausnutzung der Kenntnis von einem bevorstehenden Block Trade zwar unter F.S.M.A.-insiderrechtlichen Gesichtspunkten generell unbedenklich, nicht jedoch nach dem C.J.A. 1993. Ein Resultat, das wegen der Gefahr eines „Leitens in die Strafbarkeit“ nicht im Sinne des Gesetzgebers sein kann.[728] Beiden Normkomplexen liegen offenbar sehr ähnliche Grundvorstellungen zugrunde, deren dogmatische Anknüpfungen bei der Umsetzung allerdings divergieren: Erstens: Informationsasymmetrien sind, soweit sie sich auf Marktinformationen im engeren Sinne beziehen, der Marktintegrität grundsätzlich nicht abträglich. Zweitens: Gleichwohl können Individualinteressen von deren Ausnutzung tangiert sein.

---

726 Vergleiche Seite 91 zu "Besonderheiten für Equity Inter Dealer Broker".

727 Vergleiche Seite 109 zur "Block Trade Facility", die eine verzögerte Publikation der Block Trade-Umsätze ermöglicht.

728 Das Nebeneinander der beiden Tatbestände besteht nur für den Handel mit Aktien. Während der C.J.A. 1993 sich nur auf diese bezieht, finden die Vorschriften des F.S.M.A. 2000 auch auf die Warentermingeschäfte und andere Wertpapiere Anwendung, vergleiche Financial Services Authority, Market Abuse: A Draft Code of Market Conduct, Juli 2000, Consultation Paper No. 59, Seite 18 f.

Unterschiede ergeben sich aber bei dem dritten Punkt: Sollen diese Individualinteressen durch den Insidertatbestand geschützt werden? Während der C.J.A. 1993 selbst dies im Grundsatz verneint und auf derartige Tatbestandsmerkmale verzichtet, wird dies bei der Formulierung der zugehörigen Ausnahmetatbestände nicht konsequent durchgehalten. Schedule 1 stellt wie gezeigt durch das Merkmal 'reasonable' auf Elemente ab, die – und das macht auch Absatz 3 sehr deutlich – den Bezug zur Informationsquelle betreffen, und damit den Schutz der Individualinteressen sicherstellt.

Der F.S.M.A. beantwortet die Frage hingegen mit einem konsequenteren Nein. Die Market Abuse Rules lassen bewusst die Frage offen, ob der Tippgeber durch sein Tun die Pflichten gegenüber seinem Kunden verletzen, einen Insiderverstoß begeht er danach aber nicht. Die Trennung zwischen dem Insidertatbestand, der den Schutz der Marktintegrität zum Gegenstand hat, und Code of Business Conduct, die das Verhalten zwischen Broker Dealer und seinem Kunde regeln und dessen Individualinteressen schützen sollen, wird konsequent durchgehalten.

Hinsichtlich der normativen Grundentscheidung, dass Informationsasymmetrien im Hinblick auf Marktinformationen im engeren Sinne der Marktintegrität nicht abträglich sind, besteht Konstanz zu anderen Regulierungsbereichen: So liegt dieses Verständnis auch der verzögerten Publikation von Großumsätzen und der Institution des Inter Dealer Broker-Systems zugrunde.

Ob dieser Ansatz, mit dem die LSE zur führenden europäischen Börse geworden ist, der richtige ist, oder ob in Zeiten verschärften internationalen Wettbewerbs der Börsen ein regulatorisches *Race to the Top* im Hinblick auf Fairness und Transparenz zu beobachten sein wird, werden die nächsten Jahre zeigen.

(3) Frankfurter Wertpapierbörse

Bis zum Inkrafttreten des Zweiten Finanzmarktförderungsgesetzes im Jahre 1994 gab es in Deutschland kein gesetzlich normiertes Insiderhandelsverbot. Die einzige Regelung dieser Materie bestand in einem so gelegentlich apostrophierten Anti-Insidervertragsrecht, dem sich die Berufsangehörigen[729] im Wege der privatrechtlichen Unterwerfung unterstellten.[730]

---

729 Primär geht es dabei um Vertreter der Emittenten, Banken und Berater. Vergleiche § 2 der Insiderhandels-Richtlinien, Anmerkung 1, Insider-Regeln – Erläuterungen und Verfahrensordnung, Stand: Juni 1988.

730 Claussen, Insiderhandelsverbot und Ad hoc-Publizität, Seite 2; Schwarze, Die Orderlage im Skontro eines Börsenmaklers als Insidertatsache, WM 1997, S. 1564 (1564); zum alten Recht: Baumbach/Duden/Hopt, HGB-Kommentar; 28. Auflage, Insiderhandels-Richtlinie, S. 1470; Zum Inhalt vergleiche Publikation des Verlags Versicherungs-

Entsprechend dem Inhalt der damaligen freiwilligen Insider-Regelungen[731] wird unter dem Begriff des Insiderhandels noch heute vor allem die Ausnutzung der Kenntnis von noch nicht öffentlich bekannten Tatsachen verstanden, die das Geschäft des Emittenten betreffen, also gesellschaftsbezogen sind.[732]

(a) §§ 12-14 WpHG

Gegenstück zu den gesellschaftsbezogenen Tatsachen sind – wie eingangs erläutert – die marktbezogenen Tatsachen. Auch diese sind nach Umsetzung der oben bereits als Grundlage der britischen Regelung im Criminal Justice Act erörterten EG-Insiderrichtlinie durch §§ 12-14 WpHG[733] inzwischen taugliche Insidertatsachen:

> **§ 13 WpHG Insider**
>
> (1) Insider ist, wer
>
> 1. als Mitglied des Geschäftsführungs- oder Aufsichtsorgans oder als persönlich haftender Gesellschafter des Emittenten oder eines mit dem Emittenten verbundenen Unternehmens,
> 2. aufgrund seiner Beteiligung am Kapital des Emittenten oder eines mit dem Emittenten verbundenen Unternehmens oder
> 3. aufgrund seines Berufs oder seiner Tätigkeit oder seiner Aufgabe bestimmungsgemäß
>
> Kenntnis von einer nicht öffentlich bekannten Tatsache hat, die sich auf einen oder mehrere Emittenten von Insiderpapieren oder auf Insiderpapiere bezieht und die geeignet ist, im Falle ihres öffentlichen Bekanntwerdens den Kurs der Insiderpapiere erheblich zu beeinflussen (Insidertatsache).
>
> (2) Eine Bewertung, die ausschließlich aufgrund öffentlich bekannter Tatsachen erstellt wird, ist keine Insidertatsache, selbst wenn sie den Kurs von Insiderpapieren erheblich beeinflussen kann.

Nach § 13 Abs. 1 WpHG kann sich die Kenntnis also sowohl auf Tatsachen, die den Emittenten betreffen, als auch solche, die das Papier selbst betreffen, be-

---

wirtschaft e.V., Insider-Regeln – Erläuterungen und Verfahrensordnung, Stand: Juni 1988.

731 Diese definierten den Insider explizit "gesellschaftsbezogen", vergleiche Insiderhandelsrichtlinien § 2 Anmerkung 1, Verlag Versicherungswirtschaft e.V., Insider-Regeln – Erläuterungen und Verfahrensordnung, Stand: Juni 1988.

732 Claussen, Insiderhandelsverbot und Ad hoc-Publizität, Seite 14.

733 Die §§ 12 ff. WpHG erfahren nach dem Regierungsentwurf (oben Fußnote 73) durch das Vierte Finanzmarktförderungsgesetz lediglich (in § 12 WpHG) eine sprachliche Anpassung im Hinblick auf die Neuregelung der Einbeziehung von Wertpapieren in geregelten Markt.

ziehen. Der deutsche Gesetzgeber folgt insoweit den Vorgaben der Insiderrichtlinie der EG.[734]

(b) Markttatsachen im weiteren Sinne

Das Tatbestandsmerkmal der Insidertatsache als 'das Insiderpapier selbst betreffende Informationen' nun grundsätzlich auch Markttatsachen, wie etwa die bevorstehende Empfehlung eines Wertpapiers durch eine Person, Bank oder sonstige Institution, soweit diese aufgrund der mit ihr assoziierten Expertise gewöhnlich von vielen Marktteilnehmern befolgt wird.[735] In Anknüpfung an die bisher gewählte Terminologie handelt es sich zumindest um Marktinformationen im weiteren Sinne.

(c) Markttatsachen im engeren Sinne

Ob auch die aktuelle Lage im Orderbuch[736] oder eine (bevorstehende) Akquisition oder der Verkauf eines größeren Aktienblocks als eine solche marktbezogene Insidertatsache im Sinne des § 13 Abs. 1 WpHG zu bewerten ist, also auch Marktinformationen im engeren Sinne erfasst sind, soll im Folgenden untersucht werden.[737] Hierfür spricht unter normativen Gesichtspunkten zwar, dass Marktinformationen im engeren Sinne ebenso zu leicht abschätzbaren, signifikanten Kursbewegungen führen können, wie in Fällen der oben genannten Beispiele. Mit Hilfe der Kenntnis der entsprechenden Marktinformation lässt sich die durch den Market Impact[738] der Blockorder verursachte Kursveränderung zu kurzfristig erzielbaren Gewinnen nutzen.[739]

---

734 Die EG-Insider-Richtlinie 89/592/EWG (ABl. EG Nr. L 334/30) definiert eine Insider-Information in Artikel 1 Nr. 1 als "*Information, die einen (...) Emittenten oder ein (...) Wertpapier betrifft*".

735 Assmann, in: Assmann/Schneider, WpHG-Kommentar, § 13 Rn. 33g.

736 Vergleiche Schwarze, Die Orderlage im Skontro eines Börsenmaklers als Insidertatsache, WM 1997, S. 1564 (1564). In diesem Zusammenhang sind auch die verschieden Beschränkungen zu erklären, denen der Specialist der NYSE unterliegt. Dieser darf bestimmte Marktinformationen, die er in seiner Eigenschaft erwirbt, nicht zu entsprechenden Transaktionen beziehungsweise Kursanpassungen nutzen, vergleiche Jennings/Marsh/Coffee, Securities Regulation, 7th Edition, Seite 9.

737 Zum Teil wird schlicht behauptet, die EG-Insiderrichtlinie umfasse auch solche Informationen, Hopt in FS Heinsius, Insiderwissen und Interessenkonflikte im europäischen und deutschen Bankrecht, Seite 295.

738 Zu dem Verhältnis von Market Impact und Information Effect hinsichtlich der Ausnutzung siehe unten im Abschnitt über das „Kurserheblichkeit des hypothetischen öffentlichen Bekanntwerdens" Seite 267 ff.

739 Zur normativen Vergleichbarkeit und der 'Verbotswürdigkeit' siehe unten Seite 272.

Das Unwerturteil über ein Insiderverhalten beruht – hierzulande und der EG-Richtlinie folgend – maßgeblich darauf, dass die relative Ahnungslosigkeit des – wenn auch nur anonym und als Bestandteils des Kollektivs der Marktgegenseite vorhandenen – Geschäftspartners durch jemanden ausgenutzt wird, der über noch nicht bekannte, kursrelevante Informationen verfügt.[740] Das für das reibungslose Funktionieren des Sekundärmarktes unverzichtbare Vertrauen der Anleger beruht maßgeblich auf der ihnen „gegebenen Zusicherung, dass sie gleichgestellt sind".[741] Die das Insider-Geschäft charakterisierende Übervorteilung anderer Anleger auf Basis von Tatsachen, die diesen nicht zugänglich sind, liegt im hier untersuchten Fall in gleicher Weise vor.

Die in Großbritannien von der FSA im Rahmen der Begründung der neuen Market Abuse Rules getroffene Differenzierung überzeugt nicht. Das dort angeführte Argument für die Ausklammerung von Trading Information vom Insiderhandelsverbot, dass die Marktteilnehmer ohnehin nicht erwarten würden, gleichberechtigten Zugang zu derartigen Informationen zu haben[742], ist alles andere als vertrauenstiftend.[743]

(i) Bezug zum Insiderpapier

Keinerlei Probleme bereitet bei grammatischer Auslegung die Frage, ob sich die Orderlage, eine Blockorder oder ihre bevorstehende Ausführung "auf Insider-

---

740 So Schwarze, Die Orderlage im Skontro eines Börsenmaklers als Insidertatsache, WM 1997, S. 1564 (1564).

741 So die Präambel der EG-Insiderrichtlinie (89/592/EWG) vom 13.11.1989. „*Nicht auf die Gleichheit der Information kommt es an, sondern auf die Chancengleichheit beim Zugang zu der Information*", Hopt in FS Heinsius, Insiderwissen und Interessenkonflikte im europäischen und deutschen Bankrecht, Seite 290.

742 „*While trading information will be unavailable to other market users and may also be relevant in deciding the terms on which transactions should be effected, behaviour based on this information is not regarded as amounting to market abuse. Other users of the market would not expect to have equal access to such information, and behaviour based on this information would not constitute a failure to observe the standard of behaviour reasonably expected by a regular user.*" Financial Services Authority, Market Abuse: A Draft Code of Market Conduct, Juli 2000, Consultation Paper No. 59, Seite 28.

743 Allerdings stellt sich auch Kümpel, Zum Begriff der Insidertatsache, WM 1994, S. 2137 (2138), auf den ähnlichen Standpunkt, die angestrebte Gleichbehandlung beschränke sich auf „solche kursbeeinflussenden Sachverhalte, die rechtmäßig allen Marktteilnehmern zustehen, deshalb zu veröffentlichen sind und daher vor der Veröffentlichung einem Verwertungsverbot unterliegen."

papiere bezieht".[744] Soweit die betreffenden Aufträge Wertpapiere im Sinne des § 12 Abs. 1 – oder sonstige Rechte im Sinne des Abs. 2 – zum Gegenstand haben, ist die Subsumtion trivial. Da hier die Blocktransaktionen in börsennotierten Aktien den Gegenstand der Untersuchung bilden, betreffen diese auch Insiderpapiere im Sinne der §§ 12, 13 WpHG. Aufgrund der Tatsache, dass der Wortlaut der Einbeziehung der hier untersuchten Marktinformationen im engeren Sinne nicht entgegensteht und auch keine explizite Ausklammerung erfolgt ist[745], soll nun das Vorliegen der weiteren Tatbestandsmerkmale begutachtet werden:

(ii) Tatsache nicht öffentlich bekannt

Zunächst müsste es sich bei der Orderlage oder der bevorstehenden Ausführung einer Blockorder um eine "nicht öffentlich bekannte Tatsache" handeln. Soweit im ersten Fall das Orderbuch nicht vollständig offen ist oder im zweiten Fall die Blockorder noch nicht vollständig ihren Weg in den offenen Teil des Orderbuchs[746] gefunden hat, ist dieses Kriterium erfüllt.

Ob eine Blockorder, die unmittelbar oder mittelbar für die Marktteilnehmer aus dem Orderbuch ersichtlich ist, bereits 'bereichsöffentlich[747] ist, und damit bereits als öffentlich bekannt gilt, wird wohl zu bejahen sein. Hierfür spricht vor allem, dass effektive Preise der beste Schutz gegen Unfairness und Übervorteilung sind. Ist eine Information 'eingepreist', dass heißt von den Handelsteilnehmern bei den kursbildenden Transaktionen bereits berücksichtigt, so wird es damit unmöglich, das Sonderwissen gewinnbringend ausnutzen, weil die Preisreaktion, die dem Insider für gewöhnlich die Gewinne verschafft, bereits erfolgt ist. Daher ist das Erscheinen des Auftrages im Orderbuch des Kursmaklers oder des Xetra-Systems beziehungsweise die (unverzügliche[748]) Bekanntmachung der Umsätze über den Ticker als öffentliches Bekanntwerden einzustufen.

---

744 Assmann, Insiderrecht und Kreditwirtschaft, WM 1996, Seite 1337 (1341, 1345); Assmann/Cramer, in: Assmann/Schneider, WpHG-Kommentar, § 14 Rn. 26; Claussen, Insiderhandelsverbot und Ad hoc-Publizität, Rz. 81; Kümpel, Zum Begriff der Insidertatsache, WM 1994, Seite 2137 (2139); Hopt in FS Heinsius, Insiderwissen und Interessenkonflikte im europäischen und deutschen Bankrecht, S. 289 (295), allerdings zur EG-Richtlinie.

745 Die Tatsache, dass in Schedule 1 zu den ja sehr ähnlich formulierten Sections 52 ff. C.J.A. 1993, eine partielle Ausnahme gemacht wird, legt auch den Schluss der hier angenommenen Einbeziehung nahe. Vergleiche oben Seite 247.

746 Gleich ist hierbei, ob das Buch von einem Börsenmakler oder durch das Computersystem Xetra geführt wird.

747 Vergleiche zu diesem Begriff etwa: Assmann, in: Assmann/Schneider, WpHG-Kommentar, § 13 Rn. 41 ff.

748 Vergleiche § 11 Abs. 2 Satz 5 BörsG (entspricht § 23 Abs. 2 Satz 4 BörsG-E.

Aus den Gründen, die oben im Zusammenhang mit der Transparenz der Märkte erörtert wurden[749], wird der Block-Trader es im Zweifel ohnehin tunlichst vermeiden, größere Teile seiner Order vor ihrer Ausführung für den gesamten Markt sichtbar werden zu lassen. Seitdem auch die Möglichkeit der Abgabe sogenannter 'interessewahrender Aufträge' oder 'Iceberg-Orders'[750] besteht, ist es dem Block-Trader möglich, die komplette Order bereits in den Prozess einzubringen, ohne das diese sichtbar und damit 'öffentlich bekannt' wird. Früher musste die portionsweise Ausführung der Order 'per Hand' erfolgen, was in der Regel auch geschah.

(iii) Kurserheblichkeit des hypothetischen öffentlichen Bekanntwerdens der Tatsache

Ungleich schwieriger ist die Beurteilung der Frage, ob die Markttatsache im engeren Sinne „geeignet (ist), im Falle ihres öffentlichen Bekanntwerdens den Kurs der Insiderpapiere erheblich zu beeinflussen". Wie oben[751] hinsichtlich des Mengeneffekts erörtert, ist die im Verhältnis zum normalen Tagesumsatz (definitionsgemäß) große Blockorder in der Lage, zu einem erheblichen Überhang auf einer der beiden Marktseiten zu führen und so erhebliche Kursschwankungen zu verursachen. Dieser Effekt wurde mit Market Impact bezeichnet.

In tatbestandlicher Hinsicht ist das Kriterium des Zusammenhangs zwischen hypothetischem "öffentlichen Bekanntwerden" und Kursbeeinflussung problematisch, da die Block Trades zu Kursreaktionen führen, auch ohne dass die Tatsache ihrer Existenz bzw. Ausführung öffentlich bekannt wird. Ebenso verhält es sich bei der aktuellen Lage im Orderbuch: Auch hier können sich zukünftige Kursbewegungen abzeichnen, die dann allein aufgrund der Interaktion der Aufträge erfolgen, ohne dass es der Wahrnehmung durch andere Marktteilnehmer und deren Reaktion bedürfte.

---

749 Siehe oben zum ungünstigen Informationseffekt Seite 62 ff.

750 Die Bezeichnung der Iceberg-Orders ist selbstverständlich nach dem naturwissenschaftlichen Phänomen benannt: Nur etwa ein Siebtel des Eisbergs ist oberhalb der Wasseroberfläche und damit sichtbar. Entsprechend ist auch hier nur ein geringer Teil des Gesamtvolumens des Auftrages sichtbar. Kommt dieser Teil zur Ausführung, rücken sukzessive entsprechende weitere Teile der Order nach und werden "sichtbar". Allerdings genießt nur der jeweils sichtbare Teil des Eisbergs die Zeitpriorität gemessen nach dem Zeitpunkt an seiner Eingabe oder seines Sichtbarwerdens. Xetra Release 5.0, Market Model Stocks, 6.5.2 Iceberg Orders (Siehe oben Fußnote 243). Diese Möglichkeit besteht seit Einführung der Version der Release 5.0 des Xetra Computersystems am 3.10.2000.

751 Siehe oben Abschnitt "Unmittelbare Einwirkung auf die Marktsituation („Market Impact", Seite 58 und bereits hinsichtlich der britischen Regelung in den Section 52ff. C.J.A. 1993 oben Seite 251 f.

Das Element des Tatbestandes, demzufolge die Kurserheblichkeit in (hypothetisch[752]) kausalem Zusammenhang mit einem öffentlichen Bekanntwerden stehen muss, fußt offenbar auf dem Verständnis, dass es einer Reaktion der Marktteilnehmer bedarf. Beim Market Impact verhalten sich die Dinge allerdings so, dass die bloße Interaktion der bereits vorhandenen und der unabhängig von der Blockorder eintreffenden Aufträge zu der Kursreaktion führt. Der Market Impact tritt ein, ohne dass es einer Reaktion der Marktteilnehmer auf die Blockorder bedarf. Demnach lässt sich der Market Impact vom (fraglichen) Insider durch entsprechende Geschäfte ausnutzen, ohne dass das Tatbestandsmerkmal „im Falle ihres öffentlichen Bekanntwerdens" erfüllt wäre. Bei Markttatsachen im engeren Sinne wie der Lage im Orderbuch, der bevorstehenden (multilateralen) Ausführung eines Block Trades oder stattfindender Kurspflege kann man bei nicht-öffentlicher Kenntnis von diesem Sonderwissen profitieren, ohne dass auch nur feststehen muss, ob und in welche Richtung die Marktreaktion im Falle eines öffentlichen Bekanntwerdens erfolgen würde.

(iv) Exkurs – Abgrenzung zu Vermutungen über der Order zugrundeliegende Motive

Eingangs dieser Arbeit[753] wurde der in der Regel ebenfalls ausgelöste*Information Effect* beschrieben, der dadurch entsteht, dass die Marktteilnehmer Rückschlüsse aus der Eingabe der Blockorder bzw. der zu beobachtenden, aus dem *Market Impact* resultierenden Kursveränderung ziehen. Man könnte daher auf die Idee kommen, dass diejenigen Marktteilnehmer, welche die Blockorder oder das erhöhte Volumen wahrnehmen und vermuten, hier hinter würden neue Informationen stecken, und nunmehr deshalb gleichgerichtete Geschäfte tätigen, gegen das Insiderhandelsverbot verstoßen. Hierbei ist allerdings Folgendes zu berücksichtigen: Die möglicherweise zutreffende Vermutung stellt kein Insiderwissen dar. Die vermuteten Nachrichten sind zwar (noch) nicht öffentlich bekannt. Bei der Vermutung, es gebe konkrete positive Nachrichten, handelt es sich keinesfalls um Tatsachen. Entscheidend ist nur, ob die die Vermutungen auslösende Tatsachenbasis – hier der großvolumige Auftrag – öffentlich bekannt ist oder nicht.[754] Dies ist der Fall, wenn die Order aus dem Orderbuch ersichtlich ist, oder die Umsätze über den Ticker gelaufen sind. Dabei ist außerdem zu berücksichtigen, dass es einem Insidergeschäft beinahe immanent ist, das Ver-

---

752 Das öffentliche Bekanntwerden muss abstrakt geeignet sein, den Kurs zu beeinflussen.

753 Siehe oben Seite 62 f.

754 Leider insoweit eher unklar: Assmann, in: Assmann/Schneider, WpHG-Kommentar, § 13 Rn. 35.

mutungen anzustellen sind.[755] Weiß man etwa um die bevorstehende Ausführung eines Blockkaufs, kann man dreierlei Vermutungen anstellen (und gegebenenfalls durch eigene Geschäfte auszunutzen versuchen): Erstens wird mit großer Sicherheit ein Market Impact zu verzeichnen sein. Zweitens ist damit zu rechnen, dass zahlreiche Anleger gute Nachrichten als Hintergrund der Order vermuten und durch gleichgerichtete Geschäfte für einen Information Effect sorgen werden. Drittens kann man – wie die gerade geschilderten „anderen Anleger“ – Vermutungen über den Hintergrund anstellen und im Hinblick auf die Erwartung der Bekanntgabe guter Nachrichten ebenfalls Zukäufe tätigen und so zum Information Effect beitragen. Hierbei unterscheiden sich objektiv die Transaktionen des potentiellen Insiders, die auf den Annahmen eins und zwei beruhen, untereinander nach objektiven Kriterien nicht, zum Fall drei hingegen schon.[756] In den Fällen zwei und drei bedarf es des öffentlichen Bekanntwerdens für den Kursausschlag, im Fall eins eben nicht.

Während also etwa der bevorstehende *Information Effect* von Kennern der Blockordersituation durch tatbestandsmäßige Insidergeschäfte[757] ausgenutzt werden könnte, ist problematisch, dass diese genauso gut auf den bevorstehenden Market Impact der Order abzielen können. Dieser tritt aber gerade ein, bevor und unabhängig davon, ob ein öffentliches Bekanntwerden der Information vorliegt.

(v) Sinn des Tatbestandsmerkmals – „im Falle ihres öffentlichen Bekanntwerdens“

Im Rahmen der Analyse der britischen Insider-Regelungen im C.J.A. 1993, der ebenfalls eine nationale Umsetzung der EG-Insiderrichtlinie darstellt, wurde bereits angekündigt, dass noch auf die Sinnhaftigkeit des Kriteriums „im Falle ihres öffentlichen Bekanntwerdens“ einzugehen sein wird. Vorgegeben ist das Tatbestandsmerkmal durch die in der EG-Richtlinie gewählte Formulierung, die

---

755 Die Vermutung richtet sich typischerweise auf die Frage, wie der Markt auf bestimmte Informationen reagieren wird. So ist nicht immer klar, ob gut erscheinende Nachrichten tatsächlich gute Nachrichten sind und zu steigenden Kursen führen. Gestiegene Gewinne können genauso einen negativen Kursimpuls haben, wie Verlustwarnungen einen positiven. Entscheidend ist, ob die neuen Tatsachen positiv oder negativ von den Erwartungen der Anlegerschaft abweichen.

756 Bei den Geschäften auf Basis der Ziele eins und zwei müssen diese, um profitabel zu sein, vor der vollständigen Blockausführung und Eintritt der allgemeinen Marktreaktion durchgeführt werden, während Geschäfte auf Basis der Annahme guter Nachrichten auch noch etwas später stattfinden können.

757 Insoweit liegt – auf das Kriterium der Erheblichkeit wird gleich noch einzugehen sein – ein Fall vor, bei dem die Tatsache der Blockorder „geeignet, im Falle ihres öffentlichen Bekanntwerdens den Kurs der Insiderpapiere (erheblich) zu beeinflussen“.

in Art. 1 Nr. 1 eine Insidertatsache dadurch definiert, dass sie "wenn sie öffentlich bekannt würde, geeignet wäre, den Kurs dieses Wertpapiers (...) zu beeinflussen."[758]

Es bestehen durchgreifende Zweifel ob dieses Merkmal, dem – wie zu zeigen sein wird – vor allem erläuternde Funktion zukommt, im Rahmen eines Straftatbestandes – denn einen solchen stellt die Regelung des § 14 in Verbindung mit § 38 Abs. 1 WpHG dar – als sinnvoll anzusehen ist. Die §§ 12, 13 WpHG selbst stellen zwar im technischen Sinne keine Straftatbestände dar. Die hier untersuchte Formulierung des § 13 WpHG ist allerdings Bestandteil der Legaldefinition des Begriffs der Insidertatsache, der in § 14 WpHG verwendet wird.

Grundsätzlich ist zu konzedieren, dass es dem weit überwiegenden Regelfall entspricht, dass jemand Kenntnis von einer noch nicht öffentlichen Tatsache erhält und dies ausnutzt, wenn er davon ausgeht, das öffentliche Bekanntwerden führe zu einer Kursbeeinflussung. Ein Ausnutzen macht insoweit natürlich nur Sinn, wenn mit einem Bekanntwerden in naher Zukunft zu rechnen ist. Nur dann wird – wie nach dem gesetzlichen Leitbild – die Insidertatsache auch tatsächlich kursrelevant. Im Regelfall dürfte die zeitliche Abfolge dergestalt aussehen, dass der Insider (1) Kenntnis erlangt, (2) entsprechende Geschäfte macht, (3) die Tatsache öffentlich bekannt wird und dann (4) ein Kursausschlag zu verzeichnen ist und schließlich (5) der Insider seine Position wieder ausgleicht und die Kursdifferenz als Gewinn einstreicht. Obwohl nicht angezweifelt werden soll, dass so wohl der klassische Fall eines Insidergeschäfts aussieht, so lassen sich doch aus solcher Typizität nicht sinnvoll die Tatbestandsmerkmale ableiten.

Geht man nämlich wieder auf den der EG-Richtlinie und den nationalen Umsetzungen zugrundeliegenden Zweck der Insiderregelung zurück[759], so kann es vom Gesichtspunkt des Schutzes des Vertrauens in die theoretische Chancengleichheit der Informationsgewinnung eigentlich keinen Unterschied machen, ob sich der Informationsvorteil bereits ausnutzen lässt, bevor oder ohne dass das private Wissen zu öffentlichem wird. Das von der FSA bei der Ausgestaltung

---

758 EG-Insiderrichtlinie (89/592/EWG) vom 13.11.1989, wie noch unten im Rahmen der angestellten Reformüberlegungen detaillierter zu erläutern sein wird, handelt es sich bei diesen Vorgaben um Mindeststandards. Nach Artikel 6 der Richtlinie bleibt es den Mitgliedsstaaten überlassen, strengere Regelungen zu erlassen. Der Verzicht auf dieses Tatbestandsmerkmal würde den Anwendungsbereich des Insiderhandelsverbots erweitern und demnach eine strengere Regelung darstellen, so dass eine solche Abweichung von den Vorgaben der Richtlinie zulässig wäre.

759 Dass der amerikanische und historische britische Insidertatbestand aufgrund der anderen dogmatischen Verortung von einem abweichenden Regelungszweck ausgehen oder ausgehen musste, wird zwar konzediert, ändert aber nichts an der Tatsache, welcher normative Gesichtspunkt die Basis für die hier untersuchten Tatbestände ist.

der neuen Insider- und Marktmissbrauchsregelung[760] angeführte Argument, das Vertrauen auf Chancengleichheit sei nur insofern zu schützen, wie die Marktteilnehmer vernünftiger Weise davon ausgehen können, gleichberechtigten Zugang zu der konkreten Art der Information zu haben,[761] überzeugt nicht. Der Umfang der Transparenz und des Insiderschutzes sind damit beliebig. Einen aktuellen Bezug hat dieses Thema etwa durch die international viel diskutierte Frage, welche Informationen die Emittenten bei Vorortbesuchen von Analysten preisgeben dürfen, ohne dass die Gleichheit der Informationschancen beeinträchtigt wird. Nun wird nämlich niemand argumentieren wollen, der Anleger dürfe darauf vertrauen, er würde vom Emittenten ähnlich gut informiert, wie die Analysten der bedeutendsten Investmentbanken. Daraus den Schluss zu ziehen, der Analyst erhalte dadurch den Freibrief für das Insider Trading, wäre wohl mit dem Gedanken des Insiderhandelsverbots nicht im entferntesten in Einklang zu bringen. Auch ließe sich auf diese Art argumentieren, dass Insidertatsachen nur insofern vorlägen, wie die Tatsachen der Ad hoc-Publizität des § 15 WpHG unterliegen oder eine Veröffentlichung in vergleichbarer Weise zu erwarten wäre. Dies entspricht aber keineswegs dem allgemeinen Verständnis vom Verhältnis dieser Institute und Normzwecke zueinander.[762]

Es fällt auf, dass nahezu einhellig die Einschätzung vertreten wird, Markttatsachen im engeren Sinne[763], wie etwa das Vorliegen einer Großorder[764] oder

---

760 Die stellt – wie oben auf Seite 255 erläutert – Trading Information explizit vom Insiderhandelsverbot frei, MAR 1.4.26.

761 Financial Services Authority, Market Abuse: A Draft Code of Market Conduct, Juli 2000, Consultation Paper No. 59, Seite 28 f.

762 Assmann, Rechtsanwendungsprobleme des Insiderrechts, AG 1997, S. 50 (51); ders. in: Assmann/Schneider, WpHG Kommentar, § 13 Rn. 33; Kümpel, in: Assmann/Schneider, WpHG Kommentar, § 15 Rn. 33; Schäfer, in: Schäfer (Hrsg.), Kommentar WpHG/BörsG/VerkProspG, § 13 WpHG, Rn. 37; Pananis, Zur Abgrenzung von Insidertatsache und ad hoc-publizitätspflichtigem Sachverhalt bei mehrstufigen Entscheidungsprozessen, WM 1997, S. 460 (461); Hopt, Grundsatz- und Praxisprobleme nach dem Wertpapierhandelsgesetz, ZHR 159 (1995), S. 135 (152).

763 Vergleiche die Entscheidungen des Amtsgerichts Frankfurt 92 Js 34146.8/95; 92 Js 15763.2/96; 92 Js 31532.2/96-96 Cs 110, zitiert bei: Benner in Wabnitz/Janovsky, Handbuch des Wirtschafts- und Steuerstrafrechts, Seite 323, dort Fußnote 48 f.

764 Hierzu vergleiche: Assmann, in: Assmann/Schneider, WpHG Kommentar, § 13 Rn. 51; Schwarze, Die Orderlage im Skontro eines Börsenmaklers als Insidertatsache, WM 1997, Seite 1564 (1565); Weber, Kursmanipulationen am Wertpapiermarkt, NZG 2000, Seite 113 (120); Schödermeier/Wallach, Die Insider-Richtlinie der Europäischen Gemeinschaft, EuZW 1990, Seite 122 (123) dort Beispielsfall in Fußnote 23.

auch die Durchführung von Kurspflegemaßnahmen[765], seien vom Begriff der Insidertatsache umfasst, dass allerdings – soweit ersichtlich – nie auf das Erfordernis des öffentlichen Bekanntwerdens eingegangen wird. Zwar muss sich der Zusammenhang zwischen öffentlichen Bekanntwerden und Kursausschlag im konkreten Fall nicht tatsächlich auswirken, der Normtext erfordert lediglich die abstrakte Geeignetheit, den Kurs bei einem hypothetischen Bekanntwerden zu beeinflussen. Man wird aber sinnvoller Weise nicht behaupten wollen, bei einer Blockorder bestehe eine abstrakte Geeignetheit, im Falle des Bekanntwerdens einen Market Impact auszulösen. Wie bei der Lage im Orderbuch oder einer stattfindenden Kurspflege ist die Kursrelevanz typischerweise völlig unabhängig vom Bekanntwerden.

Es liegt daher nahe, dass man sich mit diesem hypothetischen Kausalzusammenhang noch nicht detailliert auseinander gesetzt hat. Ein Verzicht auf dieses Merkmal ist, da es sich um einen Straftatbestand handelt, aufgrund des Bestimmtheitsgrundsatzes und des Analogieverbots *de lege lata* nicht möglich.

(vi) Einordnung unter normativen Gesichtspunkten

Nachdem die hier vertretene Meinung dargelegt wurde, dass derjenige, der auf Basis besonderer Kenntnis der Marktsituation im Hinblick auf einen zu erwartenden Kursausschlag Geschäfte tätigt, bei strengerer Anwendung der Buchstaben des Gesetzes nicht gegen das Insiderhandelsverbot verstößt, ist nunmehr zu untersuchen, ob das Verhalten gleichwohl vom Anwendungsbereich der Norm umfasst werden sollte. Das vom Normtext geforderte Kriterium des Zusammenhangs zwischen dem öffentlichen Bekanntwerden der Tatsache und ihrer abstrakten Geeignetheit zur Kursbeeinflussung fördert meines Erachtens keinen erkennbaren Sinn, da keine Situationen ersichtlich sind, in denen es als sinnvolles Ausschlusskriterium fungiert, während es dazu führt, dass bei der gebotenen strengen Anwendung des Normtextes die hier untersuchten Fälle der Marktinformation im engeren Sinne nicht erfasst sind. In Anbetracht der Tatsache, dass bisherige Entscheidungen und Stimmen über das Kriterium hinweggegangen sind und davon ausgingen, die untersuchten Fälle unterfielen dem Insiderhandelsverbot, ist zu untersuchen, ob dies unter normativen Gesichtspunkten als systemwidrige Lücke oder sinnvolle Ausnahme zu sehen ist.

---

765 In einem solchen Fall bezieht sich die Kenntnis darauf, dass unabhängig vom öffentlichen Bekanntwerden der Umstände, der Kurs nach Ende der Kurspflegemaßnahmen abzurutschen droht, da er während der Maßnahmen auf der insoweit künstlichen Nachfrageverstärkung beruht. Vergleiche zu diesem Komplex: Assmann, in: Assmann/Schneider, WpHG Kommentar, § 14 Rn. 36; *ders.*, Insiderrecht und Kreditwirtschaft, WM 1996, Seite 1337 (1345); Tippach, Marktdaten im künftigen Insiderrecht?, WM 1993, Seite 1269 (1274); Schäfer, Zulässigkeit und Grenzen der Kurspflege, WM 1999, Seite 1345 (1350).

Dafür, dass auch Handelsinformationen vom Insiderhandelsverbot erfasst werden sollten, spricht, dass diese ebenso wie andere Insiderinformationen zu leicht abschätzbaren, signifikanten Kursbewegungen führen können. Der Kursausschlag ist zwar von eher kürzerer Dauer und im Zweifel auch geringerer Amplitude, da es aber gerade keiner Reaktion der Marktteilnehmer bedarf, ist der Kursausschlag präziser vorauszuahnen. Auf das Kriterium der Erheblichkeit der Kursbeeinflussung wird unten noch einzugehen sein.[766] Meines Erachtens handelt es sich auch hierbei eher um einen erläuternden Bestandteil der Norm denn um ein trennscharfes Tatbestandsmerkmal. Ist der Kursausschlag erheblich, dann lässt sich ein „Ausnutzen“ der Information eben eher plausibel machen. Der kurzfristig erzielte, hohe Gewinn erscheint allerdings nicht weniger geeignet.

Das Unwerturteil über das Insiderverhalten beruht – hierzulande und der EG-Richtlinie folgend – maßgeblich darauf, dass die auf unterschiedlichen Zugangschancen zu Informationsquellen beruhenden Informationsasymmetrie durch den besser Informierten ausgenutzt wird.[767] Das für das reibungslose Funktionieren des Sekundärmarktes unverzichtbare Vertrauen der Anleger beruht maßgeblich auf der ihnen „gegebenen Zusicherung, dass sie gleichgestellt sind“.[768] Die das Insider-Geschäft charakterisierende Übervorteilung anderer Anleger auf Basis von Tatsachen, die diesen nicht zugänglich sind, liegt im hier untersuchten Fall der Marktinformation im engeren Sinne in gleicher Weise vor wie bei anderen Insidertatsachen.

Das Argument[769], die Marktteilnehmer könnten ohnehin nicht erwarten, gleichberechtigten Zugang zu derartigen Informationen zu haben[770], überzeugt

---

766 Siehe unten „Merkmal der Erheblichkeit der Kursveränderung“, Seite 274.

767 Schäfer, in: Schäfer (Hrsg.), Kommentar WpHG/BörsG/VerkProspG, vor § 12 WpHG Rn. 19; Weber, Insiderrecht und Kapitalmarktschutz, Diss., 1999, Seite 197 ff.; Schwarze, Die Orderlage im Skontro eines Börsenmaklers als Insidertatsache, WM 1997, Seite 1564 (1564).

768 Vergleiche oben Fußnote 741.

769 Wie es die FSA in Großbritannien für eine Freistellung der Trading Information vom Insiderhandelsverbot durch den Code of Market Conduct anführt, siehe oben Seite 265.

770 „*While trading information will be unavailable to other market users and may also be relevant in deciding the terms on which transactions should be effected, behaviour based on this information is not regarded as amounting to market abuse. Other users of the market would not expect to have equal access to such information, and behaviour based on this information would not constitute a failure to observe the standard of behaviour reasonably expected by a regular user.*“ Financial Services Authority, Market Abuse: A Draft Code of Market Conduct, Juli 2000, Consultation Paper No. 59, Seite 28.

nicht und ist alles andere als vertrauenstiftend.[771] Es schürt geradezu den Verdacht, der von Seiten insbesondere US-amerikanischer Kapitalmarktexperten mehr oder weniger direkt geäußert wird, die Londoner Börse konserviere soviel Vorteile für ihre Mitglieder und örtlichen Handelshäuser, die „Marktinsider", wie irgendmöglich. Es würde nur insoweit Transparenz vorgeschrieben, wie es sich nicht anders vermeiden lasse.

Schließlich ist noch auf Folgendes hinzuweisen: Hat jemand Kenntnis von der bevorstehenden Ausführung einer Blockorder, so kann er daraus folgern, dass wenn der Kursanstieg in den betreffenden Wert bekannt wird, auch Kursreaktionen in verbundenen Optionen und Terminkontrakten zu verzeichnen sein werden.[772] Handelt er nun mit diesen Terminkontrakten, so erfüllt er den Tatbestand des Insiderhandelsverbots auch im Sinne der strengen Anwendung des Wortlauts der Norm. Dies deshalb, weil zwischen Kursreaktion im Basiswert und Auswirkung auf den Markt im verbundenen Wert das Bekanntwerden der Basiswertkurse liegt. Es erscheint kaum sinnvoll, dass bei Kenntnis von der Blockorder der Handel im Basiswert nicht, der Handel in verbunden Papieren hingegen schon vom Insiderhandelsverbot erfasst sein soll.

Ähnlich wie international nahezu einhellig davon ausgegangen wird, dass die Beeinflussung der Kurse nicht nur durch die Verbreitung falscher Tatsachen, sondern auch durch unlautere (unabhängig davon, was hierunter konkret zu verstehen ist[773]), direkte Einwirkung auf das Marktgeschehen als verbotene Kursmanipulation anzusehen ist, sollte auch beim Insidertatbestand der Bereich des Marktes im engsten Sinne vom Schutz umfasst werden.

(vii) Merkmal der Erheblichkeit der Kursveränderung

Als weiteres formales Element erfordert § 13 Abs. 1 WpHG die Eignung zum Hervorrufen einer erheblichen Kursbeeinflussung.[774] Hinsichtlich der Erheblichkeit der Kursveränderung ist zu sagen, dass eine Blocktransaktion wohl in den seltensten Fällen bei den betroffenen Aktien selbst Kursausschläge verur-

---

771 Allerdings stellt sich auch Kümpel, Zum Begriff der Insidertatsache, WM 1994, S. 2137 (2138), auf den ähnlichen Standpunkt, die angestrebte Gleichbehandlung beschränke sich auf *„solche kursbeeinflussenden Sachverhalte, die rechtmäßig allen Marktteilnehmern zustehen, deshalb zu veröffentlichen sind und daher vor der Veröffentlichung einem Verwertungsverbot unterliegen."*

772 Vergleiche zu dieser Konstellation unten Seite 285.

773 Vergleiche zu den verschiedenen Aspekten dieses Kriteriums oben Seite 175 und 203.

774 Die EG-Richtlinie spricht von der Eignung zu „beträchtlicher" Kursbeeinflussung. Ein inhaltlicher Unterschied zur im WpHG gewählten Formulierung ergibt sich hieraus nicht.

sacht, die den zum Teil diskutierten[775] Erheblichkeitsschwellenwert von 5 % erreichen. Allerdings kann eine geringere Schwankung im Kurs des Basiswertes zu Schwankungen der Kurse verbundener Optionen führen, die diese Schwellenwerte um ein Vielfaches übersteigen.

Zwar wird vertreten, das Kriterium sei notwendig, weil sich Kursbewegungen eines Wertpapiers als Ergebnis eines multikausalen Vorgangs darstellten.[776] Dies ist zwar zutreffend, ändert jedoch nichts daran, dass sich der Verdacht aufdrängt, dass das Merkmal der Erheblichkeit vor allem dazu dient, das subjektive und daher schwer festzustellende Merkmal des Ausnutzens zu erläutern. Ist der Anreiz für den Akteur groß genug, den Informationsvorsprung „auszunutzen" und ihn zum Handeln zu veranlassen, dann erscheint ihm die erwartete Kursbeeinflussung offenbar erheblich. Auch hier ist zu berücksichtigen, dass sichere geringe Kursunterschiede – wie im Falle der Arbitrage – zu lohnenden Transaktionen führen, wie größere aber dafür weniger sichere Margen.

Wiederum lässt sich bemerken, dass erläuternde Kriterien, die im Gewande von Tatbestandsmerkmalen erscheinen, innerhalb von strafrechtlichen Verbotsnormen als eher unglücklich anzusehen sind. Zwar wird in diesem Zusammenhang häufig auf die Parallelität zum US-amerikanischen Merkmal der „materiality" verwiesen, jedoch ist dies wegen der völlig anderen rechtsdogmatischen Herleitung des Insiderhandelsverbots nur bedingt sinnvoll. Die stärker subjektive Ausgestaltung dieses Merkmals[777] in den Vereinigten Staaten kommt dem hier vertretenen Verständnis der Erläuterung des Ausnutzens im übrigen sehr entgegen.

Es gibt neben den Befürwortern prozentualer Erheblichkeitsschwellen auch Stimmen in der Literatur, die auf den ausgelösten Handelsanreiz abstellen.[778] Die aktuelle Meinungslage ist wohl als eher diffus zu bezeichnen, so dass zum einen große Zweifel an der Bestimmtheit des Merkmals und damit des Einklangs mit dem Bestimmtheitsgrundsatz des Art. 103 Abs. 2 GG bestehen und zum an-

---

775 Zum Stand der Diskussion: Assmann, in: Assmann/Schneider, WpHG-Kommentar, § 13 Rn. 59 ff.; Schäfer, in: Schäfer (Hrsg.), Kommentar WpHG/BörsG/VerkProspG, § 13 WpHG, Rn. 56 ff.

776 Weber, Insiderrecht und Kapitalmarktschutz, Diss., 1999, Seite 180.

777 Vergleiche zu diesem Topos: Weber, Insiderrecht und Kapitalmarktschutz, Diss., 1999, Seite 181.

778 Assmann, in: Assmann/Schneider, WpHG Kommentar, § 13 Rn. 71, der allerdings nicht darauf hinweist, dass dieses Element bereits vollständig im Tatbestandsmerkmal des Ausnutzens enthalten sein dürfte.

deren eine Subsumtion des entworfenen Block Trade-Sachverhalts unter dieses Merkmal nicht vernünftig möglich ist.[779]

Zusammenfassend ist daher zu sagen, dass *de lege lata* bei Kenntnis von einer (Aktien-)Blockorder Geschäfte in dem betreffenden Wert wegen nur geringer zu erwartender Kursschwankung kein Insidergeschäft im Sinne der §§ 12 ff. WpHG darstellen, während dies bei dem Handel in verbundenen Optionen wegen der Hebelwirkung[780] zu bejahen sein dürfte.

(viii) Ergebnis

Im vorangegangenen Abschnitt ist aufgezeigt worden, dass die Kenntnis von der bevorstehenden Ausführung einer Blockorder sowie von anderen Marktinformationen im engeren Sinne nicht problemlos als Insidertatsache im Sinne § 13 Abs. 1 WpHG zu subsumieren ist. Es ist hier die Auffassung vertreten worden, dass derartige Informationen von dem Insiderhandelsverbot erfasst werden sollten. Daher ist zu fragen, ob diejenigen Tatbestandsmerkmale, bei denen die Prüfung der Marktinformationen im engeren Sinne problematisch wird, als unverzichtbare Elemente des Insidertatbestands anzusehen sind. Kommt es darauf an, dass die Kursreaktion durch das öffentliche Bekanntwerden der Information ausgelöst wird? Oder ist dem britischen Ansatz zu folgen, wonach Insiderinformationen nur dann vorliegen, wenn diese früher oder später öffentlich verbreitet werden und man nur deshalb darauf vertrauen darf, gleichberechtigten Zugang zu der Information zu bekommen?[781]

Der zweite Punkt ist die Frage nach der Erheblichkeit der zu erwartenden Kursreaktion: Es bestehen zwar keine Zweifel daran, dass sich die Ermittlung von Insiderverstößen selbstverständlich auf Momente hoher Volatilität im Zusammenhang mit neuen Informationen konzentriert. Auch liegt ein entsprechendes Motiv dann näher. Gleichwohl sind Handelsüberwachungsstelle (HÜSt) und die Marktaufsicht der Börsenaufsichtsbehörde in der Lage, in der unmittelbaren Überwachung des Börsenhandels Fälle der insiderrelevanten Ausnutzung von Kenntnissen aus dem Handel aufzudecken.[782] Vor allem ist nicht recht zu begreifen, warum die Ausnutzung eines Informationsvorsprungs durch Ge-

779 Assmann, in: Assmann/Schneider, WpHG Kommentar, § 13 Rn. 70d, sieht das Kriterium in ähnlich gelagerten Fällen allerdings als nicht erfüllt an.

780 Englisch: leverage effect.

781 Auf die Tatsache, dass dieses Argument im Hinblick auf Orderlagen wegen deren Veröffentlichung im Rahmen der Pre- und Post Trade-Transparenz nicht allzu überzeugend ist, wurde oben bereits hingewiesen, Seite 255 ff.

782 Benner in Wabnitz/Janovsky, Handbuch des Wirtschafts- und Steuerstrafrechts, Seite 327; dort werden explizit die Beispiele der Orderlage des Skontroführers oder das Verhältnis von Kundengroßorder zur Eigenorder genannt.

schäfte in preissensibleren Optionen strafbar, die Ausnutzung durch Geschäfte im Basiswert hingegen zulässig sein soll. Es besteht kein Zweifel, dass es weniger Schwierigkeiten bereitet, dem Täter ein Ausnutzen des Informationsvorsprungs nachzuweisen, wenn ein signifikanter Kursanstieg zu beobachten ist. Ein kurzfristig erzielter Kursgewinn von einigen zigtausend EURO dürfte aber kaum weniger geeignet erscheinen.

Bei Kenntnis der Orderlage, einer Blockorder oder stattfindender Kurspflege bestehen eindeutig Sondervorteile, deren Ausnutzung dem Vertrauen der Anleger in Chancengleichheit und Marktintegrität abträglich ist. Zwar lässt sich im Zusammenhang mit der Blockorder noch argumentieren, hier läge der Schwerpunkt auf der Beeinträchtigung der Individualinteressen des Initiators. Dieses Argument ist aber im Hinblick auf andere Handelstatsachen wie die allgemeine Orderlage und stattfindende Kurspflege weniger überzeugend.

Sollte man der Überzeugung sein, dass Transparenz und Fairness nicht immer der Vorrang eingeräumt werden sollte, so wäre eine explizite Freistellung vom Insidertatbestand zu begrüßen. In der bisherigen Form wirkt das Element des öffentlichen Bekanntwerdens eher wie die Beschreibung des Paradefalls des Insiderhandels denn wie ein sinnvolles Abgrenzungskriterium. Es kann nur noch einmal betont werden, dass die hier als „kritisch" angesprochenen Kriterien nämlich nicht zu einem sinnvollen Ausschluss der Handelsinformationen aus dem Anwendungsbereich des Insidertatbestandes führen: Wie oben bereits mehrfach erwähnt wurde, erfüllt der von der Blockorder ausgelöste Information Effect ohne Zweifel das Merkmal des Zusammenhanges zwischen öffentlichem Bekanntwerden und Kursreaktion. Handelt der Insider in den mit dem betroffenen Basiswert verbundenen Optionen, ist auch das Merkmal der Erheblichkeit der Kursreaktion im Regelfall erfüllt. Von einer planmäßigen Aussparung der Marktinformationen im engeren Sinne kann also keine Regel sein.

In diesem Zusammenhang ist auch noch einmal auf die Interdependenz zwischen der Insiderrelevanz der Handelsinformationen und der in § 4 Abs. 2 Satz 3[783] sowie § 11 Abs. 2 Satz 6 BörsG[784] den Börsenordnungen eingeräumten Möglichkeit der verzögerten Bekanntgabe bzw. Veröffentlichung besonderer getätigter Transaktionen hinzuweisen. Wird von einer solchen Möglichkeit Gebrauch gemacht, so erfolgen die nachfolgenden Geschäfte[785] zwischen der Großtransaktion und ihrer Veröffentlichung unter Ausnutzung des so erzeugten Informationsvorsprungs der an der Großtransaktion beteiligten

---

783 § 4 Abs. 2 Satz 3 BörsG entspricht § 13 Abs. 2 Satz 3 BörsG-E, vergleiche hierzu auch oben Fußnote 73.

784 § 11 Abs. 2 Satz 6 BörsG entspricht § 23 Abs. 2 Satz 5 BörsG-E.

785 Diese dienen dazu, die übernommene kurze oder lange Position auszugleichen.

Parteien. Nichts anderes gilt natürlich für die derzeit zu diesem Zwecke außerbörslich getätigten Block Trades.

Man wird wohl davon ausgehen dürfen, dass insofern eine implizite Ausnahme vom Insiderhandelsverbot bestünde, so dass kein echter Normenkonflikt zwischen den Publizitätsvorschriften und Insiderhandelsverbot gegeben ist.

Ziel dieser Arbeit ist es, das Bewusstsein für die Besonderheiten im Zusammenhang mit Blocktransaktionen zu schärfen. Diese stellen zweifellos kurserhebliche Marktinformationen dar. Auf der einen Seite sind sie deshalb unter entsprechenden Voraussetzungen insiderrelevant im Sinne der §§ 12 ff. WpHG, auf der anderen Seite führen Intransparenzen durch verzögerte Veröffentlichung oder vollständiges Ausweichen in den außerbörslichen Handel bei der gegenwärtigen Rechtslage zu großen Grauzonen. Das Ausweichen in den over-the-counter Handel erfolgt häufig gerade mit dem Zweck, die Post Trade-Transparenz der Börse zu umgehen und eventuell folgende Weiterverkäufe zu Kursen vornehmen zu können, die noch unbeeinflusst von der so dem Markt vorenthaltenen Informationen sind.

Dies macht deutlich, dass es dringend erforderlich ist, sich grundlegende Gedanken über die Behandlung von Marktinformationen zu machen: Ob es weiter ohne weiteres hingenommen werden sollte, dass dem Markt wichtige Informationen so lange vorenthalten werden, wie dies ihre Urheber im Sinne ihrer Handelsstrategien für sinnvoll erachten.[786] Ferner ist zu entscheiden, ob derartige Informationen vom Insiderhandelsverbot umfasst sein sollen und ob gegebenenfalls Freistellungen vorzusehen sind. Hier könnte man sich an der britischen Regelung in Schedule 1 zum Insiderrecht des Criminal Justice Act 1993 orientieren.[787]

786 Merkwürdigerweise kommt man an dieser Stelle auf einen Aspekt des amerikanischen und ursprünglich auch britischen Ansatzes zum Insiderhandelsverbot: Soweit man der Auffassung ist, der Teilnehmer an der außerbörslichen Transaktion sollte in der Lage sein, den so geschaffenen Informationsvorsprung zu nutzen, gerät man unweigerlich zu dem Schluss, dass dies an der Rolle als Urheber der Information liegt: Diese gibt einem das Recht, die Information zu verwerten und über das ob und den Zeitpunkt einer Veröffentlichung zu bestimmen. Transparente Finanzmärkte basieren allerdings auf dem Grundsatz einer weitgehenden, zeitnahen Teilung dieser Information mit dem Markt und anderen Teilnehmern. Vergleiche hierzu Mulherin/Netter/Overdahl, Prices Are Property: The Organization of Financial Exchanges from a Transaction Cost Perspective, The Journal of Law & Economics 1991, Seite 591 ff.; Lee, What is an Exchange?, Chapter 6 – Information, Seite 97 ff.

787 Vergleiche oben Seite 246 ff.

Auf der anderen Seite ist herauszustellen, dass der deutsche Gesetzgeber auch nicht durch die Vorgaben der EG-Insiderrichtlinie daran gehindert ist, die beiden hier als „kritisch“ bezeichneten Kriterien aus dem Tatbestand zu streichen. Folge wäre ein strengeres Insiderhandelsverbot. Nach Artikel 6 der Richtlinie bleibt es den Mitgliedsstaaten unbenommen, strengere Vorschriften zu erlassen.

(4) VERGLEICH

Während die US-amerikanische und die deutsche Insiderregelung keine besonderen Elemente im bezug auf Handelsinformationen (wie einer bevorstehenden Block-Trade-Ausführung) aufweisen[788], verfügen die beiden britischen Tatbestände über spezielle Ausnahmeregelungen[789]. Auch wenn das Verhältnis der zwei Tatbestände zueinander noch nicht geklärt ist und sich ausgerechnet in der hier untersuchten Frage Unterschiede[790] ergeben, ist dennoch zu sagen, dass die im C.J.A. 1993 und Schedule 1 getroffene Regelung in puncto Handelsinformationen überzeugt. Danach besteht kein Zweifel daran, dass Handelsinformationen grundsätzlich vom Tatbestand erfasst werden. Es wird aber insoweit eine Ausnahme gemacht, wie die Transaktionen der Verfolgung des ursprünglichen Handelsziels dienen. Dies wird auf der einen Seite dem Umstand gerecht, dass die Marktintegrität grundsätzlich auch im Falle von Handelsinformationen vor Beeinträchtigungen zu schützen ist. Gleichzeitig wird dem Grundsatz Rechnung getragen, dass die Umsetzung eigener Entschlüsse durch das Insiderhandelsverbot nicht beschränkt werden soll.[791] Bei den Folgetransaktionen der Beteiligten handelt es sich – so kann man jedenfalls argumentieren – noch um weitere Umsetzungsakte des ursprünglichen Entschlusses.

In der US-amerikanischen wie der deutschen Regelung ist nicht explizit klargestellt, ob Marktinformationen im engeren Sinne vom Tatbestand umfasst sind.

---

788 Vergleiche oben Seite 230 ff., 245.

789 Bei der Regelung im Criminal Justice Act 1993 sind in Schedule 1 Ausnahmetatbestände vorgesehen (oben Seite 247 f.), für die Regelung im F.S.M.A 2000 gibt es eine Freistellung der Handelsinformationen durch Market Abuse Rule 1.4.26 (oben Seite 255).

790 Auf die Gefahr, dass die generelle Freistellung dieser Informationen durch den F.S.M.A. 2000 wegen der nur partiellen Freistellung durch den C.J.A. 1993 die Rechtsunterworfenen in die Strafbarkeit leiten könnte, wurde oben bereits hingewiesen.

791 Weimann, Insiderrechtliche Aspekte des Anteilserwerbs, DStR 1998, Seite 1556 (1558); wobei hier weiterhin zu differenzieren ist zwischen der Behauptung, es gebe keine selbstgeschaffenen Insidertatsachen und der These, dass die Umsetzung eines eigenen Handelsentschlusses keine Ausnutzung der Kenntnis desselben sein kann. Ob die erste Behauptung, die in der Erörterung des sogenannten Prior-Falles zum Teil erhoben wurde, richtig ist, hat mit Wertungsgesichtspunkten zu tun, die zweite ist hingegen bereits begrifflich logisch.

Nach der hier vertretenen Auffassung ist dies allerdings jeweils der Fall. Hier wäre jedoch eine Klarstellung zu begrüßen.

Im allgemeinen sind die Kriterien der §§ 12-14 WpHG, die Erheblichkeit der Kursbeeinflussung und der Zusammenhang zwischen öffentlichem Bekanntwerden und Kursreaktion, nicht als sinnvoll einzustufen. Sie finden sich zwar sowohl im amerikanischen Case Law als auch der EG-Richtlinie und dementsprechend im C.J.A. 1993 und im WpHG, sind jedoch nach meiner Ansicht als ungeeignet einzustufen. Es sind bisher jedenfalls keine Fälle ersichtlich, in denen sie als sinnvolles Ausschlusskriterium fungieren würden: Um den Fortbestand der Tatbestandsmerkmale zu rechtfertigen, müssten sich also Fälle finden, bei denen zwar ein „Ausnutzen kurserheblicher Information" vorliegt, eines der beiden Merkmale aber nicht erfüllt ist, und man (auch unter normativen Gesichtspunkten) der Überzeugung wäre, dass *deshalb* kein Verstoß gegen das Insiderhandelsverbot angenommen werden sollte.

Wie bereits angeregt, sollte jedenfalls eine Klarstellung erfolgen, ob Handelsinformationen vom Insiderhandelsverbot umfasst sind oder nicht. Der Verfasser hält allerdings die im Rahmen des Code of Market Conduct unter dem F.S.M.A. 2000 getroffene Entscheidung zugunsten der Freistellung von Trading Information nicht für richtig.[792] Außerdem dürfte diese Regelung im Widerspruch zur EG-Insiderrichtlinie stehen. Aus deren Präambel lässt sich schließen, dass auch die hier mit den Begriffen der *Handelsinformationen* bzw. *Marktinformationen im engeren Sinne* bezeichneten Umstände grundsätzlich taugliche Insidertatsachen sind.[793] Die –hier befürwortete – kategorische Einbeziehung dieser Information stünde auf jeden Fall im Einklang mit der Richtlinie, weil nach Artikel 6 der Erlass strengerer Vorschriften, und hierum würde es sich gegebenenfalls handeln, zulässig ist.

Die Regelung dieser Frage im Rahmen der Market Abuse Rules des Code of Market Conduct ist auch insofern nicht unproblematisch, als sie aufgrund bestehender Divergenzen zum Inhalt des C.J.A. 1993 den nicht umfassend unterrichteten Rechtsanwender insoweit in die Irre führt, als sein Verhalten, das im Einklang mit der Ausnahmeregelung für Trading Information durch MAR 1.5.26

792 Siehe oben „Sonderregelung für Trading Information durch MAR 1.4.26", Seite 255 f.

793 Dass Handelsinformationen bzw. Marktinformation im engeren Sinne vom Insiderhandelsverbot erfasst sein sollen, lässt sich aus der Präambel der EG-Insiderrichtlinie folgern. Folgende Klarstellung würde nämlich ansonsten sinnlos erscheinen: „Gleichermaßen kann der Umstand, dass Transaktionen allein mit dem Ziel vorgenommen werden, den Kurs von neu emittierten oder im Rahmen eines Sekundärangebots gehandelten Wertpapieren zu regulieren, nicht als Ausnutzung dieser Insider-Information gewertet werden."

steht, geradewegs in die Strafbarkeit führen kann. Eine Konsequenz, die wohl kaum bezweckt sein dürfte.

Die derzeit bestehenden Rechtsunsicherheiten gehen in jedem Fall zu Lasten der Marktintegrität, da die Marktteilnehmer, wenn ein schneller Gewinn möglich und die Rechtslage etwas unklar ist, es wohl eher „darauf ankommen lassen" dürften und die entsprechenden Geschäfte tätigen werden. Allerdings ist im vorliegenden Zusammenhang noch einmal[794] auf folgende grundlegende Problematik hinzuweisen: Besteht die Möglichkeit des Insiderhandels im Hinblick auf Handelsinformationen, so bedarf auch der Handel im Zeitraum zwischen einer großen, kurserheblichen Transaktion und seiner (verzögerten[795]) Publikation einer kritischen Überprüfung in dieser Richtung. Im Regelfall wird es sich um den Ausgleich der Position durch einen der Beteiligten handeln. Dabei besteht in gleicher Weise die – wohl als immanent zu bezeichnende – Möglichkeit der Ausnutzung der Informationsasymmetrie hinsichtlich der bevorstehenden Kursbewegung. Ob und inwieweit eine Kursbewegung bereits im Zeitpunkt der Vornahme der Blocktransaktion, oder aber erst (oder nochmals) im Zeitpunkt der Veröffentlichung eintritt, hängt unter anderem von der gewählten Handelsstrategie ab. Wäre der Block Trade dem Markt bereits bekannt, so würde eine Kursveränderung eintreten. Die Annahme dieses Zusammenhanges steht natürlich als Prämisse hinter den Vorschriften, die eine verzögerte Publikation ermöglichen.[796] Der Händler, der sein Kapital zu Verfügung gestellt hat und nun seine Position abzubauen versucht, wäre dem negativen Preis-Effekt ausgesetzt. Hier könnte eine Zulässigkeit des Positionsausgleichs zu unbeeinträchtigten Kursen nur dadurch gerechtfertigt werden, dass der Händler beim Ausgleich nicht han-

794 Siehe oben bereits „Bedeutung der verzögerten Publikation von Großtransaktionen" an der LSE, Seite 259.

795 Wie dies die §§ 4 Abs. 2 Satz 3, 11 Abs. 2 Satz 6 BörsG den Börsenordnungen gestatten. Nicht besser ist die Lage der Dinge, wenn hierzulande die offizielle Veröffentlichung aufgrund des Ausweichens in den außerbörslichen Markt gänzlich unterbleibt.

796 Die häufig zitierte Studie von Gemmill (Transparency and Liquidity: A Study of Block Trades on the London Stock Exchange under Different Publication Rules, The Journal of Finance 1996, Seite 1765 ff.) hinsichtlich des Preiseffekts bei verschiedenen Berichtsregelungen an der LSE weißt in einer Fußnote darauf hin, dass sich sämtliche Messergebnisse auf einen Zeitraum unmittelbar um die Blocktransaktion, also *vor* der Veröffentlichung, beziehen. Folglich ist dadurch nichts über die Möglichkeit eines preis-neutralen Weiterverkaufs (Lay-off) durch den Händler gesagt. Gemmill beweist folglich nur, dass – unabhängig davon, wie groß der Zeitraum der Berichtsverzögerung ist – vor der Publikation der Blocktransaktion ein relativ konstantes Maß an Preisreaktion durch Informationslecks verursacht wird. Dass diese „Informationslecks" unabhängig von dem Zeitraum der Berichtsverzögerung sind, stellt eine ebenso einleuchtende wie banale Beobachtung dar.

delt, um Kursbewegungen auszunutzen, sondern um seine Position möglichst kursschonend auszugleichen. Ähnlich wie es dem Block-Trader erlaubt sein soll, seinen eigenen Entschluss des Erwerbs eines Block durch stückweise Ausführung geheim zu halten, kann dies dem Dealer auch dann erlaubt werden, wenn ein ansonsten wahrnehmbarer Akt, die Ersttransaktion mit dem Initiator des Block Trades, dazwischen liegt. In beiden Fällen werden primär eigene Handelsabsichten geheimgehalten, um diese kostengünstig umsetzen zu können. Bloß erfolgt dies im einen Fall – da die Absichten aus der Ersttransaktion zu folgern sind – durch Verzögerung des gesetzlich vorgesehenen Bekanntwerdens von tatsächlichen Geschäfte im Gegensatz zur Geheimhaltung von bloßen Absichten.

Aus dem Gesagten ergibt sich, dass es im Bereich der Handelsinformationen zwischen den Transparenzvorschriften (bzw. im hiesigen Fall: deren Lücken) und dem Insiderhandelsverbot zu Verwerfungen kommt. Die britischen Regelungen sind lediglich insofern begrüssenswert, als sie sich dieses Problems annehmen, wenn auch auf Kosten eines Verstoßes gegen die Vorgaben der EG-Insiderrichtlinie und eines Bruchs mit der Dogmatik ihrer Umsetzung. Eine Vermengung von Treuepflichtaspekten auf der einen Seite und der allgemeinen Untersagung von Informationasymmetrien auf der anderen Seite führt zwangsläufig zu Rechtsanwendungsproblemen. Normativ wie dogmatisch überzeugend gelöst ist das Problem in keiner der drei untersuchten Jurisdiktionen. Sinnvoll wäre es, erstens das Insiderhandelsverbot auf sämtliche kurserheblichen Tatsachen zu erstrecken und damit die Handelsinformationen explizit zu erfassen. Zweitens sollte klar geregelt werden, ob und in welchem Umfang der „Urheber" der Handelsinformation seinen Informationsvorsprung auszunutzen berechtigt ist. Vergleichbar der Ad-hoc Publizität, die zur Verhinderung des Insiderhandels auf Basis von Unternehmensnachrichten dient, wäre es sinnvoll, eine umfassende Veröffentlichung der Handelsinformationen vorzusehen.[797]

---

797 Zu dem Zusammenhang zwischen Intransparenz und Insiderhandel siehe unten Seite 337 f.

C. FRONTRUNNING

Als nächstes Problem soll nun das sogenannte Vorlaufen („Frontrunning“) gegenüber Blockaufträgen erörtert werden. Hierzu ist zunächst zu erläutern, was mit diesem slangartigen Begriff gemeint ist.

1. Terminologie

Mit dem bereits zuvor erwähnten, nicht aus sich selbst heraus verständlichen und nur schwer definierbaren[798] Begriff des Frontrunning ist Folgendes gemeint: Hat beispielsweise ein Broker Dealer Kenntnis von der bevorstehenden Ausführung einer Blockorder seines Kunden[799] erlangt, so kann er versuchen, die aus der zu erwartende, aus *Market Impact* und *Information Effect* der Order resultierende Kursbewegung durch die Abgabe einer eigenen, gleichgerichteten Order und anschließendem Ausgleich der Position zu einem Kursgewinn zu nutzen.[800]

Wie oben im Abschnitt über den Insiderhandel skizziert, muss der Frontrunner versuchen, zu von der Blockorder noch unbeeinflussten Kursen beispielsweise zuzukaufen und nach dem ausgelösten Kursanstieg wieder zu verkaufen. Um zu noch unbeeinflussten Kursen handeln zu können, muss der Akteur versuchen zu erreichen, dass seine Order ausgeführt wird, bevor die Ausführung der Blockorder auf den Kurs einwirkt. Nicht hingegen erforderlich ist, dass die potentiell kurserhebliche Order noch als „nicht öffentlich bekannt“ anzusehen ist. Zu Zeiten, als noch ausschließlich auf dem Parkett gehandelt wurde, musste der ‘Frontrunner’ daher vor dem Broker der Blockorder am Stand des Kursmaklers angelangen, um eine vorrangige[801] Ausführung des eigenen Auftrags zu ermöglichen. Hierdurch ist die Bezeichnung dieses Verhaltens entstanden: Man musste

---

798 So etwa Bromberg/Lowenfels, Bromberg and Lowenfels on Securities Fraud & Commodities Fraud, Vol. 2, § 7.3 (229).

799 Ob es sich tatsächlich um die Order seines Kunden handeln muss, oder ob auch die (mehr oder minder) zufällige Kenntnis eines Auftrages, der durch einen anderes Börsenmitglied ausgeführt wird, genügt, differiert in den untersuchten Jurisdiktionen und wird deshalb im Folgenden näher analysiert werden.

800 Vergleiche Kuckelkorn, Die Dezimalkurse bereiten der NYSE Sorgen, Börsen-Zeitung vom 1. März 2001, Seite 5; Bovi, Rule 10b-5 Liability for Frontrunning: Adding a new Dimension to the “Money Game”, 7 (1994) St. Thomas Law Review, S. 103 (116); Lowenfels/Bromberg, Securities Market Manipulations: An Examination and Analysis of Domination and Control, Frontrunning and Parking, 55 (1991) Albany Law Review, Seite 293 (294).

801 In diesem Zusammenhang geht es um Zeit-Priorität, da die Herstellung von Preis-Priorität natürlich zum Verlust des kurzfristig zu nutzenden Kurspotentials führen würde.

'vorlaufen', um den Gewinn erzielen zu können. An Trennschärfe mangelt es dem Terminus auch insoweit, als zum Teil auch das Vorlaufen auf Basis der Preispriorität hierunter verstanden wird.[802]

Ob und inwieweit Frontrunning verboten ist und wie es vom Insiderhandel abzugrenzen ist, wird im Folgenden für die betreffenden Jurisdiktionen zu untersuchen sein. Wichtigstes Abgrenzungskriterium – soviel sei hier vorweggenommen – ist der Umstand, dass es für ein Vorlaufen tatbestandlich völlig unerheblich ist, ob die bevorstehende Blocktransaktion bereits als öffentlich bekannt anzusehen ist oder nicht.

Klassischerweise handelt es sich beim Frontrunning um Transaktionen des mit der Ausführung einer Blockorder betrauten Broker Dealers oder eines mit ihm kollusiv zusammenwirkenden Kollegen.[803] Diese Geschäfte werden entweder zu Gunsten der eigenen Bank, eines besonders geschätzten Kunden[804] oder aber zum eigenen, privaten Vorteil getätigt.[805] In den Varianten eins und drei wird dies in der Regel über ein identitätsverschleierndes Konto erfolgen. Ob die Weitergabe der Information an einen Dritten und das Handeln des Dritten aufgrund dieses Tips auch noch vom Begriff des Frontrunning erfasst ist, wird ebenfalls zu erörtern sein.[806]

Das Verhalten ist sowohl unter dem (nach hiesigen Maßstäben insiderrechtlichen) Gesichtspunkt der Marktintegrität als auch im Hinblick auf die Verletzung der Treuepflichten des Brokers gegenüber seinem Kunden problematisch, soweit es sich hierbei überhaupt um unterschiedliche Ansatzpunkte handelt.[807] In den

---

802 Hier unter- bzw. überbietet der Frontrunner die Limitierung einer Großorder minimal und gelangt so – aufgrund der Preispriorität – vorrangig zur Ausführung. Steigt der Kurs anschließend um mehr als die minimale Preiseinheit, so kann der Frontrunner einen Kursgewinn erzielen. Vergleiche Kuckelkorn, Die Dezimalkurse bereiten der NYSE Sorgen, Börsen-Zeitung vom 1. März 2001, Seite 5.

803 Vergleiche etwa Bovi, Rule 10b-5 Liability for Frontrunning: Adding a new Dimension to the "Money Game", 7 (1994) St. Thomas Law Review, Seite 103 (103).

804 Oder sicher auch gelegentlich um bisherige Fehlleistungen oder Versäumnisse bei der Vermögensverwaltung auszugleichen und so zu „vertuschen".

805 Pickard/Lee, Band 641 des Practising Law Institutes, Trading Practices, the Portfolio Execution Process, and Soft Dollar Arrangements, 1989, S. 23 (24 f.).

806 Beim Frontrunning ist es kein Tatbestandsmerkmal, dass die Information über die Blockorder noch nicht öffentlich bekannt ist, wenn gleich nach den oben erörterten Wirkungsweisen von Market Impact und Information Effect, die öffentliche Wahrnehmbarkeit der Blockorder das Vorlaufen erschweren bzw. weniger profitabel werden ließe.

807 Zur dogmatische Anknüpfung des Insiderhandelsverbot in den USA siehe oben Seite 231.

Vereinigten Staaten, anders als in der Europäischen Gemeinschaft, wird das Insiderhandelsverbot dogmatisch nicht mit einem unlauteren Vorteil gegenüber den anderen Marktteilnehmern, sondern mit einer Treuepflichtverletzung (oder einer Täuschung) des Insiders gegenüber dem Vertragspartner oder der Informationsquelle begründet.[808] Daraus ergeben sich für die dortige Rechtsordnung Schwierigkeiten, anhand inhaltlich-dogmatischer Kriterien eine Abgrenzung der beiden Problemkreise Insidertrading und Frontrunning vorzunehmen. Auffällig ist dabei, dass das Insiderrecht ausschließlich auf staatlichen Normen aufbaut, während das Frontrunning bisher ausschließlich Gegenstand der Selbstregulierung ist.[809]

2. Frontrunning in verbundenen Werten

Besonders lukrativ und auch schwer zu entdecken ist das sogenannte Intermarket-Frontrunning, bei dem der Frontrunner nicht die Aktie, auf die sich die Blockorder bezieht, kauft oder verkauft, sondern Put- und/oder Call Optionen, die auf den betreffenden Titel als Basiswert lauten.[810] Da die Optionen auf einem anderen Markt gehandelt werden, erfolgt das Frontrunning zwischen den Märkten ("inter market"). Aufgrund des mit den Optionen verbunden Hebeleffektes und der höheren Preissensitivität führen selbst kleinere Kursschwankungen des Basiswertes zu signifikanten Veränderungen bei den Preisen der entsprechenden Optionen. Es wird zu erörtern sein, ob sich aus dem Intermarket-Frontrunning für den Initiator der Blockorder negative Folgen ergeben. Wird die Veränderung der Kurse der verschiedenen auf einen Titel lautenden Optionen als mögliches Indiz für bevorstehende Veränderungen des Basiswertes angesehen, so führt dies zwar nicht unbedingt zu einer Preisreaktion des Basiswertes[811], aber die Bereitschaft des Marktes, größere Positionen zu absorbieren, könnte durch die ausgelöste Unsicherheit beeinträchtigt sein, da Mutmaßungen über die

---

808 Siehe oben zum Insiderhandelsverbot in den USA Seite 230 ff.

809 Dies geht vermutlich auf das Resultat der 1978 durchgeführten Options Special Study zurück (Report of the Special Study of the Options Market, H.R. Report No. IFC-3, 96th Congress, 1st Session), der eine Regelung im Wege von "SRO Policy Interpretations" vorschlug, vergleiche Pickard/Lee, Band 641 des Practising Law Institutes, Trading Practices, the Portfolio Execution Process, and Soft Dollar Arrangements, 1989, S. 23 (27 f.)

810 Steigt etwa der Kurs einer Aktie, so fallen logischerweise die Kurse der betreffenden Put-Optionen (die dem Inhaber das Recht geben, eine bestimmte Anzahl der Aktien zu einem bestimmten Kurs zu verkaufen) und es steigen die Kurse der Call-Optionen (die dem Inhaber das Recht geben, eine bestimmte Anzahl der Aktien zu einem bestimmten Kurs zu kaufen).

811 United States General Accounting Office, Securities and Futures Markets – Efforts to Detect Intermarket Frontrunning, Sept. 1991, Seite 1, Fußnote 2.

Hintergründe der beobachteten Kursschwankungen im Bereich der Optionen zur Vorsicht und zum Abwarten führen können.

Nähme der Broker Dealer in seiner Eigenschaft als Dealer beim Block Trade die fragliche Position selbst in sein Buch, wie dies oben in Szenario No. 2 erörtert wurde, so würde der Kauf oder Verkauf entsprechender Derivate eine Absicherung seiner Position darstellen ("Hedging").[812] Ob er die Optionen schon vor der Ausführung der Blockorder kaufen bzw. verkaufen darf, oder ob dieses sogenannte "anticipatory hedging" auch als Frontrunning anzusehen ist, wird ebenfalls zu untersuchen sein.

3. Transaktionen an anderen Börsen

Der Vollständigkeit halber ist zu erläutern, warum auch der Handel, der in demselben Wert aber einem anderen Markt durchgeführt wird, zu Nachteilen für die Ausführung der Blockorder führen kann. Zwar wird durch den Handel in einem anderen Markt nicht unmittelbar die Liquidität in dem Markt, in dem die Blockorder ausgeführt wird, verringert oder der Preis verschlechtert, aber die Transaktionen an einer anderen Börse (im selbem Wert) können aufgrund des erörterten *Information Effect* und vor allem Arbitragegeschäften dazu führen, dass sich diese Veränderungen auch in den betreffenden Markt, an dem die Blockorder ausgeführt werden soll, hinein auswirken.

Soweit die Ausnutzung des Informationsvorteils im Vordergrund steht, ergeben sich selbstverständlich keine Unterschiede, ob das Vorlaufen in demselben oder einem anderen Markt erfolgt. Die Beeinträchtigung der Marktintegrität im allgemeinen, die durch die – informationsasymmetrie-bedingte – Benachteiligung Dritter bei den Transaktionen geschieht, ist in beiden Fällen gegeben.

4. Die Regelungen an den einzelnen Märkten

Es ist nunmehr zu untersuchen, ob das so gerade beschriebene Frontrunning in den betreffenden Ländern verboten ist, und wie sich ein betreffendes Verbot inhaltlich und dogmatisch vom Insiderhandelsverbot unterscheidet. Wichtig wird insbesondere die Einordnung dieses Tatbestandes in den Regelungszusammenhang zwischen Treuepflichtverletzung und Beeinträchtigung der Marktintegrität sein.

---

812 Pickard/Lee, Band 641 des Practising Law Institutes, Trading Practices, the Portfolio Execution Process, and Soft Dollar Arrangements, 1989, S. 23 (26); United States General Accounting Office, Securities and Futures Markets – Efforts to Detect Intermarket Frontrunning, Sept. 1991, Seite 1, Fußnote 3, wonach Hedging als die Absicherung geplanter Transaktionen gegen ungünstige Kursentwicklungen durch das Kaufen oder Verkaufen von Terminkontrakten definiert werden kann.

a) New York Stock Exchange

Hinsichtlich der Regulierung des Frontrunnings besteht in den Vereinigten Staaten eine eher unübersichtliche Situation. Dies gilt nicht nur im Hinblick auf die Regulierung im Wege offizieller Interpretationen von Generalklauseln, sondern auch hinsichtlich der inhaltlichen Einordnung des Frontrunnings: Während in der Literatur mehr oder weniger eindeutig davon ausgegangen wird, dass das Frontrunning in bestimmten Situationen auch als Verstoß gegen das Insiderhandelsverbot zu werten ist und unter den Tatbestand von Section 10 (b) S.E.A. und Rule 10b-5 fällt, hat es die SEC bisher allein den SROs, also unter anderem NASD und NYSE überlassen, Regelungen gegen solche Verhaltensweisen zu erlassen und deren Beachtung und Durchsetzung sicherzustellen.[813] Eine systematische Abgrenzung der beiden Regelungskomplexe Frontrunning und Insidertrading ergibt sich hieraus allerdings nicht.

Die NYSE hat zum einen eine Rule erlassen, die auch einzelne Fälle von Frontrunning erfasst, ohne sich explizit auf dieses Phänomen zu beziehen. Daneben wurden offizielle, sogenannte "Interpretations" der Grundsatzregelung NYSE Rule 476 erlassen, durch welche die Börse ihre Mitglieder darauf hinweist, dass bestimmte Verhaltensweisen gegen die Grundsätze gerechten und fairen Handels ("just and equitable principles of trade") verstoßen können.[814]

(1) NYSE Information Memorandum No. 89-53

Das NYSE Information Memorandum No. 89-53 weist die Börsenmitglieder darauf hin, dass es gegen die Grundsätze gerechten und fairen Handels verstoßen könne, wenn sie aufgrund ihrer Kenntnis von einer bevorstehenden Blockorder Transaktionen tätigen, von denen anzunehmen ist, dass sie von den zu erwartenden Auswirkungen der Blockorder auf die Marktsituation unmittelbar profitieren werden. Interessant – und nicht unbedingt zur Rechtssicherheit beitragend – ist

---

813 Vergleiche Bovi, Rule 10b-5 Liability for Frontrunning: Adding a new Dimension to the "Money Game", 7 (1994) St. Thomas Law Review, S. 103 (104); Lowenfels/Bromberg, Securities Market Manipulations: An Examination and Analysis of Domination and Control, Frontrunning and Parking, 55 (1991) Albany Law Review, Seite 293 (293); United States General Accounting Office, Securities and Futures Markets – Efforts to Detect Intermarket Frontrunning, Seite 1 f.; Bromberg/Lowenfels, Bromberg and Lowenfels on Securities Fraud & Commodities Fraud, Vol. 2, § 7.3 (229); vergleiche auch Fußnote 809 oben.

814 NYSE Information Memo No. 89-53, Frontrunning Interpretations vom 27. November 1989; sowie Chicago Board Options Exchange, Inc., Education Circular No. 23 (revised) vom Juli 1987; beide auch abgedruckt bei Lowenfels/Bromberg, Securities Market Manipulations: An Examination and Analysis of Domination and Control, Frontrunning and Parking, 55 (1991) Albany Law Review, Seite 293 (293); oder NASD Notice to Members 87-69 vom 20.10.1987.

dabei der Umstand, dass die Erfüllung bestimmter Tatbestände die Möglichkeit eines Verstoßes, nicht aber den Verstoß begründen, ("may be in violation of").

NYSE Information Memo No. 89-53 – Frontrunning Interpretation

If a member or person associated with a member or member organization executes or causes to be executed, for an account in which such member, member organization or person has a direct or indirect pecuniary interest or for an account with respect to which such person or member exercises investment discretion, *any transaction described below to take advantage of material, nonpublic information which reasonably can be expected to have an immediate, favorable impact in relation to such transactions*, such member or persons may be in violation of just and equitable principles of trade (Exchange Rule 476):

(i) a transaction in any stock option or stock index option contract when such member or person has knowledge of the imminent execution of a transaction in the stock(s) that underlies the option;

(ii) a transaction in any stock(s) when such member or person has acquired knowledge of the imminent execution of another person's transaction in that stock(s);

(iii) a transaction in any stock index futures contract or option on a stock index future when such member or person has knowledge of the imminent execution of another person's stock program transaction. (...)

The restrictions apply to trading and the handling of orders by floor members, upstairs traders and all employees of members and member organizations. For example, floor broker and upstairs traders who have knowledge of an order that will be executed imminently *may not give this information to any other person, nor the terms of the order, for the purpose of having that person take advantage of the information*. In determining whether a member or person has taken advantage of material, nonpublic information, *it is not necessary for the Exchange to demonstrate that another person has been disadvantaged*. Further, such member or person may be in violation of just and equitable principles of trade *regardless of whether the other person has given permission for such trading*.

However, nothing herein shall prevent such member or person from establishing, in a futures market, a bona fide hedge of risk such member or person may have assumed or agreed to assume in facilitating the execution of any other person's stock program orders or stock index options orders. (...)

Nach diesem Information Memorandum ist es dem Börsenmitglied, etwa einem Broker Dealer, untersagt, aufgrund seiner Kenntnis von einer bevorstehenden Blockorder auf eigene Rechnung oder für ein von ihm verwaltetes

Depot Geschäfte zu tätigen, von denen anzunehmen ist, dass sie vom zu erwartenden *Market Impact* unmittelbar profitieren werden.[815]

(a) Muss es sich um Kundenorder handeln?

Tatbestandlich ist nicht erforderlich, dass es sich bei der bevorstehenden Blockorder um den Auftrag eines Kunden handelt. Das Informations-Memorandum spricht lediglich von „take advantage of material, nonpublic information", der Ausnutzung erheblicher, nicht-öffentlicher Informationen im Zusammenhang mit einer kurserheblichen Transaktion.

Die Ausnutzung nicht-öffentlicher Informationen entspricht weitgehend dem europäischen Ansatz des Insiderhandelsverbotes, der – abseits von irgendwelchen Treue- oder Verschwiegenheitspflichten – allein auf die Ausnutzung von Informationsasymmetrien abstellt.[816] Dementsprechend sind auch Situationen von der NYSE-Regelung erfasst, in der das Börsenmitglied zufällig oder etwa durch die Anfrage eines potentiellen Kunden – mit dem dann aber keine Einigung über die Ausführung der Blockorder erzielt wurde – Kenntnis von der Blockorder erlangt.

(b) Intermarket-Frontrunning

Dabei ist es ebenso wenig erheblich, ob die Frontrunner-Geschäfte in demselben Titel wie die Blocktransaktion selbst, oder in einem auf den Basistitel lautenden Terminkontrakt erfolgen. Absatz (i) bezieht sich explizit auf das oben bereits erwähnte *Intermarket Frontrunning*[817], Absatz (ii) auf das Vorlaufen in demselben Wert, und schließlich Absatz (iii) auf das Vorlaufen in bezug auf hier nicht näher untersuchte Package Trades.[818] Nicht erfasst ist hingegen die umgekehrte *Intermarket*-Konstellation, in der die bevorstehende Großtransaktion die Option betrifft und das Frontrunning in dem Basiswert erfolgt.[819] Der Hintergrund ist zum einen, dass an der NYSE keine Optionen gehandelt werden und daher die primäre Schutzrichtung die Wahrung der Integrität des Handels mit den Basiswerten und die Wahrung der Interessen der NYSE-Kunden ist. Zum anderen

---

815 Aufgrund der Formulierung „to have an immediate, favorable impact in relation to such transactions" kann man darauf schließen, dass primär der Market Impact der Kundenorder gemeint ist, weil nur insoweit ein Unmittelbarkeit gegeben ist. Der Information Effect beruht auf der Reaktion des Marktes auf die Order, so dass die Unmittelbarkeit der günstigen Auswirkungen im Zweifel zu verneinen wäre.

816 Siehe hierzu oben die Seiten 230, 243 sowie 245.

817 Siehe hierzu oben „Frontrunning in verbundenen Werten" Seite 285.

818 Hierzu und zur Abgrenzung vom Blockhandel siehe oben Seite 31.

819 Dass das Frontrunning von großen Optionsaufträgen im selben Wert (oder Markt) nicht geregelt ist, liegt daran, dass an der NYSE kein Optionshandel stattfindet.

könnte hierfür die verbreitete – aber nicht unumstrittene[820] – Annahme als Erklärung heranzuziehen sein, dass die Kurse der Optionen kaum Einfluss auf den Kurs des zugrundeliegenden Basiswerts haben.[821] Ein solches Frontrunning wäre daher nicht profitabel und bräuchte schon deshalb nicht unterbunden werden. Gebietet bereits die ökonomische Vernunft, ein bestimmtes Verhalten zu unterlassen, bedarf es keines Eingriffs seitens des Regulierers.

(c) Weitergabeverbot

Dem Börsenmitglied ist es ferner untersagt, seine Kenntnis an einen Dritten weiterzugeben, soweit dies mit dem Ziel erfolgt, dass der Adressat die Information entsprechend ausnütze. Auch insofern ist der Verzicht auf das Kriterium, dass die Information der Beziehung zwischen Broker Dealer und Kunde entstammen müsste, konsequent umgesetzt: Ist die Marktintegrität wesentliches Schutzziel, so ist es durchaus folgerichtig, auch die Unterstützung einer Ausnutzung durch Dritte zu untersagen. Hierdurch erfährt das Regelwerk der Börse, dass ja naturgemäß die Kunden nicht unmittelbar zu Normadressaten machen kann, eine beinahe maximale Ausdehnung. Während die Ausführung von sonstigen Kundenorders natürlich erlaubt bleiben muss, wäre allerdings noch an die Möglichkeit zu denken, die Ausführung derjenigen Aufträge zu verbieten, die erkennbar auf einer solchen Informationsweitergabe beruhen. Anders als an Nasdaq ist dies an der NYSE aber nicht der Fall.[822]

(d) 'Anticipatory Hedging'

Ob das Information Memo auch auf die Frage des 'Anticipatory Hedging' – den Kauf von Optionen durch das Börsenmitglied, um die bevorstehende Übernahme einer Blockposition des Kunden gegen Kursveränderungen abzusichern – Anwendung findet, lässt sich nur durch Auslegung ermitteln.Zwar sieht das Memorandum vor, dass *„nothing herein shall prevent such member or person from establishing, in a futures market, a bona fide hedge of risk such member or person may have assumed or agreed to assume in facilitating the execution of any*

---

820 Es wird nämlich auch angenommen, dass Optionskurse aufgrund ihrer höheren Empfindlichkeit häufig bevorstehende Kursveränderungen der betreffenden Basiswerte 'ankündigen' und bei entsprechendem *Information Effect* auch Kursveränderungen im Basiswert verursachen können; vergleiche etwa Avgouleas, Financial Market Regulation and the New Market Landscape: In Search of a New Regulatory Framework for Market Abuse, International and Comparative Corporate Law Journal, 2000, Seite 89 (109), dort Fußnote 102.

821 United States General Accounting Office, Securities and Futures Markets – Efforts to Detect Intermarket Frontrunning, Sept. 1991, Seite 1, Fußnote 2.

822 Siehe unten Seite 57.

other person's stock program orders or stock index options orders", dies gilt jedoch für „program orders" oder „stock index options".

Nach dem Auslegungsgrundsatz des Umkehrschlusses – im angelsächsischen Rechtskreis eher als „expressio unus, exclusio alterius" bekannt – lässt sich folgern, dass diese Ausnahmeregelung nicht für Blocktransaktionen Anwendung findet. Anticipatory Hedging wäre danach unzulässig.

(e) Dogmatische Verortung des Verbots

Unklar bleibt allerdings, welche dogmatische Verortung das Frontrunning durch seine Regelung als Unterfall des Verstoßes gegen die 'Grundsätze fairen Handels' erfährt.[823] Da man sich offenbar einig ist, dass ein derartiges Verhalten der Integrität des Marktes abträglich ist, lässt es sich systematisch in einen Bereich der unzulässigen Ausnutzung von Informationsasymmetrien einordnen. Tatbestandlich nicht erforderlich ist die Verletzung von Treuepflichten.[824] Wie oben dargelegt, beruht das geltende US-amerikanische Insiderhandelsverbot auf dem Gedanken der Veruntreuung (und nur insofern unbefugten Nutzung) der betreffenden Informationen.[825]

Oben zitiertes *Information Memorandum* geht aufgrund der verschiedenen Tatbestandsalternativen über den gleichwohl umfänglich abgedeckten Gesichtspunkt des Schutzes der Interessen des Kunden hinaus: Während man noch sagen könnte, dass auch das Intermarket-Frontrunning die Chancen der kostengünstigen Ausführung der Blockorder im Basiswert beeinträchtige[826], stellen zwei

823 Kritisiert wird – unter anderem von American Bar Association – nicht nur, dass keine klaren Kriterien aufgestellt werden, sondern auch, dass auf diese Weise das Erfordernis der Genehmigung der verbindlichen SRO-Rules durch die SEC (vergleiche Section 19 (b) (1) S.E.A.), was auch der interessierten Öffentlichkeit die Gelegenheit zur Stellungnahme einräumt, umgangen wird.

824 So werden die Wurzeln des Tatbestandes zwar zum einen bei den Treuepflichten der Geschäftsbesorgung ("common law agency principles, common law fiduciary principles and duties") und zum anderen bei Section 10 (b) S.E.A. und SEC Rule 10b-5 gesehen, so etwa Lowenfels/Bromberg, Securities Market Manipulations: An Examination and Analysis of Domination and Control, Frontrunning and Parking, 55 (1991) Albany Law Review, Seite 293 (327).

825 Vergleiche hierzu etwa Section 16 S.E.A. oder die sogenannte "Misappropriation Theory" im Zusammenhang mit Rule 10b-5, der die Entscheidung United States v. O'Hagan zugrunde liegt.

826 Oben wurde bereits darauf hingewiesen, dass verbreitet von der Annahme ausgegangen wird, dass die Kurse der Optionen kaum Einfluss auf den Kurs des zugrundeliegenden Basiswerts haben; vergleiche Fußnote 821. Allerdings signalisiert der verstärkte Optionshandel den Marktteilnehmern, dass neue Informationen oder Gerüchte verarbeitet werden und verringert so im Zweifel die Bereitschaft zu Großtransaktionen.

weitere Tatbestandsvarianten eindeutig unter Beweis, dass die Treuepflichtverletzung nicht maßgeblicher Verbotsgrund ist. Dadurch, dass darauf verzichtet wird, dass es sich bei der bevorstehenden Transaktion um die eines Kunden handelt, wird eindeutig auf eine wie auch immer geartete Verbindung des Broker Dealers zur Informationsquelle verzichtet. Ganz klar wird die Sache schließlich dadurch, dass auch eine Zustimmung des Initiators der Blockorder, der ja Urheber der Information und damit Opfer der *Misappropriation* der Information und möglicher Verschlechterungen der Auftragsausführung wäre, den Frontrunner nicht vor dem Verstoß gegen die Grundsätze fairen Handels bewahrt.

Es besteht daher Grund zu der Annahme, dass die NYSE durch diese umfassende Regulierung der Ausnutzung von Informationsasymmetrien im Hinblick auf solche Handelsinformationen bewusst über den Rahmen des Insiderhandelstatbestands hinausgeht.

(2) NYSE Rule 92

Ebenfalls im Zusammenhang mit der Frontrunning-Problematik zu nennen ist NYSE Rule 92. Diese richtet sich nicht explizit gegen das Vorlaufen und ist tatbestandlich wesentlich enger als das oben untersuchte NYSE Information Memorandum 89-53. Bei Rule 92 steht ganz eindeutig die Gefährdung der Kundeninteressen im Zusammenhang mit einer dem Börsenmitglied zur Ausführung übergebenen Blockorder im Vordergrund:

> **NYSE Rule 92 – Limitations on Members' Trading because of Customers' Orders**
>
> (a) No member shall (1) personally buy or initiate the purchase of any security on the Exchange for his own account or for any account in which he, his member organization or any other member, allied member or approved person, in such organization or officer thereof, is directly or indirectly interested, *while such member personally holds or has knowledge that his member organization holds an unexecuted market order* to buy such security in the unit of trading for a customer, or (2) personally sell or initiate the sale of any security on the Exchange for any account, while he personally holds or has knowledge that his member organization holds an unexecuted market order to sell such security in the unit of trading for a customer.
>
> (b) No member shall (1) personally buy or initiate the purchase of any security on the Exchange for any such account, *at or below* the price at which he personally holds or has knowledge that his member organization holds an unexecuted limit price order to buy such security in the unit of trading for a customer, or (2) personally sell or initiate the sale of any security on the Exchange for any such account, *at or above* the price at which he personally holds or has knowledge that his member organization holds an unexecuted limit price order to sell such security in the unit of trading for a customer. (...)

NYSE Rule 92 ist in mehrerlei Hinsicht deutlich enger gefasst als das NYSE Information Memorandum No. 89-53: Zum einen muss es sich bei der Order, deren Auswirkungen man möglicherweise ausnutzen will – was hier allerdings nicht Tatbestandsmerkmal ist -, um die eines Kunden des Börsenmitglieds handeln. Zum anderen muss das Vorlaufen in eben jenem Wert stattfinden, in dem die Order auszuführen ist. Geschäfte in Derivaten bei einer Kundenorder im Basiswert – das bereits erläuterte Intermarket-Frontrunning – sind mithin nicht erfasst. Das Verhalten des Börsenmitglieds ist ferner nur insofern von Rule 92 erfasst, als dass sein Vorlaufen "on the Exchange" stattfindet, so dass keine Beschränkung für Transaktionen an anderen Börsen, sowie – nach Rule 390 bisher ohnehin nur eingeschränkt möglichen – Transaktionen im außerbörslichen Handel börsennotierter Werte[827] bestehen.

Interessant ist dabei, dass Rule 92 entscheidend auf eine bestehende Beziehung zwischen Kunde und Broker Dealer abstellt, die oben erörterten "Interpretations" auf dieses Kriterium aber voll und ganz verzichten. Dort genügt es, dass das Börsenmitglied ganz allgemein Kenntnis von einer bevorstehenden Ausführung einer Blockorder hat.

(a) Frontrunning nur mittelbar erfasst

Genaugenommen erschöpft sich der Inhalt der Rule 92 in der Regelung, dass bei Vorliegen einer Kundenorder diese vorrangig vor Eigengeschäften oder diesen gleichgestellten Geschäften des Broker Dealers zur Ausführung zu bringen ist. Es drängt sich daher der Eindruck auf, dass Rule 92 nur insofern die Kundeninteressen schützt, als durch die vorrangige Ausführung der Kundenorder gegenüber dem Eigenhandel des Börsenmitglieds ein – auch unvorsätzliches – Vorlaufen unterbunden wird. Zum einen wird dies auch daran deutlich, dass diese Norm sowohl auf eine zu erwartende Auswirkung der Kundenorder auf den Markt verzichtet, zum anderen das Vorlaufen bei Wahrung allgemeiner Prioritätsregeln (Preis-Zeit-Priorität) nicht gänzlich unterbunden wird. So kann der Broker Dealer in der Fallkonstellation der Rule 92 (b) bei einer – aus seiner Sicht – ungünstigeren Limitierung gleichwohl Geschäfte tätigen.[828] Es stellt sich deshalb heraus, dass Rule 92 zwar in vielen Fällen ein Frontrunning verhindert, systematisch jedoch als Vorverlegung der an der Börse geltenden Preis-Zeit-

---

827 Dem sogenannten Dritten Markt. In Abgrenzung zum Emissionsgeschäft (Primärmarkt) auf der einen Seite und dem Börsenhandel (Sekundärmarkt) auf der anderen Seite.

828 Es muss zwar konzediert werden, dass dies der Idee des Frontrunning eigentlich zuwiderläuft, allerdings sind auch besondere Fallgestaltungen – etwa die zu erwartende Veränderung der Limitierung – denkbar, in denen ein profitables Vorlaufen auch unter diesen Vorraussetzungen möglich wäre.

Priorität in den Bereich der Auftragsbearbeitung (Orderhandling) durch die Broker Dealer zu werten ist.

(b) Systematische Einordnung des Frontrunning-Tatbestands

Geht man demnach davon aus, dass Rule 92 keine speziell gegen das Frontrunning gerichtete Regelung darstellt, lässt sich aus ihr dementsprechend auch nicht herleiten, dass das Konzept des Frontrunnings auf dem Element des Pflichtenverstoßes im Rahmen der Treuebeziehung zwischen Börsenmitglied und Kunde beruht.

Eine 'Veruntreuung' einer (kundenseits) anvertrauten Information ist demnach nicht erforderlich. Der Initiator der Blockorder ("the other person") muss weder einen Schaden erleiden, noch ist dieser in der Lage, auf den ihm durch NYSE Information Memo 89-53 (reflexmäßig?) zuteilwerdenden Schutz zu verzichten. Insofern geht diese 'Interpretation' der NYSE Rule 476 über den Insidertatbestand von Section 10 (b) S.E.A. in Verbindung mit Rule 10b-5 hinaus, da dort ja bei vorliegender Zustimmung ("permission") des Kunden eine Veruntreuung ("misappropriation") der Information zu verneinen wäre.[829]

Soweit die Ausnutzung des Informationsvorteils im Vordergrund steht und die damit verbundene Benachteiligung der anderen Marktteilnehmer in gleichem Maße besteht, ist es egal, ob der Broker Dealer in einem verbunden Wert oder mit Zustimmung des Initiator der Blockorder 'vorläuft'.[830]

(3) NYSE Information Memorandum No. 95-28

Ferner ist in diesem redaktionell wie systematisch etwas unübersichtlichen Bereich auch NYSE Information Memorandum No. 95-28 zu beachten.[831] Neben der oben im Abschnitt über Kursmanipulationen[832] bereits erwähnten Frage, welche Verhaltensweisen unter jenem Gesichtspunkt zu unterlassen sind, um nicht den bösen Schein potentieller Manipulationen und damit des Verstoßes gegen die "just and equitable principles of trade" zu erzeugen, enthält das genannte Memorandum auch eine Regelung, die ein Verhalten untersagt, welches als eine besondere Art des Frontrunnings angesehen werden könnte: Danach ist einem Börsenmitglied, das Kenntnis von einer bevorstehenden Blockorder hat, verboten, auf eigene Rechnung Transaktionen in dem betroffenen Wertpapier vorzu-

---

829 Hierzu siehe oben Seite 243.

830 Aufgrund von Arbitragegeschäften wird die Kursschwankung in dem Markt der Blockorder in die anderen Märkte weitergegeben.

831 NYSE Information Memorandum No. 95-28, SEC Release 34-35837 vom 12. Juni 1995.

832 Siehe Seite 191.

nehmen, um so im voraus eine Position auszugleichen, die es in Kürze als Gegenseite bei der Blockorder zu übernehmen plant.[833]

Durch die vorauseilende Glattstellung der zu übernehmenden Position wird möglicherweise bereits ein Teil des zu erwartenden *Market Impacts* und *Information Effects* ausgelöst. Die- aus der Sicht des Initiators der Blockorder – negative Kursveränderung setzt ein. Resultat der Vorgehensweise dürfte daher sein, dass der Broker Dealer seine Geschäfte zu zunächst noch unbeeinträchtigten und daher günstigeren Kursen tätigt, während im Zeitpunkt der Ausführung der Blockorder der Kurs dann bereits zu Lasten des Initiators verändert ist:

Beispiel:

Der Block-Trader will eine halbe Million Aktien der XYZ Aktiengesellschaft kaufen. Der Broker Dealer will 100.000 dieser Position "übernehmen", dass heißt diese an den Block-Trader verkaufen. Im Regelfall würde er leerverkaufen und müsste anschließend die Position glattstellen. Kauft er – etwa bei einem aktuellen Kurs von 40 – nun über das Orderbuch zu, kann dadurch der Kurs – etwa auf 40,25, 40,50 oder auch darüber – ansteigen. Dieselben Auswirkungen kann eine parallel stattfindende (Teil-) Ausführung des Blocks über das Orderbuch haben. Aufgrund der Gleichgerichtetheit der Aktivitäten können beide Einflüsse auch kumulativ zusammenwirken. Erfolgt nun das Geschäft zwischen Broker Dealer und Block-Trader, macht ersterer einen Gewinn, welcher der Differenz zwischen dem bei den Orderbuchgeschäften gezahlten Durchschnittskurs und dem nun ausgehandelten Kurs, multipliziert mit der Menge der Papiere, entspricht. Orientiert sich der verhandelte Preis am aktuellen Börsenkurs – wovon bei Unkenntnis des Block-Traders vom Vorlaufen seines Kontrahenten auszugehen ist –, macht der Broker Dealer einen erheblichen, risikolosen Profit. Der Block-Trader zahlt höhere Preise, als er ohne Vorlaufen zahlen würde.

833 „The Memorandum also restates that the Exchange would deem conduct inconsistent with just and equitable principles of trade where a member organization effects any transaction in a stock, knowing of the imminent execution of a block, in order subsequently to liquidate the position by participating on the contra-side of the block transaction." SEC Release 34-35230 vom 13. Januar 1995, Federal Register, Vol. 60 No. 14, Seite 4453 (4454).

Die Teilausführung des Blocks über das Orderbuch erfolgt dann zu bereits negativ beeinflussten Kursen, und im ungünstigsten Fall gilt dies auch für die Geschäfte mit anderen Broker Dealern, die größere Teile des Blocks übernehmen.

Folglich braucht der vorlaufende Broker Dealer die Glattstellung nicht wie sonst zu – durch die anderen Geschäfte des Block-Traders – negativ beeinflussten Kursen durchzuführen; zumindest insoweit, wie er schon einen antizipierten Ausgleich durchgeführt hat. Er profitiert insofern von der Kenntnis des zu erwartenden *Market Impacts*, als dass er so vermeidet, zu ungünstigen Kursen seine Position ausgleichen zu müssen. Daneben beeinflusst er den im Zweifel als Referenzwert dienenden Börsenkurs zu seinen Gunsten.

Anders als in der bisher thematisierten Konstellation des Frontrunnings, ist der Broker Dealer hier nicht als Vermittler (Broker) des Blocks tätig, sondern nimmt diesen (teilweise) als Dealer in sein Buch. Ob der Broker Dealer den Teil der Blockorder über die Börse oder – wie seit der Abschaffung von Rule 390 nunmehr ebenso möglich – außerbörslich mit dem Initiator der Blockorder handelt, ist irrelevant, da im Regelfall der vorherrschende Börsenkurs maßgeblich für die bilaterale Preisermittlung sein wird.

Ob man das skizzierte Verhalten eher als Frontrunning oder als Kursmanipulation anzusehen hat, hängt vermutlich entscheidend von den genauen Kursabreden ab, die zwischen Broker Dealer und Block-Trader getroffen werden. Bewegen die Frontrunning-Aktivitäten des betreffenden Broker Dealers selbst den Kurs, so ist eher von Manipulation zu sprechen, macht er sich hingegen nur die durch andere Bestandteile der Blockorder verursachte Bewegung des Kurses zunutze, dann dürfte eher ein Fall des Frontrunnings vorliegen.

Bereits in der SEC Release, in der diese die Regeländerung der NYSE genehmigt, wird deutlich, dass man sich in dem angesprochenen Zwischenbereich befindet. Bei der Erörterung der Frage, ob bei einer entsprechenden Aufklärung des Kunden das Verhalten als im Einklang mit den "just and equitableprinciples of trade" zu bewerten sei, wird als offenbar entscheidendes Gegenargument angeführt, dass der Broker Dealer nicht nur den Kunden benachteilige, sondern durch Ausnutzung des Informationsvorteils auch alle anderen Marktteilnehmer. Bei der Kenntnis von der bevorstehenden Blockorder handele der Broker Dealer schließlich auf Grund von nicht-öffentlicher, sensibler Marktinformation.[834] Diese Terminologie weist wohl nicht zufällig in den Bereich des Schutzes der Marktintegrität vor der Ausnutzung von Informationsasymmetrien, dem maßgeblichen Zweck der US-amerikanischen Frontrunning-Regelungen.

---

834 NYSE Information Memorandum No. 95-28, SEC Release 34-35837 vom 12. Juni 1995, Seite 8.

(4) Shingle Theory – Anwendung von Rule 10b-5

Wie eingangs erwähnt, gibt es in der Literatur zahlreiche Stimmen, die eine Anwendbarkeit der Generalklausel von Section 10 (b) S.E.A. in Verbindung mit Rule 10b-5, die ja unter anderem für den Insiderhandel und die Kursmanipulation einschlägig sind, auf Frontrunning-Fälle befürworten. Dies wird unter anderem mit dem Hinweis auf die sogenannte *Shingle Theory*[835] begründet, derzufolge die im Wertpapierhandel Tätigen ihren Kunden generell und konkludent zusichern, fair mit ihnen umzugehen und die allgemeinen Standards des Berufes zu beachten.[836] Zwar ist diese Norm – soweit ersichtlich – noch nicht auf Fälle von Blocktransaktionen angewandt worden, jedoch ist die Begründung, dass sich der Broker Dealer, der durch Vorlaufen die Interessen seines Kunden gefährdet, auch im Widerspruch zu den oben genannten Prinzipien verhalte, nicht ohne Überzeugungskraft. Hierbei handelt es sich der Sache nach allerdings wohl um nichts anderes als einen Unterfall des Insiderhandels.

Die Verwerfungen zwischen der jeweiligen dogmatischen Basis dieser beiden Tatbestände in den verschiedenen untersuchten Rechtsordnungen werden hier überdeutlich: Während nach unserem Verständnis das Insiderhandelsverbot auf der unerwünschten Ausnutzung von Informationsasymmetrien, und das Vorlaufverbot auf dem Schutz der Individualinteressen des Kunden beruht, ist die Lage in den Vereinigten Staaten, bzw. an der NYSE, unter dogmatischen Gesichtspunkten beinahe völlig entgegengesetzt: Das Insiderhandelsverbot basiert – vor allem ausgehend von den Zwängen der Formulierung der Normen Section 10 (b) S.E.A. in Verbindung mit Rule 10b-5[837] – auf einer individuellen Pflichtverletzung. Das Frontrunning – auf allgemeineren Fairnesserwägungen beruhend und von den Beschränkungen dieser Normtexte nicht tangiert – hingegen untersagt die Ausnutzung asymmetrischer Handelsinformationen, so dass es dogmatisch in der Nähe des europäischen Verständnisses vom Insidertatbestand einzuordnen ist.

Begutachtet man unter diesem Gesichtspunkt die Shingle Theory, so wird deutlich, dass bei dieser wiederum die Beeinträchtigung von Individualinteressen und individuell bestehenden Schutz-, Schweige- und Treuepflichten im Vorder-

---

835 Der Begriff "shingle", der im Slang auch gefälschtes Diplom bedeutet, bezieht sich im übertragenden Sinne etwa auf die Schilder, die früher Zunft- oder Gildenangehörige vor ihren Geschäftsräumen anbrachten, um die Kundschaft über die angebotenen Dienste zu informieren.

836 Bovi, Rule 10b-5 Liability for Frontrunning: Adding a new Dimension to the "Money Game", 7 (1994) St. Thomas Law Review, S. 103 (120).

837 Vergleiche hierzu die Ablehnung der Equal Access Theory durch den Supreme Court, siehe oben Seite 231.

grund steht. Erkennt man überhaupt eine sinnvolle Differenzierung zwischen diesen beiden Instituten an, so ist dies wohl am ehesten in der oben aufgezeigten, systematischen Unterscheidung zu sehen. Die Alternative, im Vorlaufen nur eine spezielle Form des Insiderhandels durch Börsenmitglieder auf Basis von Handelsinformationen zu sehen, scheidet deshalb aus, weil die Regelungen der NYSE auf ein betrügerisches und die Information veruntreuendes Element verzichten. Section 10 (b) S.E.A. in Verbindung mit Rule 10b-5 setzen die Verletzung von besonderen Verpflichtungen voraus, während die „fair and equitable principles of trade“ durchaus als allgemeine Schutzvorschriften zugunsten der Integrität und Funktionsfähigkeit des Marktes verstanden werden können.

(5) Section 15 (f) S.E.A.

Der Vollständigkeit halber ist zu erwähnen, dass Section 15 (f) S.E.A. die Broker Dealer verpflichtet, interne Regeln zu erlassen und durchzusetzen, die den Missbrauch von wesentlichen, nicht-öffentlichen Informationen verhindern.[838]

> **Section 15 (f) S.E.A.**
>
> Every registered broker or dealer shall establish, maintain, and enforce written policies and procedures reasonably designed, taking into consideration the nature of such broker's or dealer's business, to prevent the misuse in violation of this title, or the rules or regulations thereunder, of material, nonpublic information by such broker or dealer or any person associated with such broker or dealer. (...)

Von der im hier nicht wiedergegebenen Teil des Absatzes enthaltenen Ermächtigung, detaillierte untergesetzliche Normen zu erlassen, hat die SEC zwar derzeit keinen Gebrauch gemacht. Der Verstoß der Broker Dealer gegen Section 15 (f) S.E.A. ist durch Section 15 (b) (4) S.E.A. sanktioniert.

> **Section 15 (b) (4) S.E.A.**
>
> The Commission, by order, shall censure, place limitations on the activities, functions, or operations of, suspend for a period not exceeding 12 months, or revoke the registration of any broker or dealer if it finds, on the record after notice and opportunity for hearing, that such censure, placing of limitations, suspension, or revocation is in the public interest and that such broker or dealer, (...) (D) Has willfully violated any provision of (...) this title (...).

In der Gesetzesbegründung heißt es, dass der Begriff des Missbrauchs wesentlicher nicht-öffentlicher Informationen ausreichend weit gefasst ist, um

838 Vergleiche Bovi, Rule 10b-5 Liability for Frontrunning: Adding a new Dimension to the “Money Game”, 7 (1994) St. Thomas Law Review, S. 103 (113).

Marktmissbräuche wie Insiderhandel, Scalping[839] und Frontrunning zu erfassen.[840] Die registrierten Broker Dealer erlassen dementsprechend Verhaltensregeln und errichten zwischen den verschiedenen Tätigkeitsfeldern sogenannte „Chinese Walls".

(6) ERGEBNIS

Die Untersuchung zeigt, dass das Frontrunning an der NYSE auf den verschiedensten Ebenen verboten und bekämpft wird. Die oben angesprochene SEC Release betont, dass das jüngere der beiden NYSE Memoranda als Fortentwicklung der bestehenden Verbote gegen Frontrunning anzusehen ist.[841] Der Verzicht auf das Erfordernis der Beziehung zwischen Kunde und Börsenmitglied und die Hinwendung zum Schutz der Marktintegrität lässt den Schluss zu, dass die Frontrunning-Regelungen vor allem eine Ergänzung der als lückenhaft und zum Teil eher auf Zufälligkeiten – wie der betriebsinternen Verschwiegenheitspflicht des Journalisten beim Wall Street Journal – basierend empfundenen Insiderregelungen beabsichtigen. Dies gilt jedoch insoweit nur für die Handelsinformationen.

Der Geltungsbereich der SRO-Regularien ist jedoch deutlich geringer als der des staatlichen Insiderhandelsverbots, da schließlich nur Mitglieder durch die NYSE Regeln gebunden sind. Allerdings ist nach beiden Memoranda auch die Weitergabe der Information an Dritte unzulässig, soweit der Tippempfänger („*Tippee*") einen Vorteil aus der Information ziehen soll. Da es aber primär Börsenmitglieder sein werden, die von bevorstehenden Blocktransaktionen erfahren, dürften sich in der Praxis zwar keine großen Regelungslücken ergeben. Eine – im Regelfall chiffrierte – Weitergabe an Dritte dürfte allerdings kaum zu ermitteln sein, so dass eine effektive Durchsetzung der "just and equitable principles of trade" schwierig erscheint.

Unklar ist nach wie vor, ob SEC und Gerichte den durchaus schlüssigen Argumentationen in der Literatur, das Frontrunning-Verhalten auch als Verstoß gegen das Insiderhandelsverbot zu ahnden, folgen werden.

---

839 Hierunter ist etwa die durch eine Bank ausgesprochene Empfehlung zum An- oder Verkauf bestimmter Wertpapiere zu verstehen, die mit dem Ziel erfolgt, eigene Bestände in dem betreffenden Wert erhöhen oder verringern zu können, vergleiche Kümpel, Bank- und Kapitalmarktrecht, Rz. 16.488.

840 Vergleiche Reprenstative Edward Markey zitiert bei: Bovi, Rule 10b-5 Liability for Frontrunning: Adding a new Dimension to the "Money Game", 7 (1994) St. Thomas Law Review, S. 103 (113 f.).

841 SEC Release 34-35837 vom 12. Juni 1995, Seite 6.

Das Insiderhandelsverbot leidet unter der Diskrepanz zwischen dem von der SEC beabsichtigten Schutz der Marktintegrität auf der einen Seite und der Ausgestaltung als Individualrechtsgüterschutz auf der anderen Seite. Die dogmatische Einordnung des Frontrunnings muss wegen der Unbeachtlichkeit einer Einwilligung des Kunden wohl in die erstere der beiden Kategorien erfolgen.

Die Frage, ob der Supreme Court diese Anwendung der NYSE Regeln als vom Gesetz gedeckt oder als unzulässige Umgehung der verworfenen Equal Access Theory mittels einer dafür nicht gedachten Generalklausel betrachten würde, wird vermutlich nie beantwortet werden. Wird ein Broker Dealer beim Vorlaufen erwischt, wird das Unternehmen – in der Regel handelt es sich bei den Block-Positionern um die namhaftesten Investmentbanken – vermutlich eher die Sanktionen seitens der Börse akzeptieren, als diese durch alle Instanzen anzufechten und die äußerst geschäftsschädigende Aufmerksamkeit auf sich zu ziehen.[842]

b) Nasdaq Stock Market

Die Regelung des Themas Frontrunning durch die NASD ist in Struktur und Inhalt der Situation an der NYSE sehr ähnlich. Es gibt keine Rules, in denen explizit vom Frontrunning die Rede wäre oder die exakt dieses Verhalten zum Gegenstand haben würden. Wie an der NYSE gibt es nur – den auf Section 6 (b) (5) S.E.A. zurückgehenden[843] – Grundsatz, dass sich alle Mitglieder im Einklang mit den "just and equitable principles of trade" zu verhalten haben. Daneben gibt es wie an der NYSE offizielle Interpretationen dieses Postulats, die darlegen, welches Verhalten von der NASD als hierzu im Widerspruch stehend angesehen wird. Dieses Prinzip ist – als Pendant zu NYSE Rule 476 – in Ar-

---

842 In anderen Fällen von Verstößen großer Investmentbanken gegen Börsenregeln werden die Verfahren im Regelfall durch einvernehmliche Strafzahlungen beigelegt, bei denen die Banken die Vorwürfe weder abstreiten noch eingestehen. Vergleiche etwa die NYSE Hearing Panel Decision 95-182 vom 27.12.1995 gegen Credit Suisse First Boston Corporation, die einer Strafzahlung von $ 200.000 zustimmt; oder die Pressemitteilung der NASD Regulation vom 22.11.2000, über eine von der NASD Regulation gegen Merrill Lynch, Pierce, Fenner & Smith, Inc. verhängten Strafe von $ 97,000 für diverse Vergehen („for limit order, best execution, and other violations); dort heißt es: *„In settling this matter, Merrill Lynch neither admitted nor denied NASD Regulation's findings*".

843 Danach müssen die Regeln der Börsen so ausgestaltet sein, dass die Einhaltung der Prinzipien des gerechten und fairen Handels gefördert, betrügerische und manipulative Handlungen verhindert und ganz allgemein die Anleger und die Öffentlichkeit geschützt werden. ("*The rules of the exchange are designed to prevent fraudulent and manipulative acts and practices, to promote just and equitable principles of trade, ... and, in general, to protect investors and the public interest*").

ticle III, Section 1, der NASD Rules of Fair Practice beziehungsweise in der wortgleichen NASD Manual Rule 2110 niedergelegt.

> **NASD Manual Rule 2110 – Standards of Commercial Honor and Principles of Trade**
>
> A member, in the conduct of his business, shall observe high standards of commercial honor and just and equitable principles of trade.

Das *Board of Governors* hat hierzu 1987 die NASD die Mitteilung ("Notice to Members") No. 87-69 erlassen. Diese gibt die offizielle Interpretation obiger Regel zu diesem Thema wieder.

(1) IM-2110-3 – NASD Notice to Members No. 87-69

Der Inhalt dieses 'Rundschreiben' ist inzwischen der NASD Manual Rule 2110 als erläuternde Anmerkung Nr. 3 zugeordnet. Diese untersagt es allen NASD-Mitgliedern, die Kenntnis von der bevorstehenden Ausführung einer Blocktransaktion haben, eigene Geschäfte in verbunden Papieren zu tätigen, bevor die betreffende Information veröffentlicht wird.[844] Ebenso wenig ist den NASD-Mitgliedern die Ausführung von Geschäften für solche Kunden erlaubt, die man zuvor über die besondere Gelegenheit informiert hat. Normadressat bleibt selbstverständlich das NASD-Mitglied, dem die Ausführung derartiger Kundenaufträge untersagt ist.

Mit verbundenen Papieren ist jeweils die Beziehung zwischen Option und Basiswert gemeint. Anders als an der NYSE ist auch der „umgekehrte" Fall des Intermarket-Frontrunnings untersagt: Verboten sind daher auch Geschäfte, mit denen der Broker Dealer im Hinblick große, bevorstehende Optionstransaktionen im Basiswert "vorläuft", Alternative (b):

> **IM-2110-3 – Frontrunning Policy**
>
> It shall be considered conduct inconsistent with just and equitable principles of trade for a member or person associated with a member, for an account in which such member or person associated with a member has an interest, or for an account with respect to which such member or person associated with a member exercises investment discretion, or for certain customer accounts, *to cause to be executed*:
>
> (a) *an order to buy or sell an option* when such member or person associated with a member causing such order to be executed has material, non-

---

844 Zwar wurde eingangs des Abschnitts zum Thema Frontrunning gesagt, im Unterschied zum Insidertatbestand komme es beim Frontrunning nicht darauf an, ob die Information über die bevorstehende Blockorder bereits als öffentlich bekannt gilt. Diese Aussage vor auf die Rechtslage in Deutschland und Großbritannien. Sowohl in dem NYSE Information Memorandum No. 89-53 als auch in dieser NASD-Regelung ist das Kriterium „non-public (market) information" enthalten.

> public market information concerning *an imminent block transaction in the underlying security*, or when a customer has been provided such material, non-public market information by the member or any person associated with a member, or
>
> (b) *an order to buy or sell an underlying security* when such member or person associated with a member causing such order to be executed has material, non-public market information concerning *an imminent block transaction in an option overlying that security*, or when a customer has been provided such material, non-public market information by the member or any person associated with a member,
>
> prior to the time information concerning the block transaction has been made publicly available. (...) The application of this frontrunning policy is limited to transactions that are required to be reported on the last-sale reporting systems administered by NASDAQ, CTA or OPRA. (...) A transaction involving 10,000 shares or more of an underlying security or options covering such number of shares is generally deemed to be a "block transaction", although a transaction of less than 10,000 shares could be considered a block transaction in appropriate cases. A block transaction that has been agreed upon does not lose its identity as such by arranging for partial executions of the full transactions in portions which themselves are not of block size if the execution of the full transaction may have a material impact on the market.

(a) "Intra"market-Frontrunning

Auffällig ist an der Regelung des IM-2110-3, dass nur das Intermarket-Frontrunning geregelt ist, nicht aber das "Vorlaufen" im selben Wert, jenem Papier, das Gegenstand der Blocktransaktion ist. Diese auf den ersten Blick bestehende Lücke hat im Ergebnis aber kaum praktische Auswirkungen auf das Schutzniveau. Dies hat zum einen mit der Struktur des Nasdaq Stock Market als Market Maker-Plattform und zum anderen mit allgemeineren Regelungen betreffend die vorrangige Ausführung der Kundenorders zu tun.

(b) Besonderheiten des Market Maker-Handels

Aufgrund dessen, dass die Market Maker primär als Vertragsgegenseite bereitstehen, um die Kundenorders gegen das eigene Buch auszuführen und nur in Ausnahmefällen als Broker tätig werden, ist nur in begrenztem Umfang ein Frontrunning in demselben Wert möglich. Dies würde nämlich logisch eine Situation voraussetzen, in welcher der Frontrunner nicht selbst Partei der kurserheblichen Transaktionen ist: Nur dann ist es ihm möglich, von dem verursachten *Market Impact* zu profitieren. Nimmt der Broker Dealer die Position hingegen selbst – und dies insoweit natürlich ohne *Market Impact* – in sein Buch, ist er beim anschließenden Ausgleich der Position selbst der Leidtragende der Auswirkungen auf den Kurs. Hat er zunächst – im Verhältnis zur Blockorder – gleichgerichtete Geschäfte getätigt, verstärkt er dadurch den *Market Impact* gegebenenfalls sogar, der den Ausgleich der soeben übernommenen Blockposition zusätzlich erschwert. Von einer profitablen Nutzung kann insofern natürlich keine Rede sein.

Stellen sich das Vorlaufen und die Übernahme des Blocks hingegen als gegenläufige, sich zum Teil ausgleichende Geschäfte dar, so wäre das Vorlaufen als antizipiertes Ausgleichgeschäft für die nachfolgende Übernahme des Blocks zu interpretieren. Wenn die „vorlaufenden" Geschäfte ihrerseits selbst über Kursbeeinflussungskraft verfügen, kommt ein unzulässiges Handeln des Market Makers in Betracht und zwar in Form der oben diskutierten Kursmanipulation durch effektive Transaktionen.[845]

(c) Verbleibende Lücken

Es blieben folglich zwei Konstellationen, in denen ein Market Maker im demselben Wert "vorlaufen" könnte: Zum einen wenn der Market Maker in seiner Eigenschaft als Broker die Kundenorder ausführen soll; zum anderen, wenn er vom Block-Trader hinsichtlich einer Beteiligung als Vertragsgegenseite kontaktiert wird, das Geschäft aber nicht zustande kommt. Im ersten Fall greift eine zweite offizielle "Interpretation"[846] von Rule 2110, die sogleich näher darzustellende NASD Notice to Members 95-43, im zweiten bleibt nur der Hinweis auf die oben im Bereich der Pre Trade-Transparenz Analyse[847] erörterten Handelsstrategien, nach denen der Block-Trader allzu große Offenheit über seine Absichten und Intentionen nach Möglichkeit vermeiden sollte:

(2) IM-2110-2 – NASD NOTICE TO MEMBERS 95-43

Diese Regelung stellt besondere Vorschriften für das an sich untypische Tätigwerden eines Market Maker als Broker auf. Hält er eine limitierte Order eines Kunden, so ist diese vorrangig gegen die eingehenden Kundenorders zu erfüllen. Liegt die Situation vor, dass dem Market Maker eine Limit Order zur Ausführung hinterlassen wurde – er also nicht wie üblich im Wege des Eigengeschäfts die Gegenseite bildet – so darf er nicht auf eigene Rechnung mit Dritten handeln, wenn statt dessen auch eine (Teil-)Ausführung der Kundenorder möglich wäre:

> **IM-2110-2 Trading Ahead of Customer Limit Order**
>
> *A member firm that accepts and holds an unexecuted limit order from its customer* (whether its own customer or a customer of another member) in a Nasdaq security and *that continues to trade the subject for its own market-making account at prices that would satisfy the customer's limit order,*

---

845 Vergleiche zum einen oben Seite 196 sowie NYSE Information Memorandum No. 95-28, oben Seite 294.

846 NASD Notice to Members 95-43; SEC Release No. 34-35751 vom 19.05.1995.

847 Seite 57 ff.

> ***without executing that limit order, shall be deemed to have acted in a manner inconsistent with just and equitable principles of trade,*** in violation of Rule 2110, (...) and provided further, that a member firm may negotiate specific terms and conditions applicable to the acceptance of limit orders only with respect to limit orders that are: (a) for customer accounts that meet the definition of an "institutional account" as that term is defined in Rule 3110 (c)(4); or (b) 10,000 shares or more, unless such orders are less than $ 100,000 in value. (...)

(a) Allgemeiner Vorrang der Kundenorder

Der Ausführung der Kundenorder ist beim Eingang passender Orders grundsätzlich der Vorrang zu gewähren.[848] Eine Ausnahme hiervon kann insoweit gemacht werden, als der Market Maker hat mit dem Kunden, soweit es sich bei diesem um einen institutionellen Investor handelt, abweichende Vereinbarungen getroffen. In einem solchen Fall wird wohl unterstellt, dass dieses Kriterium die ausreichende Verhandlungsmacht und Geschäftserfahrenheit des Kunden sicherstellen soll.

Da beim Frontrunning gleichgerichtete Geschäfte getätigt werden müssen, bleibt dem Market Maker nur die Möglichkeit, zu schlechteren Kursen als der Limitierung der Kundenorder zu handeln, was ein profitables Vorlaufen selbstverständlich weitgehend ausschließt.[849] Es bliebe theoretisch nur die Variante des Ausweichens in verbundene Papiere, was aber durch die oben untersuchte Regelung IM-2110-3 verboten ist.

Nicht unerwähnt bleiben darf allerdings, dass im Falle einer Blockorder häufig keine Limitorder erteilt werden dürfte, sondern – vergleichbar der hiesigen "interessewahrenden Order" – "best efforts" Vereinbarungen getroffen werden.[850] Im Regelfall wird der Market Maker auch einen Teil des Auftrages in sein eigenes Buch nehmen, so dass ohnehin detailliertere Verhandlungen erforderlich sind, in denen institutioneller Investor und Market Maker dann auch die Möglichkeit haben, die Frage, ob und inwieweit der Market Maker zum Mit- und Vorlaufen befugt sein soll, zu klären. Wird bei einer Blocktransaktionen dennoch auf eine Limitorder zurückgegriffen, so kann der Market Maker – wie

848 Vergleiche auch die Erläuterungen in NASD Notice to Members No. 95-67.

849 Dass dem nicht generell so ist, belegen die Probleme an der NYSE seit Einführung der Dezimalkurse (die auch in Kürze an Nasdaq eingeführt werden sollen), vergleiche etwa Kuckelkorn, Die Dezimalkurse bereiten der NYSE Sorgen, Börsen-Zeitung vom 1. März 2001, Seite 5. Die Umstellung des Aktienhandels an der NYSE von Bruchteilen eines Dollars auf den einzelnen Cent (am 29. Januar 2001) hat dazu geführt, dass große Orders relativ kostengünstig und risikoarm unter- bzw. überboten werden können. Siehe hierzu die Ausführungen zu NYSE Rule 92, oben Seite 292.

850 Vergleiche hierzu NASD Notice to Members 95-43.

oben bereits angedeutet – durch individuelle Vereinbarungen oder zugrundegelegte allgemeine Geschäftsbedingungen diese Frage abweichend regeln und sich das Recht zum Mit- oder Vorlaufen ausbedingen.[851]

(b) Frontrunning nach gescheiterter Anfrage

Ist der Market Maker trotz entsprechender Anfrage weder als Gegenpartei noch als Broker mit der Ausführung der Blockorder betraut worden, steht ihm grundsätzlich die Möglichkeit offen, auf Grund seiner so erlangten Kenntnis im betreffenden Wert vorzulaufen. Dies zu untersagen, wäre allerdings auch wenig praktikabel, da der Market Maker dadurch gezwungen wäre, seine Market Making Tätigkeit insoweit vorübergehend einzustellen. Dies ist nicht nur ihm kaum zuzumuten, sondern auch nicht im Interesse des Block-Traders, da das Ausfallen des oder der kontaktierten Market Maker(s) dem gesamten Markt die bevorstehende Ausführung signalisieren würde. Der dadurch verursachte *Information Effect* wäre aus seiner Sicht im Zweifel das schwererwiegende Übel.

(3) Best Execution-Verpflichtung

Im übrigen ist darauf hinzuweisen, dass alle NASD Mitglieder unabhängig davon, ob sie als Market Maker tätig werden oder nicht, ihren Kunden "best execution", die bestmögliche Ausführung ihrer Aufträge schulden. Ein Frontrunning der Kundenorder ist wegen des Risikos der Beeinträchtigung der Ausführungschancen auch als Verstoß hiergegen zu werten.

(4) Ergebnis

Die Selbstregulierung der NASD steht der an der NYSE in bezug auf das Problem des Frontrunnings kaum nach. Bedingt durch die Besonderheiten der Market Maker Tätigkeit ist es allerdings kaum möglich, ein Intramarket-Frontrunning strikt zu verbieten. Durch den Vorrang der zu vermittelnden Kundenorder gegenüber den Eigengeschäften der Market Maker ist eine Benachteiligung der Kunden aber weitgehend ausgeschlossen. Zu Bedenken ist, dass das Konzept des Market Maker-Handels darauf basiert, dass die konkurrierenden, zum ständigen Stellen verbindlicher Quotierungen verpflichteten Market Maker ihre Gewinne unter anderem auch durch die besonders gute Möglichkeit der Beobachtung des Handelsgeschehens erzielen. Folglich ist es beinahe als systemfremd zu betrachten, bei besonders brisanten, diesbezüglichen Erkenntnissen den Market Maker quasi mit einem Handelsverbot zu belegen. Außerdem ist zu beachten, dass ein Market Maker aufgrund seiner Stellung ständig handeln muss, so dass es nahezu ausgeschlossen erscheint, eine Ausnutzungsabsicht oder die Kausalität zwischen Kenntnis von der Großorder und bestimmten Transaktionen festzustellen. So stellt die EG-Insiderrichtlinie explizit fest, dass *der Umstand,*

---

851 NASD Notice to Members 95-43.

dass ein Marktmacher (...) über eine Insiderinformation verfügt, (...) aber lediglich seine normale Tätigkeit des An- und Verkaufs von Wertpapieren ausübt (...) nicht schon als solche als Ausnutzung dieser Insiderinformation gewertet werden“ kann. Der Market Maker handelt daher oft in Kenntnis nicht-öffentlicher Marktinformationen aber wohl selten aufgrund dieser Kenntnis. Vor allem wäre wohl die Alternative, ein zeitweiliges Handelsverbot bei Kenntnis von kurserheblichen Großaufträgen, für Markt wie Initiator der Großorder die stärkere Beeinträchtigung. Eine Regelung wie LSE Rule 2.33[852] wäre allerdings gleichwohl zu begrüßen.

c) London Stock Exchange

In den gesetzlichen Regelungen in Großbritannien findet das Phänomen des Frontrunnings – sowohl vor als auch nach der Neuregelung durch den F.S.M.A. 2000 – keine Erwähnung. Zwar steht – wie auch in den anderen Ländern – das vertragliche Rechtsverhältnis der *agency* zwischen Broker Dealer und Kunden einem solchen Verhalten entgegen, jedoch ist dieser zivilrechtliche Schutz wegen nahezu unüberbrückbarer Hindernisse in der Beweisführung wohl kaum adäquat. Zum einen ist der dem Einzelnen durch die Pflichtverletzung entstehende Schaden – insbesondere im Hinblick auf die Höhe – in der Regel nicht nachzuweisen, so dass eine Durchsetzung der zivilrechtlichen Schadensersatzansprüche wohl kaum einmal in Betracht kommt. Zum anderen ist ein solches Verhalten des Frontrunners wohl nur von einer Handelsüberwachungsstelle, nicht aber vom Kunden selbst festzustellen.

(1) Conduct of Business Sourcebook der FSA

Vergleichbar der oben angeführten Regelungen NYSE Rule 92 sowie NASD IM-2110-2 erfährt das Vorlaufen im Abschnitt 7.4 des Conduct of Business Sourcebook der FSA, der die „Customer order priority“ sicherstellen soll, eine indirekte Regelung auf untergesetzlicher Ebene.[853]

> **7.4.3 Dealing Fairly and in Due Turn**
>
> A firm must execute customer and own account orders fairly and in due turn.

Diese sehr pauschal formulierte Regelung – die im übrigen auch in den oben zitierten[854] offiziellen Erläuterungen zur Freistellung der Handelsinformationen vom Insiderhandelsverbot Erwähnung findet – verpflichtet die Mitgliedsfirmen,

---

852 Siehe unten Seite 307 f.

853 Die endgültigen Fassungen sind im Internet abrufbar unter: www.fsa.gov.uk/pubs/-policy/ps45_57_rules1-6.pdf, bzw. www.fsa.gov.uk/pubs/policy/ps45_57_rules7-12.-pdf; Stand: 16. März 2001.

854 Seite 255.

die Kundenaufträge fair und gemäß der allgemeinen Prioritätsregel auszuführen. Aus diesen genannten Erläuterungen zum neuen Insiderrecht ergibt sich eindeutig, dass das Frontrunning von CoB 7.4.3 erfasst werden soll.

Unklar bleibt allerdings, vom Vorliegen welcher Tatbestandsmerkmale die Annahme eines Frontrunnings und des Verstoßes gegen CoB 7.4.3 abhängt. Unsicherheiten ergeben sich dabei im Hinblick auf Intermarket-Frontrunning und Anticipatory Hedging. Eindeutig hingegen ist die Tatsache, dass Frontrunning anders als an der NYSE oder dem Nasdaq Stock Market nur im Hinblick auf Kundenorders möglich ist.

(2) LSE Rule 2.33

Die einzige britische Regelung, die sich explizit des Themas Frontrunning annimmt, ist die schon an zwei anderen Punkten[855] erwähnte LSE Rule 2.33.[856] Die Regel besagt, dass ein Market Maker, der nach einer Erkundigung seines Kunden das betreffende Geschäft nicht abschließt, Handlungen zu unterlassen hat, welche die anderweitige Durchführung beeinträchtigen würden. So darf er drei Minuten lang (oder zwischen null und zehn Minuten soweit eine entsprechende Vereinbarung vorliegt) nicht mit einem anderen Market Maker handeln und nur unter besonderen, im einzelnen aufgeführten Umständen seine Quotierungen ändern, wenn dies eine Veränderung der besten Bid oder Offer bedeuten würde. Damit soll verhindert werden, dass sich die von den Quotierungen und Geschäften des Market Makers ausgehenden Informationssignale bei der (anderweitigen) Ausführung der Großorder in ungünstigen Kursen niederschlagen würde.

> **LSE Rule 2.33 – Front running - part orders**
>
> (a) *A market maker which does not complete business disclosed to it by an enquiring member firm or counterparty shall not act in such a way as to prejudice the completion of that business elsewhere.* In particular, for a period of three minutes or other mutually agreed period, which may be less than three minutes but must not be more than ten minutes, it:
>
> (i) shall not attempt to deal with a market maker in that security;
>
> (ii) shall not submit a bid or offer in the security to a gilt inter dealer broker, a wholesale dealer broker or an equity inter dealer broker service but may effect a transaction by responding to a bid or offer displayed on one of those services. (...)

Auf den besonderen Zusammenhang zwischen der Market Maker-Struktur einer Börse und dem Phänomen des Vorlaufens wurde bereits oben in der Analyse der Situation am Nasdaq Stock Market hingewiesen: Frontrunning macht – auch

855 Zur Stillhalteverpflichtung der Market Maker – LSE Rule 2.33 siehe Seiten 89 und 202.

856 LSE Regulatory Guide, Chapter 2, Core Rules, 2.33, S. 46 f.

in Abgrenzung zur Kursmanipulation – nur insofern Sinn, wie der Träger des wirtschaftlichen Risikos der Blockposition und der Vorläufer auseinander fallen. Da in einem Market Maker-System daher nicht das Vorlaufen durch den 'beauftragten, treuwidrig handelnden Broker' der klassische Risikofall sein dürfte, stellt die Regel 2.33 der LSE sicher, dass der vom Initiator einer Blockorder kontaktierte Market Maker, soweit er das ihm angetragene Geschäft nicht ausführt, die so erlangte Information nicht verwerten darf, soweit dadurch die anderweitige Ausführung erschwert würde. Dieses Verbot besteht auch und gerade, wenn zwischen potentiellem Kunde und Market Maker keine vertraglichen Verpflichtungen entstanden sind. So ermöglicht die Regelung ein gefahrloseres 'Shopping Around' im Sinne eines Preisvergleichs bei den Verhandlungen mit konkurrierenden Market Makern.

(3) Ergebnis

Sieht man von der Regelung in LSE Rule 2.33 ab, die deutlich über das sonst vorherrschende Regelungsniveau hinausgeht, so lässt sich sagen, dass der Bereich des Frontrunnings in Großbritannien wenig detailliert, zum Teil unklar und daher eher unzulänglich geregelt ist. Hierbei ist insbesondere zu berücksichtigen, dass aufgrund der Freistellung der Handelsinformationen vom Insiderhandelsverbot die Verwertung der betreffenden Informationen auch keinen anderweitigen Beschränkungen unterliegt.

Aus den untersuchten Regelungen geht allerdings eindeutig hervor, dass der dem Frontrunningverbot zugrundeliegende Gedanke – anders als in den USA – ausschließlich im Schutz der Individualinteressen des die Blockausführung suchenden Kunden zu sehen ist. Durch LSE Rule 2.33 werden diese Treuepflichten gewissermaßen bereits in den vorvertraglichen Bereich verlegt, so dass sie bei einem Scheitern der Verhandlungen für eine kurze Frist fortwirken.

d) Frankfurter Wertpapierbörse

Das Problem des Frontrunnings ist in Deutschland im Rahmen der – zum Teil im WpHG gesetzlich normierten, zum Teil untergesetzlich durch die Richtlinie des Bundesaufsichtsamtes für den Wertpapierhandel näher konkretisierten – Verhaltensregeln für Wertpapierdienstleistungsunternehmen geregelt.[857] Unter den Begriff des Wertpapierdienstleistungsunternehmens[858] fallen nicht zuletzt die hier als Broker Dealer bezeichneten Börsenmitglieder.

---

857 Koller, in: Assmann/Schneider, WpHG Kommentar, § 32 Rn. 11 ff.

858 Dieser geht, wie der Inhalt der Verhaltensregeln, auf die EG-Wertpapierdienstleistungsrichtlinie, 93/22/EWG vom 10. Mai 1993, zurück; dort ist von „Wertpapierfirmen" die Rede, die in Artikel 1 Nr. 1 folgendermaßen definiert sind: „jede juristische Person, die

(1) § 31 WpHG

Zunächst ist auf § 31 Abs. 1 WpHG[859] einzugehen. Die darin normierte allgemeine Pflicht zur Wahrung der Interessen der Kunden, die oben bereits im Zusammenhang mit dem Risiko der Kursmanipulationen eine Rolle spielte[860], ist selbstverständlich auch heranzuziehen, wenn eine Beeinträchtigung der Kundeninteressen durch das Vorlaufen gegenüber ihren Orders droht.

> **§ 31 WpHG – Allgemeine Verhaltensregeln**
>
> (1) Ein Wertpapierdienstleistungsunternehmen ist verpflichtet,
>
> 1. Wertpapierdienstleistungen und Wertpapiernebendienstleistungen mit der erforderlichen Sachkenntnis, Sorgfalt und Gewissenhaftigkeit im Interesse seiner Kunden zu erbringen,
>
> 2. sich um die Vermeidung von Interessenkonflikten zu bemühen und dafür zu sorgen, dass bei unvermeidbaren Interessenkonflikten der Kundenauftrag unter der gebotenen Wahrung des Kundeninteresses ausgeführt wird.

Aus § 31 Abs. 1 Nr. 1 WpHG ergibt sich die Pflicht des Broker Dealers, die Orderausführung im bestmöglichen Interesse seines Kunden, also auch des Initiators einer Blocktransaktion, zu gestalten.[861] Bei kollidierenden eigenen Interessen ist nach Nr. 2 den Interessen des Kunden der Vorzug zu geben.

Wie oben bereits dargelegt wurde, beeinträchtigt zumindest das Vorlaufen in demselben Wert die Ausführungschancen der Blockorder. Es ist daher davon auszugehen, dass das Vorlaufen im selben Wert als dem Interesse des Kunden zuwiderlaufend gegen Nr. 1 und Nr. 2 verstößt. Fraglich ist, ob sich aus diesen Vorschriften eine allgemeine Priorität der Kundenaufträge gegenüber Eigengeschäften des Broker Dealers – wie dies in Großbritannien durch die Conduct of Business Rule 7.4.3 gilt[862] – ergibt. Dies wird allerdings wohl zu verneinen sein, da aus Nr. 2 zu schließen ist, dass der Wertpapierdienstleister auch eigene Interessen verfolgen darf.[863] Man wird wohl deshalb zu dem Ergebnis kommen müssen, dass die Ausführung aller Aufträge intern lediglich denselben Preis-

---

im Rahmen ihrer üblichen beruflichen oder gewerblichen Tätigkeit gewerbsmäßig Wertpapierdienstleistungen für Dritte erbringt."

859 Dieser Bereich ist durch die Änderungen des 4. FMFG nach dem Regierungsentwurf nicht tangiert.

860 Siehe oben Seite 220.

861 Koller, in: Assmann/Schneider, WpHG Kommentar, § 31 Rn. 48.

862 Siehe zur Conduct of Business Rule 7.4.3. oben Seite 306.

863 Vergleiche hierzu Roth in Assmann/Schütze, Handbuch des Kapitalanlagerechts, § 12 Rn. 90.

Zeit-Prioritätsregeln unterliegen muss, wie an der Börse. Hierdurch ist der Kunde ausreichend vor Übervorteilung geschützt.

Man kann annehmen, dass die Weitergabe der Informationen durch den Broker Dealer an einen Dritten, damit dieser hieraus Gewinn ziehe, ebenfalls als gegen die Interessen des Kunden verstößt und daher von § 31 WpHG erfasst ist. Entscheidend kommt es in jedem Fall auf die Kundenbeziehung an. Aus § 31 WpHG ergibt sich jedenfalls kein genereller Schutz der Information über bevorstehende Großaufträge.

(a) Intermarket-Frontrunning

Wie dargelegt, ist es zwar weit weniger klar, ob und inwieweit Transaktionen in verbundenen Werten zu Kursreaktionen beim Basiswert führen. Gleichwohl wird man aber davon ausgehen müssen, dass die Erfolgschancen einer Blockorderausführung durch derartige Geschäfte gleichwohl geschmälert werden und damit dem Kundeninteresse zuwiderlaufen. Die zu beobachtenden Handelsaktivitäten dürften sich zumindest im Hinblick auf bilaterale Verhandlungen über großvolumige Geschäfte auswirken: Wie bereits dargelegt, werden sich die Signale aus dem Optionshandel häufig dergestalt bemerkbar machen, dass die potentiellen Vertragspartner bevorstehende Preisveränderungen im Basiswert 'wittern' und daher größeren Transaktionen gegenüber eher abgeneigt sein werden. Das Intermarket-Frontrunning dürfte demnach auch von § 31 Abs. 1 Nr. 1 WpHG erfasst sein.

(b) Anticipatory Hedging

Es stellt sich schließlich die Frage, ob auch das oben bereits erwähnte Anticipatory Hedging – das Absichern im Vorfeld einer zu übernehmenden Blockposition durch entsprechende Optionsgeschäfte[864] – ebenfalls von § 31 Abs. 1 Nr. 1, 2 WpHG erfasst wird. Die Interessen des Initiators der Blockorder werden dabei dadurch gefährdet, dass während der Verhandlungen über die Blocktransaktion getätigte Optionsgeschäfte – ähnlich der Situation beim Intermarket-Frontrunning – dazu führen, dass andere potentielle Vertragsparteien das insoweit fälschlich als größer eingeschätzte Risiko scheuen, eine Transaktion anlehnend gegenüberstehen. Dadurch steigen für den frühzeitig Hedgenden die Chancen einer Beauftragung.

---

864 Siehe hierzu auch oben Seite 285.

Beim Anticipatory Hedging handelt es sich allerdings definitionsgemäß um ein Verhalten, das zu einem Zeitpunkt stattfindet, in dem der potentielle Auftraggeber noch nicht Kunde des Wertpapierdienstleisters ist. Die Wohlverhaltensregel soll vor allem die Wahrung der Interessen der Kunden im Rahmen bestehender Auftragsverhältnisse schützen, da vor allem dem Kleinanleger eine sinnvolle Überwachung nicht möglich ist. Daher wird die Anwendbarkeit von § 31 WpHG auf Anticipatory Hedging zu verneinen sein. Anhaltspunkte für die Vorverlagerung des Schutzes in den Bereich der Vertragsanbahnung, wie dies etwa durch LSE Rule 2.33 erfolgt, bestehen nicht.

(2) Besondere Verhaltensregeln des § 32 Abs. 1 WpHG

Zwar wurde bereits festgestellt, dass das Frontrunning des Broker Dealers bereits gegen allgemeinen Pflichten des § 31 WpHG verstößt. Letzte Klarheit, dass das Verhalten verboten ist, schafft die konkrete Nennung des treuwidrigen Verhaltens in § 32 Abs. 1 Nr. 3 WpHG[865]:

> **§ 32 Abs. 1 WpHG – Besondere Verhaltensregeln**
>
> Einem Wertpapierdienstleistungsunternehmen oder einem mit ihm verbundenen Unternehmen ist es verboten, (...)
>
> 3. Eigengeschäfte aufgrund der Kenntnis von einem Auftrag eines Kunden des Wertpapierdienstleistungsunternehmens zum Ankauf oder Verkauf von Wertpapieren, Geldmarktinstrumenten oder Derivaten abzuschließen, die Nachteile für den Auftraggeber zur Folge haben können.

Entsprechend dem heute in Europa vorherrschenden Verständnis vom Insiderhandelsverbot auf der einen Seite, das vor allem des Schutzes der Marktintegrität halber besteht, und vom Frontrunningverbot auf der anderen Seite, stellt § 32 Abs. 1 Nr. 3 a.E. WpHG entscheidend auf die Beeinträchtigung der Kundeninteressen ab. Es kommt darauf an, dass aus den Geschäften des Broker Dealers Nachteile für den Kunden resultieren können. Dabei genügt es, wenn die Gefahr solcher Nachteile besteht. Zwar wird zum Teil vertreten, dass es sich dabei um eine konkrete Gefahr handeln müsse[866], da aber hieran keine hohen Anforderungen gestellt werden, wird nur in absolut atypischen Konstellationen das Bestehen dieser Gefahr zu verneinen sein.

Zu recht wird darauf hingewiesen, dass § 31 Abs. 1 WpHG insofern gegenüber § 32 Abs. 1 Nr. 3 größeren Schutz bietet, als dass ein Verstoß gegen die Pflicht zur Wahrung der Kundeninteressen im Sinne der erstgenannten Norm vorliegt, auch ohne dass dem Broker Dealer die Kausalität zwischen Kenntnis

---

865 Dieser Bereich ist durch die Änderungen des 4. FMFG nach dem Regierungsentwurf nicht tangiert.

866 Koller, in: Assmann/Schneider, WpHG Kommentar, § 32 Rn. 14.

des Kundengeschäfts und der Durchführung des Eigengeschäfts nachgewiesen wird.[867] Während das Intermarket-Frontrunning von § 32 Abs. 1 Nr. 3 WpHG erfasst ist, dürfte dies – aus den gleichen Gründen wie bei § 31 WpHG für Anticipatory Hedging oder die interessewidrige Weitergabe der Information an Dritte nicht der Fall sein. Eine geringfügige Erweiterung erfährt das Frontrunningverbot allerdings durch § 32 Abs. 2 Nr. 2 WpHG, der dieses – mit gewissen Abweichungen im Hinblick auf den Adressatenkreis der Norm[868] – auf den Bereich der vom Broker Dealer nicht als Eigengeschäft, sondern auf fremde Rechnung getätigten Geschäfte ausdehnt. Dies ist im übrigen auch sehr sinnvoll, weil Broker Dealer wohl nicht ungern einem besonders guten Kunden oder Kollegen auf diese Weise einen Gefallen tun würden.

(3) Wohlverhaltensrichtlinie des Bundesaufsichtsamtes

Schließlich ist noch die vom Bundesaufsichtsamt erlassene sogenannte Wohlverhaltensrichtlinie[869] zu erwähnen. Auch nach diesen Regeln darf das Wertpapierdienstleistungsunternehmen nicht „aufgrund" der Kenntnis von Kundenaufträgen Eigengeschäfte durchführen, soweit dies Nachteile für den Kunden zur Folge haben könnte. Aus der aus Platzgründen hier nicht abgedruckten Nr. 3 des Abschnitts E der Richtlinie, ergibt sich, dass das in Nr. 2 enthaltene Verbot unter anderem auch für Organe des Unternehmens und mit der Durchführung der Wertpapiergeschäfte betrauten Mitarbeiter gilt.

> **E. Verbotene Geschäfte nach § 32 WpHG**[870]
>
> 2. Verbotene Eigengeschäfte zum Nachteil des Kunden
>
> Dem Wertpapierdienstleistungsunternehmen ist es verboten, Eigengeschäfte aufgrund der Kenntnis oder Erwartung eines Kundenauftrags abzuschließen, die Nachteile für den Auftraggeber zur Folge haben können (Verbot des Vor-, Mit- oder Gegenlaufens). (...)
>
> Das Verbot von (Empfehlungen und) Eigengeschäften gilt insoweit nicht, als das Wertpapierdienstleistungsunternehmen hinreichende organisatorische Vorkehrungen zur Verhinderung damit zusammenhängender Interessenkonflikte getroffen hat.

---

867 Koller, in: Assmann/Schneider, WpHG Kommentar, § 32 Rn. 15.

868 Koller, in: Assmann/Schneider, WpHG Kommentar, § 32 Rn. 16.

869 Richtlinie gemäß § 35 Abs. 6 des Gesetzes über den Wertpapierhandel (WpHG) zur Konkretisierung der §§ 31 und 32 WpHG für das Kommissionsgeschäft, den Eigenhandel für andere und das Vermittlungsgeschäft der Wertpapierdienstleistungsunternehmen, vom 9. Mai 2000.

870 Insofern wortgleich mit der Vorversion: Ziffer 5.2 Absatz 1 der Richtlinie des Bundesaufsichtsamtes für den Wertpapierhandel (abgedruckt bei Koller, in: Assmann/-Schneider WpHG Kommentar, § 35 Rn. 7).

Der oben wiedergegebene Ausnahmetatbestand im Hinblick auf „hinreichende organisatorische Vorkehrungen“ erscheint allerdings eher unglücklich formuliert. Daraus ergibt sich die beinahe perplex, jedenfalls aber wenig sinnvoll erscheinende Konsequenz, dass Frontrunning dem Wertpapierdienstleistungsunternehmen dann erlaubt ist, wenn es durch „hinreichende“ Vorkehrungen verhindert wird. Dass ein Wertpapierdienstleistungsunternehmen so organisiert sein muss, dass derartige Interessenkonflikte möglichst verhindert werden, ist bereits in § 33 Abs. 1 WpHG geregelt.

Hinsichtlich der Frontrunning-Regeln trägt die Richtlinie leider nicht zur näheren Konkretisierung bei. Sie mag allerdings den Marktteilnehmern geläufiger als die gesetzlichen Tatbestände sein und auf diesem Wege in der Praxis zu größerem Schutz der Kundeninteressen beitragen.

(4) Ergebnis

Bei den klassischen Frontrunning-Tatbeständen kommt es entscheidend auf die Kausalität („aufgrund“) zwischen der Kenntnis von der Kundenorder und den eigenen Geschäften an. Diese ist sinnvollerweise vor allem dann zu bejahen, wenn – wie etwa im Rahmen der Insiderregeln des § 14 WpHG – ein Ausnutzen des erwarteten Market Impacts, also ein zielgerichtetes Handeln des Broker Dealers vorliegt. Anders als bei § 13 Abs. 1 a.E. WpHG muss die Kundenorder allerdings nicht geeignet sein, den Kurs des Papiers „erheblich“ zu beeinflussen.[871] Auch darf sie – anders als nach den Interpretations Memoranden von NYSE und NASD – bereits öffentlich bekannt sein.

Der Verzicht auf das Erheblichkeitsmerkmal ist wegen der Probleme bei der Anwendung dieses Tatbestandsmerkmals[872] zu begrüßen; es dürften sich jedoch beim Anwendungsbereich der Normen kaum Unterschiede ergeben: Die zu erwartende Kursreaktion wird dem Akteur einigermaßen signifikant erscheinen müssen, um ihm ein Handelsmotiv zu liefern. Ansonsten würde man wohl nicht “aufgrund” oder “unter Ausnutzung” seiner Kenntnis handeln. Ähnlich dürfte dies auch bei der Überwachung und Durchsetzung dieser Regeln sein. Die computerisierte Handelsüberwachung, die über ein Computerprogramm gewissermaßen eine Rasterfahndung nach vertypten Transaktionsschemata durchführt, reagiert im Zweifel nur bei ungewöhnlichen, signifikanten Kursausschlägen.

Hier soll aber keinesfalls im Sinne des Tatbestandsmerkmals der erheblichen Kursausschläge argumentiert werden: Vielmehr soll darauf hingewiesen werden, dass eine sinnvolle Klarstellung im Rahmen des Insiderhandelstatbestandes die

---

871 Koller, in: Assmann/Schneider, WpHG Kommentar, § 32 Rn. 13.

872 Zum Kriterium § 13 Abs. 1 WpHG der "Merkmal der Erheblichkeit der Kursveränderung" siehe oben Seite 274.

Frontrunning-Normen weitgehend überflüssig machen würde: Verzichtete man auf die Merkmale „im Falle ihres öffentlichen Bekanntwerdens“ und „erheblich zu beeinflussen“, so ergäbe sich nicht nur für andere Marktinformationen im engeren Sinne[873], wie etwa bevorstehende oder stattfindende Kurspflegemaßnahmen[874], mehr Klarheit. Auch der potentiell Leidtragende beim Frontrunning – der Kunde, der die Ausführung der Blockorder in Auftrag gibt – wäre ebenfalls hinreichend geschützt. Auch an dieser Stelle sei nochmals betont, dass es dem deutschen Gesetzgeber freisteht, die richtlinieninduzierten Formulierungen im hier vorgeschlagenen Sinne zu ändern. Nach Artikel 6 der Richtlinie steht es den Mitgliedsstaaten frei, strenge Vorschriften zu erlassen. Der Verzicht auf die beiden Tatbestandsmerkmale würde zu einer strengeren Regelung führen.

(a) Überschneidungen mit dem Insiderhandelsverbot

Sieht man einmal vom dem – nach meiner Einschätzung eher erläuternden denn differenzierenden – Kriterium des öffentlichen Bekanntwerdens ab, so besteht schon heute für einen wichtigen Teilbereich eine Konkurrenz der Verbotsnormen: Ist von der Kundenorder eine erhebliche Beeinflussung des Kurses im Sinne des § 13 Abs. 2 WpHG zu erwarten, so verstößt der vorlaufende Broker Dealer nicht nur gegen das Frontrunning-, sondern auch gegen das Insiderhandelsverbot.[875]

---

873 Während der Terminus “Marktinformation” für gewöhnlich in einem weiteren Sinne benutzt wird, und damit sämtliche Informationen umfasst, die nicht unmittelbar aus der Sphäre des Emittenten des Papiers bzw. des von diesem betriebenen Unternehmens stammen, sollen hier unter „Marktinformationen im engeren Sinne“ bzw. "Handelsinformationen" Informationen zu verstehen sein, die unmittelbar die Lage des Marktes für das Wertpapier betreffen. Zum Thema "Marktumstände als Insidertatsachen" oben Seite 228 ff.

874 Dass diese vom Insiderhandelsverbot erfasst sein sollten, lässt sich aus der Präambel der EG-Insiderrichtlinie folgern. Folgende Klarstellung wäre nämlich ansonsten völlig sinnlos: „Gleichermaßen kann der Umstand, dass Transaktionen allein mit dem Ziel vorgenommen werden, den Kurs von neu emittierten oder im Rahmen eines Sekundärangebots gehandelten Wertpapieren zu regulieren, nicht als Ausnutzung dieser Insider-Information gewertet werden.“

875 Koller, in: Assmann/Schneider, WpHG Kommentar, § 31 Rn. 50, § 32 Rn. 13; Assmann/Cramer, in: Assmann/Schneider WpHG Kommentar § 14 Rn. 26, 30; Kümpel, Bank- und Kapitalmarktrecht, Rz. 16.147, 16.242; Assmann, Insiderrecht und Kreditwirtschaft, WM 1996, S. 1337 (1345); Hopt in FS Heinsius, S. 289 (294 f.); Weber, Kursmanipulation am Wertpapiermarkt, NZG 2000, S. 113 (125); Schwarze, Die Orderlage im Skontro eines Börsenmaklers als Insidertatsache, WM 1997, S. 1564 (1564).

Wichtig erscheint allerdings, dass auch trotz der zu begrüßenden Einbeziehung der Geschäfte für Dritte in den Bereich des Frontrunning durch § 32 Abs. 2 Nr. 2 WpHG eine Schutzlücke bleibt: Gibt der Broker Dealer einem Dritten einen entsprechenden Hinweis und nimmt dieser selbst – etwa als Day Trader[876] – die entsprechenden Geschäfte vor, so ist das Verhalten der beiden nicht vom Frontrunningverbot erfasst. Die Informationsweitergabe ist zwar treuwidrig[877], aber nicht als Frontrunning zu klassifizieren. Hinsichtlich der Erfassung dieses Verhaltens durch das Insiderhandelsverbot in der gegenwärtigen Fassung bestehen die erwähnten Probleme mit den beiden genannten Tatbestandsmerkmalen. Ist die zu erwartende Kursbewegung nicht wesentlich, liegt weder im Tipp noch im nachfolgenden Geschäft des Tippempfängers ein Verstoß gegen das Insiderhandelsverbot. Nimmt man das Merkmal der Kausalität zwischen (hypothetischem) Bekanntwerden und der Kursreaktion ernst, so wäre – wie oben im Abschnitt über den Insiderhandel erörtert[878] – nur der Handel im Hinblick auf den Information Effect erfasst, nicht aber derjenige, um vom Market Impact zu profitieren. Letzter tritt schließlich unabhängig vom öffentlichen Bekanntwerden der Großtransaktion ein.

(b) Sinn und Berechtigung der Frontrunning-Regeln

Die im Frontrunningverbot zum Ausdruck kommende Treuepflicht des Broker Dealers zugunsten seines Kunden ist in dem Kontext zu sehen, dass selbst der in seiner Eigenschaft als Dealer tätigwerdende Broker Dealer nicht als Verkäufer (was die Verfolgung gegenläufiger Interessen zulassen würde) sondern vielmehr als Geschäftsbesorger handelt und sich daher wie ein Kommissionär uneingeschränkt loyal zu seinem Kunden zu verhalten hat.[879] Wird er im Auftrag des Kunden als Broker, also Makler oder Vermittler tätig, ist er um so mehr zur Wahrung der Interessen des Kunden verpflichtet. Interessenkollisionen sind zu vermeiden und im Fall, dass solche trotzdem eintreten sollten, ist dem Kundeninteresse den Vorrang einzuräumen, § 31 Abs. 1 Nr. 2 WpHG.

---

876 Vergleiche zu diesem Phänomen oben Seite 229.

877 Es läge daher ein Verstoß gegen § 31 Abs.1 Nr. 1 WpHG vor.

878 Bedeutung des öffentlichen Bekanntwerdens: Für die USA, Seite 238, für die Lage in Deutschland Seite 267 ff.

879 Ziffer 3.3 Absatz 1 Satz 1 der Richtlinie des Bundesaufsichtsamtes für den Wertpapierhandel, (Vorversion als Ziffer 4.3, abgedruckt bei Koller, in: Assmann/Schneider WpHG Kommentar, bei § 35 Rn. 7); Koller, in: Assmann/Schneider WpHG Kommentar, § 31 Rn. 9.

5. Vergleich

Während die amerikanischen Regelungen das Frontrunning auf der einen Seite als "fraud on the market" im Sinne der Beeinträchtigung des fairen Handels und Benachteiligung der anderer Handelsteilnehmer sehen[880] – und die Literatur dies zu Teil als Spezialfall des Insiderhandels[881] einstuft -, zielen die hiesigen Frontrunning-Regeln (etwa: § 32 Abs. 1 Nr. 3 WpHG) ausschließlich auf das Verhältnis zwischen Broker Dealer und Kunde ab. Folgerichtig verzichten die amerikanischen Interpretationen auch auf die Kriterien, dass es sich bei der geplanten Transaktion um einen Kundenauftrag handeln und dass die Gefahr bestehen muss, dass dem Kunden aus dem 'Vorlaufen' ein Nachteil entsteht.[882] [883]

Die an den untersuchten US-amerikanischen Märkten auf der Ebene der Selbstregulierung erfolgende Bekämpfung des Problems durch die Börsen sieht das Frontrunningverbot wohl auch als Ergänzung des als unzureichend empfundenen Insiderhandelsverbots. Während sich die Equal Access Theory wegen ihres Verzichts auf Täuschungs- oder Treuebruchelemente nicht auf Section 10 (b) S.E.A. in Verbindung mit SEC Rule 10b-5 stützen ließ und deshalb vom Supreme Court aufgehoben wurde, gehen die Frontrunning-Regeln der SROs[884] auf Basis ihrer Generalklausel für fairen und gerechten Handel in ebenjene Richtung und schließen so – zumindest für ihre Mitglieder – die vom Insidertatbestand gelassenen Lücken.

Seltsam mutet an, dass hierzulande die aus dem US-amerikanischen Recht übernommenen Terminologien bei Insiderhandel und Frontrunning[885] auf völlig unterschiedliche dogmatische und systematische Grundlagen gestellt wurden. Während die amerikanischen Normen auch der Integrität des Marktes dienen,

---

880 In diesem Kontext ist auch das Kriterium der nicht-öffentlichen Information zu sehen. Aus Sicht des Kunden ist das Frontrunning nämlich auch schädlich, wenn die Information bereits als öffentlich bekannt anzusehen ist. Vergleiche oben zum NYSE Information Memorandum No. 89-53, Seite 287, sowie zum IM-2110-3 – NASD Notice to Members No. 87-69, Seite 301.

881 Hier spielt dann der Bruch von Treuepflichten gegenüber dem Kunden eine Rolle.

882 Zu diesem Element des deutschen Tatbestandes: Koller in Assmann/Schneider, WpHG Kommentar, § 32 Rn. 14; Kümpel, Bank- und Kapitalmarktrecht, Rz 16.148, 16.492.

883 Zur den Regelungen der amerikanischen Börsen vergleiche: NYSE Information Memo 89-53 (27. Nov. 1989); insoweit genauso CBOE Educational Circular Nr. 23, wiedergegeben in Bromberg and Lowensfels on Securities Fraud & Commodities Fraud, 2nd Edition, Volume 2, § 7.3 (229) (1) [7:100.38].

884 Akronym für Self-Regulatory Organisations.

885 Vergleiche den Bericht des Finanzausschusses BT-Drucksache 12/7918, Seite 104.

hat die deutsche Frontrunning-Regel ausschließlich den Schutz des Auftraggebers im Auge. Nahezu genau umgekehrt liegen die Dinge beim Insiderhandel: Der US-Tatbestand stellt auf die Verletzung individueller Pflichten ab, während die §§ 12-14 WpHG den Schutz der Marktintegrität zum Ziel haben und deshalb sämtliche Informationsasymmetrien erfassen, die auf dem unterschiedlichen Zugang zu den Informationen beruhen.

Gemessen am ansonsten hohen Grad an Detailgenauigkeit der britischen Regelungen fällt der Bereich des Frontrunnings auffällig zurück. Die CoB Rule 7.4.3, aus der das Frontrunningverbot abgeleitet wird, muss als äußerst vage Aufforderung zum fairen Umgang mit dem Kunden bezeichnet werden. Allein LSE Rule 2.33 bietet ein gutes Beispiel für problemgenaue Regelungen. Zwar wird man sich auf den Standpunkt stellen können, dass die Detailgenauigkeit der Anweisungen für die besonderen Situationen die Anwendung für die Market Maker zu kompliziert macht. Dem ist jedoch entgegenzuhalten, dass Rechtsunsicherheiten, wie sie nach meiner Auffassung etwa bei der Anwendung des deutschen Insiderhandelstatbestandes auftreten, dem um die Einhaltung der Vorschriften Bemühten weitaus größere Schwierigkeiten bereiten. Geht man ferner davon aus, dass in diesem Bereich die in den Compliance-Abteilungen der Investmentbanken tätigen Juristen ohnehin detaillierte Verhaltenspflichten für die Mitarbeiter erarbeiten müssen, um diesem die selbständige Auslegung der Normen und Begriffe zu ersparen, so spricht viel für eine präzisere Regelung der Problembereiche durch Börsen, Aufsichtsbehörden und Gesetzgeber.

Ergebnis

Bei den vorliegend untersuchten Blocktransaktionen handelt es sich um Aktiengeschäfte in besonders großen Stückzahlen.[886] In dieser Größenordnung – in der Regel zwischen einigen 10.000 und einer Million Stück – werden Aktien vor allem von institutionellen Investoren, etwa den Verwaltern von Investmentfonds, gehandelt.[887] Aufgrund der besonderen Größe der Blockorder kommt es häufig zu negativen Kursbeeinflussungen, die sich bereits während der Ausführung des Geschäfts auswirken und so zu erhöhten Transaktionskosten führen.[888] Dadurch wird der wirtschaftliche Erfolg der zugrundeliegenden Investitions- oder Desinvestitionsentscheidung beeinträchtigt. Es ist daher das Ziel des Blockhändlers, durch die Wahl der richtigen Handelsstrategie die Kursbeeinflussung zu minimieren und so die Transaktionskosten so gering wie möglich zu halten.

Hinsichtlich der Ursachen für die Beeinflussung des Kurses durch die Blockorder ist wie folgt zu unterscheiden. Zum einen verursacht die Blockorder unmittelbar einen sogenannten Mengeneffekt ("*Market Impact*").[889] Das „Gewicht" der Blockorder stört durch sein (plötzliches) Auftauchen auf einer Marktseite temporär das Gleichgewicht aus Angebot und Nachfrage. Die Order führt zu einem temporären Nachfrage- oder Angebotsüberhang, der nach den Regeln des Marktes eine Preisreaktion auslöst.[890] Zum anderen kann eine Reaktion anderer Marktteilnehmer auf die Existenz der Großorder – oder den zu beobachtenden, von ihr bereits ausgelösten Mengeneffekt – zu einer (weiteren) Kursbeeinflussung führen. Bei dieser mittelbaren – da erst durch die Reaktion der anderen Marktteilnehmer ausgelösten – Beeinflussung des Marktes kann man vom

---

886 Wichtig ist, dass es sich dabei um die Aktien eines einzigen Emittenten handelt, ansonsten spricht man von einem Korb (Basket) von Aktien. Handelt sich es um kontrollrelevante Beteiligungen, spricht man in Abgrenzung zur hier gewählten Terminologie von Paketen. So auch Büschgen, Das Kleine Börsenlexikon, zu: „Aktienpaket", Seite 21. Anders (nämlich unter Verzicht auf die letztere Unterscheidung) allerdings: Wastl, Der Handel mit größeren Aktienpaketen börsennotierter Unternehmen, NZG 2000, S. 505 (506).

887 Näheres zum Begriff des Blockhandels siehe oben Seite 30 ff.

888 Aufgrund des besonderen Umfangs der Transaktion fallen während der Ausführung auftretende negative Kursveränderungen durch den Multiplikatoreffekt besonders ins Gewicht.

889 Hierzu oben näher Seite 58 ff.

890 Dabei handelt es sich letztlich um ein Beispiel der ökonomischen Grundregel, dass, wenn – wie durch eine Blockverkaufsorder – das Angebot (und sei es auch nur vorübergehend) steigt und die Nachfrage konstant bleibt, der Preis sinkt.

sogenannten Informationseffekt sprechen[891]. Dieser resultiert daraus, dass die Marktteilnehmer, die die Blocktransaktion oder die durch sie verursachte Kursbewegung wahrnehmen, diesem Handelsgeschehen einen besonderen Informationsgehalt beimessen. Sie ziehen aus dem Beobachteten Schlüsse in bezug auf die kurz- oder mittelfristige Kursentwicklung des betreffenden Wertes. So geht man beispielsweise davon aus, dass der Initiator eines Blockkaufs über neue, das heißt der Allgemeinheit noch nicht bekannte[892], positive Erkenntnisse über das betreffende Unternehmen verfügen könnte.[893] Ähnlich wird eine sprunghaft angestiegene Nachfrage und ein dadurch ausgelöster Preisanstieg gedeutet. Ist deren möglicher Auslöser für die Marktteilnehmer nicht ersichtlich (wie dies etwa der Fall wäre, wenn das Unternehmen Neuigkeiten über seine wirtschaftliche Entwicklung veröffentlicht oder ein maßgeblicher Analyst eine Empfehlung ausgesprochen hätte), so wird vermutet, dass die verstärkte Nachfrage durch bisher nicht veröffentlichte Informationen ausgelöst sein dürfte. Dies würde bedeuten, dass die mutmaßlich ja noch bevorstehende Veröffentlichung dieser Nachrichten zu einer (weiteren, gleichgerichteten) Preisreaktion führen würde, so dass ein Kauf zum derzeitigen Kurs günstig, ein Verkauf hingegen ungünstig erschiene. Im Ergebnis kommt es zu einer Verstärkung des von der Blockorder ausgelösten Ungleichgewichts; der Preis steigt weiter.

A. Zum Teil 1: Mikroökonomik der Blocktransaktion und allgemeine Marktregulierung

Es war im ersten Teil dieser Arbeit zunächst zu klären, welche Strategien für den Blockhändler zur Vermeidung dieser Auswirkungen in Betracht kommen. Die jeweiligen Handlungsalternativen ergeben sich dabei aus dem Zusammenspiel der besonderen Mikroökonomik der Transaktionen einerseits und den rechtlichen Rahmenbedingungen des Wertpapier- bzw. Börsenhandels andererseits. Bei der Verursachung der negativen Kursveränderungen spielen im wesentlichen zwei Faktoren eine Rolle, die die oben genannten Themenkomplexe inhaltlich miteinander verzahnen: Liquidität und Transparenz. Der Faktor Liquidität ist primär von tatsächlichen, mikroökonomischen Umständen abhängig, die Transparenz von den regulatorischen Rahmenbedingungen.

---

891 Hierzu siehe oben Seite 62 ff.

892 Ansonsten wäre die betreffende Information bereits „eingepreist", was dazu führt, dass man aus dieser keinen Gewinn mehr ziehen könnte, weil das Kursbeeinflussungspotential bereits erschöpft ist.

893 Dem liegt die simple Überlegung zugrunde, dass, wer viel Geld bewegt, hierfür gute Gründe haben muss.

Da die an der Börse vorhandene Liquidität – im Sinne der Menge entsprechender Aufträge (der Marktgegenseite) – im Regelfall nicht ausreicht, um eine zeitnahe Ausführung der Blockorder zu einem marktnahen Kurs zu gewährleisten, ist der Blockhändler auf die Inanspruchnahme zusätzlicher Liquidität angewiesen. Es stellt sich für ihn die Frage, wie zusätzliche Liquidität zu finden oder zu wecken ist. Wie kann die Liquidität vergrößert werden, um den Market Impact zu verringern, ohne dabei einen Informationseffekt auszulösen? Wie kann das zusätzliche Angebot an den gewünschten Aktien erzeugt werden, ohne „den Markt" – und sei es durch Preissignale – über den Nachfrageüberhang zu informieren? Wichtig ist dabei die Frage der aktiven oder passiven Transparenz des jeweiligen Marktes.[894] Inwieweit sind potentielle Interessenten für den Blockhändler „erkennbar", und wie kann der Markt die Aktivitäten des Blockhändlers wahrnehmen? Wie kann der Blockhändler die potentiellen Interessenten möglichst gezielt ansprechen, ohne dass die übrigen Marktteilnehmer von der Suche Kenntnis erlangen und so den drohenden Informationseffekt ausgelöst wird. Je mehr Marktteilnehmer von den Handelsabsichten des Blockhändlers erfahren, desto größer ist die Gefahr, dass durch ein entsprechend verändertes Handelsverhalten die negative Kursveränderung ausgelöst bzw. verstärkt wird.

Wie oben im so genannten „Szenario 1" erläutert, kommt es im Regelfall dann zu besonders großen negativen Kursveränderungen (und damit hohen Transaktionskosten), wenn die Blockorder wie jede andere Order „über die Börse" ausgeführt wird. Dies wurde oben als "normale Marktbenutzung" beschrieben. Der Grund liegt zum einen in der schon angesprochenen begrenzten Liquidität der Börse[895], die typischerweise nicht ausreicht, um eine kursschonende Ausführung der Blockorder zu ermöglichen. Zum anderen erfolgt bei der Ausführung über die Börse in der Regel eine allgemeine Verbreitung der mit der Order verbundenen Informationen.[896] Das Bekanntwerden der Blockorder, des Überhangs auf einer Marktseite oder der dadurch verursachten Kursbewegung kann zu trendverstärkenden Reaktionen der anderen Marktteilnehmer führen, was eine

---

894 Im Sinne von "wie gut sind meine Handlungen von anderen wahrnehmbar" (passive Transparenz) und "wie gut kann ich verfolgen, was 'der Markt' macht" (aktive Transparenz).

895 Dabei ist zu beachten, dass die zeitliche Komponente von entscheidender Bedeutung ist. Ist der Handelsentschluss gefasst, so soll auch rasch die Ausführung bewerkstelligt werden, damit er nicht durch externe Marktbewegungen überholt und das Vorhaben damit vereitelt wird. Vergleiche hierzu auch oben Seite 55.

896 Vereinfachend lässt sich an dieser Stelle sagen, dass die begrenzte Liquidität zum Market Impact und die Veröffentlichung zum Informationseffekt führt. Auf die Interaktion bzw. Interdependez dieser beiden Komponenten der adversen Preisreaktion wurde oben näher eingegangen, vergleiche Seite 65 ff.

Verstärkung der ungünstigen Kursveränderung und damit weiter steigende Transaktionskosten zur Folge hat.

Daher besteht ein großes Interesse des Blockhändlers, alternativen Handelsmöglichkeiten zu suchen und gegebenenfalls auf diese auszuweichen bzw. diese in die Blockausführung einzubeziehen. So wird der Blockhändler häufig abseits der „offenen“ Informationskanäle der Börse im Wege direkter telefonischer Kontaktaufnahme nach potentiellen Gegenseiten für das Blockgeschäft suchen.[897] Dies hat den Vorteil, zusätzliche Liquidität erschließen zu können und dabei das Risiko des Informationseffekts durch eine gezielte Ansprache einzelner, potentieller Vertragspartner und eine graduell abgestufte Preisgabe der eigenen Absichten[898] begrenzen zu können.

Wird der Blockhändler auf diesem Wege fündig, so besteht grundsätzlich die Möglichkeit, das Geschäft außerbörslich abzuschließen, so dass sich für den Blockhändler abermals die Frage nach dem Für und Wider einer börslichen Abwicklung des Geschäfts stellt.[899] Dabei ist häufig entscheidend, welche – im Regelfall als nachteilig empfundenen – Regeln auf ein börslich abgeschlossenes Geschäft Anwendung finden und inwieweit man deren Anwendbarkeit durch den außerbörslichen Abschluss umgehen kann. Ein Hauptgesichtspunkt ist dabei, welche negativen Auswirkungen des Bekanntwerdens des abgeschlossenen Geschäfts[900] die Beteiligten befürchten.

In Deutschland besteht insoweit ein großer Anreiz zur Umgehung der Börse(n). Wegen der hierzulande zugelassenen, nahezu vollständigen Intransparenz des außerbörslichen Handels – es gibt keine Norm, die neben der vorgeschriebenen Veröffentlichung der börslichen Umsätze dergleichen für außerbörsliche vorsieht – besteht für die Beteiligten der Blocktransaktion die Möglichkeit, dro-

---

897 Vergleiche hierzu oben näher "Szenario 2 – Bilaterale Suche für den Handel ‘en bloc’", Seite 118 ff.

898 Hiermit ist gemeint, dass in einem solchen Telefonat erst vorsichtig erkundet wird, ob eine entsprechende Handelsbereitschaft der Gegenseite vorhanden ist, und dann nach und nach das Volumen des Geschäfts erhöht wird.

899 Auf die deutsche Besonderheit, dass es nicht möglich ist, lediglich den zweiten Schritt an der Börse vorzunehmen, wird unten abermals einzugehen sein. Vergleiche auch ausführlich oben Seite 137.

900 Der Informationseffekt des getätigten Geschäfts ist natürlich für die Vertragsparteien nur dann ungünstig, wenn noch weitere Transaktionen getätigt werden müssen. Dies zum einen dann der Fall, wenn es sich bei dem betreffenden Geschäft lediglich um einen Teil des Blocks handelt und noch weitere Geschäfte folgen sollen. Ähnlich liegen die Interessen, wenn der Vertragspartner einen Teil der Aktien in unmittelbarer zeitlicher Nähe weiterverkaufen oder – bei einem vorangegangenen Leerverkauf – Dekkungskäufe tätigen muss. Zu diesem Thema vergleiche oben Seite 106.

hende Informationseffekte durch einen außerbörslichen Geschäftsabschluss zu vermeiden. Auch die Einführung von Xetra XXL ändert daran nichts. Die in diesem Segment abgeschlossenen Geschäfte werden zwar erst am Ende des Handelstages veröffentlicht, aber das Handelssystem eignet sich nicht besonders gut zum Abschluss arrangierter Geschäfte[901]. Diese Situation ist für den Finanzplatz insgesamt äußerst ungünstig, da die Börse an Liquidität und Aussagekraft ihrer Preisbildung, der Handel im allgemeinen an Transparenz verliert.[902]

B. ZUM TEIL 2: MARKTMISSBRAUCH

Den Gegenstand des zweiten Teils dieser Arbeit bildet die Frage, welche besonderen Marktmissbrauchsrisiken sich im Zusammenhang mit den verschiedenen, im ersten Teil hergeleiteten Blockhandelsstrategien ergeben. Hinsichtlich der von den Blocktransaktionen ausgelösten Kursreaktionen stellt sich etwa die Frage, ob die bevorstehende Ausführung einer Blockorder eine Insidertatsache im Sinne der jeweiligen Insiderhandelstatbestände darstellen kann.[903] In diesem Zusammenhang stellt sich auch die Frage nach dem genauen Inhalt und den Grenzen des so genannten Frontrunning-Tatbestandes[904]. Bei den außerbörslich ausgehandelten Blocktransaktionen ergibt sich die Gefahr einer ansonsten eher ungewöhnlichen Ausprägung der Kursmanipulation: Der Manipulation durch effektive Geschäfte.[905] Bei Verhandlung dieser Geschäfte stellt sich die Frage nach der Bemessung des Kaufpreises. Unabhängig davon, dass der Initiator der Blocktransaktion im Regelfall einen Abschlag[906] hinnehmen muss, orientiert sich der verhandelte Preis dabei mehr oder minder zwangsläufig am aktuellen

---

901 Die Parteien können sich nicht auf einen Preis einigen, sondern sind insofern von den Ergebnissen der Kursermittlung im normalen Xetra-Handel abhängig. Zwar orientiert sich auch ein ausgehandelter Kurs im Regelfall am aktuellen Börsenkurs, jedoch kann der Initiator des Geschäfts außerhalb von Xetra XXL der Gegenseite eine Prämie bzw. einen Abschlag gewähren, um diese zum Abschluss zu bewegen. Vergleiche hierzu oben Seite 139.

902 So wird beispielsweise die Einführung des Blockhandel-Segments unter der Bezeichnung Xetra XXL unter anderem damit begründet, durch die Eingliederung des Blockhandels an der Börse werde mehr Transparenz erzielt, vergleiche von Heusinger, Modell Blockhandel auf Xetra hat Zukunft, Börsen-Zeitung vom 1. März 2001, Seite 3.

903 Hierzu siehe oben Seite 227 ff.

904 Zu diesem Terminus vergleiche oben Seite 283 ff.

905 Hierzu siehe oben Seite 154 ff.

906 Der Abschlag bezieht sich dabei lediglich auf die Verkäuferperspektive. Anders als beim „Paketaufschlag", mit dem die kontroll-relevante Akkumulation von Stimmrechten besonders vergütet wird, muss beim Block Trade der jeweilige Initiator eine Art Liquiditätsprämie zahlen. Im Falle eines Blockkaufs kommt es demnach zu einem Aufschlag gegenüber dem Referenzkurs.

Börsenkurs. Dadurch entsteht für die Beteiligten die Möglichkeit, diesen Referenzwert unauffällig durch effektive, logischerweise gegenläufige Geschäfte in die gewünschte Richtung zu bewegen. Durch das Mengenverhältnis zwischen den manipulativen Geschäften an den Börse einerseits und der außerbörslichen Blocktransaktion andererseits kann sich hier diese sonst eher unrentable Manipulationsform durchaus lohnen.[907] Daher stellte sich vorliegend die Frage, ob die in Manipulationsabsicht vorgenommenen, effektiven Geschäfte von den jeweiligen Verboten der Kursmanipulation erfasst werden. In Deutschland ist dies derzeit nicht der Fall.[908]

Hinsichtlich der anderen blocktrade-spezifischen Missbrauchsrisiken mangelt es der Rechtslage in Deutschland bzw. an der FWB bedauerlicherweise an Klarheit. Insbesondere die Frage der Anwendbarkeit des Insiderhandelsverbots der §§ 12-14 WpHG auf Handelsinformationen[909] – etwa das Bevorstehen der Ausführung einer Blockorder – lässt sich nicht zufriedenstellend klären. So kann man aus Sinn und Zweck der Normen schließen, dass eine Erstreckung auf diese Fallkonstellationen wohl vom Willen des Gesetzgebers gedeckt sein dürfte. Durch eine – insbesondere aufgrund des Charakters der Normen als Straftatbestand erforderliche – saubere Subsumtion lässt sich dieses Ergebnis allerdings nur schwer stützen. Schwierig ist die Situation vor allem, da das ansich sinnvolle Ergebnis, dass es sich hierbei um Insidertatsachen handelt, zu enormen Friktionen mit der Intransparenz des außerbörslichen Handels und der verzögerten Transparenz nach § 4 Abs. 2 Satz 3 BörsG[910] führt. Hier ist noch kein stimmiges

---

907 Vergleiche, obwohl es sich in diesem Fall nicht um einen Block Trade, sondern eher ein Paketgeschäft handelt: Thel, $ 850,000 in Six Minutes – The Mechanics of Securities Manipulation, 79 (1994) Cornell L. Rev., Seite 219 (220); der Titel des Aufsatzes bezieht sich auf eine Begebenheit des größten Manipulationsskandals an Wallstreet, bei der John Mulheren auf einen Anruf von Ivan Boesky in sechs Minuten 75.000 Aktien in Gulf & Western Industries kaufte und durch den so verursachten Kursanstieg um 25 Cents (von einem Kurs von zunächst $ 44 ¾ auf $ 45) Boesky um $ 850.000 reicher machte. Ivan Boesky hatte sich nach einem fehlgeschlagenen Buyout mit dem Management von Gulf & Western Industries darauf geeinigt, dass die Gesellschaft seine Beteiligung von etwa 3,4 Millionen Aktien zum Tageskurs übernehmen werde. Boeskys konnte diese zu einem um 25 Cent erhöhten Kurs veräußern, nachdem der mutmaßliche Komplize über die Börse 75.000 Aktien aufgekauft hatte, was vermutlich zu dem Kursanstieg führte. Dem Gewinn von $ 850.000 standen vom Zukauf resultierende Handelsverluste von $ 64,406 gegenüber.

908 Zu den vom 4. FMFG zu erwartenden Verbesserungen siehe oben Seite 215 ff.

909 Hierunter sind Informationen über bevorstehende oder erfolgte Wertpapiertransaktionen zu verstehen, Englisch: trading information. Vergleiche hierzu oben Seite 228 ff.

910 Entspricht § 13 Abs. 2 Satz 3 BörsG-E.

Konzept des Gesetzgebers zu erkennen.[911] Durch Auslegung nicht zu klären ist die Frage nach der *ratio* und den Grenzen des Frontrunning-Verbots, das in den §§ 31 Abs. 1, 32 Abs. 1 Nr. 3 WpHG normiert ist.

Zwar ist auch die Situation an den anderen untersuchten Märkten nicht in allen Punkten als überzeugend zu bezeichnen, doch ist festzustellen, dass sowohl in den USA als auch in Großbritannien ein insgesamt höheres Regelungsniveau vorherrscht. Die in den dortigen Rechtsordnungen übliche, detailgenaue Kasuistik ist auch in diesem Bereich zu finden und schafft hier ein deutliches Mehr an Klarheit und Rechtssicherheit als die abstrakten Vorschriften des deutschen und europäischen Normgebers. Deren Auslegung wird vor allem dadurch erschwert, dass bei der Gesetzgebung zwar die im angelsächsischen Rechtskreis geprägten Begrifflichkeiten übernommen, die Regelungen aber auf andere dogmatische Fundamente gestellt wurden. Dies ist insbesondere beim Insiderhandelsverbot der Fall.

Während in den Vereinigten Staaten hinsichtlich der Transparenz als auch der Marktmissbrauchsverbote durchweg strengere Regeln zu finden sind, sieht die Regulierung in Großbritannien – im Rahmen einer ebenfalls insgesamt sehr detaillierten Regelung der Materie – auch gezielte Öffnungen und Ausnahmen vor. In diesem Zusammenhang ist vor allem der Themenkreis der Handelsinformationen zu nennen. Sowohl die (teilweise[912]) Freistellung dieser Informationen im Rahmen des Insiderhandelsverbots, als auch die verzögerte Veröffentlichung der Umsätze von Großtransaktionen sind hier als Beispiele gezielt eingeräumter Freiheiten zu nennen.

Bei der Untersuchung der Regulierungssituation in Deutschland sind neben den – durch das 4. FMFG vermutlich[913] weitgehend geschlossenen – Lücken im Bereich der Kursmanipulationen vor allem die angesprochenen Unklarheiten bei der Behandlung der Handelsinformationen zutage getreten. Dieser Zustand wird weder dem Anspruch internationaler Wettbewerbsfähigkeit des Finanzplatzes Deutschland noch dem gesetzlichen Leitbild eines staatlich überwachten, und deshalb besonders transparenten und fairen Marktplatzes gerecht.[914]

---

911 Hier schafft das 4. FMFG leider keinerlei Verbesserungen.

912 Zu dieser – durch das Nebeneinander zweier Regelungen – etwas unübersichtlichen Lage vergleiche oben Seite 261 ff.

913 Ob dies tatsächlich der Fall sein wird, hängt maßgeblich von der Arbeit des Verordnungsgebers ab, § 20 Abs. 2 Nr. 2 WpHG-E.

914 Auf die Problematik, dass ein schlecht funktionierender Sekundärmarkt die Kapitalkosten der inländischen Wirtschaftsunternehmen steigert und damit deren allgemeine Wettbewerbsfähigkeit beeinträchtigt, wurde Eingangs dieser Arbeit bereits hingewiesen. Siehe oben Seite 26 ff.

Während etwa die Verantwortlichen der NYSE gezielt versuchen, durch maximale Transparenz ein höchstmögliches Maß an Fairness des Handels zu gewährleisten und dadurch Aufträge und Handelsvolumen anzuziehen,[915] folgt man an der LSE einem entgegengesetzten Konzept: Dort versucht man traditionell, durch die Gestattung eines gewissen Maßes an Intransparenz und Gewährung besonderen Schutzes für die Beziehungen der „Börseninsider“[916] untereinander, eine Umgebung zu schaffen, die besonders gut geeignet ist, den Abschluss großer und größter Geschäfte zu ermöglichen. Hierfür ist – wie gezeigt – die Vertraulichkeit und eine „geräuschlose“ Abwicklung häufig von großer Bedeutung.[917] In Deutschland besteht in dieser Hinsicht eine nicht geplant wirkende Bi-Polarität: Während von Gesetzes wegen für weitgehende Transparenz des Börsenhandels gesorgt ist, wird daneben die völlige Intransparenz des außerbörslichen Handels hingenommen. Dies ist einer der Missstände, auf die im Folgenden nochmals näher einzugehen sein wird und deren Beseitigung im Interesse eines liquiden und transparenten Marktes geboten ist.

C. Allgemeines Hauptproblem: unklare Verhältnisse

Es soll an dieser Stelle abermals betont werden, dass nicht unbedingt ein Mehr an Regulierung im Sinne von mehr und schärferen Verboten zu einer Verbesserung der Lage erforderlich ist, sondern vor allem ein Mehr an Rechtsklarheit. Dafür ist es notwendig, dass die Regulierer des Wertpapierhandels in Deutschland, das heißt der Gesetzgeber[918] und die Börse(n), normative Richtungsent-

---

915 Allerdings befürchtet die NYSE aufgrund vermehrten Frontrunnings ein Abwandern des Blockhandels in den außerbörslichen Bereich und sucht deshalb nach regulatorischen Auswegen. Vergleiche Kuckelkorn, Die Dezimalkurse bereiten der NYSE Sorgen, Börsen-Zeitung vom 1. März 2001, Seite 5.

916 Hiermit sind primär die ortsansässigen Broker Dealer gemeint, die das Procedere, ihre Kollegen und die Kommunikationswege bestens kennen. Nach dem Ergebnis der Untersuchung im Hinblick auf die Handelsinformationen kann man diese Bezeichnung auch so verstehen, dass die Londoner Broker Dealer aufgrund ihres Wissensvorsprungs im Hinblick auf stattfindende oder bevorstehende Transaktionen – nach dem hier vertretenen Verständnis – Insiderkenntnisse besitzen.

917 Zu den sogenannten Noise-Tradern siehe oben Fußnote 418.

918 Hiermit ist primär der deutsche Gesetzgeber gemeint. Wie verschiedentlich erörtert, sind manche Unklarheiten, insbesondere im Rahmen des Insidertatbestandes, durch die Formulierung der EG-Insiderrichtlinie verursacht. Durch die hier gemachten Ergänzungsvorschläge könnten die Zweifelfragen auch auf mitgliedstaatlicher Ebene gelöst werden, weil strengere nationale Regelungen den europarechtlichen Vorgaben ebenfalls gerecht würden. Ob hingegen die pauschale Freistellung der Handelsinformationen, wie sie durch den neuen britischen Code of Market Conduct erfolgt, zulässig im Sinne der Richtlinienvorgaben ist, muss stark bezweifelt werden.

scheidungen treffen, wie die derzeit bestehenden Regelungs- und Interessenkonflikte gelöst werden sollen. Es spricht viel dafür, den im Rahmen dieser Arbeit aufgezeigten Gefahren für die Marktintegrität[919] durch entsprechende Verbotsnormen zu begegnen. Selbst wenn man nicht mit den hier vorgetragenen Einschätzungen und Vorschlägen übereinstimmen sollte, sei für die Einsicht geworben, dass viele der aufgezeigten Probleme in regulatorischen Grauzonen liegen, die durch juristische Subsumtion allein nicht sinnvoll zu bewältigen sind. Die Folge ist Rechtsunsicherheit. Dies ist ein weder für die Rechtsunterworfenen noch für die Überwachungsorgane und Strafverfolgungsbehörden hinnehmbarer Zustand. Die Marktintegrität leidet, weil, wenn große und schnelle Gewinne locken und die Rechtslage unklar ist, die Akteure es im Zweifel darauf ankommen lassen und die möglicherweise regelwidrigen Handlungen vornehmen.[920] Daher sind an verschiedenen Punkten normative Entscheidungen – in diese oder jene Richtung – erforderlich. Die hier präferierte Strenge in diesen Fragen – hin zu mehr Transparenz und Marktmissbrauchsverboten – ist dabei nicht die einzige Möglichkeit einer Verbesserung.

Selbst wenn man der Überzeugung sein sollte, dass bestimmte Verhaltensweisen nicht unterbunden werden sollten, so erscheint eine klare Regelung gegenüber der derzeit bestehenden Unsicherheit in jedem Fall vorzugswürdig. Muss der Anleger aufgrund einer gesetzlichen Klarstellung damit rechnen, dass sich Intermediäre oder andere Anleger auf eine bestimmte Art und Weise zu seinem Nachteil verhalten werden[921], so kann er entweder versuchen, entsprechende Vorkehrungen zu treffen, um seine Interessen zu wahren, oder aber einen Finanzplatz wählen, der ihm tatsächlich ein Mehr an Schutz bietet.

D. Die Probleme im Einzelnen

Im diesem Abschnitt sollen noch einmal die Punkte herausgehoben werden, bei denen im Zuge dieser Untersuchung hinsichtlich der Situation in Deutschland Regelungslücken, Unklarheiten und Konflikte festgestellt worden sind. Dabei handelt es sich häufig um die Berührungspunkte der drei hier schwerpunktmäßig untersuchen Themenkomplexe: Handelsinformationen, Kursmanipulation und Insiderhandel.

---

919 Hier ist vor allem an die Kursmanipulationen (hier hat der Gesetzgeber, wie der Entwurf des 4. FMFG verdeutlicht, den Handlungsbedarf bereits erkannt) und die Geschäfte zur Ausnutzung des zu erwartenden Preiseffektes (Insiderhandel/Frontrunning) zu denken.

920 Das Risiko einer strafrechtlichen Sanktion ist bei der Möglichkeit, sich auf einen unvermeidbaren Verbotsirrtum im Sinne von § 17 Satz 1 StGB zu berufen, eher gering.

921 Für Organe des Emittenten gilt insoweit grundsätzlich nichts anderes. In §§ 37b, 37c WpHG-E ist dementsprechend nun ein Schadensersatzanspruch wegen Verstößen gegen die Ad hoc-Mitteilungspflichten nach § 15 WpHG vorgesehen.

Wie an dieser Stelle abermals betont werden soll, besteht eine große (gedankliche?) Regelungslücke im Hinblick auf den Bereich der Handelsinformationen. Zum einen ist zum gegenwärtigen Zeitpunkt durch Subsumtion nicht zufriedenstellend zu klären, ob sie als Insidertatsachen im Sinne der §§ 12–14 WpHG anzusehen sind. Bejahendenfalls wäre die Frage zu klären, warum man es bisher zulässt, dass die typischerweise – vom Blickwinkel der Informationsverarbeitung und Markteffizienz her – besonders wichtigen, aussagekräftigen Geschäfte im derzeit gänzlich intransparenten außerbörslichen Handel stattfinden.[922] Noch dazu erfolgt das Ausweichen in die Intransparenz hier ganz gezielt, um bei nachfolgenden Geschäften diesen Wissensvorsprung auszunutzen.

1. Pre Trade-Transparenz

In dem Bereich der Pre Trade-Transparenz haben sich kaum gravierende Unterschiede unter den untersuchten Börsen ergeben. Dies ist dadurch erklärlich, dass die regulatorischen Steuerungsmöglichkeiten ohnehin eher begrenzt sind. Die Pre Trade-Transparenz ist insofern immer nur in begrenztem Maße möglich, als niemand den Investor zwingen kann, seine Intentionen preiszugeben. So kann man etwa ein 'stückweises Einfüttern' eines Großauftrags durch nach und nach erfolgende Eingabe kleinerer Orders schlicht nicht verhindern.[923] Dementsprechend ist die Einführung der so genannten Iceberg Orders[924] für den Xetra-Handel der FWB lediglich als Arbeitserleichterung zu sehen. Es handelt sich nicht um eine rangwahrende Reservefunktion, die die Pre Trade-Transparenz tatsächlich reduzieren würde. Von einer rangwahrenden Reservefunktion würde man sprechen, wenn – nachdem der erste Teil der Blockorder ausgeführt worden ist – die nächste Tranche hinsichtlich der Zeitpriorität an diese Stelle treten wür-

---

922 *„Auch wenn dieses Geschäft auf dem Over-the-Counter-Markt abläuft, so sind doch Auswirkungen auf den Kurs der Aktien nicht ausgeschlossen. Durch die aktive Suche der Gegenseite seitens des Intermediärs wüssten immer einige Markteilnehmer, dass eine größere Position in dem Papier zum Kauf oder Verkauf steht.*" von Heusinger, Modell Blockhandel auf Xetra hat Zukunft, Börsen-Zeitung vom 1. März 2001, Seite 3.

923 Soweit ein "display of limit orders" diskutiert wird, so ist dies als Pflicht des Brokers zu verstehen, der Order seines Kunden die Möglichkeit der Interaktion mit außenstehenden Orders zu geben. Der Anleger kann aber bestimmen, dass Diskretion zu wahren ist und er auf die Möglichkeit des Anzeigens verzichtet. SEC Market 2000 Report, 1-2 (27.1.1994) erörtert bei Loss/Seligman, Securities Regulation,1999-Supplement, Chapter 7, Regulation of the Securities Markets, 7A1, Seite 259. Beachte auch die Briefe an die SEC hinsichtlich des Order Display Vorschlags für die Regulation ATS von Sloman (www.sec.gov/rules/proposed/s71298/ sloman1.htm); Robinson (www.sec.gov/-rules/proposed/s71298/robinso1.htm) und Weaver (www.sec.gov/rules/proposed/s712-98/weaver1.htm); Stand jeweils: 23.03.2001.

924 Vergleiche zu dieser Einrichtung oben Fußnote 243.

de und so die neu „erschienene" Order vor den zwischenzeitlich eingegebenen, gleich-limitierten Orders zur Ausführung gelangen würde.[925] Dem ist bei den Iceberg Orders an der FWB allerdings nicht so.

Als Besonderheiten in diesem Bereich herauszustellen sind zum einen das Inter Dealer Broker-System an der LSE[926] und zum anderen die Einführung des separaten Blockhandels-Segments Xetra XXL an der FWB[927]. In beiden Fällen handelt es sich um deutliche Einschränkungen der PreTrade-Transparenz für ein spezielles Handelssegment: Im Inter Dealer Broker-Handel sind die auf diesem Wege kommunizierten Abschlussmöglichkeiten nur den professionellen Intermediären, nicht aber der allgemeinen Handelsöffentlichkeit zugänglich. Im Fall von Xetra XXL ist das Orderbuch sogar vollständig geschlossen. Dadurch erfahren die Handelsteilnehmer nicht einmal, ob überhaupt Orders in dem betreffenden Wert vorhanden sind. Die mit dem geschlossenen Orderbuch an sich verbundene Schwierigkeit der Vorhersehbarkeit der zu erzielenden Kurse wird durch die institutionalisierte Referenzbeziehung zum „normalen" Xetra-Kurs reduziert.[928]

2. Post Trade-Transparenz

Die Regelung der Post Trade-Transparenz der börslichen Geschäfte entspricht hierzulande in etwa einer Kombination aus den an der LSE und den in den Vereinigten Staaten vorgefundenen Regelungen, so dass man insoweit keine grundlegenden Unterschiede feststellen kann. Grundsätzlich unterliegen alle Umsätze der sofortigen Veröffentlichung, lediglich die Informationen über im Blockhandels-Segment Xetra XXL abgeschlossene Geschäfte werden erst am Ende des jeweiligen Handelstages veröffentlicht.

Ein sehr bedeutsames Regelungsdefizit ergibt es allerdings im Hinblick auf außerbörslich abgeschlossene Geschäfte: Aufgrund der unsinnig erscheinenden Diskrepanz[929] zwischen der grundsätzlich[930] sofortigen und umfassenden Ver-

---

925 Problematisch ist die eingeschränkte Transparenz besonders für diejenigen, die im Vertrauen auf eine rasche Ausführung ihrer Order diese nicht günstiger als die sichtbare Tranche der Blockorder limitiert haben. Hätten diese Kenntnis vom vollen Umfang des Auftrages gehabt, so wäre ein 'Vordrängeln' durch das Einstellen einer geringfügig besser limitierten Order oder durch Eingabe einer nicht limitierten (Markt-)Order möglicherweise vorgezogen worden.

926 Siehe oben Seite 91.

927 Siehe hierzu oben Seite 94.

928 Zu diesem neuen Blockhandels-Segment siehe oben Seite 94 f.

929 So auch das Ergebnis des Director General des britischen Office of Fair Trading: zitiert von Lee, What is an Exchange?, Chapter 8, Seite 185 *„the ideal solution would be to re-*

öffentlichung der Umsätze im börslichem Handel und der absoluten Intransparenz außerbörslich abgeschlossener Geschäfte besteht die Möglichkeit, dass einzelne Transaktionen durch außerbörslichen Abschluss gezielt geheimgehalten werden. Keine der anderen hier untersuchten Börsen bzw. Jurisdiktionen lässt es zu, dass außerbörsliche Transaktionen einfach überhaupt nicht veröffentlicht werden. Sowohl in den Vereinigten Staaten als auch an der LSE unterliegen außerbörsliche Transaktionen in börsennotierten Werten, soweit sie von Börsenmitgliedern bzw. unter Einschaltung professioneller Intermediäre vorgenommen werden, denselben Melde- und Veröffentlichungsregeln wie börsliche Geschäfte.

Wie bereits erörtert, leidet unter diesem Transparenzgefälle zwischen börslichem und außerbörslichen Handel vor allem die Transparenz und Preiseffizienz des Wertpapierhandels im allgemeinen. Ein weiterer Nachteil des so bestehenden Anreizes zur Umgehung der Börse[931] sind die Folgen für die Liquidität der Börse(n). Es bestehen Zweifel, ob die im Jahre 2001 erfolgte Einführung des besonderen Blockhandels-Segments[932] zu nennenswerten Umsatzanteilen in diesem Bereich führen wird.[933] Diejenigen Transaktionen, bei denen einer der Beteiligten ein Interesse an Diskretion und Geheimhaltung hat, werden weiterhin einfach außerbörslich getätigt. Bei der Auswahl zwischen verzögerter Veröffentlichung und gänzlicher Intransparenz mag man sich häufig für letzteres entscheiden.[934]

---

quire that all trading, whether on- or off-exchange, be subject to the same transparency requirements.“

930 Eine Ausnahme besteht für die Umsätze über Xetra XXL, die erst am Ende des Handelstages veröffentlicht werden.

931 Zum "Anreiz zur Umgehung der Börsen" siehe oben Seite 151.

932 Vergleiche §§ 45, 46 BörsO (zum Wortlaut siehe oben Seite 117), die von der Ermächtigung nach §§ 4 Abs.2 Satz 3, 11 Abs.2 Satz 6 BörsG (entspricht §§ 13, Abs. 2 Satz 3, 23 Abs. 2 Satz 4 BörsG-E) Gebrauch machen, in der Börsenbordnung für besondere Fälle eine verzögerte Veröffentlichung der Umsätze zuzulassen.

933 Optimistisch insoweit damals offenbar: von Heusinger, Modell Blockhandel auf Xetra hat Zukunft, Börsen-Zeitung vom 1. März 2001, Seite 3. Seit dem Start (am 2. März 2001) wurden im ersten Jahr vor allem Aufträge ("Open Interest") von zum Teil über 150 Mio. € pro Tag verzeichnet, aber nur äußerst sporadische Umsätze. Diese betrugen dann allerdings pro Geschäft in der Regel zwischen 10.000 und einigen 100.000 Aktien.

934 Auf das weitere Problem, dass aufgrund der Anlehnung an des „normalen“ Xetra-Kurs eine gewisse Unsicherheit hinsichtlich des zu erwartenden Ausführungskurses besteht, wurde bereits hingewiesen. Vergleiche hierzu bereits oben "Neueinführung von Xetra XXL", Seite 94 f.

Nach der hier vertretenen Auffassung, dass Handelsinformationen grundsätzlich taugliche Insidertatsachen sind, verfügen die Beteiligten einer nicht veröffentlichten Transaktion anschließend über die Insiderinformation ihres Geschäftsabschlusses. Dies werden sie typischerweise[935] umgehend bei weiteren Geschäften zu – von dem Informationsgehalt ihrer Transaktion – unbeeinträchtigten Preisen nutzen. Eine Pflicht zur zeitnahen Meldung und Veröffentlichung sämtlicher Transaktionen würde dieses Problem maßgeblich verringern.[937][938]

3. Börsenzwang

Ein Börsenzwang bedeutet, dass entweder alle Anleger oder aber die Börsenmitglieder verpflichtet sind, Transaktionen in im Inland börsenzugelassenen oder -notierten Werten über eine Börse auszuführen.[939] In keinem der untersuchten Länder besteht ein solcher Börsenzwang in diesem Sinne. Während in Deutschland – wie sich aus dem Umkehrschluss aus § 10 Abs. 1 Satz 1 BörsG[940] ergibt – der außerbörsliche Handel mit börsennotierten Wertpapieren allgemein zulässig ist, sehen – beziehungsweise sahen – die Börsenordnungen an der LSE bzw. der NYSE einen gewissen „Zwang zur börslichen Transaktion" vor. Die obengenannte Vorschrift des Börsengesetzes ordnet nur einen sogenannten relativen Börsenzwang an. Hiernach sind die Aufträge *„über den Handel an einer Börse auszuführen, sofern (...) er (Anm.: der Auftraggeber) nicht (...) ausdrücklich eine*

935 Ein Interesse an geringer Post Trade-Transparenz hat man nur, wenn weitere Transaktionen unmittelbar folgen sollen, vergleiche oben Fußnote 253.

936 Ansonsten wäre die 'Flucht' in den intransparenten außerbörslichen Bereich wohl kaum erfolgt.

937 Hierbei ist auf die Parallelproblematik der unternehmensbezogenen Insidertatsachen und der Ad hoc-Publizität hinzuweisen. Die durch § 15 WpHG eingeführte Pflicht der Emittenten zur frühzeitigen und umfassenden Information über wesentliche Entwicklungen des Unternehmens wird als beste Präventiv-Maßnahme gegen den Insiderhandel gesehen. Vergleiche Dreyling, in: Claussen/Schwark (Hrsg.), Insiderrecht für Finanzanalysten, Seite 6.

938 Vergleiche hierzu die Reformüberlegungen, insbesondere unten Seite 341 f.

939 Aus Gründen beschränkter Jurisdiktion kann sich diese Pflicht nur auf den Handel im Inland beziehen. Ansonsten ergäbe sich ein weiteres Problem mit der exterritorialen Durchsetzung derartiger nationaler Verbotsnormen.

940 § 10 Abs. 1 BörsG entspricht (bis auf einen verbraucherschützenden Zusatz) § 22 Abs. 1 BörsG-E. Die Regelung des relativen Börsenzwangs geht auf Art. 14 Abs. 3, 4 der EG-Wertpapierdienstleistungsrichtlinie zurück, 93/22/EWG (ABl. EG Nr. L 141/27). Das Recht zur Abweichung von diesem Zwang wird dem Anleger zugebilligt. Unberührt bleibt die Möglichkeit der Mitgliedstaaten oder der Börsen, ihre Mitglieder zu börslichem Handel zu verpflichten.

andere Weisung erteilt". Durch das Argument des Gegenschlusses wird so implizit der außerbörsliche Handel für zulässig erklärt. Der Schutzrichtung nach geht es bei § 10 Abs. 1 Satz 1 BörsG indessen nicht darum, im Interesse der Funktionsfähigkeit der Börsen außerbörsliche Blocktransaktionen zu verhindern, sondern den Kleinanleger vor eine Auftragsausführung zu ungünstigen – das heißt marktfernen – Kursen durch das beauftragte Kreditinstitut zu bewahren.[941]

An der LSE besteht zwar kein direkter Börsenzwang, der die Mitglieder zum Abschluss ihrer Geschäfte über die Börse verpflichten würde, aber durch die LSE Rules 2.1 / 2.2 wird punktuell, nämlich im Hinblick auf die Transparenz, eine vergleichbare Wirkung erzielt.[942] Diese LSE Rules stellen eine Fiktion auf, nach der alle Geschäfte, die von LSE-Mitgliedern in LSE-gelisteten Werten getätigt werden, als an der LSE abgeschlossen gelten. Dadurch unterfallen sie automatisch sowohl den staatlichen Normen für den Börsenhandel als auch den Handelsvorschriften der LSE. So sind nicht zuletzt die Vorschriften der LSE über die Meldung und Veröffentlichung der getätigten Umsätze auf alle Geschäfte anwendbar, ganz gleich ob sie tatsächlich dort oder aber außerbörslich abgeschlossen werden.

In den Vereinigten Staaten bestand bis ins Jahr 2000 an der NYSE ein eingeschränkter Börsenzwang. Nach der NYSE Rule 390, der sogenannten Market Responsibility Rule, waren die Börsenmitgliedern verpflichtet, Eigengeschäfte auf dem Parkett der NYSE abzuschließen.[943]

4. Börslicher Abschluss verhandelter Geschäfte

Auch im Hinblick auf die Frage der Zulässigkeit, bilateral verhandelte Geschäfte anschließend börslich abzuschliessen, nimmt Deutschland eine Sonderrolle ein. An den drei untersuchten ausländischen Börsen bestehen diesbezüglich keine Hindernisse, an der FWB hingegen schon. Dadurch, dass es nach den Regeln der Frankfurter Börse nicht erlaubt ist, bilateral verhandelte Geschäfte anschließend über die Börse abzuschließen, wird die hierzulande bestehende, missliche Trennung zwischen dem transparenten, multilateralen Handel an der Börse und dem

941 GesEntw. BT-Drucksache 12/6679, S. 69; Hopt/Baum, Börsenrechtsreform in Deutschland, in: Hopt/Rudolph/Baum (Hrsg.), Börsenreform, Eine ökonomische, rechtsvergleichende und rechtspolitische Untersuchung, C.IV.4; Geibel, in: Schäfer (Hrsg.), Kommentar WpHG/BörsG/VerkProspG, § 10 BörsG Rn. 2. Nach dem 4. FMFG soll der Verbraucher eine abweichende Weisung nicht mehr generell, sondern nur noch für den Einzelfall erteilen können, § 22 Abs. 1 BörsG-E.

942 Siehe oben Seite 145 f.

943 Siehe oben Seite 125.

intransparenten Direkthandel verschärft.[944] Ist es zur Bewerkstelligung einer Blocktransaktion erforderlich, mögliche Kontrahenten durch direkte Ansprache zu suchen, so können diese Geschäfte wegen des dabei typischerweise ausgehandelten Preises – und hieran knüpft das Verbot des § 38 Abs. 1 FWB-Geschäftsbedingungen[945] an – nicht börslich abgeschlossen werden. Derartige Vorbehalte sind den vorliegend untersuchten ausländischen Vergleichsmärkten fremd. Börslich-multilateral ermittelte Kurse werden dort unterschiedslos neben verhandelten Preisen veröffentlicht. Dementsprechend ist es dort nicht nur erlaubt, sondern geradezu erwünscht, dass *upstairs* verhandelte Geschäfte hinterher über die Börse abgeschlossen werden.[946]

Die Gründe für die besonderen Qualitätsanforderungen an einen Börsenkurs und sein, den einzelnen Parteien entzogenes Zustandekommen sind zwar nachvollziehbar, jedoch erscheint der in Großbritannien und den Vereinigten Staaten verfolgte Ansatz, der historisch sicherlich mit der Market Maker-Tradition zusammenhängt[947], der gleichwertigen Berücksichtigung aller Umsätze ohne Rücksicht auf die Art und Weise ihres Zustandekommens vernünftiger. Aufgrund der modernen Kommunikationsmedien hat die Börse ihr Monopol bei der Vermittlung von Abschlussmöglichkeiten eingebüßt. Je einfacher es ist, im Direkthandel oder über sogenannte „Alternative Handelssysteme" Transaktionen abzuwickeln, desto mehr leidet der Anteil der Börse am gesamten Handelsaufkommen und mithin das Gewicht des Börsenkurses als Wertindikator.

Dadurch, dass man die außerbörslich arrangierten Werttransaktionen von der Börse fern hält und die Aussagekraft der dort erzielten Preise als „nicht veröffentlichungswürdig" vernachlässigt, gibt man sich mit einer Teiltransparenz zufrieden. Ziel der Kursveröffentlichung sollte es sein, ein möglichst umfassendes Bild der Marktsituation zu vermitteln. Der Wert des hohen Qualitätsstandards der Börsenkursermittlung wird untergraben, wenn die Aussagekraft des Kurses dadurch relativiert ist, dass ihm nur ein Teil aller Umsätze zugrunde liegt.[948]

---

944 Vergleiche § 38 der Bedingungen für Geschäfte an der Frankfurter Wertpapierbörse, oben Seite 138.

945 Vergleiche hierzu oben Seite 138.

946 Vergleiche hierzu etwa die Regelung an der NYSE (oben Seite 127 ff.) sowie die angesprochende Fiktion der LSE Rules 2.1 / 2.2, die diese Transaktionen ohnehin zu börslichen erklärt, so dass auch die Umsätze entsprechend veröffentlicht werden.

947 Einem dezentralen Market Maker-Handel ist es immanent, dass die Kurse im Wege bilateraler Verhandlung zustande kommen.

948 Aufgrund dessen, dass es einen „zweiten Markt" mit (ausgehandelten) Kursen gibt, bedarf es mühseliger Arbitrageprozesse um die darin enthaltenden Informationen, in den transparenten Markt weiterzuvermitteln.

Dass die Bedeutung des Merkmals der amtlichen Ermittlung des Kurses im Verhältnis zum Kriterium der zugrundeliegenden Umsätze von den Marktteilnehmern und der Öffentlichkeit nicht besonders hoch eingeschätzt wird, lässt sich an der Entwicklung im Zusammenhang mit der Einführung des Xetra-Handels ablesen. Heute genießen nicht mehr die auf dem Parkett unter Einschaltung der Kursmakler amtlich festgestellten Kursen die Hauptaufmerksamkeit, sondern die Xetra-Kurse, da diesen etwa 80 - 90 % der gesamten Umsätze zugrundeliegen.[949] Ein festgestellter Preis ist selbstverständlich um so aussagekräftiger, je größer die Menge der Orders und deren Anteil am Gesamtvolumen, die in seine Ermittlung eingeflossen sind. Neben der Konzentration der Liquidität ist dies der Hauptzweck der Zentralisierung des Handels durch eine Börse. Folglich sind nur die Märkte, die über das Gros der Liquidität verfügen, zu einer eigenen Preisbildung in der Lage. Alle anderen Märkte üben sich demgegenüber zwangsläufig in abgeleiteter Preisbildung (*'derivative pricing'*). Man orientiert sich an den, beziehungsweise übernimmt die am Hauptmarkt ermittelten Preise.

5. Kursmanipulation

Bei der Untersuchung der typischen Blockhandelsstrategien ist aufgefallen, dass sich im Zusammenhang mit den besonders großen, außerbörslichen Transaktionen eine spezifische Kursmanipulationsgefahr ergibt. Einigt sich der Blockhändler im direkten Verhandlungswege mit der anderen Vertragspartei auf ein solches Geschäft, so wird sich der zu zahlende Preis mehr oder minder zwangsläufig am aktuellen Börsenkurs orientieren. Unabhängig von der Frage, welcher Auf- oder Abschlag vereinbart wird, und welcher Kurs zugrundegelegt werden soll (etwa der Schlusskurs oder der Kurs um zwölf Uhr mittags) besteht hier die Gefahr, dass einer der Beteiligten kleinere, börsliche Geschäfte veranlasst, um den Referenzwert in die gewünschte Richtung zu lenken. Will man den Block möglichst teuer verkaufen, so empfiehlt es sich, gegebenenfalls kurz vor dem maßgeblichen Zeitpunkt den betreffenden Wert über die Börse zuzukaufen. Aufgrund des Mengenverhältnisses zwischen den Zukäufen einerseits und dem großen Blockverkauf andererseits ist es durchaus möglich, dass sich die an sich interessewidrigen Zukäufe rentieren.[950] Daher war zu fragen, ob derartige Geschäfte von den jeweiligen Kursmanipulationsverboten erfasst werden. Als Ergebnis der Untersuchung der Regulierung im Hinblick auf Kursmanipulationen

---

949 Dies hat auch bei § 24 BörsG-E berücksichtigt worden. Es ist allerdings zuzugestehen, dass beim Xetra-Handel das ordnungsgemäße Zustandekommen der Kurse dadurch gewährleistet wird, dass die Kriterien nach denen das Computersystem den Ausgleich der Orders herbeiführt, den Vorgaben der Börsenordnung entsprechen (etwa Preis-Zeit-Priorität).

950 Siehe oben Fußnote 907.

durch effektive Geschäfte ist Folgendes festzuhalten: Das hiesige Recht der Kursmanipulationen war bisher geradezu auffallend lückenhaft.[951] Das geplante Vierte Finanzmarktförderungsgesetz schafft hier Abhilfe.[952] Die Manipulation des Kurses durch Vornahme effektiver Geschäfte stellt eine dieser Lücken dar.[953] Die Tatsache, dass unter anderem diese Kursmanipulationen von der bisher geltenden Regelung nicht erfasst sind, steht in krassem Widerspruch zum oben skizzierten Verständnis vom Börsenkurs und der Bedeutung seines ordnungsgemäßen Zustandekommens. In Deutschland wird dieses Risiko durch die Einführung der Referenzbeziehung zwischen dem „normalen" Xetra-Kurs und dem Ausführungskurs im Blockhandels-Segment Xetra XXL noch verstärkt.[954]

Auch die Rechtslage in den Vereinigten Staaten erfasst das hier untersuchte Problem der Referenzkursmanipulation nicht in befriedigender Weise, wenngleich die Kursmanipulation durch effektive Geschäfte in anderen Konstellationen explizit verboten ist und zumindest an der NYSE die angesprochene Lücke auf Ebene der Selbstregulierung geschlossen wird.[955] Die Regelung in Großbritannien hingegen lässt in diesem Punkt kaum Wünsche offen. Der untersuchte Beispielsfall ist von den Regeln des neuen*Code of Market Conduct* ohne Zweifel erfasst.[956] Gleiches wird hoffentlich für die Regelung des neuen § 20a WpHG-E in Verbindung mit der nach Abs. 2 zu erlassenden Rechtsverordnung gelten.[957] Ausweislich der Entwurfsbegründung sollen jedenfalls Manipulation durch effektive Geschäfte erfasst werden.[958]

---

951 Siehe hierzu auch das Werk von Lenzen, Unerlaubte Eingriffe in die Börsenkursbildung, Dissertation Osnabrück, 2000.

952 Diese Prognose beruht auf dem Stand des Regierungsentwurfs vom 14.11.2001; Bundestagsdrucksache 14/8017; im Internet unter: http://dip.bundestag.de/btd/14/080/1408017.pdf (Stand: 18.02.2002). Zu den Einzelheiten vergleiche oben "Das Verbot der Kursmanipulation nach dem Entwurf zum Vierten Finanzmarktförderungsgesetz" Seite 215 ff.

953 Zu der Frage, ob dieses objektiv völlig sozial-adäquate Verhalten als Manipulation begriffen und verboten werden sollte, vergleiche oben Seite 155 ff.

954 Vergleiche hierzu oben Seite 94.

955 Vergleiche die Regelung durch NYSE Rule 97 oben Seite 186 ff.

956 Siehe hierzu oben Seite 202 ff.

957 Zu den Einzelheiten vergleiche oben "Das Verbot der Kursmanipulation nach dem Entwurf zum Vierten Finanzmarktförderungsgesetz" Seite 215 ff.

958 Vergleiche die Begründung des Regierungsentwurfs, Bundestagsdrucksache 14/8017 Seite 89 re.Sp.; im Internet unter http://dip.bundestag.de/btd/14/080/1408017.pdf (Stand: 18.02.2002).

6. Handelsinformationen als Insidertatsachen?

Hier geht es um die Frage, ob Wertpapiergeschäfte, die auf der Basis von nichtöffentlichen Handelsinformationen – etwa der Kenntnis einer bevorstehenden Blocktransaktion – abgeschlossen werden, gegen das Insiderhandelsverbot der §§ 12 – 14 WpHG verstoßen.[959] Wie oben eingehend erläutert, spricht viel dafür, dass dem so ist.[960] Klärungsbedarf besteht allerdings insofern, als der Insidertatbestand des § 13 WpHG ein Merkmal aufweist, das im Zusammenhang mit Handelsinformationen zum einen wenig sinnvoll erscheint und zum anderen häufig genug nicht vorliegen wird: Gemeint ist das Merkmal der hypothetischen Kausalität zwischen dem Bekanntwerden der Information und ihrer Kurserheblichkeit. Es macht unter normativen Gesichtspunkten keinen Unterschied, ob für das Eintreten der für den Insider vorhersehbaren Kursbewegung ein hypothetisches öffentliches Bekanntwerden bedeutsam wäre oder nicht. Der Insider kann in gleicher Weise von Kursveränderungen profitieren, die unabhängig von einem hypothetischen öffentlichen Bekanntwerden eintreten. Es ist daher nicht ersichtlich, warum in einem solchen Fall keine unbillige Ausnutzung zugangsbedingter Informationsasymmetrien vorliegen soll.[961]

Unabhängig davon, ob der Gesetzgeber durch die EG-Insiderrichtlinie in dieser Frage ohnehin (einseitig) gebunden ist[962], erscheint es sinnvoll, diese durch eine entsprechende Klarstellung zweifelsfrei zu klären. Dieselben Probleme mit der derzeitigen Formulierung bestehen auch im Hinblick auf die zugrundeliegende EG-Richtlinie. Allerdings lässt eine Formulierung innerhalb der Präam-

---

959 Der Insiderhandelstatbestand der §§ 12 ff. WpHG wird durch das 4. FMFG sachlich nicht geändert.

960 Siehe oben "Geschäfte aufgrund der Kenntnis vom bevorstehenden Block-Trade", Seite 229 ff.

961 Zur Verdeutlichung sei nochmals auf den oben bereits angestellten Vergleich zwischen Geschäften im von der Blockorder betroffenen Wert selbst und Geschäften in verbunden Werten (wie Optionen) verwiesen. Im ersten Fall tritt die Kursbewegung durch die Order selbst, im zweiten Fall durch die Wahrnehmung der Kursbewegung für das Underlying ein. Nach strenger Anwendung der Buchstaben des Gesetzes käme nur im zweiten Fall ein Verstoß gegen das Insiderhandelsverbot in Betracht.

962 Nach überzeugender und in der deutschen Literatur herrschender Ansicht erfasst die EG-Insiderrichtlinie prinzipiell auch Handelsinformationen, so dass Bedenken gegen eine Freistellung dieser Informationen durch nationale Regelungen bestehen. Zum diesbezüglichen Problem der Regelung durch den F.S.M.A. 2000 bzw. den Code of Market Conduct siehe oben Seite 255 ("Sonderregelung für Trading Information durch MAR 1.4.26").

bel[963] den Schluss zu, dass Handelsinformationen vom Verbot grundsätzlich erfasst werden sollen. Demnach wäre eine Klarstellung nur sofern richtlinienkonform möglich, wie sie die Einbeziehung der Handelsinformationen regeln würde. Aus dem Gesagten ergeben sich daher große Zweifel, ob die in Großbritannien durch MAR 1.5.26 erfolgende, pauschale Freistellung der Handelsinformationen vom Insiderhandelsverbot der Section 118 F.S.M.A. 2000 im Einklang mit den Vorgaben der Richtlinie steht. Schon aufgrund der oben festgestellten, diesbezüglichen Diskrepanzen zum C.J.A. 1993, der in den Section 52 ff. die oben genannte Richtlinie umsetzt, erscheint es fraglich, ob sich die Financial Services Authority beim Erlass des *Code of Market Conduct* mit den europäischen Vorgaben hinreichend auseinandergesetzt hat.[964]

7. Insiderrelevanz der Handelsinformationen und nicht bzw. verzögert berichtete Geschäfte

In diesem Zusammenhang ist auch auf den Konflikt zwischen dem Insiderhandelsverbot einerseits (das nach der hier vertretenen und wohl herrschenden Meinung auch Handelsinformationen umfasst), und den Möglichkeiten zur verzögerten Veröffentlichung von Umsätzen bzw. zum Ausweichen in den intransparenten außerbörslichen Bereich andererseits hinzuweisen. Folgt man dieser Ansicht und nimmt demzufolge an, dass diese Marktinformationen im engeren Sinne als taugliche Insidertatsachen im Sinne des § 13 WpHG einzustufen sind, so muss die Anschlussfrage geklärt werden, was daraus für (noch) nichtveröffentlichte, potentiell kurserhebliche Geschäfte folgt. So könnte man in der gesetzlich eingeräumten Möglichkeit einer verzögerten Veröffentlichung einen impliziten Ausnahmetatbestand sehen. Dabei wäre allerdings zu bedenken, dass eine solche Ausnahme gegenüber dem hiesigen Verständnis vom Insiderhandelsverbot und seinen dogmatischen wie normativen Grundlagen als systemfremd gelten müsste. Jenes stellt maßgeblich auf den ungleichen Zugang zu Informationen als Verbotsgrund ab. Hieraus ergibt sich die Missbilligung der auf dem Wissensvorsprung basierenden, erhöhten Gewinnchancen des Insiders. Die Vorstellung, dass der Urheber einer Information grundsätzlich frei darüber disponieren könne, ob und von wem diese durch Transaktionen ausgenutzt werden dürfen, ist daher unserem Verständnis vom Insiderhandelsverbot grundsätzlich fremd. Eine andere Alternative, wie die beiden Regelungskomplexe in Einklang zu bringen wären, ist derzeit nicht ersichtlich.

Es wird deutlich, dass es zur Beantwortung dieser Fragen grundsätzlicher Erwägungen zum Inhalt und Zweck des Insiderhandelsverbots bedarf. Man könnte zwar argumentieren, dass soweit die Umsetzung eigener Absichten nicht als

---

963 Vergleiche oben Fußnote 793.

964 Vergleiche hierzu oben die Unterschiede der beiden Regelungen, Seite 257.

Ausnutzung einer Insidertatsache anzusehen ist, auch nachgelagerte Umsetzungsakte nicht unter das Verbot fallen sollten. Dabei ist aber zu bedenken, dass man so den Regelungsgrund des Insiderhandelsverbots – die Verhinderung der Ausnutzung von (zugangsbedingten) Informationsasymmetrien – relativieren und damit in Frage stellen würde. Diese Gesichtspunkte sind gedanklich jedenfalls wesentlich näher zum alten angelsächsischen und heutigen amerikanischen Verständnis vom Insiderhandel (als Verstoß gegen Treue- oder Verschwiegenheitspflichten) als dem kontinental-europäischen.

In Großbritannien, wo die verzögerte Publikation von Großtransaktionen lange Tradition hat, geht man im F.S.M.A. 2000 in Verbindung mit dem Code of Market Conduct insoweit konsequenterweise davon aus, dass Handelsinformationen nicht als Insiderinformationen zu behandeln sind.[965] Wenngleich das dafür angeführte Argument, die anderen Marktteilnehmer könnten schließlich nicht davon ausgehen, gleichberechtigten Zugang zu derartigen Informationen zu haben, aus inhaltlichen wie systematischen Gründen wenig überzeugend ist[966], so ist dennoch zu begrüßen, dass man dem Zusammenhang zwischen Veröffentlichungspflichten für Transaktionen und der insiderrechtlichen Bewertung der Information Rechnung getragen hat.

8. Systematische Abgrenzung von Insiderhandel und Frontrunning

Auch die systematisch verfremdende Übernahme der US-amerikanischen Begriffe von Insidertrading und Frontrunning durch das deutsche (und europäische) Kapitalmarktrecht muss wegen der dadurch bedingten Auslegungsschwierigkeiten[967] als wenig glücklich bezeichnet werden. Während in den USA das Insiderhandelsverbot auf der Verletzung individueller, gesetzlicher (organschaftlicher) oder vertraglicher Treue-, Schutz- und Verschwiegenheitspflichten beruht, genügt nach dem hiesigen Verständnis die Ausnutzung (zugangsbedingter) Informationsasymmetrien. Auf der anderen Seite knüpft der hiesige Frontrunning-Tatbestand maßgeblich an die Beziehung zwischen Broker Dealer und

965 Diese Sichtweise ist allerdings ihrerseits nicht konsequent durchgehalten: Während der F.S.M.A. 2000 Handelsinformationen explizit vom Marktmissbrauchstatbestand ausnimmt, sind diese vom C.J.A. 1993, der neben dem F.S.M.A. 2000 fortgilt, erfasst werden. Zu diesem wohl bisher übersehenen Problem oben Seite 257 ff.

966 Zum einen kann man aufgrund der an sich ja bestehenden Melde- und Veröffentlichungsregeln schon davon ausgehen, über diese Tatsachen informiert zu werden, zum anderen erscheint dieses Kriterium ein Relikt aus den Zeiten, da das britische Insiderrecht aus gesellschaftsrechtlichen Treuepflichten abgeleitet wurde. Auf den möglichen Konflikt mit den Vorgaben der Insiderrichtlinie der EG wurde bereits hingewiesen.

967 Um eine eigenständige und umfassende Auslegung der Tatbestände zu ermöglichen, hätte es eines Mehr an inhaltlicher Begründung der neuen Institute und einer Abgrenzung zu den namenslehnenden Tatbeständen bedurft.

Kunde an, während die Tatbestände bzw. offiziellen Interpretationen der vorliegend untersuchten US-Börsen erheblich weiter gefasst sind. Dort kommen allgemeine Marktintegritätserwägungen zum Tragen, die hier eher dem Insiderhandelsverbot zuzuordnen wären. So fällt etwa auf, dass dort auch der Umstand, dass die Blockorder noch nicht öffentlich bekannt ist, zum Frontrunning-Tatbestand gehört. Auch in den USA ist das Verhältnis der beiden Tatbestände zueinander nicht geklärt. Es ist nicht auszuschließen, dass dies damit zu tun hat, dass die Rechtspraxis mit Hilfe der Ausweitung des Frontrunning-Tatbestands versucht, für diesen Teilbereich die Lücken zu schließen, die durch die Verwerfung der Equal Access Theory durch den Supreme Court entstanden waren.[968] Durch die „systematische Verfremdung der importierten Begriffe" gestaltet sich die Subsumtion der aufgezeigten Zweifelsfälle unter die hiesigen Frontrunning-Normen jedenfalls äußerst schwierig.

E. Reformüberlegungen

Der Vergleich mit der zum Teil deutlich weiter entwickelten Praxis des Kapitalmarktrechts in den Vereinigten Staaten und Großbritannien hat Möglichkeiten aufgezeigt, wie die hierzulande in diesem Bereich bestehenden Unklarheiten und Regelungslücken beseitigt werden könnten. Der internationale Wettbewerb der Finanzplätze um die Gunst der Anleger wird sicherlich nicht allein durch ein überlegenes Regulierungsniveau entschieden. Aber die Chancen des "Finanzplatzes Deutschland", in diesem Wettbewerb langfristig zu bestehen und damit Anlegern wie Emittenten einen funktionierenden Kapitalmarkt anbieten zu können, steigen sicherlich, wenn durch einige der im Folgenden aufgezeigten Regulierungsmaßnahmen Liquidität, Preiseffizienz, Transparenz und Marktintegrität befördert werden. Aus Vorgesagtem leiten sich daher folgende Reformüberlegungen ab.

1. Maßnahmen zur Eingliederung der Blocktransaktionen in den Börsenhandel

Nachdem oben ausführlich erörtert worden ist, welche Nachteile für den hiesigen Finanzplatz mit der Umgehung der Börse durch dieBlock-Trader verbunden

968 Vergleiche zu diesem Thema oben Seite 231 ff. Muss man möglicherweise befürchten, dass auch der Frontrunning-Tatbestand einer Prüfung an diesem Maßstab nicht gerecht würde, so birgt eine umfangreichere Erörterung zur dogmatischen Abgrenzung der beiden Komplexe das Risiko, dass dabei auch die Frage der Gesetzmäßigkeit des Frontrunning-Tatbestandes und der Vereinbarkeit mit der Supreme Court Entscheidung virulent würde.

sind,[969] soll hier nun dargelegt werden, welche regulatorischen Antworten für die Lösung dieses Problem in Betracht zu ziehen sind. Es hat sich gezeigt, dass die – bis zur Einführung des Blockhandels-Segments Anfang des Jahres 2001 lange geübte – regulatorische Abstinenz, in der Hoffnung, dass die Marktkräfte letztlich das gewünschte Ziel erreichen würden, nicht von Erfolg gekrönt war.[970] Der sogenannte *'Gravitational Pull'*[971], bei dem durch die Liquidität der Börse weitere Orders angezogen werden, war bisher offenbar nicht stark genug. Entweder war die vorhandene Liquidität nicht groß genug, oder – was wahrscheinlicher ist – der Vorteil der Intransparenz einer außerbörslichen Ausführung überwog. Er hat jedenfalls nicht dazu geführt, dass viele Blockorders über die Börse ausgeführt werden.[972] Es bestehen im wesentlichen drei Möglichkeiten, wie man durch regulatorische Eingriffe versuchen kann, den Bedürfnissen der Block-Trader gerecht zu werden.

a) Erleichterung des Blockhandels an der Börse

Eine Möglichkeit, den Blockhandel an die Börse zu holen, besteht darin, dass man den Handel über die Börse für die Beteiligten durch besondere, auch privilegierende Regelungen vorteilhafter gestaltet.[973] In diesem Zusammenhang sind allerdings bereits zahlreiche Maßnahmen ergriffen worden, ohne dass sich bei diesen Bemühungen bisher ein nennenswerter Erfolg eingestellt hätte.[974] Zu er-

---

969 Zum Anreiz der Block-Trader zur Meidung von Börse und Börsenöffentlichkeit siehe ausführlich oben Seite 151 sowie Seite 328.

970 Die schließlich erfolgte Einführung des neuen Blockhandels-Segments Xetra XXL, nachdem die Ermächtigung durch § 4 Abs. 2 Satz 3 BörsG (§ 13 Abs. 2 Satz 3 BörsG-E) jahrelang nicht genutzt wurde, stellt dies wohl unter Beweis, vergleiche auch: von Heusinger, Modell Blockhandel auf Xetra hat Zukunft, Börsen-Zeitung vom 1. März 2001, Seite 3.

971 Vergleichbar der Gravitation besteht die Tendenz, dass ein bestehendes großes Ordervolumen, also vorhandene Liquidität, wegen der guten Ausführungsmöglichkeiten weitere Orders anzieht und so das Volumen weiter vergrößert: "Liquidität schafft mehr Liquidität."

972 Ob und inwieweit die gegenüber der FWB deutlich größere Liquidität der NYSE dazu geführt hat, dass selbige einen großen Anteil der Blocks handelt, oder ob hierfür die bisherige NYSE Rule 390 und im Bereich der sogenannten "19c-3 Stocks" die Macht der Gewohnheit hinzu kommen musste, wird sich in den kommenden ökonomischen Studien zu den Auswirkungen der Aufhebung der NYSE Rule 390 auf Handelsverhalten und Umsätze sicherlich zeigen.

973 So können aber auch effektive Frontrunning-Verbote die börsliche Blockausführung erleichtern.

974 Seit dem Start von Xetra XXL am 2. März 2001 mit 29 Teilnehmern, die wohl zu den namhaftesten Börsenakteuren zu zählen sind, wurden in den ersten Monaten vor allem

wähnen ist insoweit vor allem die im Zuge der Einführung von Xetra XXL ermöglichte eingeschränkte Pre Trade-Transparenz durch ein separates, geschlossenes Orderbuch[975] und die verzögerte Publikation der Großtransaktionen[976]. Ferner zu nennen ist die Reservierungsfunktion für das offene Orderbuch[977]. Hinsichtlich der Privilegierungen durch die Organisation des Handelsablaufs scheinen die Regeln an der FWB den Rahmen des Möglichen bereits weitgehend ausgeschöpft zu haben. Da dies noch nicht den gewünschten Erfolg gebracht hat, kann dies wohl nur auf anderem Wege erreicht werden. Zu einer Erleichterung des Blockhandels an der Börse gehören auch die oben angeregten, effektiveren Regelungen zum Schutz vor Frontrunning (und Insidertrading) und deren konsequente Überwachung, hierzu aber erst später.

b) Transparenzvorschriften auch für außerbörslichen Handel – Allgemeine Veröffentlichung von Umsätzen und Kursen

Nachdem oben ausführlich dargelegt worden ist, dass das hierzulande bestehende Transparenzgefälle zwischen börslichem und außerbörslichen Handel einen Anreiz zur Umgehung der Börsen darstellt,[978] liegt es auf der Hand, als regulatorische Antwort auch eine Angleichung der Transparenzniveaus von börslichem und außerbörslichem Handel in Betracht zu ziehen. In der Tat erscheint es vernünftig, die Attraktivität des außerbörslichen Handels für die Großtransaktionen dadurch einzudämmen, dass – wie durch die US-amerikanischen und britischen Vorschriften[979] – das (Post Trade) Transparenzniveau der Börse auf den außerbörslichen Handel erstreckt wird.[980] Gleicht man die Transparenz des außerbörslichen Handels an die der Börse an, so verschwindet –

Aufträge ("Open Interest") von zum Teil über 150 Mio. € pro Tag verzeichnet, aber nur sehr sporadische Umsätze. Diese betrugen dann allerdings pro Geschäft in der Regel zwischen 10.000 und einigen 100.000 Aktien.

975 § 42c Abs. 3 Satz 2 BörsO.

976 Veröffentlichung der Kurse und Umsätze am Ende des Handelstages, §§ 45, 46 BörsO, siehe oben Seite 117.

977 Zu den sogenannten „Iceberg Orders" siehe oben Fußnote 243.

978 Zum Anreiz der Block-Trader zur Meidung von Börse und Börsenöffentlichkeit siehe ausführlich oben Seite 151, sowie Seite 328.

979 Während die US-amerikanischen Regelungen die Transparenzvorschriften explizit auf außerbörsliche Geschäfte erstrecken, greift im britischen Recht eine Fiktion, die Geschäfte als an der LSE stattfindend behandelt, es sei denn die Parteien hätten sich darauf verständigt, dass es an einer anderen Börse geschlossen und nach den Vorschriften dieser Börse berichtet und veröffentlicht wird, vergleiche oben Seite 145.

980 Dies ist selbstverständlich auf Geschäfte begrenzt, die von Börsenmitgliedern oder professionellen Händlern (registrierten Broker Dealer) in börsennotierten Werten getätigt werden.

zumindest hinsichtlich der Post Trade-Transparenz – der Anreiz, wegen erhöhter „Diskretion" in diesen Bereich zu flüchten.[981] Es erscheint nicht sinnvoll, durch das Fehlen von Veröffentlichungspflichten für außerbörslich getätigte Transaktionen für die Akteure des Blockhandels einen Anreiz zu haben, bestimmte Transaktionen in diesen Bereich zu verlegen. Hierdurch geht den hiesigen Börsen viel von dem verloren, was ihre Qualität ausmacht: Die Qualitätsmerkmale einer Börse sind (neben dem Schutz vor Übervorteilung) vor allem Transparenz, hohe Liquidität und eine aussagekräftige Preisermittlung. Durch die derzeitige Regulierung in Deutschland bestehen für Blockhändler nach direkter, erfolgreicher Suche einer Gegenpartei gute Gründe, die Transaktion nicht über die Börse vorzunehmen.[982] Die bestehenden Risiken im Bereich der Post Trade-Transparenz – dies ist insbesondere dann der Fall, wenn es sich bei einer Vertragspartei um einen Broker Dealer handelt, der die Position nur kurzfristig übernimmt – lassen sich durch eine „Flucht in den außerbörslichen Bereich" vermeiden. Würde man diesen Vorteil des außerbörslichen Handels – entsprechend der Situation in den USA und Großbritannien – durch die Schaffung einer gleichermaßen geltenden Melde- und Veröffentlichungspflicht beseitigen, so würde der Wertpapiermarkt transparenter, die Preisermittlung aussagekräftiger und der Börsenhandel liquider. Wichtigster Punkt dabei ist, dass es eigentlich keine guten Argumente für den Fortbestand der derzeitigen Regelung gibt. Es ist zwar anerkannt, dass es Situationen gibt, in denen das Interesse der Beteiligten, eine sofortige Veröffentlichung ihres Geschäfts zu verhindern, als legitim anzusehen ist[983], es besteht aber kein Grund, warum dem nicht im Rahmen einer einheitlichen Transparenzregelung für börsliche wie außerbörsliche Geschäfte Rechnung getragen werden sollte.[984]

Es wäre also sinnvoll, für Börsenmitglieder, Xetra-Teilnehmer und Wertpapierdienstleistungsunternehmen, ein allgemeines Trade-Reporting einzuführen,[985] im Sinne einer Publikation der Handelsinformationen für den 'Wert-

---

981 Zwar wird das Interesse an Diskretion in gewissem Rahmen als legitim angesehen. Dem müsste jedoch eher durch eine Erstreckung der verzögerten Publikation – wie sie von § 4 Abs. 2 Satz 3 BörsG (§ 13 Abs. 2 Satz 3 BörsG-E) in Verbindung mit §§ 45, 46 BörsO vorgesehen ist – auf die außerbörslichen Geschäfte ausreichend Rechnung getragen sein.

982 Durch das Verbot in § 38 der FWB-Geschäftsbedingungen darf das außerbörslich verhandelte Geschäft gar nicht über Xetra ausgeführt werden, vergleiche oben Seite 138.

983 Diese Überzeugung liegt der Regelung in § 4 Abs. 2 Satz 3 BörsG (§ 13 Abs. 2 Satz 3 BörsG-E) zugrunde.

984 Vergleiche oben Fußnote 981.

985 So auch des Director General der britischen Office of Fair Trading (dem dortigen Kartellamt), vergleiche das Zitat bei: Ruben, What is an Exchange?, Chapter 8, Seite 185,

papierhandel im allgemeinen', gleich ob die Geschäfte börslich oder außerbörslich getätigt werden. Hinsichtlich der technischen Seite wäre entweder die Einführung eines selbständig organisierten "*Consolidated Tape*" nach US-amerikanischem Vorbild[986] oder die Nutzung der Xetra-Resourcen erwägenswert. Aufgrund des einfachen, dezentralen Zugangs zu Xetra böte es sich an, eine Pflicht zur zeitnahen Eingabe der außerbörslichen Geschäfte über die Computerterminals einzuführen. Hinsichtlich der Kriterien könnte man sich an den bestehenden Meldepflichten nach § 9 WpHG orientieren. Nicht zuletzt die Entwicklung der sogenannten alternativen Handelssysteme („ATS‘[987]), die zu einer ernstzunehmenden Konkurrenz für die Börsen klassischer Prägung werden dürften[988], werden es erforderlich machen, eine geregelte Transparenz auch für den außerbörslichen Bereich einzuführen und sie nicht der Willkür der Beteiligten zu überlassen.

c) Möglichkeit der Abwicklung vorarrangierter Geschäfte

Was auf diesem Wege natürlich nicht gelöst werden kann, ist das Problem der Pre Trade-Transparenz. Da es ohnehin nicht möglich ist, die PreTrade-Transparenz von Börse den Beteiligten aufzuzwingen, besteht lediglich die Möglichkeit, die börsliche Abwicklung "*upstairs*" vorarrangierter Geschäfte zuzulassen. Geht man von dem Bestehen ökonomischer Bedürfnisse der Blockhändler aus, die angestrebte Transaktion (unter Vermeidung der börslichen Transparenz) im Wege der direkten Suche zu arrangieren, und bedenkt, dass dies tatsächlich auch nicht zu verhindern sein wird, so bleibt die Möglichkeit, Voraussetzungen zu schaffen, dass die Beteiligten das extern arrangierte Geschäft anschließend gleichwohl über die Börse ausführen. Hierzu müsste es den Beteiligten aber überhaupt erst erlaubt werden, dies zu tun. Bisher dürfen arrangierte Geschäfte nicht über die Börse abgeschlossen werden.[989] Ließe man dies aber in Zukunft

---

"the ideal solution would be to require that all trading, whether on- or off-exchange, be subject to the same transparency requirements."

986 Vergleiche zur Einführung des Consolidated Tape (im Rahmen des Programms zum National Market System): SEC Release No. 34-15671 (vom 22.3.1979); SEC Rules 11Ac1-1, 11Ac1-2, 11Aa3-1; Jennings/Marsh/Coffee, Securities Regulation, 7th Edition, Seite 68. Hierzu oben Seite 75 f. und 99 f.

987 Akronym für Alternative Trading System.

988 Vergleiche etwa auch: Bundesaufsichtsamt für den Wertpapierhandel, Pressemitteilung vom 25. September 2000, im Internet abzurufen unter: www.bawe.de/pm00_14.htm, Stand: 19. März 2001.

989 Vergleiche hierzu § 38 der Bedingungen für Geschäfte an der Frankfurter Wertpapierbörse: *Abgesprochene und teilnehmerinterne Geschäftsabschlüsse (Pre-arranged Trades und Crossing) – (1) Geschäftsabschlüsse, die nach vorheriger Absprache zweier Handelsteilnehmer durch die unmittelbar aufeinander folgende Eingabe gegenläufiger*

zu, so würde – bei gleichzeitiger Abschaffung des derzeitigen Transparenzgefälles – dadurch die Liquidität der Börse ohne jeden Zweifel erheblich erhöht. Preis- und zeit-prioritäre Orders Dritter könnten gegen eine Seite der Blockorder ausgeführt werden.

Man sollte daher überdenken, ob es nicht vorteilhaft wäre, die direkte Kontrolle über die Preisbildung[990] zugunsten einer breiteren Liquiditäts- und Informationsbasis zu reduzieren und statt dessen die indirekte Kontrolle im Wege der Manipulationsbekämpfung zu intensivieren. Die Untersuchungen insbesondere im Hinblick auf die Pre Trade-Transparenz haben ergeben, dass seitens der Blockhändler ein Bedürfnis besteht, bei größeren Aufträgen die an der Börse vorhandene Liquidität durch direkte Ansprache potentieller Vertragspartner zu ergänzen.[991] Nimmt man dies zur Kenntnis und bejaht ein grundsätzliches allgemeines Interesse daran, die in den Großtransaktionen enthaltene Information und Liquidität der Börse und der Marktöffentlichkeit zuzuführen, so erscheint es vernünftig, den Ansatzpunkt der staatlichen Überwachung der ordnungsgemäßen Kursbildung zu verlagern: Statt an den Börsen eine multilaterale Kursermittlung durchzuführen und dazu verhandelte Geschäfte auszuschließen, könnte man das Zustandekommen der Kurse „freigeben" und gleichzeitig durch eine verstärkte Überwachung und Bekämpfung von Manipulationen die Kurswahrheit gewährleisten. Auf diese Weise sollte ebensogut zu erreichen sein, dass tatsächlich nur die freien Marktkräfte und keine künstlichen Faktoren am Werke sind. Auf das Thema der Manipulation soll unten noch konkreter eingegangen werden.

d) Börsenzwang

Alternativ käme als Maßnahme zur Eingliederung der Blocktransaktionen in den Börsenhandel grundsätzlich auch in Betracht, den Börsenmitgliedern schlicht zu verbieten, börsennotierte Werte außerhalb der Börse zu handeln. Diese würde einen Börsenzwang bedeuten, wie er zwischenzeitlich[992] in Frankreich eingeführt worden war und wie ihn – wenn auch etwas eingeschränkt – die nunmehr

---

limitierter Aufträge herbeigeführt werden sollen (Pre-arranged Trades), sind unzulässig.
Ausführlicher hierzu oben Seite 138.

990 Bei gleichzeitiger Verschärfung der Vorschriften betreffend die unlauteren Einwirkungen auf die Kursbildung (Kursmanipulation) sollte ein hinreichender Standard an Kurswahrheit zu erreichen sein.

991 Siehe oben Seite 118.

992 Wegen schlechter Erfahrungen – es kam zu einem Anwandern des Wertpapierhandels im großen Stil zur LSE – wurde diese Entscheidung recht bald wieder rückgängig gemacht. Vergleiche auch unten Fußnote 996.

abgeschaffte NYSE Rule 390 vorsah.[993] Der sogenannte relative Börsenzwang, wie ihn § 10 Abs. 1 BörsG[994] primär zum Schutz von Kleinanlegern vorsieht, ist für den vorliegenden Bereich der Blocktransaktionen nicht relevant. Die betreffenden Akteure sind in der Regel ausreichend gut über die Situation informiert und werden eine entsprechende Weisung zur außerbörslichen Ausführung geben.

Aufgrund der Internationalisierung des Geschehens auf den Wertpapiermärkten besteht allerdings grundsätzlich und insbesondere im Zusammenhang mit einem Börsenzwang das Risiko der sogenannten „Regulierungsarbitrage“. Dies bedeutet, dass Handelsteilnehmer die Marktplätze mit allzu strengen Regeln meiden und statt dessen in weniger stark regulierte Märkte ausweichen.[995] So wie das Abwandern in den außerbörslichen Handel als Flucht vor der Transparenz des Börsenhandels einzustufen ist, könnte die Einführung eines Börsenzwangs zu einer Flucht aus dem Geltungsbereich der (deutschen) Gesetze führen. Im Ergebnis würden dann die Geschäfte nicht, wie eigentlich bezweckt, an der Frankfurter Börse stattfinden, sondern im Ausland. An die Stelle des außerbörslichen Handels träte der Handel im Ausland, wobei es aus Sicht des hiesigen Finanzplatzes unerheblich wäre, ob der abgewanderte Handel im Ausland dann börslich oder außerbörslich stattfinden würde. Die Liquidität der einheimischen Märkte würde gleichermaßen geschmälert. Ist abzusehen, dass eine neue Regelung ein Abwandern des Geschäfts an andere Handelsorte mit geringerem Regelungs- und Transparenzniveau provozieren würden, so wäre dem Ziel, den inländischen Kapitalmärkten und Investoren Liquidität und Transparenz zu sichern, ein Bärendienst erwiesen.

Diese Auswirkungen hatte nämlich ganz offenbar der zwischenzeitlich an der Pariser Börse eingeführte (absolute) Börsenzwang, der zu einem Abwandern des Blockhandels an die LSE führte. Als man dies erkannte wurde die Regeländerung wieder revidiert, der Börsenzwang aufgehoben worauf der Finanzplatz Paris die Führungsrolle beim Handel französischer Titel zurück erhielt[996].

Im Hinblick auf die durch einen Börsenzwang erzwungene Konzentration sei auch darauf hingewiesen, dass man damit die in der Vergangenheit erzielten Effizienzfortschritte der Börsen riskieren würde, die nicht zuletzt aufgrund des Wettbewerbs zwischen den Handelssystemen erarbeitet wurden. Bei der Frage einer regulatorischen Förderung der Liquidität eines Handelsplatzes stehen

993 Siehe hierzu oben Seite 125.

994 Entspricht § 22 Abs. 1 BörsG-E.

995 Jennings/Marsh/Coffee, Securities Regulation, 7th Edition, Seite 3.

996 H. Schmidt/Oesterhelweg/Treske, Der Strukturwandel im Börsenwesen: Wettbewerbstheoretische Überlegungen und Trends im Ausland als Leitbilder für den Finanzplatz Deutschland, Kredit und Kapital, 1997, S. 369 (398), dort Fußnote 74.

grundsätzlich zwei Qualitätsparameter im Zielkonflikt: Auf der einen Seite die Konzentration der Aufträge, auf der anderen Seite die Effizienz der Dienstleistung des Marktes und der Intermediäre. Letztere setzt erfahrungsgemäß den Druck durch Marktkräfte und Wettbewerb voraus. Ein staatlich mandatiertes Monopol und gleichzeitiger Wettbewerb schließen sich allerdings aus. Daher spricht viel dafür, der Fragmentierung des Handels nicht mittels eines Börsenzwangs zu begegnen, sondern dies den Marktkräften zu überlassen. Der *„Gravitational Pull“*[997] hin zur Börse kann aber natürlich nur dann seine volle Sog-Wirkung entfalten, wenn der außerbörsliche Handel nicht durch „regulatorische Wettbewerbsvorteile“, wie etwa das Fehlen von Veröffentlichungspflichten, gefördert wird.

e) Zusammenfassung

Bei der derzeitigen Rechts- und Regulierungslage in Deutschland stehen vor allem zwei Gründe einer Eingliederung der Blocktransaktionen in den Börsenhandel entgegen. Zum einen können vorarrangierte Geschäfte derzeit nicht anschliessend über die Börse abgeschlossen werden, zum anderen steht das Gefälle hinsichtlich der Post Trade-Transparenz einem börslichen Abschluss häufig entgegen. Auch die Einführung des Blockhandels-Segments unter dem Namen Xetra XXL beseitigt die genannten Hindernisse für die Abwicklung der vorarrangierten Geschäfte über die Börse nicht, da sich dieses System nicht zur Abwicklung vorarrangierter Geschäfte eignet.[998]

Daneben muss der Anreiz für den außerbörslichen Handel beseitigt werden, der darin besteht, dass die Beteiligten die Möglichkeit haben, die PostTrade-Transparenz der Börse durch einen außerbörslichen Abschluss zu umgehen. Die Einführungen eines – unter wettbewerbsrechtlichen Gesichtspunkten ohnehin äußerst bedenklichen – Börsenzwangs erscheint wenig sinnvoll. Der Anteil der börslichen Geschäfte am Gesamtumsatz des Blockhandels wäre wahrscheinlich schon dadurch signifikant zu erhöhen, dass man das „Privileg“ der Intransparenz des außerbörslichen Handels beseitigen, sowie den Abschluss vorarrangierter Geschäfte über die Börse zulassen würde.

---

997 Zu dieser Bezeichnung siehe Fußnote 971.

998 Aufgrund dessen, dass die Preisermittlung extern (durch den Referenzbezug zum offenen Xetra-Handel) erfolgt, eignet sich Xetra XXL nicht besonders gut zur Ausführung vorarrangierter Geschäfte. Zwar können sich die Parteien theoretisch auf einen Preis einigen und die Aufträge mit identischen Limitierungen in das geschlossene Buch eingeben. Problematisch ist allerdings, dass dies bei einer Abweichung vom anschließend ermittelten Referenzkurs dazu führt, dass maximal einer der beiden Aufträge ausgeführt wird. Auch die Gewährung eines Auf- oder Abschlags durch den Initiator des Blockgeschäfts ist auf diesem Wege kaum möglich. Zu Xetra XXL vergleiche oben Seiten 94 f. sowie 139.

2. Neufassung des Rechts der Kursmanipulationen

Ein weiterer wichtiger Punkt für Reformüberlegungen war die bis jetzt äußerst unzureichende Regulierung des Rechts der Kursmanipulationen. Die geplante Novellierung des Börsen- und Wertpapierhandelsrechts durch das Vierte Finanzmarktförderungsgesetz wird sich auch mit diesem Bereich befassen[999]. Dies ist in hohem Maße begrüßenswert. Ausweislich der Gesetzesbegründung soll durch den neuen Tatbestand des § 20a WpHG-E auch die Manipulation durch effektive Geschäfte – bis auf besonders anzumeldende Kurspflegemaßnahmen – untersagt werden. Hierdurch könnte ein hinreichender Schutz der freien Kursbildung erzielt werden, der es zuließe, zukünftig auch bilateral verhandelte Geschäfte im Rahmen der Ermittlung und Veröffentlichung von Börsenkursen zu berücksichtigen.

Eine besonders wichtige Aufgabe im Hinblick auf das neue Verbot der Kursmanipulation kommt dabei dem Verordnungsgeber zu. Dem Bundesfinanzministerium oder der neu zu schaffenden Bundesanstalt für Finanzdienstleistungsaufsicht wird es obliegen näher zu bestimmen, unter welchen Voraussetzungen effektive Geschäfte als sonstige Täuschungshandlung im Sinne des Gesetzes anzusehen sind. Wie diese Arbeit gezeigt hat, gibt es hierfür umfangreiches Anschauungsmaterial. So könnten etwa Zukäufe zwischen dem Ankauf eines Blocks und seinem Ausgleich durch Weiterverkauf als verdächtig angesehen werden, so dass – wenn nicht andere plausible Gründe vorliegen – auf eine Manipulation geschlossen werden kann.[1000]

Insbesondere wegen der Einführung des Blockhandels-Segments Xetra XXL und der dadurch institutionalisierten Referenzbeziehung zwischen dem „normalen“ Xetra-Kurs und der Ausführung der Großaufträge in dem gesonderten Segment ist ein eindeutiges Verbot der Kursmanipulation durch effektive Transaktionen unumgänglich.[1001]

---

999 Siehe hierzu näher oben Seite 215, sowie Lenzen, Verbot der Kurs- und Marktpreismanipulation im Referenten-Entwurf für das 4. Finanzmarktförderungsgesetz, Finanz Betrieb 2001, Seite 603 ff.

1000 Vergleiche hierzu etwa die möglichen Vorbilder – allerdings vor allem auf der Ebene der Selbstregulierung – in den Vereinigten Staaten (NYSE Rule 97 oben Seite 186 f.; NYSE Information Memorandum No. 95-28; Seite 191 ff.) und Großbritannien (LSE Rule 2.10 und deren Erläuterungen; Seite 207 ff.).

1001 Die Tatsache, dass man, um den drohenden Manipulationen vorzubeugen, die Ausführung („Crossing“) nicht zu einem vorher bestimmten Zeitpunkt stattfinden lässt, sondern binnen einer Phase von fünf Minuten innerhalb derer der Zufallsgenerator entscheidet, zeigt zwar, dass man sich des Problems bewusst ist. Ob es dadurch bereits gelöst ist, muss allerdings bezweifelt werden.

3. Klärung von Umfang und Grenzen des Insidertatbestandes

Im Hinblick auf die Probleme bei der Einordnung der hier als Handelsinformationen oder Marktinformationen im engeren Sinne bezeichneten Tatsachen im Rahmen des Insiderhandelsverbots sollte von gesetzgeberischer Seite ebenfalls für Klarheit gesorgt werden. Aufgrund der festgestellten Subsumtionsprobleme, die auch möglicherweise überflüssige Tatbestandsmerkmale zu Tage gefördert haben[1002], ist bei der Beantwortung der Frage, ob die Handelsinformationen als Insidertatsachen im Sinne des § 13 Abs. 1 WpHG einzustufen sind, wohl eine normative Entscheidung durch den Gesetzgeber erforderlich. Auf die möglicherweise bestehende einseitige[1003] Bindung durch die EG-Insiderrichtlinie wurde oben bereits hingewiesen.[1004]

Die aufgezeigten Subsumtionsschwierigkeiten mit den angesprochenen Tatbestandsmerkmalen bestehen insofern jedoch in gleicher Weise. Es besteht dementsprechend Klärungsbedarf, welche Zwecke mit den Merkmalen der hypothetischen Kausalität zwischen öffentlichem Bekanntwerden und Kursbeeinflussung einerseits und der Erheblichkeit der Kursbeeinflussung andererseits verfolgt werden. Wie im Rahmen der Untersuchung dargelegt[1005], erscheinen diese entbehrlich, so dass eine Streichung aus dem Tatbestand des § 13 WpHG im Hinblick auf die angesprochenen Schwierigkeiten Klarheit schaffen würde.[1006]

Auch wenn man der Überzeugung ist, dass die genannten Tatbestandsmerkmale keine größeren Schwierigkeiten bei der Subsumtion verursachen – und Handelsinformationen daher als Insiderinformationen anzusehen sind –, so besteht erst recht das Bedürfnis, die sonstige Regulierung im Bereich der Handelsinformationen hierauf abzustimmen. Wie § 15 WpHG für die Informationen aus dem Bereich des Emittenten für eine zeitnahe allgemeine Verbreitung sorgt, sollte eine einheitliche und umfassende Post Trade-Transparenz auch für die

---

1002 Siehe oben Seiten 267, 269.

1003 Es wurde oben (Fußnote 793, Seite 280) bereits darauf hingewiesen, dass vieles dafür spricht, dass Handelsinformationen nach der EG-Richtlinie vom Insiderhandelsverbot erfasst sind. Ist dies der Fall, könnte eine Klarstellung nur in dieser Richtung erfolgen. Geht man entgegen der hier vertretenen Auffassung davon aus, dass durch die Richtlinie noch keine Entscheidung in dieser Frage getroffen wurde, so wäre eine Einbeziehung der Handelsinformationen durch die deutsche Verbotsnorm als „strengere Vorschrift" nach Art. 6 der Richtlinie ebenfalls zulässig.

1004 Vergleiche oben Fußnote 758, Seite270.

1005 Vergleiche oben Seite 269 ff.

1006 In beiden Fällen wäre eine Änderung zumindest als „strengere Vorschrift" nach Art. 6 der Richtlinie europarechtlich zulässig, vergleiche auch Fußnote 1003 oben.

Handelsinformationen eingeführt werden. Sollte wie nach § 11 BörsG (§ 23 BörsG-E) weiterhin die Möglichkeit bestehen, die Veröffentlichung besonders großer Transaktionen zu verzögern, so wäre hierin eine Ausnahme von § 14 WpHG zu sehen. Dies ist dem Grunde nach vertretbar. Jedoch muss dies auf eng umgrenzte Tatbestände beschränkt sein – und nicht für den außerbörslichen Handel den Regelfall darstellen –, damit das Insiderhandelsverbot nicht insgesamt Schaden nimmt.

4. Eigenständigkeit des Frontrunning-Tatbestands

Ferner muss man sich als Regulierer mit der Frage beschäftigen, welche Funktion dem Frontrunningverbot in der gegenwärtigen Form zukommt. Hier ist insbesondere die inhaltliche Abgrenzung zum Insidertatbestand von Bedeutung. Soweit das Insiderhandelsverbot die in Rede stehenden Informationen bereits erfasst, besteht ein hinreichender Schutz gegen die zweckgefährdende Weitergabe oder Ausnutzung der Information durch den Broker Dealer.[1007] Dies allerdings nur so lange, wie die Information noch nicht öffentlich bekannt ist. Der Frontrunning-Tatbestand bietet dem Auftraggeber hingegen auch noch nach dem öffentlichen Bekanntwerden der Information Schutz vor Übervorteilung durch den eingeschalteten Broker Dealer.[1008]

Unklar ist bei den gegenwärtigen Frontrunning-Tatbeständen des § 32 WpHG und der Wohlverhaltensrichtlinie des Bundesaufsichtsamtes für den Wertpapierhandel etwa, ob das gezielte Über- oder Unterbieten einer limitierten Großorder[1009] oder das sogenannte Intermarket-Frontrunning erfasst sind.[1010] Geht man davon aus, dass hier der Schutz der Interessen des Auftraggebers im Vordergrund steht, so lässt diese Frage auch im Wege einer teleologischer Auslegung nicht klar beantworten. Es steht nämlich bisher nicht fest, ob das Vorlaufen in Optionen auf die Ausführungschancen des Geschäfts betreffend das „*Underlying*“ Auswirkungen hat.

1007 Zumindest vor deren öffentlichem Bekanntwerden. Danach kommt den Aktivitäten des eigenen Broker Dealers weniger Bedeutung zu, da ohnehin jeder Dritte die Möglichkeit hat, die zu erwartenden Auswirkungen der Blockorder auf den Kurs auszunutzen und dadurch die kostengünstige Transaktion zu erschweren. Oben wurde bereits darauf hingewiesen, dass es nach den Frontrunning-Regeln von NASD und NYSE erforderlich ist, dass die Handelsinformation noch nicht öffentlich bekannt ist.

1008 Allerdings stellt sich hier das Problem, dass mit dem öffentlichen Bekanntwerden unbeteiligte Dritte ohnehin die Möglichkeit haben, die zu erwartenden Auswirkungen der Blockorder auszunutzen. Dies ist auch der Grund für die oben erörterte, vom Blockhändler angestrebte Diskretion bei der Ausführung der Order.

1009 Vergleiche Kuckelkorn, Die Dezimalkurse bereiten der NYSE Sorgen, Börsen-Zeitung vom 1. März 2001, Seite 5. Vergleiche auch oben Fußnote 180.

1010 Siehe hierzu oben Seite 310.

Bei der Frage nach dem genauen Inhalt des Frontrunning-Verbots ergeben sich auch Schwierigkeiten bei der Beurteilung des so genannten „*Anticipatory Hedging*“[1011]. Dabei kauft oder verkauft der Broker Dealer noch während der Verhandlungen über ein Blockgeschäft entsprechende Optionen, um die bevorstehende Eingehung einer großen langen oder kurzen Position abzusichern (zu "hedgen"). Schwierig bei der Anwendung des Frontrunningverbots ist dabei die Tatsache, dass das „*Anticipatory Hedging*“ ja typischerweise zu einem Zeitpunkt erfolgt, in dem noch kein Vertragsverhältnis zwischen Auftraggeber und Intermediär besteht. Ebenso schwierig ist die Beantwortung der auch damit verbundenen Frage, ob der Frontrunning-Tatbestand auch dann einschlägig ist, wenn Auftraggeber und Intermediär bei dem Block-Trade nicht ins Geschäft kommen. Ist der Dealer hier durch das vorvertragliche Verhältnis gehindert, sein im Rahmen der Verhandlungen erlangtes Wissen gewinnbringend einzusetzen?

Bei der Beantwortung all dieser Fragen würde natürlich auch die hier geforderte Klarstellung im Rahmen des Insidertatbestands im Hinblick auf die Handelsinformationen Erleichterung bringen. Viele Verhaltensweisen, für die die Anwendung der Frontrunning-Normen in Betracht kämen, wären bereits vom Insiderhandelsverbot erfasst. In jedem Fall erscheint es aber sinnvoll, Verstöße gegen die Verhaltenspflichten der §§ 31 ff WpHG zukünftig gesetzlich zu sanktionieren. Zum gegenwärtigen Zeitpunkt kommt diesen Normen leider nur appellativer Charakter zu. Wünschenswert wäre es, hier bei Verstößen entsprechende Bußgelder verhängen zu können.[1012]

1011 Siehe zum Anticipatory Hedging oben Seite 310.

1012 Vergleiche hierzu auch die Pläne, das derzeit als Straftatbestand gefaßte Insiderhandelsverbot, § 38 Abs. 1 WpHG, um einen Ordnungswidrigkeitstatbestand im Sinne des § 39 WpHG zu ergänzen.

Literaturverzeichnis

Abel, Stanley S. / Noser, Eugene A. Jr. — Trader to Broker, in: Wagner, Wayne H. (Hrsg.), The Complete Guide to Securities Transactions, Enhancing Investment Performance and Controlling Costs, New York, Brisbane, Toronto, S. 63 ff.

Amihud, Yakov / Mendelson, Haim — A New Approach to the Regulation of Trading Across Securities Markets, in: New York University Law Review (N.Y.U. L. Rev.) 1996, S. 1411 - 1466.

Assmann, Heinz-Dieter — Insiderrecht und Kreditwirtschaft – Rechtsanwendungsprobleme des Insiderrechts in bezug auf die Organisation und die Geschäfte von Kreditinstituten, in: Zeitschrift für Wirtschafts- und Bankrecht (Wertpapier Mitteilungen) 1996, S. 1337 ff.

ders. — Rechtsanwendungsprobleme des Insiderrechts, in: Die Aktiengesellschaft (AG) 1997, S. 50 - 58.

Assmann, Heinz-Dieter / Schneider, Uwe H, (Hrsg.) — Kommentar zum Wertpapierhandelsgesetz, 2. Auflage, Köln 1999, zitiert: Bearbeiter, in: Assmann/Schneider.

Assmann, Heinz-Dieter / Schütze, Rolf A. (Hrsg.) — Handbuch des Kapitalanlagerechts, 2. Auflage, München 1997, zitiert: Bearbeiter, in: Assmann/Schütze.

Avgouleas, E. — Financial Market Regulation and the New Market Landscape: In Search of a New Regulatory Framework for Market Abuse, in: International and Comparative Corporate Law Journal 2000, S. 89 - 125.

Barclay, Michael J. / Warner, Jerold B. — Stealth Trading and Volatility – Which Trades Move Prices?, in: Journal of Financial Economics Vol. 34 (1993), S. 281 ff.

Baumbach, Adolf / Duden, Konrad / Hopt, Klaus J. Handelsbesetzbuch-Kommentar, 28. Auflage, München 1989.

Bear, Larry Alan / Maldonado-Bear, Rita The Impact of the Rule of Law on the Structure and Function of Securities Markets, Working Paper, New York University Stern School of Business, Nr. FIN-99-039, im Internet abrufbar unter: www.stern.nyu.edu/fin/workpapers/papers99/wpa99039.pdf, Stand: 9.4.2001.

Beck, Heiko Das neue elektronische Handelssystem Xetra der Frankfurter Wertpapierbörse, in: Zeitschrift für Wirtschafts- und Bankrecht (Wertpapier Mitteilungen) 1998, S. 417 - 430.

Bloomenthal, Harold S. Securities Law Handbook, Edition 2000, 23. Auflage, St. Paul, Minnesota, 1999.

Bloomfield, Robert / O'Hara, Maureen Can transparent markets survive?, in: Journal of Financial Economics Vol. 55 (2000), S. 425 ff.

Bovi, David M. Rule 10b-5 Liability for Frontrunning: Adding a new Dimension to the "Money Game", in: St. Thomas Law Review 7 (1994), S. 103 - 135.

Braue, Carsten / Hille, Lars Xetra – Elektronisches Handelssystem am Finanzplatz Deutschland, in: Die Bank, 1997, S. 140 ff.

Büschgen, Hans E. Das kleine Börsenlexikon, 18. Auflage, Düsseldorf 1989.

Carsberg, Bryan Trade Publication rules of the London Stock Exchange: A report to the Chancellor of the Exchequer by the Director General of Fair Trading under the Finacial Services Act 1986.

Claussen, Carsten Peter	Insiderhandelsverbot und Ad hoc-Publizität, Köln 1996.
ders.	Wie ändert das KonTraG das Aktiengesetz?, in: Der Betrieb, 1998, S. 177 - 186.
ders.	Insiderhandelsverbot und Ad hoc-Publizität, Köln 1996.
Claussen, Carsten Peter / Schwark, Eberhard (Hrsg.)	Insiderrecht für Finanzanalysten, Köln 1997.
Coffee, John C. Jr.	Competition versus Consolidation, The Significance of Organizational Structure in Financial and Securities Regulation, in: Business Lawyer 50 (1995), S. 447 ff.
Cohen, Kalman J. / Conroy, Robert M.	An Empirical Study of the Effect of Rule 19c-3, in: The Journal of Law & Economics 1990, S. 277 - 305.
Committee on Futures Regulation, NYC BarAssoc.	Large Order Execution in the Futures Markets, in: Business Lawyer 44 (1989), S. 1335 ff.
Deutsche Börse	Xetra Release 5.0, Market Model Stocks, CD-ROM.
Döring, Claus	Aktien statt Sparbuch, in: Börsen-Zeitung vom 28.10.2000, S. 1.
Dudenredaktion, Wissenschaftlicher Rat	Duden, Das Fremdwörterbuch, Band 5, 6. Auflage, Mannheim, Leipzig, Wien, Zürich 1997.
Dunn, Patricia C.	Package Trading, in: Wagner, Wayne H. (Hrsg.), The Complete Guide to Securities Transactions, Enhancing Investment Performance and Controlling Costs, New York, Brisbane, Toronto, S. 171 ff.

Ellger, Reinhard / Kalss, Susanne — Börsen- und Kapitalmarktrecht des Vereinigten Königreichs, in: Hopt, Klaus J. / Rudolph, Bernd / Baum, Harald (Hrsg.), Börsenreform, Eine ökonomische, rechtsvergleichende und rechtspolitische Untersuchung, Stuttgart 1997, S. GB 1-142.

Erbs, Georg / Kohlhass, Max — Strafrechtliche Nebengesetze, Kommentar, Loseblattsammlung, Stand: August 2000, 138. Ergänzungslieferung, München.

Financial Services Authority (FSA) — Conduct of Business Sourcebook, endgültige Fassung, Februar 2001, Teil 2 von 2, Chapters 7 bis 12, im Internet abrufbar unter: www.fsa.gov.uk/pubs/policy/ps45_57_rules7-12.pdf, Stand: 09.04.2001.

dies. — Code of Market Conduct, endgültige Fassung, Dezember 2001, im Internet abrufbar unter: www.fsa.gov.uk/handbook/mar.pdf, Stand: 27.01.2001

dies. — Market Abuse: A Draft Code of Market Conduct, Consultation Paper No. 59, Juli 2000, im Internet abrufbar unter: www.fsa.gov.uk/pubs/cp/59/, Stand: 09.04.2001.

Fischel, Daniel R. / Ross, David J. — Should the Law Prohibit Manipulation in Financial Markets?, in: 105 Harv. L. Rev. 1991, S. 503 ff.

Förster, Wolfgang / Hertrampf, Urte — Das Recht der Investmentfonds, 3. Auflage, Neuwied, Kriftel 2001.

Garner, Bryan A. (Hrsg.) — Black's Law Dictionary, 7. Auflage, St. Paul, Minn., 1999.

Geibel, Stephan — in: Schäfer (Hrsg.), Kommentar, Wertpapierhandelsgesetz, Börsengesetz mit BörsZulV, Verkaufsprospektegesetz mit VerkProspV, Stuttgart, Berlin, Köln 1999.

Gemmill, Gordon Transparency and Liquidity: A Study of Block Trades on the London Stock Exchange under Different Publication Rules, in: The Journal of Finance 1996, S. 1765 ff.

Gerke, Wolfgang / Rasch, Sebastian Ausgestaltung des Blockhandels an der Börse, in: Die Bank 1992, Seite 193 –201.

Groß, Wolfgang Kapitalmarktrecht, Kommentar, München 2000.

Grossman, Sanford J. The Informational Role of Upstairs and Downstairs Trading, in: Journal of Business 1992, Seite 509 – 528.

Hajek, Stefan Sockel des Eisbergs, in: Wirtschaftswoche, Nr. 7 vom 8.2.2001, Seite 140 – 142.

Hamann, Uwe in: Schäfer (Hrsg.), Kommentar, Wertpapierhandelsgesetz, Börsengesetz mit BörsZulV, Verkaufsprospektegesetz mit VerkProspV, Stuttgart, Berlin, Köln 1999.

Hartmann, Jörg Juristische und ökonomische Regelungsprobleme des Insiderhandels – Eine rechtsvergleichende Darstellung USA – Deutschland, Diss. Saarbrücken; Frankfurt am Main, Berlin, Bern, Bruxelles, New York, Wien 1999.

Hazen, Thomas Lee Treatise on the Law of Securities Regulation, 2. Auflage, St. Paul 1990; 3. Auflage, St. Paul 1995.

Heusinger, Robert von Modell Blockhandel auf Xetra hat Zukunft, in: Börsen-Zeitung vom 1. März 2001, Seite 3.

Hielscher, Udo / Stenzel, Stefan K. Umfang und Ursachen des außerbörslichen Aktienhandels, in: Die Betriebswirtschaft (DBW) 1996, Seite 523 – 540.

Hoffmann, Thomas Rechtliche Schranken interner Informationsflüsse in Kreditinstituten – Vom internen Bankgeheimnis zu den Chinese Walls im Insiderrecht, Dissertation Stuttgart 1998.

Holthausen, Robert W. / Leftwich, Richard W. / Mayers, David Large-block transactions, the speed of response, and temporary and permanent stock-price effects, in: Journal of Financial Economics Vol. 26 (1990), Seite 71 ff.

dies. The Effect of Large Block Transactions on Security Prices, in: Journal of Financial Economics 19 (1987), Seite 237 - 267.

Hopt, Klaus J. Europäisches und deutsches Insiderrecht, in: Zeitschrift für Unternehmens- und Gesellschaftsrecht (ZGR) 1991, Seite 17 – 73.

ders. Grundsatz- und Praxisprobleme nach dem Wertpapierhandelsgesetz – insbesondere Insidergeschäfte und Ad-hoc-Publizität -, in: Zeitschrift für das gesamte Handelsrecht und Wirtschaftsrecht (ZHR), 159. Band (1995), Seiten 135 - 163.

ders. Insiderwissen und Interessenkonflikte im europäischen und deutschen Bankrecht, in: Festschrift für Theodor Heinsius, Berlin, New York 1991, Seite 290 – 322.

Hopt, Klaus J. / Baum, Harald Börsenrechtsreform in Deutschland, in: Hopt, Klaus J. / Rudolph, Bernd / Baum, Harald (Hrsg.), Börsenreform, Eine ökonomische, rechtsvergleichende und rechtspolitische Untersuchung, Stuttgart 1997, S. 291-424.

Howard, Mark S. Frontrunning in the Marketplace: A Regulatory Dilemma, in: Securities Regulation Law Journal Vol. 19 (1991), Seite 263 - 291.

Jennings, Richard W. / Marsh, Harold / Coffee, John C. Securities Regulation, Cases and Materials, 7. Auflage, New York 1992.

Kaiser, Andreas Sanktionierung von Insiderverstößen und Problem der Kursmanipulation, in: Zeitschrift für Wirtschafts- und Bankrecht (Wertpapier-Mitteilungen) 1997, Seiten 1557 - 1563.

Kempf, Alexander Umsatz und Geld-Brief-Spanne, in: Zeitschrift für Bankrecht und Bankwirtschaft (ZBB) 1998, S. 100 ff.

Kersting, Mark Oliver Der Neue Markt der Deutschen Börse AG, in: Die Aktiengesellschaft (AG) 1997, S. 222 - 228.

Koller, Ingo in: Assmann/Schneider (Hrsg.), Kommentar zum Wertpapierhandelsgesetz, 2. Auflage, Köln 1999.

Köndgen, Johannes Wieviel Aufklärung braucht ein Wettpapierkunde? Bemerkungen zum Richtlinienentwurf des Bundesaufsichtsamts für den Wertpapierhandel zu § 35 Abs. 2 WpHG, in: Zeitschrift für Bankrecht und Bankwirtschaft (ZBB) 1996, S. 361 ff.

Köndgen, Johannes / Mues, Jochen Zwangslizenz für Xetra? Deutsches Börsenwesen zwischen Staatsauftrag und privatwirtschaftlicher Freiheit, in: Zeitschrift für Wirtschafts- und Bankrecht (Wertpapier-Mitteilungen) 1998, Seite 53 ff.

Krauel, Wolfgang Insiderhandel- Eine ökonomisch-theoretische und rechtsvergleichende Untersuchung, Diss. Hamburg, Baden-Baden 2000.

Kraus, Alan / Stoll, Hans R. Price Impacts of Blocktrading on the New York Stock Exchange, in: Journal of Finance 27 (1972), Seite 569 – 588.

Kübler, Friedrich Gesellschaftsrecht, Die privatrechtlichen Ordnungsstrukturen und Regelungsprobleme von Verbänden und Unternehmen, 5. Auflage, Heidelberg 1998.

Kuckelkorn, Dieter Die Dezimalkurse bereiten der NYSE Sorgen, in: Börsen-Zeitung vom 1. März 2001, Seite 5.

Kümpel, Siegfried Bank- und Kapitalmarktrecht, 2. Auflage, Köln 2000.

ders. in: Assmann/Schneider (Hrsg.), Kommentar zum Wertpapierhandelsgesetz, 2. Auflage, Köln 1999.

ders. Zum Begriff der Insidertatsache, in: Zeitschrift für Wirtschafts- und Bankrecht (Wertpapier-Mitteilungen) 1994, Seite 2137 - 2143.

Kümpel, Siegfried / Ott, Claus Kapitalmarktrecht, Ergänzbares Rechtshandbuch für die Praxis, Loseblattsammlung, 2 Bände, Berlin, Stand: August 2000.

Lange, Barbara Financial Services and Markets Act 2000 ersetzt Financial Services Act 1986, in: Die Aktiengesellschaft, AG Report, 2000, Seiten R316/318.

LaPlante, Michelle / Muscarella, Chris J. Do institutions receive comparable execution in the NYSE and Nasdaq Markets? A transaction study of block trades, in: Journal of Financial Economics Vol. 45 (1997), Seite 97 ff.

Ledermann, Thomas in: Schäfer (Hrsg.), Kommentar, Wertpapierhandelsgesetz, Börsengesetz mit BörsZulV, Verkaufsprospektegesetz mit VerkProspV, Stuttgart, Berlin, Köln 1999.

Lee, Ruben What is an Exchange? The Automation, Management, and Regulation of Financial Markets, Oxford 1998.

Lenzen, Ursula Unerlaubte Eingriffe in die Börsenkursbildung, Dissertation. Universität Osnabrück, Frankfurt am Main, Berlin, Bern, Bruxelles, New York, Oxford 2000.

dies. Verbot der Kurs- und Marktpreismanipulation im Referenten-Entwurf für das 4. Finanzmarktförderungsgesetz, Finanz Betrieb 2001, Seite 603 – 609.

Levitt, Arthur Dynamic Markets, Timeless Principles, Rede an der Columbia Law School, 23. Sept. 1999, nachzulesen im Internet unter: www.sec.gov/news/speech/speecharchive/1999/spch295.htm, Stand: 12.03.2001.

London Stock Exchange Rules & Regulatory Guidance, Regulatory Guides, abrufbar im Internet unter: www.londonstockexchange.com/-regulation/reg_index.asp, Stand: 9.4.2001.

Loss, Louis / Seligman, Joel Fundamentals of Securities Regulation, 3. Auflage, Boston New York, Toronto, London, 1995.

Loss, Louis / Seligman, Joel Securities Regulation,

Band 8, 3. Auflage, Boston, Toronto, London 1991;

Band 10, 3. Auflage, Boston, Toronto, London 1990;

1999 Supplement, Ergänzungsband, Boston, Toronto, London 2000.

Lowenfels, Lewis D. / Bromberg, Alan R. Securities Market Manipulations: An Examination and Analysis of Domination and Control, Frontrunning and Parking, in: 55 (1991) Albany Law Review, S. 293 – 364.

Lowenfels, Lewis D. / Bromberg, Alan R. — Bromberg and Lowenfels on Securities Fraud & Commodities Fraud, 2. Auflage, Volume 2, Stand: Sept. 1998.

Lücker, Volker — Der Straftatbestand des Missbrauchs von Insiderinformationen nach dem Wertpapierhandelsgesetz, Diss. Bochum, Köln, Berlin, Bonn, München 1998.

Madhavan, Ananth / Cheng, Minder — In Search of Liquidity: Block Trades in the Upstairs and Downstairs Markets, in: The Review of Financial Studies 1997, S. 175 - 203.

Mahoney, Paul G. — Symposium: The Allocation of Government Authority: The Exchange as Regulator, Vol. 83 Virginia Law Review 1997, S. 1453 ff.

Mennicke, Petra — Sanktionen gegen Insiderhandel – Eine rechtsvergleichende Untersuchung unter Berücksichtigung des US-amerikanischen und britischen Rechts, Dissertation Göttingen, Berlin 1996.

Moulton, Jonathan S. — The Dynamics of Quoted Liquidity around large trades on the NYSE, in: The Journal of Financial Research Vol. 21 (1998), Seite 355 – 371.

Mulherin, J.Harold / Netter, Jeffry M. / Overdahl, James A. — Prices Are Property: The Organization of Financial Exchanges from a Transaction Cost Perspective, in: The Journal of Law & Economics 1991, Seite 591 ff.

Nasdaq-Amex — Nasdaq-Amex Backgrounder, Washungton D.C. 2000.

National Association of Securities Dealers — NASD Manual & Notices to Members, im Internet unter: http://secure.nasdr.com/wbs/NETbos.dll?RefShow?ref=NASD4;&xinfo=/goodbye.htm, Stand. 9.4.2001.

New York Stock Exchange — Market Structure Report, Bericht des Special Committee on Market Structure, Governance and Ownership, im Internet abrufbar unter: www.nyse.com/pdfs/marketstructure.pdf, Stand: 9.4.2001.

Ott, Claus / Schäfer, Hans-Bernd — Ökonomische Auswirkungen der EG-Insider-Regulierung in Deutschland, in: Zeitschrift für Bankrecht und Bankwirtschaft, (ZBB) 1991, Seite 226 – 241.

Pananis, Panos — Zur Abgrenzung von Insidertatsache und ad hoc-publizitätspflichtigem Sachverhalt bei mehrstufigen Entscheidungsprozessen, in: Zeitschrift für Wirtschafts- und Bankrecht (Wertpapier-Mitteilungen) 1997, Seite 460-464.

Peake, Junius W. — Kommentar betreffend SEC File No. SR-NYSE-99-48 (nachzulesen im Internet unter www.sec.gov/rules/sro/ny9948/peake1.htm, Stand: 12. März 2001).

Plexus Group, Inc. — The Official Iceberg of Transaction Costs, in: Financial Analyst Journal, 1993, im Internet abrufbar über www.plexusgroup.com, Stand: 12.03.2001.

Porter, David C. / Weaver, Daniel G. — Post-trade transparency on Nasdaq's national market system, in: Journal of Financial Economics 50 (1998), Seite 231 - 252.

Potthoff, Volker / Stuhlfauth, Jutta — Der Neue Markt: Ein Handelssegment für innovative und wachstumsorientierte Unternehmen – kapitalmarktrechtliche Überlegungen und Darstellung des Regelwerkes, in: Zeitschrift für Wirtschafts- und Bankrecht (Wertpapier-Mitteilungen) 1997, Sonderbeilage Nr. 3.

Plückelmann, Katja Der Neue Markt der Deutsche Börse AG, Dissertation Osnabrück, Frankfurt am Main; Berlin, Bern; Bruxelles; New York; Oxford; Wien, 2000

Ramirez, Steven A. / Gilbert, Christopher M. The Misappropriation Theory of Insider Trading Under United States v. O'Hagan: Why Its Bark Is Worse Than Its Bite, in: Securities Regulation Law Journal Vol. 26 (1998), Seite 162 – 210.

Reckers, Hans IX – Verlust für Frankfurt a.M. oder Gewinn für den Finanzplatz Europa?, in: Zeitschrift für Wirtschafts- und Bankrecht (Wertpapier-Mitteilungen) 2000, Seite 1631.

Reich, Norbert Informations-, Aufklärungs- und Warnpflichten beim Anlagengeschäft unter besonderer Berücksichtigung des "execution-only-business" (EOB), in: Zeitschrift für Wirtschafts- und Bankrecht (Wertpapier-Mitteilungen) 1997, S. 1601 – 1609.

Reimer, Hauke Aufpumpen und Abstoßen, in: Wirtschaftwoche, Nr. 35 vom 24.8.2000, Seite 122 – 127.

Robinson, John D. Brief an die SEC, "Comments on Proposed Rule: Regulation of Exchanges and Alternative Trading Systems", bezüglich: SEC Release No. 34-39884; File No. S7-12-98, im Internet unter: www.sec.gov./rules/proposed/s71298/robinso1.htm, Stand: 23.03.2001

Rudolph, Bernd / Röhrl, Heiner Grundfragen der Börsenorganisation aus ökonomischer Sicht, in: Hopt, Klaus J. / Rudolph, Bernd /Baum, Harald (Hrsg.), Börsenreform, Eine ökonomische, rechtsvergleichende und rechtspolitische Untersuchung, Stuttgart 1997, S. 131-290.

Ruyter, Tina The Great Screen Test, in: Global Custodian, Frühjahr 1999, www.assetpub.com/gcspring99/cover_right.html, Stand 12.03.2001.

Schäfer, Frank A. Zulässigkeit und Grenzen der Kurspflege, in: Zeitschrift für Wirtschafts- und Bankrecht (Wertpapier-Mitteilungen) 1999, Seite 1345-1352.

ders. Herausgeber, Kommentar, Wertpapierhandelsgesetz, Börsengesetz mit BörsZulV, Verkaufsprospektegesetz mit VerkProspV, Stuttgart, Berlin, Köln 1999.

Schäfer, Wilhelm / Schäfer, Michael Financial Dictionary, Fachwörterbuch Finanzen, Banken, Börse, Teil 1: Englisch-Deutsch, 3. Auflage, Nördlingen 1999.

Schmidt, Hartmut / Oesterhelweg, Olaf / Treske, Kai Der Strukturwandel im Börsenwesen: Wettbewerbstheoretische Überlegungen und Trends im Ausland als Leitbilder für den Finanzplatz Deutschland, in: Kredit und Kapital 1997, S. 369 – 411.

Schmidt-Diemitz, Rolf Pakethandel und das Weitergabeverbot von Insiderwissen, in: Der Betrieb (DB) 1996, S. 1809 - 1813

Schödermeier, Martin / Wallach, Edgar Die Insider-Richtlinie der Europäischen Gemeinschaft, in: Europäische Zeitschrift für Wirtschaftsrecht (EuZW) 1990, Seite 122-126.

Schönke, Adolf / Schröder, Horst StGB Kommentar, 25. Auflage, München 1997.

Schwark, Eberhard Börsengesetz – Kommentar zum Börsengesetz und zu den börsenrechtlichen Nebenbestimmungen, 2. Auflage, München 1994.

Schwartz, Robert A. / Whitcomb, David K. Transaction Costs and Institutional Trading Strategies, Monograph Series in Finance and Economics, New York 1988.

Schwarze, Hans-Joachim Die Orderlage im Skontro eines Börsenmaklers als Insidertatsache, in: Zeitschrift für Wirtschafts- und Bankrecht (Wertpapier-Mitteilungen) 1997, Seite 1564-1565.

Sloman, Jim Brief an die SEC ("Comments on Proposed Rule: Regulation of Exchanges and Alternative Trading Systems") bezüglich: SEC Release 34-39884; File No. S7-12-98, im Internet unter: www.sec.gov./rules/proposed/s71298/sloman1.htm, Stand: 23.03.2001.

Teweles, Richard J / Bradley, Edward S. The Stock Market, 7. Auflage, New York, Chichester, Weinheim, Brisbane, Singapore, Toronto 1998.

The Forum of European Securities Commissions (FESCO) Market Abuse, A European Regime Against Market Abuse, Stellungnahme zum EU Action Plan for Financial Services, COM (1999) 232, vom 29.6.2000, im Internet abrufbar unter: www.europefesco.org, Stand: 5.8.2000.

Thel, Steve $ 850,000 in Six Minutes – The Mechanics of Securities Manipulation, in: Cornell Law Review 79 (1994), Seite 219 ff.

Thieme, Heiko Jetzt Aktien statt Bananen, in: Frankfurter Allgemeine Zeitung vom 11.09.2000.

Tippach, Stefan Marktdaten im künftigen Insiderrecht?, in: Zeitschrift für Wirtschafts- und Bankrecht (Wertpapier-Mitteilungen) 1993, Seite 1269-1274.

ders. Das Insider-Handelsverbot und die besonderen Rechtspflichten der Banken, Dissertation Bonn, Köln 1995.

Vinzant, Carol — The new Improved Game of Insider Trading, in: Fortune Magazin, Vol. 139 No. 11, 7. Juni 1999.

Wabnitz, Heinz-Bernd / Janovsky, Thomas (Hrsg.) — Handbuch des Wirtschafts- und Steuerstrafrechts, München 2000, zitierter Bearbeiter: Benner, Klaus-Dieter.

Wagner, Wayne H. — Brief an die SEC, RE: File No. SR-NYSE-99-48 Proposed Rescission of Rule 390 / Concept Release on Market Fragmentation, nachzulesen im Internet unter: www.sec.gov/rules/sro/ny9948/wagner1.htm, Stand 12. März 2001.

ders. — Broker to Floor, in: Wayne H. Wagner (Hrsg.), The Complete Guide to Securities Transactions, Enhancing Investment Performance and Controlling Costs, New York, Brisbane, Toronto, S. 79 ff.

Wastl, Ulrich — Der Handel mit größeren Aktienpaketen börsennotierter Unternehmen, in: Neue Zeitschrift für Gesellschaftsrecht (NZG) 2000, Seite 505 – 514.

Weaver, Daniel G. — Brief an die SEC, Comments on Proposed Rule: Regulation of Exchanges and Alternative Trading Systems", Release No. 34-39884; File No. S7-12-98), www.sec.gov./rules/proposed/s71298/weaver1.htm, Stand: 23.03.2001.

Weber, Klaus-Peter — Insiderrecht und Kapitalmarktschutz- Haftungstheorien im US-amerikanischen, europäischen und deutschen Recht, Dissertation Münster, Berlin 1999.

Weber, Martin — Kursmanipulationen am Wertpapiermarkt, in: Neue Zeitschrift für Gesellschaftsrecht (NZG) 2000, Seite 113 - 129.

Weimann, Stephan — Insiderrechtliche Aspekte des Anteilserwerbs, in: Deutsches Steuerrecht 1998, S. 1556 - 1561.

Wells, Stephen Managing market proliferation, in: Financial Regulation Report, Februar 2000, S. 1 ff.

Wilm, Daniel Abfindung zum Börsenkurs – Konsequenzen der Entscheidung des BVerfG, in: Neue Zeitschrift für Gesellschaftsrecht (NZG) 2000, Seite 234 – 240.

ders. Nochmals: Abfindung zum Börsenkurs, Neue Zeitschrift für Gesellschaftsrecht (NZG) 2000, Seite 1070 ff.

Frankfurter wirtschaftsrechtliche Studien

Herausgegeben von
Theodor Baums, Friedrich Kübler, Hans-Joachim Mertens,
Eckard Rehbinder, Gunther Teubner

Band 1 Tomas Brinkmann: Unternehmensinteresse und Unternehmensrechtsstruktur. Aufgaben und Grenzen eines normativen Regulativs unternehmenspolitischer Prozesse. 1983.

Band 2 Rüdiger Hahn: Behinderungsmißbräuche marktbeherrschender Unternehmen. Eine Untersuchung der Beeinträchtigung von Wettbewerb und Marktstruktur durch horizontalen Nichtleistungswettbewerb als Gegenstand der Mißbrauchaufsicht nach § 22 Abs. 4 S. 2 Nr. 1 GWB. 1984.

Band 3 Peter Buchmann: Registerpublizität und Gläubigerschutz bei der Einmann-Gesellschaft. 1984.

Band 4 Christian Joerges/Eugen Hiller/Knut Holzscheck/Hans-W. Micklitz: Vertriebspraktiken im Automobilersatzteilsektor. Ihre Auswirkungen auf die Interessen der Verbraucher. 1985.

Band 5 Annette Boerner: Die Haftung des herrschenden Kommanditisten. 1985.

Band 6 Dirk H. Mahler: Rechtsmißbrauch und einstweiliger Rechtsschutz bei Dokumentenakkreditiven und "Akkreditiven auf erstes Anfordern": Eine rechtsvergleichende Untersuchung. 1986.

Band 7 Brigitte Kratz: Ausländische Eingriffsnorm und inländischer Privatrechtsvertrag. 1986.

Band 8 Dimitris Tsibanoulis: Die genossenschaftliche Gründungsprüfung. 1987.

Band 9 Jürgen Braun: Rechtsfragen des Transport-Unfall-Informations- und Hilfeleistungs-Systems der deutschen chemischen Industrie. 1987.

Band 10 Thomas Pfeiffer: Die Bedeutung des privatrechtlichen Immissionsschutzes. Eine Untersuchung zu §§ 1004, 906 BGB. 1987.

Band 11 Michael Bothe/Josef Brink/Christian Kirchner/Albrecht Stockmayer: Rechtsfragen der internationalen Verschuldungskrise. Voraussetzungen, Formen und Verfahren internationaler Umschuldungsmaßnahmen und Umschuldungsvereinbarungen. 1988.

Band 12 Felix Dörr: Die fehlerhafte GmbH. 1989.

Band 13 Rolf Trittmann: Anwendungsprobleme des Haager Beweisübereinkommens im Rechtshilfeverkehr zwischen der Bundesrepublik und den Vereinigten Staaten von Amerika. Exklusive Regelung zur Überbrückung der Unterschiede zwischen dem kontinental-europäischen und anglo-amerikanischen Zivilprozeßrechtssystem? 1989.

Band 14 Margaretha Sudhof: Dreieckige Rechtsverhältnisse im Wirtschaftsverwaltungsrecht - Am Beispiel von Konkurrentenklagen. 1989.

Band 15 Michael Weigel: Schriftformklauseln in Allgemeinen Geschäftsbedingungen. 1989.

Band 16 Hans-Peter Schröder: Der sichere Weg bei der Vertragsgestaltung. 1990.

Band 17 Matthias Haas: Haftungsfreizeichnungsklauseln in Allgemeinen Geschäftsbedingungen. Eine rechtsdogmatische und ökonomische Analyse. 1991.

Band 18 Andreas Hahn: Instandhaltungsverträge. Begriffe, Einordnung, Rechtsfolgenbestimmung, Auswirkung auf die Kautelarpraxis. 1991.

Band 19 Jürgen Götz: Der Entherrschungsvertrag im Aktienrecht. 1991.

Band 20 Friedrich Wächtershäuser: Das Gesellschaftsrecht des internationalen Joint Ventures. 1992.

Band 21 Christina Escher-Weingart: Nutzungsausfall als Schaden und sein Ersatz. 1993.

Band 22 Jean-Claude Zerey: Rechtliche Probleme der Finanzierung von *Leveraged Buyouts* und *Tender Offers* durch Banken in den USA und in der Bundesrepublik Deutschland. Eine rechtsvergleichende Studie über die Rolle der Banken bei Unternehmenskontrolltransaktionen in den USA und in der Bundesrepublik Deutschland. 1994.

Band 23 Markus Bauer: Gläubigerschutz durch eine formelle Nennkapitalziffer - Kapitalgesellschaftsrechtliche Notwendigkeit oder überholtes Konzept? Eine rechtsvergleichende Untersuchung der Gläubigerschutzkonzepte des amerikanischen und deutschen Kapitalgesellschaftsrechts. 1995.

Band 24 Marion Vollmann: Minderheitenschutz im aktienrechtlichen Beschlußmängelrecht. Eine Bestandsaufnahme und Vorschläge zu einer rechtspolitischen Reform. 1997.

Band 25 Lydia Klose-Mokroß: Gläubigerschutz im Kapitalgesellschaftsrecht am Beispiel der Lehre von der verdeckten Sacheinlage. 1997.

Band 26 Stephan Aubel: Der vereinfachte Bezugsrechtsausschluß. Aktionärs- und Gesellschaftsinteressen beim vereinfachten Bezugsrechtsausschluß nach Maßgabe des § 186 Absatz 3 Satz 4 AktG. 1998.

Band 27 Kurt Peter Dittrich: Die Privatplazierung im deutschen Kapitalmarktrecht. Eine Untersuchung der Vorschriften des Auslandinvestmentgesetzes, des Wertpapier-Verkaufsprospektgesetzes und des Gesetzes über Kapitalanlage-Gesellschaften unter Berücksichtigung des Rechts der Vereinigten Staaten von Amerika und des Vereinigten Königreichs. 1998.

Band 28 Viola Sailer: Aktienrechtliche Minderheitskompetenzen zwischen Mißbrauch und unternehmerischer Entscheidungsfreiheit. 1999.

Band 29 Marc Zimmerling: Kapitalerhaltung und Konzernfinanzierung. Eine Untersuchung der kapitalerhaltungsrechtlichen Problematik aufsteigender Sicherheiten im Konzern. 1998.

Band 30 Joachim Wichert: Die Finanzen der Kommanditgesellschaft auf Aktien. 1999.

Band 31 Kerstin Andrea Müller: Produktverantwortung und ihre Durchsetzung. Eine kartellrechtliche Beurteilung von Selbstverpflichtungen im Umweltrecht aus deutscher und europäischer Sicht unter besonderer Berücksichtigung der Altautoentsorgung. 1999.

Band 32 Bettina Friedrich: Konvergenzen im Gesellschaftsrecht. Recht-Fertigung durch Status- und Befundsicherung. 2000.

Band 33 Rudolf Lemke: Haftungsrechtliche Fragen des Ratingwesens – ein Regelungsproblem? 2000.

Band 34 Klaus R. Roller: Die Vergütung des Aufsichtsrats in Abhängigkeit vom Aktienkurs. 2000.

Band 35 Bettina Bokelmann: Personelle Verflechtungen über Aufsichtsräte. Aufsichtsratsmitglieder mit hauptberuflicher Vorstandsfunktion. 2000.

Band 36 Kai-Uwe Steck: Regulierung von US-amerikanischen Investmentgesellschaften (Investment Companies). Unter besonderer Berücksichtigung des National Securities

Markets Improvement Act of 1996 (NSMIA) und anderer aktueller Rechtsanpassungen. 2000.

Band 37 Kristofer Bott: Wissenszurechnung bei Organisationen. 2000.

Band 38 Ursula Lenzen: Unerlaubte Eingriffe in die Börsenkursbildung. 2000.

Band 39 Martin Schulz: Verfassungsrechtliche Vorgaben für das Kollisionsrecht in einem Gemeinsamen Markt. Eine rechtsvergleichende Untersuchung zu den Grenzen einzelstaatlicher Anknüpfungsmethoden im internationalen Vertrags-, Delikts- und Gesellschaftsrecht am Beispiel der Vereinigten Staaten von Amerika. 2000.

Band 40 Maximilian Koch: Diversifizierung und Vorstandskompetenzen. 2001.

Band 41 Corrado Wohlwend: Die Hauptversammlung im Wandel der Kommunikationsformen. 2001.

Band 42 Michael Rozijn: Der Unternehmensmaklervertrag. Zur Anwendung des allgemeinen Maklervertragsrechts auf Mergers & Acquisitions-Dienstleistungen. 2001.

Band 43 Konstantinos N. Kyriakakis: Die Überwachung einer US-amerikanischen Aktiengesellschaft durch institutionelle Anleger. 2002.

Band 44 Uta Fredebeil: Aktienemissionen. Das underwriting agreement (der Übernahmevertrag) und seine spezifischen Klauseln. 2002.

Band 45 Michaela G. Döbler: Die Einführung des WTO-weiten Erschöpfungsgrundsatzes in das Markenrecht der EU und der USA. 2002.

Band 46 Jan Liersch: Regulierung des Blockhandels an den organisierten Aktienmärkten der Vereinigten Staaten, Großbritanniens und Deutschlands. 2002.

Uta Fredebeil

Aktienemissionen

Das underwriting agreement (der Übernahmevertrag) und seine spezifischen Klauseln

Frankfurt/M., Berlin, Bern, Bruxelles, New York, Oxford, Wien, 2002. 319 S.
Frankfurter wirtschaftsrechtliche Studien. Bd. 44
Verantwortlicher Herausgeber: Theodor Baums
ISBN 3-631-38498-X · br. € 45.50*

Ein bedeutendes Element einer jeden Emission von Aktien ist der Übernahmevertrag. Er regelt das Rechtsverhältnis zwischen dem Emittenten und den Altaktionären auf der einen und den Banken auf der anderen Seite. Der Übernahmevertrag in seiner jetzigen Form hat seinen Ursprung in den USA. Gegenstand der Arbeit ist daher die Darstellung sowohl des US-amerikanischen underwriting agreement als auch des deutschen Vertragswerks und deren Gegenüberstellung. Die Studie gibt einen Abriß zu grundlegenden Fragen des Emissionsgeschäfts in beiden Rechtskreisen. Im Rahmen der Erörterung einzelner Klauseln des Übernahmevertrags berührt die Arbeit verschiedene Themenkomplexe: u. a. Prospekthaftung und Verstoß gegen die Kapitalerhaltungsvorschriften, Sanktionsmöglichkeiten bei Verstoß gegen lock-ups des Übernahmevertrages und des Regelwerks Neuer Markt.

Aus dem Inhalt: Die Arbeit gibt zunächst einen Überblick über das US-amerikanische Emissionsgeschäft und das underwriting agreement. Sodann wird auf dieser Grundlage das deutsche Emissionsgeschäft dargestellt, wobei einzelne Klauseln des Übernahmevertrages auf ihre Vereinbarkeit mit dem deutschen Recht hin geprüft werden und eine Gegenüberstellung zum US-amerikanischen Recht erfolgt.

Frankfurt/M · Berlin · Bern · Bruxelles · New York · Oxford · Wien
Auslieferung: Verlag Peter Lang AG
Jupiterstr. 15, CH-3000 Bern 15
Telefax (004131) 9402131

*inklusive der in Deutschland gültigen Mehrwertsteuer
Preisänderungen vorbehalten

Homepage http://www.peterlang.de

FSC
www.fsc.org
MIX
Papier | Fördert gute Waldnutzung
FSC® C083411

Kolibri 360 GmbH
Ferdinand-Jühlke-Straße 7
99095 Erfurt, Deutschland
produktsicherheit@kolibri360.de

Druck:
CPI Druckdienstleistungen GmbH
im Auftrag der
Kolibri 360 GmbH
Ferdinand-Jühlke-Str. 7
99095 Erfurt